西北大学"双一流"建设资助项目

发现西北联大

西序弦歌：
西北联大简史

姚 远 | 著

陕西新华出版传媒集团
陕西人民出版社

图书在版编目（CIP）数据

西序弦歌：西北联大简史 / 姚远著. -- 西安：陕西人民出版社，2020.11
（发现西北联大丛书）
ISBN 978-7-224-13467-4

Ⅰ.①西… Ⅱ.①姚… Ⅲ.①西北联合大学—校史 Ⅳ.①G649.29

中国版本图书馆CIP数据核字(2020)第027030号

出 品 人：宋亚萍
丛书策划：张　炜
策划编辑：蒋　丽
责任编辑：朱小平　白艳妮　王金林　曾　苗
整体设计：姚肖朋

西序弦歌：西北联大简史

作　　者	姚　远
出版发行	陕西新华出版传媒集团　陕西人民出版社
	（西安北大街147号　邮编：710003）
印　　刷	西安市建明工贸有限责任公司
开　　本	787毫米×1092毫米　1/16
印　　张	24.25
字　　数	352千字
版　　次	2020年11月第1版
印　　次	2020年11月第1次印刷
书　　号	ISBN 978-7-224-13467-4
定　　价	128.00元

如有印装质量问题，请与本社联系调换。电话：029-87205094

总 序

在世界反法西斯和中国人民反对日本帝国主义侵略取得胜利的背景下，我们筹划出版一套和抗日战争密切相关的"发现西北联大丛书"，很有必要，也是"举旗帜，聚民心，育新人，兴文化，展形象"的现实需要。

陕西新华出版传媒集团的张炜总编有乡土之情，也很有政治眼光，而将乡土之情和政治眼光两者结合起来，将学术研究与提振地方文化结合起来，就更有意义。离开抗战背景，就无法谈西北联大，而离开陕南、汉中、城固这些地名，西北联大也会成为不接地气之事物。战火燃起后，在北平待不下去，北平大学、北平师大、北洋工学院就迁到西安建校，虽然西安临大、西北联大加在一起的时间仅有近三年时间，和西南联大在昆明八年多有所不同，但西南联大合中有分，西北联大分中有合，战后西南联大几乎全部北归，西北联大却扎根西北，并留下文、理、工、农、医、综合、师范一个完整的高等教育体系，因此二者各有特色。

我们还可以从另一个角度考虑这个问题，其意义就深刻得多。仅在2015年一年，我统计了一下，习近平总书记对中国传统文化的问题一共有七次讲话，讲话中用的词：文化血脉、精神命脉等等，过去我们不大用的词都用了，经过大家学习、研讨、反复审视，今天我们对文化血脉、精神命脉的理解加强了。和2012年在西北大学召开首届西北联大与中国高等教育发展论坛相比，我们脑子里积淀的理念多了，今天这个时候我们宣传西北联大精神，出这样一套书，思维开阔得多，我觉得和党中央的步伐完全吻合。在这样的前提下出这样一套书，有更强的生命力。总书记这样讲：优秀文化是一个国家民族传承和发展的根本，如果丢掉了就割断了自己的精神命脉。对一所历史悠久的大学来说，它也有自身的文化血脉、精神命脉，大而言之，这就是优秀传统文化。西北联大精神的核心就是爱国，为民族的伟大复兴而努力奋斗，这就是它的精神，最根本的精神；小而言之就是学校的校史，特别是这所学校在民族生死存亡之时的校史，从这一意义上讲，西北大学、西安交通大学医学部、西北工业大学、西北农林科技大学、西北师范大学，以及北京师范大学、天津大学、河北师范大学、中国矿业大学、东北大学等数十所院校和原来的西北联大都有文化血脉的联系。在中国人民反对日本帝国主义侵略取得胜利74年之际，配合中央一系列部署，包含全国政协也在这一方面举办了一系列活动。研究西北联大和后来中国西北地区高等教育事业发展的血脉联系，无疑是一件很有意义的事，而现今的研究肯定会比前几年对此研究在理论和深度上会更上一层楼。

这套书和大家的想法不谋而合。整套书篇幅不要太大，文字不要太多，文体不要太学术化，不在非主要问题上多费笔墨，要让一般有初高中水平的读者能看得懂。太学术化、引证太多太烦琐，读者就少了，一本书拿出来没人看，起不到任何作用。我曾在《光明日报》发表言论，就讲我对写普及读物很有感情，如果对所研究的问题没有很深刻的研究是写不出来的，如果身体允许，我还会继续写普及读物。我们的这套书，不在于写一部几卷本的西北联大史，写出来没有人看不行，必须有内容且深入浅出才有人看。定位为普及读物我举双手赞成。普及读物没有很好的逻辑思维、文字修养是写不好的。我所讲的和姚远老师的选题策划、张炜总编所讲的策划不谋而合，每本书几十万字左右，篇幅不要过大，要有人看，要打开读者面，在市场上有一席之地。如果一本书写出来，一出版几天就销声匿迹，那就毫无意义。

这套丛书由《西序弦歌：西北联大简史》《以学报国：西北联大名师》《融汇西东：西北联大教育思想》三部书组成，分别从三个不同的视角反映了西北联大接续民族文脉、奠定西北高等教育基础的简要历史脉络，以及西北联大与其后继院校扎根西北、融汇世界的教育思想等。同时，这套丛书也总结了自 2012 年以来举行的 8 届"西北联大与中国高等教育发展论坛"的研究成果，展示了西北联大辗转平津，西迁南渡，救亡图存、共赴国难的民族精神。与之前已经出版的有关著作相比较，它更接近于历史原貌，更紧扣于历史本质，也第一次触及其战时教育思想，故具有新的高度与深度，也具有新的连续性和系统性。

这的确是一个有着重大意义的研究课题。作为西北联大后继院校的一员，我们有责任、有义务做好西北联大精神的宣传和继承，讲好西北联大故事，并借此展现我们的大学之道，展现我们的文化自信，奔向民族复兴的新征程。

张岂之

2019 年 10 月 20 日

— 目 录

导 言

一、永留青史的西北联大 / 002
二、史无前例的西迁南渡 / 007
三、凤凰涅槃般化身西北 / 011
四、绝漠拓荒的学术贡献 / 016

壹 | 平津烽烟

一、平津发源 / 026
    (一) 中国第一所现代大学：国立北洋工学院 / 026
    (二) 我国近代高等师范教育的开端：国立北平师范大学 / 033
    (三) 北伐胜利后南北一统的文化象征：国立北平大学 / 040
    (四) 中国近代最早的公立女子师范学堂：河北省立女子师范学院 / 047
    (五) 我国现代国家科研建制化的开端之一：国立北平研究院 / 048

二、战火燃起 / 054
    （一）流亡第一校 / 054
    （二）全面抗战爆发后被毁的平津高校 / 061
    （三）齐璧亭电台控诉和报告天津失陷经过 / 065

三、酝酿西迁 / 067
    （一）在民国开发西北热潮中提出教育开发 / 067
    （二）陕甘青争办西北大学 / 070
    （三）北平研究院先期赴陕开展史学和植物学合作 / 071
    （四）教育部令西北农专筹设国立西北大学理学院 / 072

贰｜临大初创

一、连黉丰镐 / 081
    （一）长沙、西安两个"临时大学"的孕育 / 081
    （二）国立西安临时大学的合组 / 086
    （三）常委商决制虽有短暂波折但整体上有效运行 / 089
    （四）河北女师、北平研究院与临大的合组、关联 / 093
    （五）国立西安临时大学正式开学 / 100

二、战时教育 / 102
    （一）到校、分布与教育概况 / 102
    （二）战时大学制度与战时管理 / 109
    （三）6院23系的师资与教育活动 / 117
    （四）学生生活 / 125

三、抗日救亡 / 129
    （一）西安临大开课前夕西安遭日机轰炸 / 129
    （二）西安临大抗日救亡概述 / 130
    （三）首越秦岭的抗日宣传 / 133

四、翻越秦岭 / 135
    （一）西安临大迁陕南经过 / 135
    （二）西安临大南迁日记 / 144

叁 | 改称联大

一、播迁陕南 / 166
    （一）改组概况 / 166
    （二）组织系统 / 171
    （三）开学典礼 / 175
    （四）校训与校歌 / 179
    （五）办学经费与交通困难 / 180

二、六大学院 / 182
    （一）文理学院八系 / 182
    （二）法商学院三系 / 187
    （三）教育学院（师范学院）三系 / 189
    （四）工学院六系 / 192
    （五）农学院三系 / 194
    （六）医学院 / 195
    （七）训导制的创造与发展 / 201

三、救亡图存 / 207
    （一）中共地下党和进步社团活动 / 207
    （二）西北联大其他抗日民主活动 / 216
    （三）解聘与抗争 / 219
    （四）"防共说"并未主导南迁和"一分为五" / 227

四、苦乐生活 / 233
    （一）"衣服无边疆"的教授生活 / 233
    （二）化学系的科研乐趣 / 234
    （三）"水煮白菜一口沙"的学生生活 / 235
    （四）足蹬草鞋的医学生 / 237
    （五）警报声中的武装考试 / 238

肆ǀ 五校合分

一、西工分合 / 244
（一）国立西北工学院概貌 / 244
（二）二次联合后的西工系科 / 249
（三）填补中国北方地区高等教育空白的工业管理学科 / 250
（四）传承和光大我国最早的工科研究生教育 / 254

二、西农分合 / 257
（一）合组后的国立西北农学院 / 257
（二）合组国立西北农学院的意义 / 259
（三）创建我国西北最早的现代科学研究机构 / 261

三、西大分合 / 262
（一）国立西北大学概况 / 263
（二）创立我国最早的两个考古学学科之一 / 269
（三）创立我国最早的两个边政学系之一 / 270

四、西医分合 / 272
（一）国立西北医学院的历史地位 / 272
（二）国立西北医学院概况 / 274
（三）附属医院 / 281

五、西师再迁 / 286
（一）独立设置后的国立西北师范学院 / 287
（二）西师迁兰 / 291
（三）开办我国最早的师范研究机构与研究生教育 / 292
（四）开展我国北方最早的电化教育 / 294
（五）创建陕南体育师范教育和体育文化重镇 / 295

六、五校岁月 / 298
（一）传承自西北联大的西大校训 / 298
（二）同出一源三校训 / 300
（三）李仪祉与西大、西农和西工 / 302
（四）抗战"三坝"与坝上长夜 / 305

（五）日机轰炸西工、西农与西医　/310
（六）师生从军　/314
（七）西医、西师的教授生活　/319
（八）学生生活　/322
（九）形成771名教授、副教授和3189名教职员工的师资队伍　/332
（十）培养9 289名文理工农医师范各科学生　/332

伍｜今世传承

一、分而有合　/338
　　（一）西工、西农、西大、西医的再联合　/338
　　（二）西工、西大在两年间共有一位校长　/339
　　（三）西大与西师合聘教授，共用校舍与设备　/341
　　（四）西大、西工、西农三校联席会议　/343
　　（五）西大、西师奉教育部令补发临大—联大毕业证　/344
　　（六）仅过两年便有恢复联大模式的呼声　/345

二、西渡东归　/347
　　（一）平师复校北平　/347
　　（二）北洋复校天津　/349
　　（三）河师复校天津　/350
　　（四）焦工复校洛阳　/351
　　（五）东工复校沈阳　/352
　　（六）"遍插茱萸少一人"　/353

三、再度结盟　/354
　　（一）化身为西北永久的教育机关　/354
　　（二）相聚长安再结盟　/359
　　（三）母体或子体院校的进一步衍生　/360

参考文献　/363
后　记　/373

导 言

并序连黉，卅载燕都迥。
联辉合耀，文化开秦陇。
汉江千里源嶓冢，天山万仞自卑隆。
文理导愚蒙；
政法倡忠勇；
师资树人表；
实业拯民穷；
健体明医弱者雄。
勤朴公诚校训崇。
华夏声威，神州文物，
原从西北，化被南东。
努力发扬我四千年国族之雄风。

这首由黎锦熙教授和许寿裳教授所作的《西北联大校歌》与罗庸、冯友兰作词的《西南联合大学校歌》构成了战时大学精神的最高表现，共同唱出了"原从西北，化被南东"和"驱除仇寇""壮怀难折"的战时教育高歌。其中，尤其是"开秦陇""导愚蒙""倡忠勇""树人表""拯民穷"，"弱者雄"，唱出了平津四校一院"并序连黉""联辉合耀"的高度文化自觉；"勤朴公诚"，唱出了天下为公、勤奋敬业、质朴务实、不诚无物,有深刻内涵的校训;"文理""政法""实业""医",唱出了以文理、法商、教育、农、工、医为学科架构,开发西北、建设西北和奠基西北高等教育的雄心壮志;"发扬我四千年国族之雄风",则唱出了以学抗战,化被一方,立足西北,融汇世界,复兴"华夏声威",创建西北新文化的重大历史使命。

这就是我们要述说的话题——"九一八"事变和"七七"事变相继爆发之后在古都西安诞生的国立西北联合大学的前世今生。

一、永留青史的西北联大

1931年9月18日晚10时,时任东北大学代理校长的宁恩承刚刚就寝,忽然一个惊天动地的爆炸声,将临近北大营的东大校舍震得窗门动摇,震惊中外的"九一八"事变爆发了。宁校长立即组织师生连夜躲避和撤离,东北大学遂成我国第一所流亡大学,并在张学良校长的鼎力支持下在西安城西南隅(今西北联大后继者西北大学太白校区)建起了校舍、礼堂,弦歌复起。

1937年7月7日,"七七"事变爆发三周后的7月28日早晨,我国第一个国际篮球冠军队功勋队员、北平大学体育教师王耀东起得很早,照常去北平大学女子文理学院指导田径队练习。他走在半路上,发现街上行人稀少,一个个面露惊恐,一打听才知道守城的二十九军已经撤走,日军正在进城。王耀东急忙回家,稍后即告别妻女,化装逃出北平,复在徐州火车站遭遇日机低空扫射,再转乘陇海路火车,终于平安抵达西安,应聘为国立西安临时大学(以下简称西安临大)教育学院体育系专任讲师,并常到与东北大学共处的西安临大(今西北大学太白校区)文理学院、工学院上课,复作为三个中队副之一带队南迁汉中,战后又作为复校交涉专员将西北大学迁回原东北大学西安校址。不成想,因为体育或救助黑龙江籍流亡学生而三见张学良的王耀东,在少帅一手建起的这所校园里,终身教授体育,直到107岁辞世,见证了我国第一所流亡大学东北大学和我国战时最大的大学联合体之一国立西北联合大学(以下简称西北联大)的分分合合。

如今，在西北联大后继者西北大学太白校区里，有一座"东北大学—西北大学礼堂"，已成为战时中国高等教育的重要办学遗址，列为陕西省重点文物保护单位。大门前张学良将军勒石题刻的奠基碑，矗立堂前，向人们诉说着战时在此发生的一幕又一幕……

"九一八"事变与"七七"事变相继爆发之后，中华民族面临生死存亡的危急关头。我国族最根本的文脉所系——高等教育，也面临国破校亡、根基沦丧的空前灾难，尤其是大学数量接近全国半数、在校大学生占全国三分之二以上的东北与平、津、沪三地，面临的危险最为严峻，遂先有东北大学自东北向北平、向西北的颠沛流离，再有平、津高校的空前浩劫。1937年9月10日，国民政府教育部第16696号令："以北京大学、清华大学、南开大学和中央研究院的师资为基干，成立长沙临时大学；以北平大学、北平师范大学、北洋工学院和北平研究院等院校为基干，设立西安临时大学"（1937年9月复并入河北省立女子师范学院一部分）。由此，形成抗日战争时期中国最大的两个大学联合体，即国立长沙临时大学—国立西南联合大学（以下简称"西南联大"）与国立西安临时大学—国立西北联合大学（以下简称"西北联大"）。

西南联大以合而有分的形式在西南大后方、西北联大以分而有合的形式在西北大后方各自从1937年至1946年发展9年，分别为西南地域文化或西北地域文化，以及保存国族文脉做出了历史性贡献。抗战胜利后西南联大在1946年5月4日宣布结束，几乎全部北返平、津复校，仅为西南地区留下一个昆明师范学院。西北联大，虽在1939年8月8日奉教育部令改为国立西北大学（以下简称西大），但相继分出国立西北工学院（以下简称西工）、国立西北农学院（以下简称西农）、国立西北医学院（以下简称西医）、国立西北师范学院（以下简称西师），为西北地区留下综合、师范、人文、理、工、农、医等一个完整的高等教育体系。北平师范大学、北洋工学院后来复归平津，但北平大学却整建制地永远留在西北。抗战时期由西北联大母体诞生的子体——国立西北五校——表现出明显的分而有合。比如：五校在西北联大校训"公诚勤朴"的基础上或直接继承（西大），或演为"公诚勇毅"（西工）、"诚朴勇毅"（西农）。在1945、1946年，国民政府教育部又令国立西北大学、国立西北师范学院分批为西北联大二十七年度、二十八年度两届除原平津三校学生外的毕业生（借读生、转学生）换发毕业证，截至1947年5月1日，已收到教育部验印的毕业证160份。这些毕业证书同时加盖西北联大四常委徐诵明、李蒸、李书田、陈剑翛的签章，所在院院长、国立西北大学校长刘季洪签章和教育部核验章，表明西北联大确有血脉上的延续，而且最先分出的西工与西大在近两年的时间共有一位校长。西师在1939年8月虽然名义上分出，但直到1944年11月迁兰州前一直在城固与西大隔壁共处、合班上课、90%以上的教授合聘，共用图书馆、操场等教育资源，还合作编辑出版《城固青年》《西北学报》等期刊。西医1939年8月分出，1946年8月复与西大合并回迁西安。另外，还建立三校联席会议制度、联合招生、联办社会教育、联合创建西北学会、中国物理学会西北分会、中国化学学会西北分会等学术社团。西北联大仅仅分开几年，即再有恢复西北联大的呼声。

在共同办学宗旨和共同历史使命之下，国立西北五校的分而有合成为一种自觉的行动，遂有联合招生与办学、对外争取权益等共同举措。民国三十七年度（1938）、民国三十八年度（1939）尚为全国高校统一招生。在城固时期，西大、西工、西农即开始合办大学先修班。迁至西安后，陕西省教育厅专拨早慈巷官产房舍两院，由三校继续联合办学，分为文法、理工、医农三组，于1946年12月恢复招生。1947年11月，招收录取大学先修班学生120名，备取65名，连同与西工上次招收的新生，共计220名，分为4班。直至1948年秋季，西大才开始单独招生办班。1942年夏秋之际，汉中、西安物价飞涨，每袋面粉从年初的145元，到8月下旬涨至550元，教授薪金以每月300元计，仅合战前83元，教职工生活大受威胁。为此，于1941年12月、1942年10月、1943年3月，西北五校数次联合电呈国防委员会秘书厅、行政院秘书处、监察院和国民政府教育部，呼吁解决生活困难，并联合采取措施自救。中国共产党的地下活动，最初亦联合西北大学、西北工学院、西北师范学院同设一个西北大学支部，但大家仍习惯地称"西北联大支部"，归中共陕西省委直接领导。1940年，陕西省委为便于秘密活动，才将原支部划小，分为西大、西工、西师三个支部。

西北联大的发展分为两个阶段：一是国立西安临时大学和国立西北联合大学时期；二是国立五校分而有合时期。

西安临时大学之构思始于1937年8月教育部的《设立临时大学计划纲要草案》，以及王世杰、朱家骅、孙蔚如、胡适、傅斯年等人的最初动议，初拟在长沙、西安等地至少设三个临时大学。1937年9月10日正式颁布教育部第16696号命令。1937年10月11日王世杰发布《西安临时大学筹备委员会组织规程》，以教育部、北平研究院、北平大学、北平师范大学、北洋工学院、东北大学、西北农林专科学校、陕西省教育厅等代表组成筹备委员会。王世杰兼任主席，聘任李书华、徐诵明、李蒸、李书田、童冠贤、陈剑翛、周伯敏、臧启芳、辛树帜等9人为委员，随后又指定徐诵明、李蒸、李书田、陈剑翛4人为常委，不设校长，由常委商决校务。

1938年1月10日为学生到校最后期限。据1938年2月10日的统计，全校学生总计为1 472人（含借读生151人）。全校分为第一院、第二院、第三院，再分为：文理（国文、历史、外国语、数学、物理、化学、生物、地理八系）；法商（法律、政治、商学三系）；教育（教育、体育、家政三系）；农（农学、林学、农业化学三系）；工（土木工程、矿冶工程、机械工程、电机工程、化学工程、纺织工程六系）；医（不分系）六大学院，24个系。学生以文理学院（439人）、工学院（386人）、法商学院（279人）居多。全校三院分布在西安的三个地方：校本部、第一院的国文系、历史系、外语系、家政系在西安城隍庙后街四号（西门里贡院旧址，前陕西省立一中旧址）；第二院的数学系、物理学系、化学系、体育学系，以及工学院与东北大学工学院共处一院（借用东北大学部分校舍和自建部分校舍，今西北大学太白校区）；第三院的法商学院三系、农学院三系、医学院和教育系、生物系、地理系在北大街通济坊（今西安北大街中段东侧，时称通济坊洋房）。1937年9月30日，在第二院举行国立西安临时大学筹备委员会常务委员会第一次会议。1937年11月1日开学，15日在第二院大礼堂（今西北大学太白校区大礼堂）补行开学典礼，并正式开课。

太原失守后，日寇沿同蒲铁路南下，窜抵晋陕交界的黄河风陵渡一带，与西安东部135公里处的潼关仅一河之隔，西安东大门告急。1937年11月13日，就在西安临大开学不到两周，日军两架轻型轰炸机即开始第一次轰炸西安，西安临大本部在城隍庙附近的西段城墙一带修筑了600多个防空洞避险。之后，西安城被日机轰炸达145次，出动日机1 106架次，投掷各种炸弹累计3 440枚。西安已无法安放一张安静的书桌，为此，西安临大师生徒步翻越秦岭，南迁汉中。迁徙途中于1938年4月2日改为国立西北联合大学。迁陕南后，全校分布在三县六地：大学本部、文理学院设于城固县考院（黉学巷贡院旧址）；教育学院（稍后改为师范学院）全部、工学院一部设于城固县城文庙；法商学院设于城固县城小西关外原县简易师范旧址；体育、地理、土木三系和附设高中部设于城固县古路坝天主教堂；医学院设于南郑县（今汉中市汉台区）居民聚居区，便于民众诊病；农学院在沔县（今勉县）武侯祠，利用汉水开凿沟渠，从事农业和灌溉研究。其中，工学院矿、机、电、化、纺、土六系一年级、医学院一年级均在城固城内上课。学校在西安、南郑均设有留守处或办事处。即便已迁离西安，日机复追踪武功、汉中等地，西农、西工、西医连续遭日机轰炸，西农师生3人和西医师生3人被炸身亡。

国民政府行政院第350次会议通过之《平津沪战区专科以上学校整理方案》提出："国立北平大学、国立北平师范大学及国立北洋工学院，原合并成西安临时大学，现为发展西北高等教育，提高边省文化起见，拟令该校各学院向陕甘一带移布。1938年5月2日，西北联大在陕南城固校本部补行开学典礼，并开始上课。同年，联大第45次常委会通过决议，以"公诚勤朴"为校训，并聘请黎锦熙教授和许寿裳教授撰成校歌歌词。

西北联大沿袭西安临大旧制，学校不设校长，由校务委员会、常委商决校务。1938年7月22日，教育部长陈立夫令，撤销原筹备委员会，改组为校务委员会，原西安临大筹备委员均为校务委员会委员。常委有徐诵明、李蒸、李书田、陈剑翛。因陈剑翛请辞，教育部复派胡庶华接任常委。同年10月，又任命张北海、许寿裳为校务委员。

1938年7月27日，由国立西北联合大学工学院（含北平大学工学院、北洋工学院）、国立东北大学工学院、私立焦作工学院合组为国立西北工学院，同时由国立西北联合大学农学院（原北平大学农学院）、国立西北农林专科学校合组为国立西北农学院。1939年8月8日，国立西北联合大学文理学院、法商学院分拆为文学院、理学院、法商学院三学院，改为国立西北大学，同时将其医学院、师范学院独立设置为国立西北医学院（一度并入西北医学专科学校，设西北医学院兰州分院）、国立西北师范学院。至此，国立西北联合大学"一分为五"，化身为"国立西北五校"，即国立西北大学（今西北大学）、国立西北工学院（今西北工业大学）、国立西北农学院（今西北农林科技大学）、国立西北医学院（今西安交通大学医学部、西北大学医学院）、国立西北师范学院（今西北师范大学），从而为大西北留下了文、理、法、商、工、农、医、师范、综合一个完整的高等教育体系。

1944年年底，国立西北师范学院全部迁往兰州。抗战胜利后，北平师范大学、北洋工学院回迁平津复校，北平大学则整建制地永留西北，主体为西北大学所继承。1946年8月，国立西北医学院并为国立西北大学医学院。西北大学回迁西安，并相继并入陕西省立医学专科学校、陕西省立师范专科学校、陕西省立商业专科学校、陕西省立师范专科学校南郑分校。如今，北京师范大学、天津大学、西安交通大学、西北工业大学、西北农林科技大学、西北大学、西北师范大学、河北师范大学、中国矿业大学、东北大学等全国30余所大学都与西北联大有历史渊源。从西北联大母体与子体的成立至1949年中华人民共和国成立前夕的各自回迁复校或永留西北办学，是一个扎根西北、分而有合、子母血脉相连的高等教育共同体。

二、史无前例的西迁南渡

1937年"七七"事变爆发前后，沦陷区的机关、厂矿、文化机构和学校开始向后方大规模转移。平津两市的高等学校开始有组织地向西南和向西北迁徙。1937年9月10日，西安临大开始在西安面向全国战区和后方聘任教授，招收学生，处于沦陷区的原四校一院的教师、研究人员、未毕业的四校学生，穿越层层封锁线，向西安集中，从而演绎了令人终生难忘的大迁徙。

最早开始这种大迁徙的是东北大学，1931年"九一八"事变之后，即相继开始流离迁徙。其路径：沈阳→北平、开封和西安→陕西城固和四川三台，返回时再从三台→北平→沈阳，直到1949年2月在沈阳复校，历时15年、近3 000公里的大迁徙。其工学院在西安时即与西安临大共处一院，到陕南城固复与西北联大的工学院等合组为国立西北工学院。

其规模最大的一次迁徙是日寇逼近山陕间的风陵渡时，西安临大于1938年3月16日至4月20日的千里大迁徙。西安临大全校1 400余名学生历时一个多月，先从西安乘火车沿陇海路行300公里至宝鸡，再徒步318公里，翻越秦岭到陕南城固、南郑一带办学，全程1 300余华里。出发前在西安采购的锅饼就有317袋、8 676市斤，还有3 000余市斤咸菜。1938年3月19日还在秦岭马道一带遭遇土匪劫车。途中有一位教授、一位青年教师、一位学生不幸身亡。李书田常委称为"徒步千里的破天荒大举动"；刘德润教授记为"百年不遇的大事"。这次南迁，学校以常委徐诵明为大队长，将1 400余名学生，编为1个大队，下分3个中队14个区队106个分队，教职员及其眷属、高中区队、女生2个区队皆无分队，为独立区队，每个中队500—600人，开始南迁汉中。从西安乘火车到宝鸡下车，住宿一晚。次日从宝鸡南行徒步翻越秦岭，三个中队又前后分为四批行军。由宝鸡至汉中分10站行进。按照次序，第一中队先行，依次为第二、第三中队。全校千余学生行程近千里，历时月余，并以沿途社会调查、抗战宣传、军事拉练、强身健体为目标。其每日需步行10余公里，多者30余公里。规定学生们自备背包1个，草鞋2双，两人合组轻便行李一件。每个中队一般由军训教官任队长、年轻教授任副队长，下设运输组、设营组、纠察组、交通组、医务组、警卫组等。每个中队配有民夫、驮运骡马等。迁徙途中发生了"买尽全城锅饼和咸菜""刘艺民英雄救美""谢似颜行不由径""女生入观开先例"等很多流传至今的故事。

教师的应聘之路最为漫长的要数汪堃仁教授了。他就是后来我国组织化学和细胞生物学的开拓者汪堃仁院士。汪堃仁接到国立西安临时大学聘任时尚在在北平协和医学院实习教学。他多方筹借路费，与妻子杨淑清，携带2岁的长女、尚在襁褓中的次女，开始西北之行。从塘沽登船，经香港抵越南海防，换乘火车到昆明，再由昆明乘卡车穿过云贵高原，到达山城重庆，已是盛夏酷暑的7月。在重庆停留期间，敌机不时狂轰滥炸，尸陈遍地。即便如此，他考虑到内地教学一定很需要生理仪器，他便找到中央大学医学院生理学教授蔡翘办的教学仪器厂，自己筹款买了几套生理实验仪器，以备教学之用。复由重庆带着仪器、行李和妻女，乘江轮溯江而上，到了泸州，经成都、剑阁、广元，途中多次更换交通工具，有时还得步行，终于在1939年9月到达陕南城固。前后历时4个月，行程万余里，受尽长途跋涉之劳，饱尝蜀道难行之苦，而此时向他发出聘书的西安临大已经改为国立西北联大，复改为各冠以"西北"二字的五所国立院校。他在陕南九年受聘为西北联大—西北大学—西北师范学院生物系副教授、教授期间，开出了在北平协和医学院所开过的全部现代生理学实验课程。解剖实验没有尸体，就用动物来代替，没有骨骼就捡取无主尸体加工成骨骼，用于解剖教学，并未由于身处大山深处而降低一丁点的教学标准。

与汪堃仁从东向南，再由南向北的迁徙路程相反的是，在他抵达陕南城固的同年，另一支队伍在结束了由东往西和由北往南翻越秦岭的迁徙之后，在李书田常委的带领下却开始了由陕南城固向西南方向西昌的另一次迁徙，在那里筹建国立西康技艺专科学校。其代表人物也是后来的一位院士，叫魏寿昆。他也是携妻带女，与大家由陕南乘汽车出发，经四川广元至剑阁，到梓潼，进入成都平原，找到西康技艺专科学校成都接待处，再由成都乘汽车颠簸至雅安。然而，从雅安到西昌的450公里，就只能徒步跋涉或骑马、坐滑竿。这时，魏寿昆发现妻子已经怀孕，还有9岁的女儿，他只好将行李物品放在一滑竿上，妻子和女儿乘另一滑竿，自己则气喘吁吁地随图书设备驼队登山。一路上一会儿阴云密布，一会儿细雨蒙蒙，一会儿又万里晴空，一会儿穿过土匪出没之地，经过了传说中唐僧西行取经的晒经关，也颤颤悠悠地经过了大渡河铁索桥，途经荥经、大相岭北麓、大相岭顶峰（海拔2 830米）、汉源、富林镇、越西、小相岭顶峰（海拔3 030米）、冕山、泸沽、安宁河平原、礼州，最终抵达西昌。从城固到西昌全程1 079公里，历时12天。就这样，刚一到驻地，他就和李书田在暗淡的灯光下谈起了开学的事。

在数次大迁徙中，迁徙距离最长的要数北洋工学院，从天津—西安—宝鸡—城固—广元—成都—雅安—西昌—贵阳—泰顺，全程5 400余公里。李书田院长与部分师生从陕南城固到西昌，创建西康技艺专科学校，又在贵州、泰顺、西安等地办学，历经艰辛，将联大火种播撒到了康藏、云贵高原东部，浙南等地。1946年4月，北洋工学院西京分院38名学生，在李书田院长率领下，经韩城、临汾断续乘车或步行返回天津复校。

最后是国立西北师范学院的奉令迁徙。1942年，由西北联大分出的国立西北师范学院奉令西迁甘肃兰州。1942年秋，前西北联大常委、西北师院院长李蒸携全家和其他几位老师开始踏上了由城固迁往兰州700余公里的艰辛历程。他们从陕南城固出发，经汉中、褒城，抵石门后，进入山区，又经留坝县庙台子、凤县凤凰岭、双石铺、甘肃的徽县，再经过江洛镇、兴隆镇、天水、通渭、华家岭山脉、定西，历时8天终于抵达兰州。途中乘坐卡车穿越山路，行程七八天，时时都会遇到让人提心吊胆的事情。当卡车行驶过天水后不久，便在一个山坡的拐弯处，突然翻倒在一侧，车上的人和行李全被甩了出去，待大家稍有一点清醒时，才挣脱出车外。卡车司机闯了大祸，便溜出驾驶室逃跑了。后来跑了一段路，见未出人命，便又回到车旁。李蒸院长当时并未严厉训斥，只是对他进行了教育，责任问题以后再说，安心等待救援车。

抗战胜利后的回迁同样曲折艰难。原北平师范大学的师生从兰州返北平复校，全程近1 800公里，只有两途：一是陆路，每人路费约需时币法币20万元，由西安经临汾、太原、石家庄到北平；二是绕道上海，由西安经郑州、汉口、上海乘船到平津，每人路费需法币百万元以上。学生的费用则全部自理，教师也大多拿不到还乡费。徐英超教授卧病多年的妻子刚刚离世，一家五口人在西北过着勉强吃饭的生活，教育部给了50万元还乡费，同事们又凑了30万元。1946年8月21日，徐英超教授由兰州动身返平，24日抵西安，并带上一群穷苦学生，9月3日抵郑州，成立"师大复员返平团"。他们乘火车15小时到新乡，15日再由新乡出发抵安阳，次日复有西安来的一大队学生加入，达200余人。在中共解放区代表的陪同下，步行通过了火线地雷区，又逢前线交火，枪声大作，大队匆匆穿过两个村庄，才离开火线。19日抵达晋冀鲁豫边区政治中心所在地邯郸，受到边区主席、北师大校友杨秀峰等的热情接待。复步行经邢台、高邑，到元氏县火车站，再乘火车经石家庄，于26日回到北平。全程近2 000公里（其中新乡到元氏县的步行历程约300公里），历时一个半月多。在这困难重重的路途中，徐英超一行途经解放区邯郸，受到了热烈欢迎，由晋冀鲁豫边区政府主席杨秀峰致欢迎词，听取了一些同志的报告；在邢台，北师大校友、北方大学校长范文澜为了欢迎远道而来的校友，举行了感人的欢迎大会，他们参观了北方大学，观看了话剧《白毛女》。解放区之行，使得徐英超一行对共产党有了初步的认识，对许多人具有深刻的教育意义。1946年，还有另外一支北师大回迁队伍，选择乘坐马车，又乘羊皮筏走黄河水路到今内蒙古境内，复辗转回到北平。

身处民族危亡之际，知识分子如何做出抉择？是眼看着国族文脉将折断于日寇的铁蹄之下，甘当亡国奴吗？这时，一群民族的知识精英果断地逃出敌占区，突破敌人的层层封锁线，屡屡遭受敌机轰炸和机枪扫射，跋涉数千里，最曲折地经北平、天津、越南、云南、重庆、成都，万里迢迢聚集到大后方的西北联大。在日机逼近山陕交界处的风陵渡后，复徒步千里征服难于上青天的秦蜀故道，翻越秦岭，再迁至秦巴盆地的陕南继续办学，又分支跋涉千里在兰州、在西康、贵州办学。像西安临大、西北联大与长沙临大、西南联大一样，全国200余所学校的70万师生，从东到西、从北向南，数千里大迁徙，不啻一次"文长征"。除莫斯科大学曾短暂迁出年余之外，中国的大学迁徙在世界上也是史无前例、绝无仅有。

三、凤凰涅槃般化身西北

西北联大先后分两次分立：第一次是工、农两院的分立；第二次是西北大学的"令改"和师范学院、医学院的分立。然而，这种"分立"，却又同时伴随了新的"联合"。因此。应该客观地认识西北联大的这种分分合合，不能简单地以"好"与"不好"，"解体"与"结束"来判别这种"分"与"合"。其实是，合中有分，分中有合。西南联大的合中有分、南渡北返和西北联大的分中有合、扎根西北，同样精彩，同样是一曲壮美的历史乐章。

西工是第一个自西北联大母体分出并独立的学院，却又合入了东北、中原新的高校。1938年7月27日，国民政府教育部部长陈立夫令："西北联合大学工学院与国立东北大学工学院及私立焦作工学院合组为国立西北工学院"。李书田初任筹备主任，赖琏、潘承孝相继任院长。其地址，教育部初定设于岷县或天水，但实际上一直以在西北联大借用的意大利天主教堂之一部做院址，即汉中城固县东南部的古路坝天主教堂（今城固县城南20公里处董家营乡古路坝村）。初设有土木、电机、化工、纺织、机械、矿冶、水利、航空八系，后又增设工业管理系。西工与西大等西北五校关系极为紧密，一度甚至两校共有一位校长。其中赖琏任西北工学院院长任内，于1942年春至1943年12月，一身两职，同时兼任西北大学校长。直到1943年底潘承孝继任西工院院长后，教育部始准予他辞去院长兼职。西北工学院前承北平大学工学院，复汇入东北、中原工学高等教育，形成了土木、矿冶、机械、电机、化工、纺织、水利、航空、工业管理，以及从本科生到研究生的完整高等工程教育体系，从而奠定了西北高等工程教育和工程学术的基础。

西农是与西工同时自西北联大母体分出并独立的学院，却又合入了北平、陕西新的高校。1938年7月27日，开始筹备由西北联大农学院、西北农林专科学校合组为西北农学院，1939年4月20日教育部宣布撤销筹委会，正式成立。原西安临时大学筹备委员、西北农林专科学校校长辛树帜为筹备委员会主任委员、西北联大农学院原院长周建侯教授等为委员。设有农艺学、森林学、农田水利学、畜牧兽医学和农业化学等六系和农业经济专修科。1940年增设植物病虫害系、农业经济系。1941年增设农业科学研究所农田水利学部。1946年增设农业机械学系和农产制造学系。西农新联合体的诞生，提升了西北农林高等教育由专科过渡到本科，也使战时"流亡高校"居有定处，当然最重要的还是由此奠定了西北农林高等教育体系。西农在专科学校时即与西安临大有密切联系。其一是西安临大之前，已经与临大五大前身之一——以北平大学研究机构为基础创建的北平研究院发生合作关系；其二是，与西安临时大学和西北联大也有频繁的教学与学术交流。

1939年8月8日，国民政府教育部令：国立西北联合大学改为国立西北大学。按照《国立西北大学组织规程》，学校"以研究高深学术，陶铸健全品格，培养专门人才为职责"。赖琏校长补充提出"远观周秦汉唐之兴盛，环视大西北区域之雄伟，应以恢复旧的光荣，建设新的文化为己任，为最高理想"。初设文学院（中国文学系、外国语文学系、历史学系）、理学院（数学系、物理学系、化学系、生物学系、地质地理学系）、法商学院（法律系、政治系、经济系、商学系）三院12个系，另有与西工、西农合办的一个先修班。1944年9月奉教育部令，文学院添设边政学系。1945年奉教育部令增设教育学系。1946年5月奉教育部令，西医汉中部分自1946年度起并入西大。8月1日，自联大分出的西医正式并入西大，为医学院。1947年初，报教育部批准，理学院地质地理系分为地质、地理两系。1947年12月报经教育部批准，原隶属文学院之边政系，改属法商学院。西北大学在陕南由西北联大改设同样伴随了新的"并序连蘖"，前后合合分分，并入或分出了30余所大中专学校。它在战后迁建西安陕源西大原址办学，标志着京陕两源的合流，激活了本已奄奄一息的西北大学陕源，形成了"学源于京，地缘于陕"的基本形态，同时也形成了文学、史学、哲学、经济学、法学、社会学、数学、物理学、化学、生物学、地理学、地质学等完整的基础高等教育体系，奠定了西北高等教育和人文社会科学、基础自然科学学术的基础。

西医于1939年8月8日完成独立设置，同样也伴随了新的联合。1945年兰州的西北医学专科学校并入，并设西北医学院兰州分院。1946年8月1日并入西大，并由汉中迁回西安，为国立西北大学医学院。由此，有了较大发展，使其初具规模。1947年，始下设医学研究所。1947年11月在西安建成西北大学附设医院并开诊。1949年8月将陕西省立医学专科学校并入西北大学医学院。迁回西安后，以西安总医院为实习基地。西医保存我国最早的医学高等教育火种，汇入陕甘医学教育，奠定了西北医学高等教育和西北医学科学的基础。

西师于1939年8月8日分出独立，校址仍在汉中城固文庙旧县学内，与西北大学隔街为邻，联合办学。1944年11月西师全部迁移兰州，教育部将其城固校址全部赠予西大。1944年城固分院学生全部毕业，宣布撤销城固分院。1946年7月下旬，教育部电令西师继续独立设置。其相继设有国文、英语、史地、数学、理化、教育、体育、家政8系，及劳作、史地、理化、国语、体育5个专修科，以及师范研究所、附中（由西北联大高中部改称）、附小、附中师范部、劳作师资班、优良教师训练班和先修班等。城固时期的西师与西大，可以说完全处于合而未分的状态。其文、理、教育和各科学生的宿舍、教室、图书馆、操场都是与西北大学合用，合聘教授。西师为陕南、甘肃地方文化与西北文化做出了重要贡献，奠定了西北地区高等师范教育的基础，同时也是中国首次由"教育学院"规范为"师范学院"并创制办学规则的五所大学（中央大学、西南联大、西北联大、中山大学、浙江大学）之一。

矫正以往中国高等教育区域分布的不平衡性，面向西北均衡展布，服务于西北，建设西北，是国立西北五校最大的共性。国民政府行政院确定"为发展西北高等教育，提高边省文化起见，拟令该校院（西北联大）逐渐向西北陕甘一带移布"。1938年，西安临大南迁汉中以后，西北联大徐诵明、陈剑翛二常委赴汉口面谒教育部陈立夫部长汇报工作与请示今后工作时，本有继续向四川迁移的设想，但陈立夫部长指出："西北联合大学系经最高会议通过，尤负西北文化重责，钧以为非在万不得已时，总以不离开西北为佳"；他顺便还提到入川大学过多，"并无余地容纳"。徐诵明也总结指出："任何学校所在地，均当与文化中心及经济中心发生迅速联络"，亦即应主动融入地方，成为所处地域文化的一个有机组成部分，并担当起教化一方的责任。这是西北联大后继学校——国立西北五校的重要特征之一。

抗战胜利前后，北平大学永远留在西北，文理法商主体和综合属性被西北大学所继承。北平师范大学、北洋工学院、河北省立女子师范学院、私立焦作工学院迁回原地复员。国立西北五校分别自陕南迁兰州、西安、咸阳或武功办学。实际上，这些子体院校的创建还有另外一个重要意义，即保存、激活或汇聚了更多的地方高等教育的"小江""小河"，这既保存了我国最早的综合性高等教育和最强的工科，以及矿冶高等教育、师范高等教育、女子师范教育、医学高等教育、农学高等教育的火种，借西北联大之"壳"得以保存和延续，同时也在国土面积占全国三分之一、少数民族人口占全国三分之一、古代四大文化（中原文化、古希腊文化、美索不达米亚文化和印度文化）、三大宗教（佛教、基督教和伊斯兰教）、三大语系（阿尔泰语系、印欧语系和汉藏语系）交错的西北地区创建了现代高等教育体系。其意义远比在平津沪沿铁路线或大江流域"重床迭屋"式建大学的意义深远得多。东南与西北风气悬殊，风霜之苦，跋涉之艰，与鞍马之驰骤，食麦饮酥之淡泊，皆西北之所长。民国初年的陕源西北大学创设会会长张凤翙就认为：交通便利之省份，设立大学尚可缓图，若西北则地方如此辽阔，关系如此重大，人才如此缺乏，求根本之解决，必赖大学之发生。这关乎于现时之建设、关系于将来之建设、关系于外部之防御。看来，在西北创建现代高等教育，是百年来数代有识之士的梦想，而正是西北联大的"并序连黉"、扎根西北，实现了这一百年梦想，从而奠定了21世纪西部大开发的一支重要的文明根基。

西北联大及其后继院校在高等教育上获得极大成功，做出重大贡献：

其一是形成了南郑区、昆明区、四川区三大战时高等教育基地，实现了从"点线大学"向"面的大学"的转折，而且形成了"尤负西北文化重责""要负起开发西北教育的使命"；形成西大"恢复历史的光荣，创建新兴的文化""成为名副其实的西北最高学府"的思想；西师"负起西北中等学校师资训练之重大使命"的思想；西工"奠立西北工程教育之基础"的思想；西农负起"领导西北农业建设之责任""成为全国最完善之农业学府"的思想；西医"以培植医学专才，发展西北卫生事业，促进民族健康为职志"的思想等。由此，渐成一种战略责任与使命，成为教化一方、为西北地方文化和经济社会发展服务的一支重要力量。

其二是形成了融汇世界教育办学的宽广视野，提出："当本'天下一家'与'世界大同'之理想，努力争取人类的互助合作与各民族文化的交流"；"为世界和平计，为将来大同计"，"教育家的眼界""不能不注射于世界教育"；"未敢以自满，且以世界学术进步之速，时以落后为惧""俾渐渐走入世界学术之林，肩负挽救国家之重责"；"世界各主要国家的不同教育思想"可以充作吾人参考资料及研究方法"；"研究东西学术，融汇现世界之思想"为建国先决条件的思想，等等。而且，黄文弼在推动中西历史考古学融汇、黄国璋在推动中国古地理学与世界新地理学的融汇、黎锦熙在面向世界科学的新趋势，推动"地志历史化"和"历史地志化"方面，作了与世界学术融汇的有益尝试，各个后继院校也有着丰富的国际学术交流实践，是为其重要办学成就之一，至今仍有其重大借鉴意义。

其三是开创我国西北新学制，存续中华民族文脉的根基，奠定近现代西北高等教育格局；形成771名教授、副教授和3 189名教职员的师资队伍，奠定了我国西北高等教育的师资基础；培养9 289名文理工农医师范各科学生，为西部大开发奠定人力资源基础；向抗日前线输送400余名高学历青年远征军战士；首创我国高等教育训导制，发展导师制；五校首批实施我国第一个《师范学院规程并办法》，并成为我国六大师范区中地域范围最大的师范区；开办我国最早的师范研究机构与研究生教育；创立我国最早的两个考古学学科之一；创办我国最早的两个边政学系之一；开展我国北方最早的电化教育；第一次提出中国申办奥运会；赢得我国第一个国际篮球比赛冠军；赢得第一个远东运动会长跑冠军；等等。

四、绝漠拓荒的学术贡献

西北联大及其后继院校在人文社科学术与科学技术学术方面也获得极大成就。

其一是在人文社科领域：沈志远的译著《辩证唯物论与历史唯物论》对毛泽东写作《实践论》和《矛盾论》产生重要影响，完成第一部马克思主义哲学辞典，完成了介绍马克思主义经济学的第一部著作《新经济学大纲》，并传承和光大了自北平大学法商学院陈豹隐、侯外庐首译《资本论》、李达著《辩证法唯物论教程》《社会学大纲》以来的传统，成为俄文教育首善学府和马克思主义传播源之一；汪奠基最早介绍数理逻辑的著作和完成第一部中国逻辑思想通史；黎锦熙第一次科学、系统地揭示了我国白话文内在的语言规律，提出"言文一致""拼音绝非文字"的国语统一原则，确定以北京音为国语标准，创制注音符号草体、设计注音汉字铜模、持续推进注音—拼音的正确发展，创制注音符号草体，并参加审音工作，创立"明三术，立两标，广四用，破四障"的民国新方志理论，首开战时人文学科服务地方文化建设的先河；对汉博望侯张骞墓的首次科学发掘与维护和西北考古学科的肇始，引发民国时期丝路研究的热潮；陆懋德完成我国第一部《史学方法大纲》并形成中国近代九大历史研究法之一；萧一山完成中国第一部《清代通史》，继承和发展了"新史学"流派；黄文弼提出和践行"三重证据法"，完成我国第一部符合现代考古学体例的考古报告，开辟我国西北考古和科学考古；王子云首先建议教育部设立敦煌艺术研究所，发起我国现代美术运动，完成第一部《中国雕塑艺术史》，开创我国艺术考古事业；罗章龙完成第一部以"国民经济史"命名的通史性经济史学著作，取得经济史学研究方法的重要理论成果；等等。

其二是在自然科学领域：哥廷根学派的中国传人、我国抽象代数第一人曾炯以其"曾定理""曾层次"将我国抽象代数推进到国际最前沿；傅种孙首次引入并详介几何公理，创造性地用现代数学方法研究中国古算；张伯声创立被公认为我国五大地质构造学派之一的地壳波浪状镶嵌构造学说，发现了"嵩阳运动"界面，发现了"黄土线"现象，为黄土"水积说"提供了有力的佐证；阎隆飞在植物叶绿体中发现碳酸酐酶，被美国宇航局引用并应用于宇航舱中以维持气体平衡，在世界上首先发现高等植物收缩蛋白，成为国际高等植物组胞骨架研究的里程碑；周尧对昆虫高级阶元类群进行了重新划分，建立23个新亚目、45个新总科和2个新科，发现420多个新种与26个新属，创建我国第一家和全球最大的昆虫博物馆，完成最完善的中国蝶类志；李赋京专攻血吸虫的中间宿主钉螺研究，在安徽发现的钉螺新种被命名为"李氏安徽钉螺"；田在艺历任大庆油田地质调查处处长兼总地质师和勘探指挥部副指挥兼总地质师，是大庆油田的重要发现人之一；虞宏正专注于胶体化学和物理化学研究，结合西北地区特点开展土壤改良研究，开创土壤热力学，曾获13项国家奖励和45项省部级奖励；魏寿昆开展钢铁脱硫、钢液脱磷、选择性氧化、固体电解质电池定氧和冶金热力学应用等研究，首次提出转化温度概念及活度理论，奠定中国冶金物理化学基础；汪堃仁发现了迷走神经与垂体后叶反射的关系，以组织化学方法研究胃、胰细胞的机能定位，开拓组织化学；黄国璋先后担任7所大学的地理系主任，是担任地理系主任时间最长、创办大学地理系最多的人，开拓与奠基中国近代地理学。其中，特别值得一提的是：西北联大工学院讲座教授李俨是中国科学史学科的开拓者之一，对中国古代数学史作了大量研究；石声汉是中国农史学科奠基人之一，致力于中国古代农业科学技术研究；从西北医学院和国立西北大学医学院走出了李经纬、赵石麟、张学文等三位著名的医史学家；李约瑟三次到访西北大学，提升了其科学史研究的国际化程度，促成了今日西北科学史研究的繁荣。其中，特别是傅角今任方域司司长期间，明确南海领土范围最南应至曾母滩，并主持印制《南海诸岛位置图》，用十一段国界线圈定了南海海域范围，恢复了我国版图轮廓南北长于东西的本来面目，成为如今中国坚持的南海主权九段线的来源。1946年10月23日，郑资约与助手曹昭孟及西北大学地理系4位学生登上太平舰，代表我国接收南海诸岛，至1947年12月26日完成工作，经两月余，行程2 000海里；完成《南海诸岛地理志略》，奠定了南海诸岛统一名称的基础，完整标绘了诸岛地图。

其三是在工程技术领域：吴自良带领团队经3年研制出铀生产关键部件"甲种分离膜"，使中国成为除美、英、苏外第4个独立掌握浓缩铀生产技术的国家，打破了核垄断；李恒德在国际上最早进行铍单晶塑性形变研究，发现了铍的脆性机制和本质，对核反应堆用铸管轧制工艺和氢化物分布关系、核燃料微芯试制等做出巨大贡献；师昌绪研发出中国第一个铁基高温合金，领导开发中国第一代空心气冷铸造镍基高温合金涡轮叶片，开拓材料腐蚀领域；高景德参与开辟电力系统线性与非线性最优控制研究领域，创造性地研究了串联电容引起交流电动机自激问题；傅恒志作为当时铸造学科唯一的留苏研究生，在留学期间即研发出新型高温合金，填补国际空白并获苏联专利，创建了国内唯一的凝固技术国家重点实验室，培养出中国第一位铸造工程博士；李仪祉把国外技术与我国古代经验相结合，首次提出黄河综合治理学说，以上中下游并重，防洪、航运、灌溉、水电兼顾为治水指导思想，主持建设"八惠渠"，受益农田在1948年即达到330万亩（22万公顷），是民国时期全国最大的模范灌溉区；李书田长校9

所，是中国近代水利科学事业的奠基人之一，创建了我国第一个水工试验所和首批水利专业，开研究生教育之先河，为美国土木工程学会终身会员，是该会100多年历史上第61位获此殊荣者；曹楚生20世纪60年代主持设计的盐锅峡水电站是黄河上第一座水电站，70年代设计的碧口大坝是我国第一座大型碾压式堆石坝，80年代在潘家口工程中首次采用带宽尾墩溢留坝并建成我国第一座大型混合式蓄能电站；陈秉聪首次提出将"畸变模型理论"应用于松软地面，提出"半步行理论""仿生步行与仿生脱附理论"，使仿生步行机械和脱附技术进入工程化实用阶段；刘广志竖起新中国第一部地质钻塔，用3个月时间钻成一口500米深的钻孔，向建国献礼；叶培大设计安装了我国第一部杜黑特线路100千瓦大功率广播发射机，设计安装了天安门广场的广播系统，奠基我国微波、光纤通信与信息高速公路建设；周志宏带领同事完成了钱塘江大桥桥梁桥座的铸造和加工任务，研制出中国最早的大型铸锻件；史绍熙研发出我国第一台转速为3 000 r/min以上的高速柴油机和第一台两级自由活塞式发动机压气机；靳树梁开拓钒钛磁铁矿高炉冶炼新工艺，首创"高风温、高碱度、适宜高炉温、低渣量"冶炼方法；高为炳首创变结构控制系统设计的"趋近律"方法（又称"高为炳方法"），出版我国第一部《变结构控制理论基础》；关绍宗是矿山通风与安全技术学科的创始人之一，组建了国内第一座矿山通风实习实验室；朱宝镛创建我国第一个食品工业系、第一个发酵专业，招收我国第一个发酵工学硕士生，第一个提出用大米与玉米代替部分麦芽酿造啤酒，等等。

其四是在农业技术领域：赵洪璋以"碧蚂1号""丰产3号"和"矮丰3号"推动小麦育种连上三级台阶，创我国一个品种年种植面积的最高纪录，"碧蚂1号"使亩产从100多公斤提高到200多公斤，15年间累计增产155亿公斤，被毛泽东盛赞道"'碧蚂1号'救了大半个新中国"；涂治推翻西方"北纬45度地区不能植棉"的论断，首先引入草田轮作制，成功地将中国棉区向北推移并获得大丰产，单产籽棉201公斤，最高亩产674.5公斤，创全国最高纪录；李振岐系统研究小麦抗条锈性丧失规律，发现陇南"越夏易变区"，为解决小麦病害问题提供了有力依据，主编我国第一部《植物免疫学》，建立西北第一个植物病理专业学科点和植物病理研究所；王绶育成"金大332"大豆、"王氏大麦"

（美国定名）等优良品种，是我国育种学和生物统计学的奠基人之一；孔宪武在小五台山上采集到忍冬科新种，经专家鉴定，用拉丁文作了准确记述并用英文发表，命名为"孔氏忍冬"（Loni cera Kun-geana K·S·Hao），为世界植物学界公认；汪厥明以其《圃场试验误差及其估计理论》详论农业试验技术基础理论，开我国试验研究应用统计之先河，创立中国生物统计学；刘慎谔在1936年主持成立西北最早的植物研究机构——西北植物调查所，筹建武功植物园，并收集4 500余号标本，开拓历史植物地理学与森林生态学，并将现代科学研究体制植入西北高等教育；林镕开拓菌物学和真菌学研究，并发现了菊科新属——重羽菊属，描述和探讨了近千种中国菊科植物，奠基中国菊科、旋花科和龙胆科植物系统分类；侯光炯提出土壤肥力生物热力学理论，开拓自然免耕技术，实现橡胶种植北移的世界性突破；虞宏正开创土壤热力学，创建中国科学院生物土壤研究所；于天仁创建国际上第一个电化学研究室，并创立土壤电化学分支；周尧提出时空统一的进化分类与歧序分类理论，完成最完善的中国蝶类志，创建我国第一家和全球最大的昆虫博物馆；薛愚是我国较早研究中草药化学成分和发掘整理中药的开拓者之一；沈学年是农艺学系早期创建者之一，中国耕作学创始人之一；沙玉清是我国农田水利学科的创始人，著有我国第一本《农田水利学》；盛彤笙创立了我国第一所兽医学院，组织了我国西部历史上第一次畜牧兽医的实地考察，开创兽医学；等等。

其五是在医学领域：徐诵明于1919年在北京医学专门学校成立了中国第一个病理学教研室，冲破迷信观念，力主尸体解剖，翻译了一批病理学专著并主持审定病理学中文名词，奠定我国病理学基础，李佩琳、毛鸿志、马馥庭继承了徐诵明的研究，在开拓西北病理学研究和教育方面卓有成就；蹇先器于1920年创立皮肤花柳科并任主任，诊治梅毒7 962例，成为李洪迥编著《梅毒学》的临床基础，刘蔚同继承蹇先器的研究，与其共同奠基中国西医皮肤性病学；徐佐夏最早研究海洋药物河豚毒，主持研制"血压立定片""抗哮喘片"等10多种新药和"苏木对人体各系统的作用"等研究，发展了药理学高等教育；林几招收法医学研究生，创办《法医月刊》，建立法医学研究会，创立我国现代法医学；

颜守民 1929 年创建我国第一个现代儿科学教研室、儿科门诊，建立儿科病房，成为我国现代西医儿科学创建的标志；侯宗濂致力于探究针刺镇痛原理，把针刺穴位的生理功能与结构统一起来进行系统研究，论证了不同穴位的针感感受器和针感传入纤维，开辟针感生理学新领域；张同和推行苏联组织疗法、封闭疗法、休克综合疗法等，推动我国外科向专业化方向发展，是我国西医外科事业的开拓者之一，为西北地区培养了第一代外科专家；尚天裕首创中西医结合治疗骨折，摸索出一套以手法复位、小夹板局部外固定和患者主动功能锻炼为主要内容的中西医结合治疗骨折新方法，成为当时达到世界领先水平的疗法；汤泽光与他人合作报告我国首例"频繁阵发性心停跳性癫痫"，在国内首次诊断罕见的脊髓肿瘤，首先发现并证实"出血性黄疸病"病原为钩端螺旋体；毛鸿志 1942 年实施陕西第一例临床法医学尸检，首倡我国防癌立法；严镜清首倡我国遗体捐献，93 岁时写下捐献遗嘱，最终将遗体捐献给首都医科大学；谢景奎发现大剂量维生素 C 静脉注射可治疗克山病心源性休克，提出"水土病因说"，奠定地方病防治的全国领先地位，王世臣继承其研究使全国急性克山病死亡率得到有效控制；等等。其中特别值得一提的是殷培璞教授，从国立西北大学医学院毕业后，即参加解放战争渡江战役救治大批解放军伤员，复领导大骨节病研究，选定驻地最偏僻、发病最高、村民居住最分散的崔木乡杨家堡村作为工作基地，老两口自己起灶做饭，下沟挑水，挨家挨户进行调查，行程数万公里，治疗患者万余例，所创编的系统的大骨节病矫形手术治疗法，完成晚期患者手术 1 000 余例，三年间大骨节病患病率下降了 33.84%，由卫生部在全国推广，最后在他去世后，连自己的骨灰也安葬于他倾尽心血的病区。

如此巨大的学术贡献，产生于日机的轰炸之下，产生于辗转数千里大迁徙的途中，产生在泥巴茅草屋和破庙旧祠的教室之中，产生在风餐露宿的大漠驼背之上，产生于那些衣服肘部磨得发亮、袖口、下摆"无边无疆"、过着"活蒸螃蟹"般生活的教授们之中，产生于"水煮白菜一口沙""长袖变短袖、长裤变短裤""昼夜灯火无眠"的近万名优秀学子之中。

截至 2018 年年底，从相关 10 所高校师生中走出 195 名学部委员、两院院士，在人文与科学领域成就 70 余项重大发现，成为中国近现代高等教育史上最绚丽夺目的篇章之一。

学界对此逐渐达成共识：第十一届全国政协副主席陈宗兴认为，西北联大在延续和发展中国高等教育上，发挥了承前启后的重要作用，在开发西北和巩固抗战后方上，发挥了拯危救困的重要作用，今天，中国高校推进"双一流"建设，西北联大仍有它的精神价值和启示意义；教育部原副部长、中国高等教育学会原会长周远清先生认为，缺少了西北联大的历史，中国近现代高等教育史就是一部不完整的历史；《光明日报》总编辑何东平强调，西北联大取得了巨大的办学成就，形成了独特的办学精神，在中国高等教育发展中具有特殊地位，为当前我国高等教育的改革发展、世界一流大学的创建和大学优秀文化传统的弘扬提供了弥足珍贵的精神财富；张岂之先生认为，西北联大与其后继院校取得了巨大的办学成就，将现代高等教育制度和理念向西北和向西南推进了数千公里，开创我国西北新学制，存续中华民族文脉的根基，奠定近现代西北高等教育格局，为西部大开发奠定人力资源基础，大大推进了西部社会的现代化；潘懋元先生认为，西北联大"公诚勤朴"等统一的优良校风，与组成西北联大的原平津院校的光荣传统一脉相承，表达了西北联大公而忘私、兴学报国的高远追求；顾明远先生回顾了西北联大的历史及其在中国教育发展史上的重要作用，结合自身经历阐述了北京师范大学与西北地区尤其是西北师范大学的历史渊源和深厚感情，认为西北联大的师生具有远大理想信念，汇聚了一批德才兼备的名师，同时具有艰苦奋斗团结合作的校风。在"双一流"建设的新长征中，我们要继续学习发扬西北联大师生的理想信念和勤朴的精神。

这就是西北联大的历史梗概及其历史意义和现实的意义，也是这本简史的大致脉络。

历史是一笔宝贵的财富，但它从来不是创新的反义词。在中国特色社会主义的新时代里，我们可以更智慧地利用现在的、过去的知识，创造出新的价值。

壹丨平津烽烟

二十六年新七夕，
魔兵轰桥牛女泣。
溯自倭寇陷东北，
中经淞沪又榆热；
冀北逼我城下盟，
冀东旋报金瓯缺；
丰台咫尺森炮垒，
一声惊破卢沟月。

  这首诗为西北联大秘书处主任黎锦熙教授所作，记述了1931年的"九一八"事变、1937年的"七七"事变和平津沦陷等重大事件。

  一部大学史，半部近代史。平津向为中国高等教育的发祥地：发源于清光绪二十一年（1895）的北洋西学堂，即抗战前后的国立北洋工学院号称中国近代第一所大学；发源于清光绪二十八年（1902）的京师大学堂师范馆号称中国第一所师范大学；成型于1928年、溯源于清光绪二十八年（1902）京师大学堂仕学馆的国立北平大学，是我国以拿破仑时代帝国大学为蓝本推行大学区制的破天荒之举，也是北伐胜利之后南北一统在文化上的一个象征；创建于1929年9月的国立北平研究院（与北平大学一体两称）是我国北方地区最早的并与大学连体的国立科研机构；发源于清光绪二十八年（1902）北京顺天府学堂和天津北洋女师范学堂号称我国最早的女子师范学校。正是由此，演绎了中国近现代史上最为波澜壮阔的一幕：发起五四运动和新文化运动，爆发"一二·九"运动、成立中华民族解放先锋队；同时，催生了中国最早的现代学制，开创了中国最早的文科、理科、社科、农科、医科等大学学科，更重要的意义在于结束了中国延续长达千余年封建教育的历史，开启了中国近代教育的航程，浓缩了近代社会转型过程中新旧文化、新旧教育的交替，承载了中华民族文脉传承、否极泰来的历史轨迹。这就是西北联大共同体的平津前世。

一、平津发源

（一）中国第一所现代大学：国立北洋工学院

中日甲午战争一声炮响，宣告了洋务运动的失败。于是，资产阶级改良派要求维新变法之思潮日益高涨，有识之士试图寻找一条要求变法维新，自立图强的道路。曾鼎力协助李鸿章在天津发展洋务运动的实业派人士盛宣怀（1844—1916），在洋务运动的实践中倍感"自强首在储才，储才必先兴学"，故在光绪十八年（1892）上任津海关道后，即开始着手办学。光绪二十一年（1895）向李鸿章禀请具奏。由于李鸿章调入内阁办事，盛宣怀复于光绪二十一年八月一日（1895年9月19日）通过新任直隶总督兼北洋大臣王文韶将《拟设天津中西学堂禀》（王文韶改为《津海关道盛宣怀创办西学堂禀明立案由》）直接呈送光绪帝。光绪二十一年八月十四日（1895年10月2日），光绪帝朱批"该衙门知道"，并用四百里快马发回，天津北洋西学学堂获准成立。盛宣怀任首任督办，聘美国驻津副领事丁家立（Tenney Charles Daniel，1857—1930）为总教习。

学堂创建之时，择址于博文书院旧址。光绪二十六年（1900）八国联军侵华时,校舍先后为美、德侵略者所毁,总教习丁家立亲赴德国索赔白银5万两,并于光绪二十九年(1903)在西沽武库重择校址(图1—1、图1—2)复课。其办学经费年需52 000两,以开平煤税、米麦进口捐银、电报津贴等项下解决,开办费8 000余两不含在常年经费中,而以米捐存银解决。动用国家专用经费办学,这是第一次。创办初期,学生的书籍、纸张、笔墨,以及膳费等一切费用均无偿供用。学生每月另发1—7两白银,作为膏火费。

创办初期的教习:中国籍汉文教习、光绪举人吴稚晖等7人;外籍教习有美、日、英、法、德、俄籍的法律教习、美籍学者林文德(E. F. Gamnman);教育学教习、日籍学者渡边龙圣;力学教习、英籍学者欧施德;法文教习、法籍学者吉德尔(Seon de Gieler);德文教习、德籍学者罗沙(Suduig Rozen)俄文教习、俄籍学者来觉夫(Aely Ander Saptew)等17人。其中,外籍教习以美籍居多,有12人。其中,化学教习、美籍学者福拉尔博士,在瑞士与爱因斯坦过从甚密,曾在课余专门讲授相对论原理。开办之初,华人总办、外籍总教习每月薪水200两。外籍教习每人每月200两,华人之外文教习每月100两,华人汉文教习每月40两。华、洋教习二者之薪水差距甚大。

盛宣怀奏本中的《拟设天津中西学堂章程》,是我国高等教育的第一个章程,规定学堂设总办和总教习:总办主校政,"所有学堂一切布置及银钱各事均归总办管理";总教习主教学,"所有学堂考核功课,以及华洋教习勤惰,学生去取,均归总教习管理"。它是盛宣怀在筹办期间,与丁家立以美国哈佛大学为蓝本形成的,明确将北洋大学堂分为头等学堂和二等学堂各一所,二等学堂四年毕业后,升入头等学堂,学习四年毕业,即历时八年方能毕业。

图1—1 清光绪二十九年(1903)建成的北洋大学堂教学大楼全景

图1—2 北洋大学堂教学大楼正门近景

这与欧美大学当时的大学层次设置类似。当然，也可通融，即在天津、香港等地已通过二等学堂者，培养一年即可升入头等学堂。第一年从天津、上海、香港等地招收相当于二等学堂四年毕业者，精选30名列作头等学堂第四班，以后按年递升，使头等学堂学生规模保持在堂学生120名。所缺少的研究生层次用留学（课程）的方式弥补，章程规定头等学堂毕业生"准给考单，挑选出堂，或派赴外洋分途历练"。北洋大学堂的头等学堂开办之初分设律例、工程、矿务和机器四个学门。章程规定，北洋大学堂的头等学堂课程分为基础课和专业课：基础课，如笔绘图并机器绘图、格致学、化学、微分学、重学、英文等；专业课，各科不同，如工程科有工程机械学、材料性质学、水利机器学等，矿务科有深奥金石学、测量矿苗学、矿务兼机器工程学等，律例科有万国公约、各国通商条约、大清律例等。

这份章程中的学堂行政与教学分设、学科设置、课程设置、教育层次、四年学制体系等，均首开我国高等教育的先河，也为之后颁布的"壬寅学制"（又称癸卯学制）提供了经验。

光绪二十二年（1896），北洋西学学堂正式更名为北洋大学堂，标志着中国第一所以"大学堂"冠名的高等学府的诞生。光绪二十一年（1895）至宣统三年（1911）共有毕业或肄业生518人。光绪二十五年

（1899），北洋大学堂第一届学生毕业，于次年正月颁发了我国历史上第一张大学文凭，从香港考入的学生王宠惠（1881—1958）有幸成为"钦字第壹号"文凭获得者（图1—3），后来成为近现代中国法学的奠基人之一，首届中央研究院院士，并曾任民国政府外交部长、代总理、国务总理等。为弥补研究生层次的缺失，学堂自光绪三十二年（1906）至1914年，共派出留学生57人，留美者居多，达44人，占总人数的77%以上。其中包括留法、留美学生秦汾（1887—1973）等34名，马寅初（1882—1982）等14人与留日学生齐国樑（1883—1968）、李建勋（1884—1976）等4人。

图1—3 身着大法官服装的王宠惠与其所获中国第一张大学毕业文凭——光绪二十六年（1900）正月颁发的"钦字第壹号"北洋大学堂毕业文凭

在北洋大学堂—北洋工学院时期，1912年1月，教育部令一切学堂，改为学校，北洋大学堂改为北洋大学校（National Peiyang University），直属当时的国民政府教育部（图1—4）。次年，根据教育部令，再改为国立北洋大学。同时，根据《大学令》，取消"监督"，改称"校长"。徐德源监督改为北洋大学校长。

图1—4 1925年建成的北洋大学校门

1912年时，北洋大学有三个学门五个本科班，有法律学门、采矿冶金学门、土木工学门。1913年，教育部令直隶高等学堂停办，将其4个班112名学生并入北洋大学预科。

1917年，教育部对北洋大学与北京大学进行科系调整，北洋大学改为专办工科，法科移并北京大学，北京大学工科移并北洋大学。从此，北洋大学进入专办工科时代。

1919年，原采矿冶金学门分为采矿学、冶金学门，形成法律、采矿、冶金、土木四学门的新构架。1920年停办法科。

1928年，国立北平大学区成立，改北洋大学为国立北平大学第二工学院。大学区制废止后，由于北洋大学仅余工科，故于1929年7月改为国立北洋工学院。

在此期间，冯熙运、刘仙洲、茅以升、蔡远泽、李书田等相继任校长或院长。此时，专办工科以后，系科也有所调整。在原土木、采矿、冶金三学门和预科的基础上，于1920年增设预科补习班。1925年，采矿、冶金两学门并为采矿冶金学门，恢复机械工程学门。到1928年暑假前，全校有450名学生。1929年将预科改为附属高级中学，同年"学门"改为"学系"，"正科"改为"本科"。1930—1933年建成北洋工学院工程学馆（图1—5）。1933年底增设电机工程学系，并设矿冶工程研究所、工程材料研究所（1934年合并为工科研究所）。1934年高中停办，集中力量办好本科。1934年将土木工程系四年级分为普通土木工程组和水利工程组；将矿冶工程学系分为采矿工程组和冶金工程组。1934年，将河南大学土木工程系归并北洋工学院，其二、三、四年级学生亦转北洋就读，并将其图书、仪器、设备一并转赠。1935年将机械工程学系分为机械工程组和航空工程组。

图1—5 1930—1933年建成的北洋工学院工程学馆（即南大楼）

北洋工学院的研究生教育始于1933年成立的矿冶工程研究所和工程材料研究所。北洋工学院的相关系科的教授和副教授分别为两所研究员。次年，将两所合并为工科研究所，下设矿冶工程部，又分设采矿工程、冶金工程及应用地质三门。研究生研究期限为两年，研究期满考试及考核及格，并通过毕业论文后，授予硕士学位。1935年，研究所制定《国立北洋工学院工科研究所招考研究生简章》，并在本院、北平、南京三地考试招生。当年实际招生录取采矿工程学门常锡纯、冶金工程学门谢家兰和冶金工程学门丁诚威3名学生。1937年夏，首届研究生毕业，组成以院长兼工科研究所主任李书田博士为委员长，校内外6名博士或教授为委员的毕业口试及论文口试委员会，进行硕士论文口试，其三篇学位论文均为英文。三人最终在"七七"事变前夕获准毕业，均授予硕士学位。

北洋工学院自1895年建校，即创建了我国高校最早的图书馆，截至1934年，已藏有中文书籍33 000册；西文书籍21 000册，中文杂志100余种，西文杂志60余种。

北洋工学院自1924年开始创办期刊，至1937年，已有期刊9种，包括：1924年在校学生创刊的《学余月刊》；1927年6月由学生自治会创刊的《北洋周刊》（1933年改为国立北洋工学院主办）；1927年11月留校学生创刊的《北洋大学季刊》；1929年7月创刊的《北洋半月刊》；1929年11月由学生会创刊的《北洋月刊》；1931年创刊的《北洋抗日救国周刊》；1933年3月创刊的《北洋理工季刊》；1935年创刊的《北洋工学院工科研究所丛刊》；1936年5月学生自治会创刊的《北洋学生》；等等。

民国初期的教师：中国教师有冯熙运等14人，外籍教师有美籍爱温斯（Richard T. Evans）、奥籍孔爱格（E. Kun）、英籍欧施德（Frank Aust）等34人，绝大部分承担外语、自然科学与工程技术课程，个别承担法律、英国法、商法、图画、体育等课程。其中美籍教师31人，占外籍教师的91%以上。到1925年，有教职员38人，其中教师23人。教师中，中国籍教师14人，美国籍教师9人。1927年开始改称"教员"为"教授"，"副教员"改称"副教授"，教师始分为教授、副教授、讲师、助教四等。

到1933年，李书田院长兼教务长任内，雷宝华任冶金系主任，曹诚克任采冶系主任兼采矿工程教授，张润田任土木系主任兼铁道工程教授，汪熙任机械系主任兼机械工程教授。另有数学教授张玉昆等中国籍教授等20人，美国籍教授施勃理一人，华、洋教师比例已经发生逆转。另有讲师王华堂、助教周宗莲等8人

学生到1920年时，有215名，教职员28名。1912年至1920年9年中，三个系，毕业本科生288名，毕业预科生391名。到1937年，本科毕业学生共计861人，另有预科和高中999人。

其中，1916年考入、1918年升入本科采矿班、1920年转北京大学矿科毕业的孙越崎（1893—1995），后为我国能源工业的奠基者之一，领导开发了中国第一个油矿——延长油矿，领导创建了中国第一座较具规模的石油城——玉门油矿，为我国石油工业的发展奠定了基础。后任国民政府资源委员会委员长，新中国成立后任中央财经委员会计划局副局长、全国政协常委、民革中央副主席等。

1917年考入采矿系、1919年休学、1920年毕业于北京大学的孙云铸（1895—1979），后为我国古生物学地奠基人之一，曾任国际古生物协会副主席，新中国成立后当选为中国科学院学部委员，第三届全国人大代表，第二、三届全国政协委员等。

1915年考入补习班、1916年升入本科法科学门、1920年毕业的张太雷（1898—1927），经李大钊介绍加入共产主义小组，成为中国共产党最早的党员之一，曾任天津市社会主义青年团书记，负责起草了中国第一部社会主义青年团章程，后历任共产国际东方局中国科书记、中国共产主义青年团中央局总书记、中共中央委员、政治局候补委员、中共湖北省委和广东省委书记、中共中央南方局军委委员等。1927年在领导广州起义中牺牲。

1921—1924年在北洋预科学习、1928年毕业于北京大学的黄汲清（1904—1995），后任中央地质调查所所长，是以历史分析法进行中国大地构造研究的奠基人，1955年当选为中国科学院学部委员兼地学部副主任，历任第一、二、三届全国人大代表，第五、六届全国政协常委等。

就学于北洋大学预科、1933年毕业于唐山交通大学的张维（1913—　），1955年当选为中国科学院学部委员，历任第三届全国人大代表、第六届全国政协委员。

1929年毕业于北洋大学矿冶工程系的魏寿昆（1907—2014），1980年当选为中国科学院学部委员。

其名师主要有：北洋大学堂创始人、中国实业之父盛宣怀；美籍北洋大学堂总教习丁家立；当了总理再当县长的唐绍仪；北洋大学堂汉文教习吴稚晖；为程砚秋写剧本的罗瘿公；以钱塘江大桥工地为北洋工学院实习场所的茅以升；34岁的北洋大学校长刘仙洲；我国铁路机车车辆工业的组织者和开拓者石志仁；中国重化学工业的开拓者侯德榜；重建北洋工学院教学楼的蔡远泽；等等。

（二）我国近代高等师范教育的开端：国立北平师范大学

创立于清光绪二十八年（1902）的京师大学堂师范馆（位于景山马神庙）是为北平师范大学的开端，亦为我国近代高等师范教育的开端。师范馆学制5年，自第二学年起分设4类科目，即：第一类为中文、外文（可选英、德、法、俄、日等语种）；第二类为中外历史和地理；第三类为物理、化学、数学；第四类为博物科（含动物、植物、矿物、农学园艺、生理卫生等）。首届招生130余人。

清光绪三十年（1904），师范馆改为优级师范科，标志着我国师范教育的独立设置。其学生人数增至300余人，并开始选派留日学生。其中不少毕业生在各个行业做出了杰出贡献：选派留日的著名历史学家王桐龄（1878—1953）为我国第一个在国外专攻史学和正式毕业的学人；第一期毕业生何璜为山西省图书馆的创建者；邹树文为我国早期农艺学家；1909年自优级师范学堂毕业的李达，是中国共产党的创始人之一。

清光绪三十四年（1908）独立设校，改称京师优级师范科，校址在今北京和平门外琉璃厂。1912年5月，改为北京高等师范学校（图1—6），简称"男高师"，亦为中国高等师范学校独立设校的开端。

图1—6　北京高等师范学校校门

"男高师"设有预科、本科。在预科学习一年，可升入本科。本科设有国文、史地、数理、英语、博物、理化6个部，后增设教育、体育、手工图画3个专修科。学校办学受到日本东京高师的影响，聘请留日学生任教，1912年至1923年间的校长陈宝泉亦为留日学生。1919年的五四运动，"男高师"的学生最先到达天安门集合，学生匡日休（互生）、陈宏勋（苠民）、杨明轩、宋宪廷参与火烧赵家楼，亲手痛打卖国贼章宗祥的陈宏勋、杨明轩、向大光等8名"男高师"学生被捕。此时，在李大钊、赵世炎、蔡和森的促进下，建立了共青团和共产党组织，涌现了楚图南、魏野畴等早期共产党员。

1922年10月，北京政府准予"男高师"校长李建勋（1884—1976）的建议案，北京高等师范学校改为国立北京师范大学。这时，范源濂（1876—1927）任校长，他的两个重要贡献，一是与英国政府谈判，将庚子赔款用于教育，二是提出了"男高师""以身作则"的校训，并亲自写了校歌。此时，"男高师"设有教育、国文、英文、史地、数学、物理、化学、生物学8个系，以及体育、手工图画两个专修科和附属中学，并为山西、广西、东北三省举办特别班、师范教员养成班、短期师资训练班等。

至1923年，先后毕业学生1500余人。著名革命家和教育家有魏野畴、杜斌丞、缪伯英等；学术大家有哲学家李达、历史学家周谷城、教育家杨秀峰、杨明轩、匡互生、方永蒸，生物学家张作人、孔宪武、陈兼善，数学家杨武之、傅种孙，体育教育家袁敦礼、徐英超、王耀东等。

1927年8月，奉系军阀令北京9所国立高等学校合并为国立京师大学校。北京师范大学改为京师大学师范部，张贻惠任师范部学长。

1928年6月，奉系军阀退回关外，国民政府势力到达直隶、京津一带，遂推行大学区制。7月，将北京9所高校及直隶、天津的高校合并为国立北平大学，北京师范大学改为北平大学第一师范学院。自1928年11月，北京师范大学等开始要求学校独立，1929年6月，国民政府宣布停止实施大学区制，北平大学第一师范学院改为国立北平师范大学。1930年2月任命的李煜瀛校长和代理校长李蒸，复于12月辞职。

除"男高师"外，还有"女高师"，亦为北京师范大学的重要源流之一。清光绪三十四年（1908）设立的京师女子师范学堂，民国成立后改为北京女子高等师范学校，简称"女高师"，校址在石驸马大街（今北京新文化街）斗公府旧址。1924年5月，"女高师"改为国立女子师范大学校，1925年改为北京女子师范大学，1928年改为北平女子师范大学（今北京西城区新文化街45号）。1919年秋，"女高师"开始招收国文部、图画专修科、家事科等科学生。

在北京女子师范大学时期，学校爆发学潮，反对校方镇压学生运动，教育部以此为借口，拟解散并封闭其校舍，甚至临时雇用三河县的老妈子（今保姆）多人，挟持学生离校。教育部复以在"女师大"兼课的国文讲师鲁迅是学潮的推手为借口，遂下令免去鲁迅在教育部的金事、科长及兼职，而在"女师大"原校址另组北平女子大学，招收新生。

被迫离校的"女师大"同学，复在宗帽胡同租房上课，鲁迅等人为之义务授课。1925年11月28日，北京的学生、工人及市民3 000余人到吉兆胡同段祺瑞住宅，支持"女师大"复校，后段祺瑞政府同意复校。

1926年3月12日，日本侵略者的军舰侵入我大沽口并开炮轰击，事后竟联合英美等帝国主义国家，向北京政府提出在津沽地区停止军事行动和撤除国防设施的无理要求，北京学生非常愤慨，纷纷集会抗议。3月18日下午，在李大钊领导下，北京各界数万人举行反对帝国主义和封建军阀的游行示威活动。北京女子师范大学英文系学生、校学生自治会会长刘和珍走在游行队伍的前列。但是，当游行队伍行进到段祺瑞政府门前时，反动军警竟向游行群众开枪，打死47人，伤200多人。刘和珍、国文系预科学生杨德群等当场死亡。这就是历史上骇人听闻的"三一八惨案"。1931年3月18日，北平大学女子师范学院师生筹资在校园的西小院为刘和珍、杨德群二烈士立碑。

1926年3月25日，鲁迅写了《记念刘和珍君》一文，其中有：

我没有亲见；听说她，刘和珍君，那时是欣然前往的。自然，请愿而已，稍有人心者，谁也不会料到有这样的罗网。但竟在执政府前中弹了，从背部入，斜穿心肺，已是致命的创伤，只是没有便死。同去的张静淑君想扶起她，中了四弹，其一是手枪，立仆；同去的杨德群君又想去扶起她，也被击，弹从左肩入，穿胸偏右出，也立仆。但她还能坐起来，一个兵在她头部及胸部猛击两棍，于是死掉了。

在四十余被害的青年之中，刘和珍君是我的学生。学生云者，我向来这样想，这样说，现在却觉得有些踌躇了，我应该对她奉献我的悲哀与尊敬。她不是"苟活到现在的我"的学生，是为了中国而死的中国的青年。

　　当三个女子从容地转辗于文明人所发明的枪弹的攒射中的时候,这是怎样的一个惊心动魄的伟大呵!中国军人的屠戮妇婴的伟绩,八国联军的惩创学生的武功,不幸全被这几缕血痕抹杀了。但是中外的杀人者却居然昂起头来,不知道个个脸上有着血污……

　　苟活者在淡红的血色中,会依稀看见微茫的希望;真的猛士,将更奋然而前行。呜呼,我说不出话,但以此记念刘和珍君!

　　我们从中感受到年仅21岁的"女师大"学生刘和珍以血和生命唤醒国人的伟大,体会到那时的大学生在强敌入侵的关头,是如何挺身而出,为理想甘愿奉献一切的伟大精神。同时,也可感受到那时的大学讲师鲁迅,面对学生的悲壮之死,是如何"艰于呼吸视听"和回忆这位"常常微笑""态度很温和"的学生,痛悼"为了中国而死的中国的青年",赞颂"虽殒身不恤"的"中国女子的勇毅",希望后来者做"真的猛士,敢于直面惨淡的人生,敢于正视淋漓的鲜血"。①

　　想必,读完鲁迅此文,对于"女师大"自会有一个深刻的了解。

　　1927年8月,张作霖在北京自称中华民国大元帅,将北京国立九院校合并于京师大学校,改"女师大"为国立京师大学校女子第一部,毛邦伟为学长。

　　1928年7月,"女师大"改为北平大学第二师范学院。次年12月,徐炳昶任北平大学女子师范学院院长。在其任内最重要的事件,是创建了研究所和创刊《女师大学术季刊》。设立研究所旨在"增加对于学术界、教育界之贡献"②。研究所设委员会,决定研究所进行方针,黎锦熙、高步瀛、王桐龄、王文培、杨荫庆为委员;所长由徐炳昶院长兼任,黎锦熙任副所长;研究所分为工具之学、语言文字学、史学、地学、哲学、教育学、文学、民俗学等8组;大学毕业生已有成绩者,经所长提出,审查会通过,可入所研究。

　　1931年7月,教育部令北平大学第二师范学院并入国立北平师范大学(以下简称"平师"),分文、理、教育3个学院,研究所改为研究

---

① 鲁迅. 记念刘和珍君[J]. 故事会,1926(74).
② 北平大学第二师范学院. 研究所章程,1930年5月.

院。徐炳昶任校长。1932年李蒸任校长。在李蒸校长任内，发生的一个重要事件——经历"取消师大"风潮后成立的"学生生活指导委员会"，是为我国高校训育制度的滥觞。

从1923年到"七七"事变爆发，"平师"毕业学生318人。其中不乏优秀毕业生，有：山东大学原校长吴富恒、天津大学原校长李曙森、天津师范大学原校长李继之、西安交通大学原党委书记苏庄、历史学家侯外庐、杨人楩、哲学家张岱年、考古学家苏秉琦、地理学家盛叙功、邹豹君、声学家汪德昭、植物学家俞德浚、空气动力学家陆士嘉、文学家陆侃如、作家许广平、目录学家王重民、作曲家王洛宾、画家胡絜青、革命家周小舟、体育家苏兢存、新闻工作者徐铸成、浦熙修等等。

"平师"亦为北平地区学生抗日救亡和民主进步运动的骨干力量。1935年五六月间，日本侵略者密谋策划，在天津和河北等地制造事端，以武力迫使南京国民政府达成"何梅协定"和"秦土协定"，将平津、河北、察哈尔等主权奉送给日本。之后，日本侵略者策动所谓华北五省"防共自治运动"，全面侵占华北，激起北平各阶层人民的极大愤慨。1935年12月9日，"平师"在石驸马大街的文学院、和平门外的教育学院、理学院的500余名学生，与东北大学、中国大学等校千余学生集合，举着大旗和标语，聚集在新华门前，向北平当局提出正义的要求，但被何应钦拒绝，遂发生镇压和搏斗。12月16日，在所谓"冀察政务委员会"准备成立之时，复举行更大规模的游行示威，清华大学、燕京大学、东北大学、北平大学法商学院、北平大学工学院、北平大学医学院、"平师"等校万余名学生组成4个大队，"平师"、北平大学工学院、民国学院分在第一大队，在宣武门和新华南街被军警包围，遭到毒打，轻伤20余人，重伤40余人，前往接应的学生也被军警砍伤，街上血迹斑斑，惨不忍睹，当日被捕22人，300余人受伤，其中"平师"受伤学生最多。史称"一二·九"运动的这次北平学生爱国斗争，席卷全国，打击了日本帝国主义的嚣张气焰，揭露了国民党当局的卖国行径，得到了各界爱国人士的支持响应，促进了抗日救亡运动的开展，标志着中国人民抗日民主运动高潮的到来。"平师"作为北平学生示威游行的主力之一，发挥了积极作用。周小舟为师大国文系学生、中华民族武装自卫会的主要负责人之一、师大地下党支部书记，发展姚依林、蒋南翔等加入"自委会"和加入中国共产党。师大陈泽云被选为学生代表之一，要求进新华门见何应钦。12月16日的游行，"平师"学生自治会负责人阎世臣，在前门车站广场的第二次市民大会上，被推为大会主席。

1936年2月1日，"中华民族解放先锋队"（简称"民先队"）第一次代表大会在"平师"石驸马大街文学院召开。"平师"敖白枫当选为第一任总队长，"平师"王仁忱任宣传部部长。① 会议通过了"斗争纲领""工作纲要"，制定了"队员规约"，稍后又发表了《中华民族解放先锋队成立宣言》。这个中国共产党领导的抗日救国组织，曾在战时高校学生中产生了重大影响。其最初由钱伟长等发起的清华同学"北平南下自行车宣传队"、平津学联组织的"南下扩大宣传团"、清华学生等发起的"中国青年救亡先锋团"等三支力量合并而成，本部设于北平，在天津、武汉、广州、成都、济南、上海等地设分部。到1936年底，已经在巴黎、里昂、东京等国内外30多个城市建立"民先队"组织。

北平师范大学的名师主要有：北京高师和北京师范大学的主要奠基者与创办人陈宝泉；北京师范大学校董事会董事长梁启超；第一位心理学教师服部宇之吉（日籍）；北京师范大学教授会主席吴承仕；被毛泽东誉为国宝的陈垣；我国第一位在国外攻读史学而正式毕业的学人王桐龄；开设史学思想史课程的李大钊；以考据见长的"中国三绝"之一高步瀛；北京女师的鲁迅；夏文化研究的开拓者徐炳昶；五四新文化运动的揭幕人之一钱玄同；三校之长邓萃英；首届中央研究院院士马寅初；中国科学院图书馆的创始人陶孟和；创建中国最早心理实验室的张耀翔；中国民主促进会的主要缔造人马叙伦；中国数学会早期的组织者胡敦复；中国第一位地质学博士翁文灏；中国地质调查所的创办者丁文江；汉字注音字母的首倡者马裕藻；北京高等师范学校教育长经亨颐；北平师大社会系主任马哲民；首届中国科学院哲学社会科学部委员黄松龄；开辟冀西抗日根据地的杨秀峰；等等。

---

① 北京师大校史党史征集研究室. 北平师范大学"一二·九"运动纪实[J]. 北京师范大学学报（哲学社会科学版），1985（6）：1—10，24.

（三）北伐胜利后南北一统的文化象征：国立北平大学

1804年，拿破仑建立法兰西第一帝国后，建立了中央集权的教育领导体制，于1806年在巴黎设立教育权力机构——帝国大学，设总监、审议会和总督学署。1808年划分全国为29个大学区，每区有一个大学，包含文理医法等科与中小学，各大学区设学区总长和学区审议会、学区督学署。大学区总长、帝国大学和大学区的督学，以及大、中学校校长、教师都由帝国大学的总监任免。

蔡元培（1868—1940）、李煜瀛（1881—1973）、吴稚晖（1865—1953）等留法归国者，又均系国民党四大元老，故成为实施这一制度的有力推手。1920年，为促使法国退还庚子赔款，成立以蔡元培为校长的中法大学，并"仿法国制度，以大学区为教育行政单元"[①]，"实亦一种学制之试验也"[②]。1925年，中法大学的大学区制试验初具规模，形成了从小型大学区，建成了研究部、大学部、专修部、中小学部和特设部等机构，成为国内驰名的著名学府，这极大地鼓舞了中法大学大学区制的主持者蔡元培、李石曾、李书华（1889—1979）等主持者和倡导者，遂拟向全国推广。在此期间，奉系军阀张作霖在北京俨然以中华民国元首自居，于1927年7月30日，将北京原有各校合而为一，称国立京师大学校，任教育总长的刘哲兼任国立京师大学校校长。1928年，国民革命军攻克北京后，张作霖出逃，6月21日国民党中央政治会议决议改"京都"（北京）为"北平"，并设特别市。这也成为大学区制的重要背景之一。1927年6月，国民政府教育行政委员会在中央设中华民国大学院主管全国教育，地方试行大学区，任命蔡元培为大学院院长，最高审议机构是评议会。同时，公布《中华民国大学组织法》，规定大学院为隶属于国民政府的全国最高学术教育机关，复于次年公布《大学区组织条例》，规定全国各地按教育、经济、交通等状况划分为若干个大学区，每区设大学1所，大学设校长1人负责大学区内一切学术和教育行政事务。1928年，在全国建立了北平、江苏、浙江、广州4个大学区。

---

① 蔡元培. 研究会. 蔡元培全集（6）[M]. 杭州：浙江教育出版社，1997：35.
② 石曾. 中法大学概况[J]. 中法大学半月刊，1922（1）：35.

1928年7月，国民政府决议北平国立各校合组为国立中华大学，任李石曾为校长。1928年8月16日，通过《北平大学区组织大纲》，11月正式成立，管辖平、津、河北、热河两市两省，是为北方唯一的大学区。北平大学区设校长、副校长、秘书长，以及高等教育处、普通教育处、扩充教育处等三处。大学区设北平大学本部，设文、理、法、工、农、医、艺术、师院等学院，以及文理两预科、俄文专修馆等。9月13日，任命李书华为副校长。9月21日，国民政府同意李石曾建议，将国立中华大学改为国立北平大学。9月26日，推蔡元培、张继、沈尹默、李麟玉、萧瑜为大学委员会北平分会委员。随后，李书华于11月1日到达北平，设校长办公室于中南海怀仁堂四所（图1—7），聘成舍我为秘书长、王凤仪为高等教育处处长，并聘定各学院院长，宣告国立北平大学正式成立。其面积达144 950平方公里，学生达1 094 698人，这与法国本土面积仅54万平方公里，分为15区，每区3 000余名学生相比，的确是规模浩大。其目标是将区内大学合并为一所完全大学，在万寿山北附近择地建筑一新的大学区，不但成为中国学术之中心，而且要成为亚洲学术之中心。然而，这样的一个破天荒的试验，一开始即埋下诸多失败的伏笔。发起者李煜瀛、李书华均曾消极地先后提出辞职，被先后慰留。最先反对大学区的是中央大学区所辖的中等学校，指责这会因大学区忽略中等教育。在北平大学区也受到河北省政府、党部及北平各校学生的反对。北洋大学、北京大学学生发起护校运动或示威游行，甚至发生捣毁了办事处，砸碎牌匾事件。在接收北大文理学院时，甚至需要警察保护进入校园。因此，1929年6月，教育部训令"北平大学区，限于本年暑假内停止"[1]，7月1日，国民政府再决议由教育部定期停止试行大学区制。1929年8月起，"北大学院"改为国立北京大学；第一师范学院改为国立北平师范大学；平大研究院（1929年5月改设北平大学研究院筹备委员会）改为国立北平研究院；平大艺术学院改为国立北平艺术专科学校。教育部复聘李石曾为北平研究院院长，张贻惠暂行维持国立北平师范大学校务，又部令国立北平大学副校长改由该校各学院院长轮值，

---

[1] 各大学区停止施行日期教部特发训令 [N]. 世界日报，1929—07—13（6）.

任期一年。至此，大学区制被完全取消，恢复地方教育厅管理方式，历时两年的大学院与大学区制度的改革，遂以失败告终。

大学院和大学区制以教育机构学术化和学者管理教育行政的思路，对晚清至民国以来旧的教育行政制度改革做了一次大刀阔斧的改革，触动了近代官僚体制的一些根本利益。然而，在一定历史条件下教育毕竟无法完全独立于特殊国情的社会政治之外，学术机关与政治机关相混，也使学校成为官僚权贵竞逐场所，体制的过渡也很仓促，也太过理想化。它虽然昙花一现，但毕竟在教育行政模式、行政学术化、学术研究化等方面做了积极的探索和尝试。其最重要的成果，是留下了一所闻名遐迩的国立北平大学。

国民政府任命李石曾为国立北平大学第一任校长（任期1928年6月至1929年1月）；副校长李书华；萧瑜代理秘书长，后由成舍我任秘书长（1929年2月辞职）。1928—1929年，李书华任北平大学副校长，兼代理校长。1932年任北平大学校长，兼任农学院院长，旋因开除学生事，愤然辞职，当局未披露。1931年2月至1932年8月，沈尹默任校长。1932年8月，徐诵明接替沈尹默，任国立北平大学代理校长（1932年8月至1937年7月），教学和行政逐渐步入正轨，处于相对稳定的发展时期。

图1—7　国立北平大学校长办公室和国立北平研究院办公旧址怀仁堂西四所（今中南海怀仁堂西侧）

其校长办公处设于中南海怀仁堂西四所，并在李阁老胡同布置北平大学本部，又在和平门外后孙公园、阜外、国会街、端王府夹道等处布置各院。其中，怀仁堂是元明清三代皇家苑囿三海内的一组建筑，其名始于民国初期。北入景福门，曰怀仁堂，堂前覆以天蓬，宽敞可容数千人，自袁世凯以来，为接待外宾之所。民国时，曾作为国立北平研究院艺术陈列所。

按1928年9月公布的《北平大学区组织大纲》和11月的调整，其最初的院系设置为：

①文学院（由北京大学文学院、保定河北大学文科合并为"北平大学文学院"），院长陈大齐，设于北平北京大学第一院旧址；②理学院（由北京大学理科改为"北平大学理学院"），院长王星拱，设于北京大学第二院旧址；③法学院（由北京大学法科、北京法政大学、保定河北大学法科、天津法政专门学校合并为"北平大学法学院"），迁至太仆寺法大及众议院旧址，天津法专旧址改归研究院使用，院长谢瀛洲；④第一工学院（北京工业大学改为"北平大学第一工学院"），设于北平工大旧址，院长俞同奎；⑤第二工学院（由天津北洋大学、天津工业专门学校合并为"北平大学第二工学院"），设于天津北洋大学旧址，院长石树德；⑥农学院（由北京农业大学、河北大学农科合并为"北平大学农学院"），设于保定河北大学农科校址，院长崔步瀛；⑦医学院（由北京医科大学、保定河北大学医科合并为"北平大学医学院"，迁至北平医科大学旧址或保定，院长徐诵明；⑧第一师范学院（由北平师范大学改为"北平大学第一师范学院"），院长黎锦熙，后改张贻惠；⑨第二师范学院（由北京女子师范大学、北京女子大学合并为"北平大学第二师范学院"），专收女生，设于北京女师大旧址，院长徐炳昶；⑩艺术学院（由北京艺术专门学校改称"北平大学艺术学院"），设于北平艺专旧址，院长徐悲鸿。另外，北京俄文专科学校改为"俄文专修馆"（东总布胡同），北京大学预科改为"北平大学文理预科"（北大第三院旧址），还有国学研究所（众议院旧址），分别由段憩棠、刘半农、沈兼士主持。

1928年10月，李书华到北平开始办公，对机构和负责人又做了调整；1930年4月，北大学院等先后独立设置后，国立北平大学校长由李石曾遥控，副校长由各院长轮值，10月，校长办公室由怀仁堂西四所，迁至怀仁堂东四所，为防止再次"闹独立"，教育部特通令禁止各院"复大运动"，院系结构渐趋稳定；1931年2月，李石曾辞去校长职务，由沈伊默接任，沈一改遥控作风，亲自到校视事，使工作渐入正轨，却因"倒沈运动"而于1932年8月辞职；1932年8月，夏元瑮代理北平大学校长，8月29日，又奉部令，校务由医学院院长徐诵明代行，12月16日，正式令徐诵明代理校长职务，直至1937年7月迁陕前。此时，校政又有新的变化：一是1932年9月，教育部令准俄文法政学院提前改称商学院，招收商科新生；1933年6月，部令艺术学院即行结束，改办国立北京艺术专科学校。因此，在"七七"事变爆发前，一直维持全校5个学院：女子文理学院（院长许寿裳），法商学院（院长白鹏飞），医学院（院长吴祥凤），农学院（院长刘运筹），工学院（院长张贻惠）。

北平大学从1928年创建到1937年迁陕，院系有较大变化，此处以1937年迁陕前的五大学院为基础，并以建院时间先后为序作以概述。

1. 从仕学馆到法商学院

是为北平大学成立最早的学院之一，黎锦熙也将其作为整个北平大学的源头之一①。清光绪二十八年（1902）京师大学堂附设速成科仕学馆（光绪三十年归并于进士馆）；光绪三十二年（1906）始设京师法政学堂（校址在宣武门内太仆寺街，进士馆旧址）。1912年合并法政、法律、财政三校为北京法政专门学校，邵章首任校长。1922年改为国立北京法政大学，江庸任校长，1925年拨顺城街虎坊桥参、众两议院旧址为校舍，太仆寺街原址设预科，1926年解散中俄大学，收编该校学生为俄文政法系，添设俄文法政科，后特设俄文法政专门学校。1927年改为京师大学堂法科。1928年改为国立北平大学法学院（院址在宣武门内象坊桥前国会），次年将俄文法政专门学校并入，谢瀛洲为首任院长，设法律、政治、经济三系。1934年合并商学院，改组为法商学院，白鹏飞任院长。参加过中共一大的李达（经济系主任）、五四运动的发起者之一

---

① 黎锦熙. 国立西北大学校史（1944—05）[M] // 姚远. 西北联大史料汇编，西安：西北大学出版社，2012：650—657.

许德珩，马克思主义政治经济学的最早传播者沈志远，中国驻海参崴领事、著名国家法专家王之相（商学系主任）、《资本论》最早译者之一陈豹隐（政治系主任）、《资本论》的最早译者之一侯外庐、知名律师和法学前辈余棨昌（法律系主任）、斯大林赞扬俄语比莫洛托夫好的驻苏联大使馆原参赞刘泽荣，以及程希孟、张友渔、陈瑾琨、黄松龄、章友江等教授，均在此任教。

2. 从医学实业馆到医学院

清光绪二十九年（1903）京师大学堂设医学实业馆，次年改为医学馆（在正阳门外八角琉璃井）。1912年改为国立北京医学专门学校（正门在后孙公园，后门在八角琉璃井），汤尔和任校长，有解剖实验室、化学实习室、病理组织实习室、内科检查室、助产练习所。1924年改为国立北京医科大学，洪式闾任校长。1928年，改为国立北平大学医学院，徐诵明任院长。1929年拨背阴胡同审计院旧址筹办附属医院，是当时北平仅次于协和医院的一所设备较为完善的大型医院。徐诵明任平大校长后，医学院院长吴祥凤继任。中国第一所西医高等学校的主持者汤尔和、中国病理学科的开山鼻祖徐诵明、中国西医皮肤性病学科的奠基人之一蹇先器、中国人体寄生虫学科的开拓者洪式闾、中国儿科学的开创者颜守民、著名药理学家徐佐夏、著名组织胚胎学家鲍鉴清等教授均在此任教。

3. 从高等实业学堂到工学院

清光绪三十年（1904）设京师高等实业学堂（校址在西直门内祖家街端王府），属农工商部，分机械、电气、矿学、化学四科，学生先补习两年，再转入正科三年毕业。1912年，改为高等工业学校，嗣改称北京工业专门学校，改隶教育部，校长洪镕，分机械、电气、化学三科，后又增机织科。1923年改为国立北京工业大学，俞同奎任校长。1928年，改为国立北平大学工学院，院长先为马君武，后为张贻惠。

4. 从京师大学堂农科到农学院

清光绪三十四年（1908），京师大学堂设农科（校址在阜成门外西望海楼集罗道庄），清宣统二年（1910）正式成立。1912年校舍落成，归教育部，1913年改为北京农业专门学校，分农科、林科，有图书馆、林场。农科分农业经济学、农业化学、植产学、牧学四门，林科分林政学、造林学、利用学三门。1922 年，改为国立北京农业大学，购南口三岔峪等处土地 1 100 亩，筹建第二林场。1928 年并为国立北平大学农学院，许璇任院长，后刘运筹继任。我国生物统计学的开拓者汪厥明、土壤热力学的奠基者虞宏正等均曾在此任教。新中国农业科学技术事业的主要开拓者和领导者、中科院院士陈凤桐（1897—1980），即为北平大学农学院学生，他在抗战时期加入中国共产党，组建抗日游击队晋绥支队，带着队伍在晋察冀北部的应县、繁峙、灵邱一带多次打败日军，与其他支队合并后任政委，曾率部参加著名的百团大战。

5. 从女师大到女子文理学院

女子文理学院系 1925 年合并女子大学和女子高等师范而成，最初校址在石驸马大街原女高师旧址，后租朝内大街孚王府，俗称"九爷府"为院址。1931 年改称国立北平大学女子文理学院，有五系两专修科。五系为：哲学系、教育系、经济系、数理系、化学系。两专修科为：音乐、体育。其前身女师大为清光绪三十四年（1908）年的京师女子师范学堂（宣武门内石驸马大街），1919 年改为女子高等师范学校，1924 年改为国立北京女子师范大学，次年解散，改设国立女子大学，同时国立北京女子师范大学恢复，女大迁教育部上课。1926 年合成女子学院，以女师大为女子学院师范大学部，女大则为女子学院大学部。1927 年改并女子学院之师范大学部（女师大）为京师大学校女子第一部，而其大学部（女大）为女子第二部。1928 年改并第一部（女师大）为北平大学之第二师范学院，第二部（女大）为北平大学之女子文理学院（校址在朝阳门内九爷府）。女师大部分，在 1931 年并入国立北平师范大学。

其名师主要有：留学生海外创业第一人、北平大学第一任校长李石曾；大学区制的实际运作者李书华；书坛耆宿、校长沈尹默；毛泽东戏称为萧菩萨的北平大学最初秘书长萧瑜；报坛耆宿、北平大学第一任秘书长成舍我；中国近代法律教育的奠基人之一江庸；法学院首任院长谢瀛洲；获得 5 个硕士学位的法商学院院长白鹏飞；俄文法政学院院长王之相；修订法律馆总裁、法商学院教授余棨昌；中国驻联合国代表团顾问、法商学院教授程希孟；首届中国科学院哲学社会科学部委员黄松龄；

北平大学医学院的奠基者汤尔和；北平大学工学院的奠基者和中国化学教育的开拓者俞同奎；中国留德工学博士第一人、工学院的奠基人之一马君武；农学院的奠基人、我国农业经济学科之先驱许璇；担任农学院院长时间最久的刘运筹；女子文理学院院长、我国引入爱因斯坦相对论第一人夏元瑮；女子文理学院院长、尝试用马克思主义观点构建中国史学的范文澜；女子文理学院院长、女子学院院长、中国实验语音学的奠基人刘半农；等等。

（四）中国近代最早的公立女子师范学堂：河北省立女子师范学院

河北省立女子师范学院有北京顺天府学堂和天津北洋女师范学堂两个源头。

顺天府学堂（顺天中学堂）创建于清光绪二十八年（1902）秋。清光绪三十二年（1906）改为顺天高等学堂。1912年改称顺天高等学校。1913年，改为京兆公立第一中学。

北洋女师范学堂由袁世凯委派的天津女学事务总理傅增湘创建于清光绪三十二年（1906）6月，校址位于天津三马路，旋即迁往天纬路（今天津美术学院校址）。当年6月1日招生考试，首批招生46人，开学后，复在津、沪两地招生67人。其堂训为：崇实、明理、守法、合作。《大公报》报道："从兹女学校发达，当以此为基础"，是为中国近代最早的公立女子师范学堂。

宣统元年（1909）2月，添设附属小学堂。次年，北洋女子公学归并女师。1912年春，改为北洋女师范学校。1913年5月，改为直隶女子师范学校。1914年7月，天津劝学所蒙养园拨归女师。1916年1月，改为直隶第一女子师范学校。1928年9月，改为河北省立第一女子师范学校。傅增湘、吴鼎昌、张相文、李家桐、张伯苓（兼代）、齐璧亭、冯荣绂等相继任总理（或监督）、校长。清光绪三十二年（1906）至1928年22年间，培养简易科毕业生107人，本科毕业生698人，师范讲习科和家事专修科毕业生44人。

1929年，在河北省立第一女子师范学校内增设河北省立女子师范学院，齐璧亭兼任院长，次年两校合并，以河北省立女子师范学院为总校名，下设院本部、女子师范、女子中学、小学、幼稚园等4部。院本部相继设国文、家政、英文、史地、教育、音乐、体育6个本科系和1个音乐专修科，有293名学生，连同4个附属单位，学生总数达1 500余人。

民国时期，设简易科（一年半）、完全科（4年），本科（5年）。开设有人生哲学、公民、国文、英语、心理、教育学、各科教材教法、教育行政及组织、伦理、历史、地理、生物、化学、物理、数学、音乐、体育、健康教育、图书馆学、小学教师应用音乐、小学教师应用美术、小学教师应用工艺、家事、教育管理及行政参观实习、军事看护学等。

其名师和著名校友主要有：五四运动前的教育总长、北洋女师范学堂总理傅增湘；中国地学会首任会长、北洋女子高等学校校长张相文；我国第一份《地学杂志》的创办人、女师地理教习白雅雨；南开的缔造者、女师校长张伯苓；中国杰出的现代话剧剧作家、女师外国文学教授曹禺；北方最早革命团体觉悟社社员之一、女师学子邓颖超；中国共产党最早的女党员之一、周恩来的入党介绍人、女师学子刘清扬；中国共产党早期的女革命家、女师学子郭隆真；等等。

（五）我国现代国家科研建制化的开端之一：国立北平研究院

1928年6月成立的国立中央研究院和1929年9月成立的国立北平研究院，是民国时期一南一北两个规模最大的国立科研机构，标志着我国在北伐战争胜利并获得南北统一后科学研究建制化的初步形成。

1927年，中国国民党中央政治会议议决设立国立中央研究院时，筹备委员李煜瀛提议同时设立局部或地方性的研究机构。国民政府1928年9月通过李煜瀛所提议案，1928年11月开始筹备，1929年5月成立筹备委员会，任李煜瀛为筹委会主任，蔡元培、张人杰为筹备委员。1929年8月，国民政府行政院决议以国立北平大学的研究机构为基础组建国立北平研究院，并于9月9日宣布正式成立①，隶属于教育部。总办事处位于中南海怀仁堂西四所，与北平大学校长办公室合署办公（图1—8）。李煜瀛任院长，李书华任副院长。杨光弼任院长室秘书。"研究院初为北

---

① 国民政府行政院新闻局．北平研究院．行政院新闻局印行，1948：1.

平大学之一部分，继有为中央研究院分院之拟议，终为国立北平研究院之独立机关"①。其初，李煜瀛代表大学委员会列席国府会议，"说明北平大学组织与预算，每月经费定位三十万元，暂以十分之一为研究院经费"，后定"北平研究院每月经费三万元，由国库于平津学款中按月拨给"，"尚欠五分之二，当于地方或其他款项中求之"②。

研究院下辖行政事务与研究机构两部分。③行政事务设总办事处，处理全院行政事务。分设总务部、出版部、海外部。研究院研究机构分理化、生物、人地三部，设

图1—8 国立北平研究院大门④

物理、化学、镭学（后改称原子学）、药物、生理、动物、植物、地质、历史等9个研究所和测绘事务所。理化部由李书华兼部长，生物部由经利彬任部长，人地部由李煜瀛兼部长。在抗战中，研究经费原定每月国币5万元，实发3万元，中比、中英、中法、中美各庚款机关，均有所补助。研究院专设有地质矿产研究奖金，每年约6 000元。抗战时期，其"经费减成支给，不得不暂时力求紧缩；气象台、博物馆等附属机关及各种研究会均暂停。其余部分暂时亦均缩小范围"⑤。

1933年至1935年因形势所迫，镭学研究所和药物学研究所一起迁上海。1936年，植物研究所全部迁陕西，并设北平研究院西安办事处，植物研究所所长刘慎谔主持。1937年"七七"事变后，李书华于1938年4

---

①②③国立北平研究院总办事处．国立北平研究院概况［M］．北平：国立北平研究院总办事处出版课，1933.
④采取自李书华，李麟玉．北平研究院抗战时期的工作［J］．世界月刊，1947，2（6）：25—26.
⑤李书华．国立北平研究院十年来工作概况［J］．教育通讯周刊，2（43）：14—15.

月在昆明成立北平研究院总办事处，遂撤销西安办事处，并陆续将物理、化学、生理、动物、史学研究所迁滇。在战前，图书仪器已迁出北平，遂可陆续运滇。1946年，除生理研究所暂设上海外，其余各所均迁返北平，收回战前院址，分别修缮，恢复研究工作。1949年10月，北平研究院为中国科学院接管。

北平研究院聘法国科学家郎之万（Paul Langevin）为名誉研究员。聘以下学者为特约研究员，中国学者有：丁文江、王烈、朱恒璧、朱家骅、李四光、汪敬熙、周太玄、袁复礼、袁濬昌、孙云铸、陈克恢、章鸿钊、刘季辰、刘厚、严智钟等。外国学者有法国贝熙业（Dr. Buissiere）、英国步达生（Davidson Black）、法国雁月飞（P. Lejay）、法国桑志华（R. P. Licent）、法国陆嘉礼（Charles Roux）、瑞典斯文赫定（Sven Hedin）、法国德日进（R. P. Teilhart）、比利时樊德维（Vandervelde）、意大利龙相齐（E. Gherzi）、法国铎尔孟（D. Hormon）等。

其研究机构与西北联大有关者主要有生物部和人地部。

其一是生物部，成立于1929年冬，下设生物、动物、植物三个研究所，均成立于建院之初的1929年9月，位于北平西直门外清光绪三十二年（1906）所建的农事试验场，又称乐善园、三贝子花园、万牲园，是北平研究院副院长李书华看中的地方，并于1929年7月改为天然博物院。其生物研究所（后改生理研究所），下设生理研究室、细胞研究室、实验生物研究室。所址后迁上海林森中路1836号。由专任研究员经利彬兼研究所主任。1933年时的专任研究员有章韫胎、兼任研究员李煜瀛。后有朱洗到所主持生殖发育与细胞研究。其研究工作主要侧重于国药对于生理之作用、营养学等，迁滇后，对云南甲状腺肿之基代谢、人民血类等西南特殊问题有所研究。其动物研究所下设有海滨动物实验室、昆虫学研究室、组织学与发生学研究室、实验动物研究室。兼任研究员陆鼎恒任研究所主任。研究人员有张玺、沈嘉瑞主持水产动物研究；朱弘复主持昆虫研究。曾与青岛市政府合组胶州湾动物采集团，抗战期间在昆明又与云南省建设厅合组云南水产试验所。在昆期间，涉及滇池食用螺蛳、青鱼人工受精卵化试验、洱海动物采集、滇池枝角类与桡足类研究等。其植物学研究所下设有植物分类研究室、植物分布研究室、植物插条嫁接研究室、种子植物研究室、菌类及其他下等植物研究室。至1933年，专任研究员刘慎谔兼任研究所主任，专任研究员有钟观光、兼任研究员林镕等。后有汪发缵、朱彦丞等植物分类专家。初有研究员3人、助理员5人、绘图员1人、植物园管理员1人、练习员1人、事务员1人、打字员1人。1936年，刘慎谔领导之植物研究所之"图书、标本、仪器及工作人员全部迁往陕西"，"此卢沟桥事变以前大概情形也"[1]。其主要研究工作有苹果类插条试验、杨柳科与蔷薇科嫁接试验、中国木本及裸子植物研究、云南土地利用研究等。植物研究所迁陕后，与国立西北农林专科学校合作，合组中国西北植物调查所，位于陕西武功。调查所下设有西北森林分布研究室、各地自生经济植物调查组、西北牧草研究组、西北菌类及植物病害研究组、地方植物图志编制组、植物园等。其重要调查涉及：中国西北植物地理、太白山林层、西北卫茅科植物、中国经济植物目录、苤苢考、陕西南五台山植物志、中国北部桔梗科植物图志、太白山及南五台锈菌名录、川康采集植物目录、陕西白粉菌名录、中国林业建设、中国种梨系统、嫁接杂交等。

其二是人地部，于1929年冬开始筹备，由院长李石曾兼任部长，下设地质学研究所和测绘组。地质学研究所于1930年3月与实业部地质调查所合作成立，设于北平西城丰盛胡同及兵马司。由兼任研究员翁文灏兼任研究所主任，下设陈列馆、图书馆等。徐光熙任陈列馆主任，钱声骏任图书馆主任。兼任研究员有王竹泉、王恒升、尹赞勋、金开英、周赞衡、曾世英、杨公兆、杨钟健、葛利普、谢家荣、谭锡畴等。测绘组成立于1929年10月1日，初设天然博物院，后迁西郊碧云寺北辛村中法大学第一农林试验场内。组主任为高铭阁，有技术员2人、助理员2人、事务员2人。其初期任务主要测绘北平一带详细地图。

其史学研究所（1937年初由史学研究会改为研究所）由徐炳昶（旭生）任所长。会址初在北平，"九一八"事变后，因形势所迫，在1933年，徐炳昶主持"史学研究会大部迁陕"，并"与本地士绅合组陕西考古会，到宝鸡斗鸡台作发掘工作数年，写成《中国古代的传说时代》一

---

[1] 国立北平研究院.民国二十六年至二十八年国立北平研究院工作报告，1939.

书，对于殷盘庚以前古史作一整理"①。其研究工作主要是徐炳昶研究古史，黄文弼整理西北科学考察团历年所得材料，苏秉琦整理宝鸡斗鸡台发掘所得资料，冯家升研究辽史及火药发明史，王静如研究西夏史、古代新疆和隋唐社会。该所注重考古及其他史学研究，开展了关于中国古史传说资料的整理与研究、以历史方法从事中西文化思想的比较研究、宝鸡斗鸡台发掘所获资料的整理研究、魏晋玄学研究、中国山水画研究、宋金史籍整理与研究、从军事财政看南宋初年和战问题研究等，编辑《中国进士汇典》。

其三是研究会与附设机构。其中，史学研究会于1929年11月成立，有常务会员吴敬恒、常务会员兼干事李宗侗、干事姚彤章、会员兼编辑徐炳昶、编辑鲍汋、编辑高静涛等。会员有白眉初、朱希祖、朱桂辛、沈尹默、沈兼士、汪申、金仲荪、俞同奎、马廉、马衡、陈垣、乐均士、张继、齐宗康、郑颖孙、萧瑜、顾颉刚等。水利研究会成立于1929年9月，有常务会员朱广才。会员有李吟秋、李书田、李仪祉、茅以升、徐世大、徐宗溥、高镜莹、彭济群、叶奇峰、董时进等。

北平研究院成立的初衷是"为学理与实用并重，以实行科学研究，促进学术进步"②。李书华认为："今后我国科学研究工作，应当对于世界科学的进步，负起一部分应负的责任。科学研究是工业建设的基础。科学研究恰如水源，工业应用恰如河流，没有水源，便没有河流。无疑义的，我们应该把中国做成一个工业化的国家，能够大量生产，大量制造，才能够在世界上独立生存，但是这种工业建设，须得科学研究工作配合起来，才容易成功，才能有进步"③。到1948年，该院共发表论文、调查报告500余篇。研究院和各研究所出版丛刊、集刊、专报、报告、汇编等刊物和书籍50余种。这形成了"中国科学的黄金时代"，"造成了很浓厚的研究空气。中国科学家在国内所做的科学研究工作发表以后，

---

① 徐炳昶. 徐旭生自传 [J]. 河南文史资料, 1985 (14): 114—117.
② 李书华, 李麟玉. 北平研究院抗战时期的工作 [J]. 世界月刊, 1946, 2 (6): 25—26.
③ 李书华. 国立北平研究院十八周年纪念会报告 [J]. 科学, 1948, 30 (4): 120—121.

常引起外国科学家的注意,也常为外国科学家所称引,所以中国科学家为中华民族增加了不少的光荣"。[1]

其创始人与研究人员大多为留法群体。据统计,1949年前归国的科技人员,留法群体只占4%,位居美、英、日、德之后,但却在近代中国的科技界和教育界一度与留美学人相抗衡。[2] 北平研究院以法国研究机构为蓝本,建立了完备的行政管理体制,重视研究所和研究会建设,还建立"学术会议"制度,会员(相当于院士),这有其积极的探索意义。在物理领域,有两代居里夫妇、郎之万均被北平研究院推为座上宾,郎之万还被聘为唯一的名誉研究员,居里夫人的第一位中国学生郑大章、约里奥-居里夫妇指导过的钱三强、何泽慧、杨承宗等都进入了北平研究院。1931年9月30日,郎之万随国联教育考察团访问中国,于1932年1月4日和7日访问北平研究院理化部和物理研究所,李书华、严济慈等接待。当考察团回国后,郎之万没有与其他成员一起返欧,而是接受北平研究院等的邀请,又于1931年12月下旬返回北平,与中国物理学界进行了两个星期的学术交流。1932年6月10日,李煜瀛还致函郎之万,索要他在上海允诺的《科学与文明》的演讲稿,以便付梓。之后,狄拉克、玻尔等国际著名物理学家都曾到访,成为我国现当代开展国际学术交流的一个重要科研机构。而且,在居里夫人的帮助下设镭学研究所(1948年改组为原子学研究所),这成为我国最早的核物理研究机构,是新中国的核物理事业的起点。

其名师主要有:中国近代物理学奠基人之一饶毓泰,中国现代物理学的创始人之一严济慈,我国金属晶体范性形变和晶体缺陷研究以及物理学史研究的奠基人之一钱临照,著名地球物理学家顾功叙,中国光学之父王大珩,中国晶体物理学研究的主要创始人之一陆学善,中国原子能科学事业的创始人钱三强,首次开展中草药化学成分分离鉴定的纪育沣,结构性能定量关系的开拓者蒋明谦,中国进行中草药研究的先驱者赵承嘏,中国有机化学研究的先驱者、有机微量分析的奠基人庄长恭,

---

[1] 李书华. 国立北平研究院十八周年纪念会报告[J]. 科学,1948,30(4):120—121.
[2] 刘晓. 北平研究院为何被遗忘[N]. 中国科学报,2014—06—06(19).

著名药物化学家、天然有机化学家高怡生，中国细胞生物学和实验生物学的创始人与奠基人之一朱洗，等等。

这就是我们扼要介绍的国立西安临时大学—国立西北联合大学的前身。

二、战火燃起

20世纪30年代，在中国高等教育日益现代化和渐显规模的进程中，有两大突如其来的惊天大事变让这一进程戛然而止：一个是1931年9月18日发生在沈阳北大营的"九一八"事变；一个是1937年7月7日发生在北平卢沟桥的"七七"事变。这两大事变，皆由日本军国主义的扩张野心相关。它直接导致全国85%的高校遭到破坏，106所高校进行了300余次[①]史无前例的大迁徙。

（一）流亡第一校

1."九一八"事变中的东北大学

1931年春，日本帝国主义者乘东北军调兵入关造成的后方空虚，加紧兵力部署，极力推进其"征服中国，必先征服满蒙"的所谓"大陆政策"，并先后制造了"万宝山事件""中村事件"。9月18日晚10时，日方炸毁沈阳北部柳条沟铁路，反诬我方破坏，并以此为借口进攻沈阳城和附近的东北军兵营，震惊中外的"九一八"事变爆发。事发地北大营距离东北大学只有几公里，故成为直接受害者，也是日本帝国主义发动侵华战争破坏的我国第一所大学。

这所被称为"东北之光"的大学，初创时是以柏林大学为蓝本的，主要建筑均系中西合璧的欧式建筑（图1—9）。其每年教育经费为160万大洋，教学仪器、设备、图书资料绝大部分为进口，工学院院长赵厚达（1888—1924）甚至在采购设备时积劳成疾病逝于德国，年仅36岁。仅1928年底至1929年初的一份进口设备免税单上所列的从德国、美国、英国和日本进口的仪器设备，就有368箱。在1929年12月，孙国封

[①] 忻平. 试论抗战时期内迁及其对后方社会的影响[J]. 华东师范大学学报（哲学社会科学版），1999（2）：55—62.

（1890—1936）兼任理、工学院院长期间，甚至成套地进口大型工业设备，附设大学工厂，使工学院成为当时国内设备最为先进的工程教育基地之一。有人惊呼，这哪里是在建设一个工学院，简直像是东北现代工业的一个缩影。到1931年"九一八"事变前夕，东北大学已经有理、工、文、法、农和教育6个学院，还有8个专修科，在校学生达到3 000人，教授300余人。数学泰斗冯祖荀，国学大师章世钊，国民政府教育总长、国学家罗文干，机械学家刘仙洲，建筑学大师梁思成、林徽因夫妇，梁漱溟等一大批著名学者云集东北大学。1931年5月，已确定并入苏格兰人创办的一所医科大学，成立东北大学医学院，但终因"九一八"事变而终止了这所极具实力的综合性大学建设的步伐。

图1—9 "九一八"事变之前的东北大学理科大楼

"九一八"事变给东北大学造成极大损失：

在图书资料、仪器设备和教具方面，图书馆藏书6.5万册，包括各专业原版书籍、珍本，各种杂志600余种；39个实验室的仪器设备中，物理系有仪器设备3 395件、天文学系有14件、工学院有10 151件、未开箱的仪器设备368箱，纺织和建筑等系的仪器设备，动植物标本，大量的教具等。

在附设工厂方面，占地338亩，投资170万大洋进口设备，工厂所属10个分厂，包括机车修理厂、客货车修理厂、翻砂厂、铁工厂、铆工厂、汽锤厂、锅炉厂、发电厂、锅炉维修厂和印刷厂等。仅在1930年的铁工厂就已经修理铁路机车69辆、客车288辆、货车805辆、行李车4辆。1927—1928年度获纯利润343.96万大洋。"九一八"事变后工厂停产，工人失业，工厂被日人占有。

在校园建筑方面，占地1 500亩的校园尽遭破坏，被日寇强占14年。1946年东北大学回迁沈阳时，校园破败不堪，仅维修理工科大白楼、图书馆、汉卿南北楼、教育学院教室和宿舍、文法学院宿舍等16项工程即耗费近百万大洋。

2. 数千里西迁大流亡

时任东北大学代理校长宁恩承（1901—2002）回忆："九一八夜10时就寝，方入朦胧，忽然一个极大爆炸之声，声震屋宇，窗门动摇。那是10时20分。我以为东北大学工厂锅炉爆炸了……，我披衣出门……忽然一个大炮弹经头上飞过，一道火光，嗖嗖作响由西向东如流星一般飞去……我不禁大吃一惊，知道大事不好了，日本人开始攻击我方驻军北大营……东北大学临近北大营。我必须采取一切紧急行动应付局面。我令会计主任解御风把学生们的伙食费先发还给大家……发还以后，铁柜空无所有，我令会计主任把铁柜永久开着以示存款已完，让强徒放弃抢劫的意图。我放心不下、也是最困扰的难题仍是200女生，我传谕女生部金主任，凡家在沈阳市或沈阳市内有亲友可投奔者任其自由回家或投靠亲友，没有投奔的人送入小河沿医学院躲避一时。到20日，经过一天两夜的惊慌，学生、教授走了许多人，校园中渐渐沉寂了。25日以后，大学中的教授学生都已星散，人去楼空，9平方公里的校园之中，只有两个事务处职员、两三个工友和我一人了，25日下午我一个人，离开了我的家。"①

"九一八"事变之后的次日，沈阳城内我各军机关已俱陷敌手。日人假惺惺地到校表示"慰问"，"劝告"照常上课，还表示要提供经费，极力阻止东北大学外迁。然而，东北大学师生悲愤填膺，严词拒绝，有的直接

---

①宁恩承. 百年回首·九一八之夜［M］. 沈阳：东北大学出版社，1999.

潜赴各地义勇军奋勇杀敌，大部分则于9月22日起分批撤退到北平。

宁恩承校长指派东北大学德国籍的体育教授布希，以其洋人特征做"通行证"，骑自行车探明了一条从北陵可去小河沿医学院的安全通路，在清晨将学生分组化装，由布希在远处监护，这批学生安全到达了小河沿的医学院里。之后，又分别将学生夹杂于难民群中，陆续离开沈阳。

宁恩承校长也满怀悲愤地离开东北大学校园，于9月底秘密乘坐火车转移到大连，再从大连乘轮船到天津，10月初到达北平，向张学良汇报了东大的撤离。

东北大学师生流亡北平之初，无处上课，只得到别的学校借读；无处住宿，只得流浪街头，风餐露宿，饥寒交迫。失去家乡和学校的耻辱，四处流浪的痛苦，给东北大学师生的精神造成严重的摧残，还有很多东北大学生由于"九一八"事变被剥夺了学习的权利，被迫离开了学校，荒废了学业，改变了他们的人生，成为他们终生的遗憾。①

一个月后的10月18日，东北大学终于在北平南兵马司旧税务监督公署勉强复课。此时，东北大学师生由在沈阳时的3 000余人，仅余300余人；300余名教授也仅余几十人。

12月9日，"一二·九"运动爆发，北平的东北大学师生义无反顾地走在前列。

1936年2月，工学院部分由北平迁往西安。

1937年2月，部分师生由北平迁往开封，6月再迁西安，与工学院合处。1937年9月复与国立西安临时大学工学院、数学系、物理学系、化学系等合处一院（即今西北大学太白校区）。

1938年3月，部分师生从西安迁四川三台，在此度过了8年时间，这是所有落脚地中待的时间最长的一处。

1938年8月，在陕南城固，东北大学工学院并入西北工学院。

抗战胜利后，1946年3月东北大学迁回沈阳，1948年6月再迁北平，1949年2月再迁回沈阳。

就这样，"九一八"事变迫使东北大学背井离乡，踏上流亡之路，

---

① 编者．"九一八"事变给东北大学造成的破坏和损失［EB/OL］［2014—07—07］．// http：// weibo．com/p/1001603729707265867528

成为当时第一所因日寇侵华而被迫内迁的高校。从暂栖北平，到流离于西安、开封，再到川北小城三台复校，直至抗战胜利后，1946年陆续返回沈阳，师生们离开家乡整整15年之久。

3. 与西安临大共处一院

如今，西北大学太白校园里留有一座原东北大学礼堂，门前有张学良校长勒石为证（图1—10）。它既见证了战时东北大学漂泊西安的历史，也见证了陕源西北大学和京源西北大学的在此合流，还见证了西安临大——西北联大的诞生，是唯一保存完整的有关抗战时期我国高校大迁徙的遗址。

图1—10　东北大学—西北大学礼堂

在此，东北大学与西安临大共处一院，共用礼堂。西安临大工学院和东北大学工学院有些课程甚至一起上课，或者互聘教师任课。著名水利学家和土木工程专家李仪祉教授就同时被聘为东大和临大两校名誉教授，为两校上课（图1—11）。

早在明清之际，陕源西北大学这块地盘，向称"风水宝地"，一位在此踏青的举人曾预言："此地日后会出一斗芝麻的官"。果然以后这里成为大学城，成为培养数百万国家干部的大学云集之地。据《续修陕西通志稿》

图1—11　张学良函谢李仪祉在东北大学工学院讲学（现存陕西省档案馆）

卷三十六载,在光绪三十年(1904),此地已是陕西中等农林学堂的所在地,光绪三十年(1908)复为陕西农业学堂所在地。1912年并入西北大学,成为西北大学农科分校(包括今西安习武园、儿童公园北部和西关外)。同时,三秦公学亦借西门外农业学堂一部建校(后又将附属农事试验场划入,从城西北角到西南角几乎均有其舍),1914年大部分并入西北大学。1915年西北大学停办后,于1916年改为陕西甲种农业学校,后复于1923年成为西北大学农艺科、畜牧科所在地。1934年改为陕西省立西安初级农业职业学校(后改为陕西省农林职业学校),包括200亩农场(将毕业之学生可各领半亩至一亩地实习栽培作物)、运动场、礼堂等。

张学良自1935年9月到西安任职后,即拟将东北大学自北平迁至西安,当年他听取于右任的建议,拟以三原县宏道书院为校址,并曾与杨虎城等前往实地考察,因房屋年久失修,条件太差而搁置。1936年初,东北大学学生会派宋黎等人为代表到西安晋谒张学良,并提出东北大学西迁西安的请求。张学良欣然接受建议。

1936年2月,寄居北平的东北大学工学院及其补习班41名教职员和263名学生迁入西安。《东北大学史稿》称:"东大西安分校址是前陕西农林职业专科学校('专科'为误称),位于城南约里许,南屏终南山,西枕渭水,大小雁塔耸立于前,阿房、镐京遥接于后。校外是20亩农场,栽满了各种树木、蔬菜和花卉,加上一片麦田,风景亦殊清秀。由于原校舍不敷应用,张学良校长又于附近购得数百亩土地,并拨旧东三省官银号结余款15万元以建筑教室、宿舍和大礼堂"。[1]

学校建筑工程是东北大学工学院几位毕业生义务设计并监督施工的。这些建筑不到一年时间,即全部竣工,兴建大礼堂时在墙基内砌了一块纪念碑,刻有张学良校长的题词:

沈阳设校,经始维艰,
自九一八,惨遭摧残,
流离燕市,转徙长安,

---

[1] 王振乾等. 东北大学史稿[M]. 长春:东北师范大学出版社,1988.

勖尔多士，复我河山。

抗日战争时期，此地被胡宗南所部占据，称为战时干部训练团第四团，此时，蒋介石、宋美龄曾在这所大礼堂内给军官训话。大礼堂的这块纪念碑原嵌于墙上，被士官挖下来当饭桌用。后来，胡宗南听说还有人背诵这个朗朗上口的题词，一怒之下，将其砸碎。1992年，西北大学觅得拓片，遂重新立石纪念，现为陕西省重点文物保护单位。

东北大学工学院师生初从北平迁到这里时，农校只让出一半房舍，计学生宿舍50余间，教授宿舍数间，教室8间，办公室3间，饭厅1所，1座礼堂（非现在礼堂）供两校共用。学生宿舍5人1间，教授则二三人1间，照明为油灯和蜡烛。实验室、图书室简陋不堪，由北平运来的机械、仪器、什物均堆放在院内墙角。师生们复土还乡的愿望时时烧灼其心，真是"望家山而陨泪，问恢复以何年"。

东北大学工学院在西安抗战中，号称先锋，发起组织了西安学联，并派出陕西援绥战地服务团，组织民先队，不少同学去了延安，孔宪春同学还担任中共陕西省委西安学校工作委员会委员，负责领导西安临时大学（史称西北联合大学）党支部的工作。其最为重要的学运，是在西安事变前三天，纪念"一二·九"学生运动一周年时学生、市民游行示威和步行前往临撞的请愿。在城外十里铺，机关枪对准学生，面临一场血腥屠杀，就在这千钧一发之际，张学良亲自驾车赶到，允诺学生"在一个星期内，或三天之内，用事实答复你们的要求"。三天之后，爆发了震惊中外的西安事变。东北大学的同学们在1936年12月12日晨获悉事变，甚至喜极而泣，随后，以东北大学为主体的西安学生救国联合会等18个救亡团体发表联合通电，支持张杨，号召全国同胞共赴国难，挽救危亡。

1937年春，东北军东调，臧启芳（稍后的国立西安临时大学筹委之一）执掌东北大学西安分校，并于1937年5月17日获准改东北大学为国立东北大学（以下简称"东大"）。1937年6月30日，东大西安新校舍竣工，原在河南开封的师生全部迁入西安，并于当年8月在南京和陕西分别招考新生。之后，北平东大的不少学生也到了西安分校。校内的抗日救亡运动亦然，学生组织的歌咏团、话剧团，常在大礼堂演出或教唱救亡歌曲，入夜时，大礼堂常常是灯火辉煌。

1938年3月，东北大学在蒋介石西安行营主任蒋鼎文的一再督促下，决定南迁至四川三台。东北大学工学院则于1938年暑假与西北联大工学院等合组为西北工学院（时在陕南）。东北大学地下党支部反对迁校失利之后，曾拟从东北大学和西安临大拉出几百名同学去前线抗日，但经请示中共西安学委，大多数同学还是再次随校南迁，而一部分同学则以东北大学学生留陕工作团名义，辗转去了延安或赴前线。

历经磨难的东北大学只在西安待了两年零一个月，便再次南迁，虽然在西安待的时间不长，却在西北大学农科旧址上留下不少建筑，还扩大了几百亩地盘。

东北大学与西安临大迁陕南后，此礼堂和校园为国民政府军事委员会战时干部训练团第四团所占[①]。这是四个战干团中规模最大的一个团，1938年9月成立，1948年10月结束，曾培养了4万余名干部。战干四团的中将教育长由第一战区副司令长官兼34集团军总司令胡宗南兼任，中将副教育长为葛武棨。连战的父亲连震东曾在此任政治教官。

（二）全面抗战爆发后被毁的平津高校

1. 平大、师大等北平高校被毁概况

1937年7月28日清晨，一向早起的北平大学体育教授王耀东照常去女子文理学院指导田径队训练，准备参加北平市大中学校田径运动会。走到半路，他发现街上行人很少，且一个个面露惊恐，非常反常。一打听，王教授才知道守城的29军已经撤走，[②]日军正在进城，次日已可见大批荷枪实弹的日军部队和装甲车辆在天安门前和东西长安街耀武扬威。今留有一张北平大学法商学院第九届毕业同学的合影，竟成绝照（图1—12）。

[①] 国民政府军事委员会战时工作干部训练团第一团在重庆綦江，团长蒋介石，副团长陈诚；第二团在武汉，蒋介石任团长，白崇禧任副团长，在河南鸡公山，培养4 000余人；第三团在江西瑞金，蒋介石任团长，顾祝同任副团长，毕业6 000余人；第四团规模最大，居各团之首，蒋介石任团长，胡宗南任副团长，先后毕业4万人，占4个团毕业人数的一半以上。

[②] 王建军. 王耀东传[M]. 西安：西北大学出版社，1999：169—172.

图1—12 北平沦陷前的1937年6月10日"国立北平大学法商学院毕业同学总会欢送第九届毕业同学纪念"合影。[北平同生照相馆拍摄，拍摄地点为北平大学旧址国会街教学楼（今新华社大院）前，是为北平大学的绝照]

北平就此陷于敌手。次日，日军穿行清华校园。10月3日，日军竹内部队以"参观"为名，进入清华园，将图书仪器等用汽车装载掠去。自此，日军几乎每日进校掠取。10月13日，日军牟田口部队进校，占据工字厅、古月堂、二院等处，至1938年8月中旬，驻校日军达到3000余人。1939年春，日本陆军野战医院152病院进驻清华，将各系馆全部改为伤病员住房，馆内器物被占用、变卖和摧毁，图书馆被改作医院治疗室、手术室；1940年夏，在大礼堂前，曾举行"军犬比赛大会"，让军犬进行撕咬中国人的比赛，数十个中国人全被咬死在大礼堂前的广场上；气象台被当作饲养场，体育馆被改为马厩，新南院成了日军随军妓馆。① 清华校园被日军完全侵占。

北平沦陷期间，北京大学、清华大学、燕京大学、北平师范大学等，均遭洗劫。清华大学从建筑物到图书、仪器，均遭到日军疯狂破坏和掠夺；北大沙滩红楼沦为日军宪兵司令部，多位留守教职工遭受严重身心折磨，最为恶劣的是，日军劫掠北大图书馆馆藏珍品《俄蒙界线图》，

---

①刘汨，马晓晴，程磊.日军占领清华旧照曝光[N].法制晚报，2014—07—28

这一孤本文献，迄今下落不明。①

北平大学、北平师范大学均成为日军驻所，教职员走避一空，校内物品破坏无遗。北平城中的大学，仅燕京、辅仁、中法等因受到美国保护而继续开学，但学生人数甚少。

其中，北平师范大学在"七七"事变后，学校师生仓促离校，学校数十万卷册图书、档案、教学器具及所有校舍，均被侵占或损毁。在日伪统治时期，石驸马大街校舍，被军事机关占据，医疗卫生设施及重要器材悉遭劫毁，遗失殆尽，此时还成立伪"国立北京师范大学"，推行奴化教育。日伪政府为强化奴化教育，于1938年5月成立图书审查委员会，特聘日本特务米谷荣一为检查长对图书进行检查，认为可供阅览的中外文书籍为9 500余册，特藏书籍为6 600余册，被检出有疑问的书籍达150 089册、杂志7 327册、装订报纸298本。其中被检查出2 673册涉及抗日内容的书籍均被日伪政府封存。附属学校的课本也未能免难，凡不符合"中日共荣亲善"原则，含有中华民族、精忠报国和爱国、自强、奋斗等内容的课文及词语一律被删除或撕毁。日军侵占学校后，学生失去课堂和校园，仅1934级、1935级、1936级学生中就有328人失学，约占总学生数的50%。日伪统治时期，先后逮捕4名师生，受尽极刑，至今没有下落，后又逮捕师大辅仁支脉的30余名教师，进行严刑逼供和非人折磨，制造"华北教授案"，另有4名学生被杀害。②

2. 南开、北洋、女师遭轰炸和破坏概况

1937年7月7日下午至子夜时分，驻丰台日军诡称演习中失落一名士兵，要求进入宛平城搜索，我驻军拒绝了日方无理要求，次日晨5时许，日军不顾双方正在交涉，悍然进攻卢沟桥一代的中国军队，并炮轰宛平城，中国驻军奋起抵抗，此即卢沟桥事变（又称"七七"事变）。

1937年7月28日深夜至29日，两架日机飞到八里台南开大学、南开中学、南开女中、南开小学展开疯狂轰炸和放火焚烧。7月29日至30日，北京、平津相继沦陷。7月30日凌晨，南开大学惨遭日本侵略军狂

---

①②北京师范大学调查组.北京师范大学抗日战争时期人口伤亡和财产损失调查［M］//北京市委党史研究室.北京市抗日战争时期人口伤亡和财产损失.北京：中共党史出版社，2014：324—326.

轰滥炸，三分之二的校舍被毁。至 8 月 1 日晨，"火犹未息"，南开"已成瓦砾场"。7 月 30 日下午 3 时许，日军派骑兵百余名，汽车数辆，满载汽油，到处放火，秀山堂、思源堂（以上为二大厦，均系该校之课堂）、图书馆、教授宿舍及邻近民房，尽在火烟之中，烟头十余处，红黑相接，黑白相间，烟云蔽日，翘首观火者，皆嗟叹不已"①。这场劫难，使南开大学的基本设施损失殆尽，其中包括教学楼、图书馆、工厂、实验室、理工科大部仪器设备、全部教学办公器具，图书 10 万册，西文图书 4.5 万册和珍贵成套期刊，以战前价值计算，损失法币 663 万元法币。

轰炸南开学校是日本侵略者攻占天津后首先实施的恶行，南开大学也成为我国第一所惨遭日寇炸毁的高等学府。

北洋工学院校舍被日军侵占，办学设备被劫、师生流离失所。据学校统计，"除事先抢运出寄存于英租界兴华公司的 200 箱资料、仪器、实验药品外，其余图书、设施均被破坏。一些地质标本和珍贵仪器被劫往东京"。1946 年年初，北洋大学校友会天津分会曾提交给重庆教育部一份公函，其中有："学院中，现有由日返国劳工占化学教室及九十四军一百二十一师三百六十二团占工程试验馆。南北二大楼（南楼见图 1—13）外表依旧，内中之暖气及陈设已荡然无存。图书馆之建筑尚可使用，图书则全部失散。"在北洋大学档案中有一张抗战结束后整理的《前北洋工学院校产损失估计表》，以 1945 年 12 月物价计算，北洋大学损失逾 16 亿法币。北洋工学院教授魏寿昆院士回忆说："北洋工学院在天津的西沽，就是现在河北工业大学所在地，是从北平进入天津的必经之路。'七七'事变后，天津沦陷，两座教学楼成了兵营，抗战胜利后所有设备都不见了。""天津沦陷后，当是在津的师生都进入英、法租界暂避，并向政府提出内迁的要求"。②

---

① 伊斯雷尔·爱泼斯坦. 人民之战 [M]. 贾宗谊，译. 新星出版社，2015.
② 北洋大学西迁大事记（将教育在大后方继续）. 对魏寿昆院士的电话采访 [EB/OL]. http://www.enorth.com.cn 2005—09—03 14：36

图1—13　1933年建成的北洋大学工程学馆（南大楼），天津沦陷后被日寇占做兵营

在天津的河北女子师范学院也被毁坏。其院舍毁于日军炮火中，学校器物被掠，损失中外图书57 000余册、中文期刊210种，院务陷于停顿。胡适在事发7月31日晚，致电中国驻日大使馆转世教会联合会会长孟禄，谴责日军"蓄意炸毁张伯苓以33年精力创办扩展之南开大学与附中，并毁冀省立女师学院及省立工业学院"暴行，"希望世救会代表，对于此种毁坏学术机关之野蛮行为，予以判断与指斥"。①

据统计，1937年7月到1938年8月，全国108所高等学府，遭日寇破坏的就有91所，占全国高校总数的85%，其中25所高校因破坏严重而停办，财产损失达3 360余万元。为此，全国106所高校进行了300多次搬迁，迁校3次以上的有19所，8所高校迁校达4次之多。

（三）齐璧亭电台控诉和报告天津失陷经过

1937年10月，遭受日军破坏的天津高校的代表——河北省立女子师范学院院长齐璧亭教授在南京中央广播电台发表广播演讲，愤怒控诉日军对高校的轰炸，并报告天津失陷经过和状况。他在"七七"事变后的

---

①胡适．致中国驻日大使馆转世教会联合会会长孟禄的电报，1937年7月31日．

7月25日自庐山参加蒋介石召集的一个座谈会后返回天津，亲历了天津失陷。

当时，各个学校、机关"皆无预防战事之安置"，军队"事先更无应战之准备，仓促开赴前方，作战者既无弹药饮食之供给，而受伤者更无处救治。在东车站一带，时见有饥渴兵士，跑回后方，向商店乞食饮水，饮毕仍跑上前线""市立医院屡有伤兵送来，多无处安置，无人救护，致断臂折足，鲜血淋漓者，横卧满院……此种混乱及惨苦情形，皆由于事前毫无准备，亦即天津失陷原因之一"。他指出："日军之残暴，出于意外……初用飞机肆行轰炸，继用重炮任意轰击，此外并用木材、煤油，纵火焚烧，或驱使乱民肆行抢掠。""天津军事负责人于7月29日上午退出天津，敌机于是日下午到处轰炸，大示淫威。31日，敌军发重炮200余响，轰击市内建筑，及市外村落，以造成恐怖景象。""数日之中，除租界外，所有市内机关、学校，及商店、住户较大之建筑均被破坏无余。其邻近东车站之一村，于炮轰之后，并将居民尽数屠杀。学校中，破坏最甚者，为南开大学、女中及小学（南开男中留作日本军营），机炸、炮轰及火烧兼施并用，惨不忍言。其次，为省立女师学院，于轰炸后，又驱使乱民入内行抢，所有残余书物，均被洗劫一空。其余，省立工业学院内之水工试验所则被完全炸毁，私立民德、觉民、究真等中学，亦被炸、被抢，甚惨。现工业学院及北洋工学院已被敌军占驻。此后，校内器物毁损至何程度，更不得而知矣"。最后，他指出："吾师张伯苓先生有云'敌人所破坏者，南开之物质，南开之精神，将因此愈加奋励'。吾人将张先生之言，扩而大之，即'敌人所毁坏者，中国之物质，中国人之精神，将因此而愈加奋励，益行团结'。今后将以全民族之力量，抵抗顽敌，期获最后胜利。未来之所得，必远过于以往之所失。敌人的残暴行径，已暴露于世界，而为全人类所切齿。我同胞，从速觉醒，快快回头，共同抗敌救国"。①

因此，"九一八"事变之后，"七七"事变之前，平津一些高校已有意迁往内地，大后方陕西也有意接收平津高校迁西安办学，借以发展西

---

① 齐璧亭.天津失陷之经过及现在之状况［J］.西安临大校刊，1937（2）：17—19.

北高等教育。于是，遂有先起自东北大学，后有北平大学、北平师范大学、北洋工学院和河北省立女子师范学院等200余所学校的千里西迁。

三、酝酿西迁

（一）在民国开发西北热潮中提出教育开发

在1937年9月大学西迁之前，整个西北地区的高等教育极为薄弱：陕西在清光绪二十八年（1902）创建陕西大学堂，1912年由陕西高等学堂等五学堂改组为西北大学，1915年改为陕西公立法政专门学校，1923年改为国立西北大学，1927年改为西安中山学院，次年改为西安中山大学，1931年改为西安高中，次年原西北大学校长李仪祉报请陕西省政府在西安高中附设陕西省水利工程专科，1934年并入国立西北农林专科学校，1935年迁往武功西北农专，为其水利组，至此，陕源西北大学中断；1932年4月，戴季陶在西安对各界人士作《中央关于开发西北之计划书》的演讲。1932年5月，戴季陶在长安作《建设西北专门教育之初步计划》的演讲。其中提出："第一，先办国立农林专科学校"，"第二，农林专科学校满三年后，即开办西北理学院"，"第三，理学院开办满二年或三年，再开办工学院，或同时开办工、医两学院，而农林专科学校亦可扩充为农学院"；再办天文气象台（在西安、兰州两地设两台尤佳）、国营黄河造林局、西北地质调查所、西北生物研究所；"制定规程时，宜根据本计划之精神，制定一理科中心之西北大学规程"；"西北之开发，关于中国之存亡，国家固不宜置之不顾，而掌理庚款者亦不宜置之不顾"。[①] 于右任、张继、杨虎城、辛树帜等也提出"要在中国旧文化发源地上建立中国新文化"提出建设西北理、工、农、综合性大学的计划，1934年成立国立西北农林专科学校，1936年教育部令西北农专筹设国立西北大学理学院，同时陕甘恢复西北大学或在西安、兰州创设新的西北大学的社会舆论日渐高涨；甘肃在清光绪二十九年（1903）创办甘

---

① 戴传贤. 建设西北专门教育之初期计划 [M]. 戴季陶. 关于西北农林教育之所见. 南京：新亚细亚学会，1934：1—21.

肃大学堂，旋改甘肃文高等学堂，1912年改为中学。在清宣统元年（1909）开办法政学堂，1913年改为甘肃公立法政专门学校，1928年改为兰州中山大学，1930年改为甘肃大学，次年改为省立甘肃学院；新疆在1924年创建新疆省立俄文法政专门学校，1935年改建为新疆学院。抗战全面爆发前夕，西北仅有国立西北农专，客居西安之东北大学、甘肃学院和新疆学院4所高等学校，且大多气息奄奄，如新疆学院一度仅余土木工程系一年级5名学生。这就是大学西迁之前西北高等教育的基本状况。

于是，改变西北地区落后的教育状况和开发西北的社会舆论逐渐高涨。马鹤天早在1924年就在北京发起成立中华西北协会，并创办《西北半月刊》。"九一八"事变后，举国一致有开发西北之议。仅南京即有西北周刊社、开发西北协会、西北问题研究会、西北文化社、西北刍议社、中国边疆文化促进会等，上海有西北公论月刊社、西北问题研究会等，北平有西北研究社、西北杂志社、西北公学社、西北论衡社、西北春秋社、西北协社等，开展开发西北研究。

1932年8月10日，国立同济大学训育长郭维屏在《新西北研究》1932年1卷3—4期上发表的《开发西北谭》一文中指出，可集中现有人才、延聘外国人才和为西北派出实科留学生解决西北建设人才缺乏之弊，他建议：将"农林、气象、畜牧、病菌、土壤、害虫、兽医、制革、制毛、洗染、采矿、冶金、园艺、垦殖、水利、工程诸专家""集中一处""随时介绍西北，从事各项工作"，并"将西北各省及国内大学理科毕业有志开发西北之青年，派赴外国，指定专科，俾获有精深之研究""同时，在西北各地，多设殖边学校、矿务学校、牧畜改良学校"。① 1932年11月29日，天津《大公报》发表题为《西北教育》的社评："首望政府在此各省中至少须各办一完备之专科学校。国家教育经费，动以千百万计，然用于西北者几何？沿江沿海，大学如毛，而从未在西北省区创一规模宏阔之国立大学，此政府教育行政上之大缺憾也。"② 国立

---

① 郭维屏. 开发西北谭（1932—08—10于郑州陇海路陕西实业考察团招待所）[J]. 新西北研究，1932，1（3—4）：8—14.
② 西北教育之总病原在于贫穷[N]. 大公报，1932—11—29.

暨南大学学生商洪若在1932年1卷3—4期《新西北研究》上发表的《建设西北之路》一文中指出："设立诸种专科学校及国立大学。西北教育破产，不可言状，尤其是高等教育，直等于零，故西北缺乏建设人才，亦毋庸讳言，兹为提高西北人民智识，养成各种专门技能和训练建设人才计，政府急宜设立农科、工科、纺织科，以及其他专门学校，以适应西北的特殊环境，且为百年树人之计，此诚刻不容缓之伟举"。①

1932年12月，刘昭晓的《条陈开发西北之意见书》，提出"广兴学校，以资造就，并宜注重军事教育与生产教育"②的建议，刘守中、张继③、马步芳④、王超凡⑤等人有关开发西北的提案亦涉及教育。关于设国立西北大学的意见，最早见于康天国1932年发表于《新西北》的《西北应设立一国立大学》，建议在西北"由中央经费来创办一法学、理学、教育、文学、工学、农学、医学、体育八学院完备之一国立西北大学"⑥。1935年11月29日，杨一峰等的《请设国立西北大学 以宏造就而免偏枯案》，在国民党第五次全国代表大会上通过，"交国民政府核办"。⑦1936年8月20日，安汉等也在开发西北协会第三届年会上，提出《请中央筹设国立西北大学案》和《从速筹设国立西北大学一案》等。此后，《中国学生》《图书展望》等报刊相继发表《西北大学大学将设于西安》的报道。

1935年12月，陕西省政府邵力子主席函陈行政院，建议北平大学迁

---

① 商洪若. 建设西北之路［J］. 新西北研究，1932，1（3—4）：12—16.
② 行政院秘书处. 抄送刘昭晓《条陈开发西北之意见书》致内政部等函，民国档案［A］. 1932—12，南京：中国第二历史档案馆.
③ 刘守中，张继等拟. 开发西北提案. 民国档案［A］. 1932—12，南京：中国第二历史档案馆.
④ 马步芳. 关于开发西北应在青海边地设立工厂、学校等问题的提案，民国档案［A］. 1933—11，南京：中国第二历史档案馆.
⑤ 行政院. 关于王超凡等在国民党五全大会上提《拟请组织健全机关集中人力财力积极开发西北以裕民生而固国本案》，民国档案［A］. 1936—01，南京：中国第二历史档案馆.
⑥ 康天国. 西北应设立一国立大学［J］. 新西北，1932（创刊号）.
⑦ 杨一峰等. 请设国立西北大学 以宏造就而免偏枯案，民国档案［A］. 1935—11—21，南京：中国第二历史档案馆.

陕，并建议将北平大学迁陕后易名为西北大学。①

行政院在致教育部函中指示"西北教育依然落后，北平一隅，国立大学居四所之多，请酌迁一所入陕，即以旧有图书、仪器教材做新校基础一案，应交教育部统筹办理"②。

1936年1月3日，邵力子再次致函行政院，提议将国立北洋工学院西移。

（二）陕甘青争办西北大学

与此同时，甘肃、青海要求改设国立西北大学于兰州的社会舆论，也此起彼伏，传递了西北地区对高等教育急切需要的民心、民声。其中以甘肃省立临洮师范学校发给教育部的《电恳改设西北大学于甘肃由》为最早：

顷阅《西北文化日报》载，现在钧部欲为西北各省提高文化及便利学生求学计，筹设一西北大学，校址拟在西安。阅读之余，不胜欢忭。窃以现在国情趋势与西北关系，校址在西安似不若在甘肃之较为适切。查甘肃地处西北要冲，与宁青连省，与蒙新为邻，疆川藏康绥实成接壤，汉番蒙回互相杂居，形势扼要，种族繁复，一言交通阻塞弗便，一言文化风气较迟，令欲开发西北与中央联为一气，莫先于提高文化为复兴民族之基础，大兴教育为收拾人心之工具，化除畛域，消灭隐患，立百年树人大计，定万代立国之方针，端资培植文教高程度，建立中心，在此一举，故以大学校址设立在甘肃似较为适切。③

之后，在1936年5月30日，甘肃省农会、省妇女会、兰州市教育会、兰州市商会、兰州市各职业公会、兰州市各同业公会、河西学会、崆峒学会、洮阳学会、甘肃学院学生自治会、农校学生自治会、工校学生自治会、女师学生自治会等13个团体，亦向教育部发出类似内容的快

---

① 邵力子. 致行政院函，民国档案 [A] .1935—12—28，南京：中国第二历史档案馆.

② 行政院. 关于邵力子请将北平四所大学迁移一所进陕致教育部函（笺函第298号），民国档案 [A] .1936—01，南京：中国第二历史档案馆.

③ 甘肃省临洮师范学校. 电恳改设西北大学于甘肃由，民国档案 [A] .1936—05—25，南京：中国第二历史档案馆.

邮代电。青海省代主席马步芳也提出在青海设立大学的建议。①

（三）北平研究院先期赴陕开展史学和植物学合作

北平研究院初称国立北平大学研究院，与北平大学实为一体，后来才与平大分开，因此与后来迁陕和永留西北的北平大学有着难以割舍的联系。

1933年2月间，北平研究院派史学研究会编辑徐炳昶，助理员常惠赴陕实地调查历史遗迹，从事考古工作。由北平研究院函商陕西省政府拨借民政厅房舍，以资办公。仿照《中央研究院与河南、山东两省政府合组河南、山东古迹研究会办法》，由北平研究院与陕省府合组陕西考古会。② 其工作暂分为调查、发掘、研究三步。其科学指导之责，由北平研究院任之。其保护之责，由陕省府任之。工作费用，则暂由北平研究院担任。1932年11月间，双方决议考古会办法八条，各聘委员五人。至1933年2月1日，陕西考古会在西安成立，当即依据合组办法，着手进行发掘工作，暂定以宝鸡县为试办区，徐炳昶、何士骥、张嘉懿等在宝鸡县开始实地工作。1936年辛树帜任西北农林专科学校校长期间，鉴于西北植物资源丰富和发展农林须先由调查研究西北植物着手，遂与北平研究院院长李煜瀛、李书华商议合组植物研究机构，双方不谋而合。由北平研究院于1936年10月拟就简约，以113号公函嘱请农专查核。10月24日，农专复函"本校完全同意"，即行开办。此简约签订后13年间，虽数次续签，或改简约为章程，但无太大变化，一直执行至1949年。③

1937年9月，北平研究院最终未能按教育部令并入西安临大，但从1932年至1949年在史学、考古、植物学调查方面与西北农专、西安临大—西北联大，以及西大的合作，却同样为西北高等教育的奠基做出了贡献，并成为大学西迁的先声之一。

---

① 马步芳. 建议在青省设立大学院一处, 民国档案[A]. 1936—06—26, 南京：中国第二历史档案馆.
② 国立北平研究院. 与陕西省政府合组陕西考古会办法, 民国档案[A]. 1934—02—01, 西安：陕西省档案馆.
③ 国立北平研究院. 关于送合组中国西北植物调查所章程请盖章分别留存事给国立西北农学院筹备委员会的公函, 民国档案[A]. 1939—01—24, 西安：陕西省档案馆.

（四）教育部令西北农专筹设国立西北大学理学院

这也是在国立西安临大—国立西北联大和国立西北农学院未形成之前，国民政府教育部在西北布局高等教育和陕西地方热切期盼恢复陕源国立西北大学或创建"陕西大学"的一个重要前奏。在1931年陕源国立西北大学缩编为西安高中附设水利工程专科以后，陕甘抢办西北大学的声浪迭起，陕西地方再次将恢复"国立西北大学"的希望寄托于国立西北农林专科学校，遂促使教育部将恢复或筹设国立西北大学提上议事日程。

为此，教育部王世杰部长于1937年相继发出第13446号、第14565号训令，拟议拨款14万元建筑专款，先行筹设国立西北大学理学院化学馆与生物馆（图1—14）。国立西北农林专科学校校长辛树帜，以14万元不足以建筑化学、生物两馆，拟先建筑化学馆，并于1937年8月12日向教育部提出《筹设西北大学理学院化学馆计划书》。

教育部训令筹设国立西北大学

（二十六年费壹4第14565号）

案查关于二十六年度建设事业专款收支及审核办法一案，业经本部于本年七月十二日第一三四四六号令行遵照办理在案。所有各机关应行编送之经费分配表及事业进行计划，亟待汇送呈核，应即遵照前令，于文到六日内，将分配表及进行计划各编造六份呈部核转。

此令

部长　王世杰（教育部印）

中华民国二十六年七月二十八日

图1—14　教育部令筹设国立西北大学

奉令呈赉筹设国立西北大学理学院化学馆计划书

案奉

钧部二十六年赉壹4第一四五六五号密训令筹设国立西北大学文内开："案查关于二十六年度建设事业专款收支及审核办法一案，业经本部于本年七月十二日第一三四四六号令行遵照办理在案，所属各机关应行编送之经费分配表及事业进行计划，亟待汇送呈核，应即遵照前令，于文到六日内，将分配表及进行计划各编造六份呈部核转。此令"等因。奉此，遵查树帜前在京时，曾与钧部接洽筹设国立西北大学建筑费，有十四万元之议，奉令前因。兹具筹设国立西北大学理学院化学馆计划书，并缮就六份，是否有当，理合备文呈赉。

钧部鉴核示遵，实为公便。

谨呈

教育部部长王

计呈赉

筹设国立西北大学理学院化学馆计划书

校长辛树帜

中华民国二十六年八月十二日

附：筹设国立西北大学理学院化学馆计划书

二十六年度教育部筹拨专款国币十四万元，备为筹设国立西北大学建筑之用。该款自奉令后，即拟建筑理学院化学馆及生物两馆。唯经估价之后，仅化学馆之建筑，至少亦需十万余元，再加以基本设备，不符甚巨。且目前国难严重，平津破碎，本校理学院所负使命，将益为重大。故乃久远计，拟将本年度之十四万元，先建筑化学馆，至生物学馆及数理学馆则分期增筑，期于三年内完成。计理学院之筹备，拟分左列三期。

第一期 本年度拟先建立化学馆，计实验室大小十一间，教室大小四间，教员研究室、图书室、储藏室、天平室等共计二十四间，估计建筑费约需国币十万零八千元。暖气（如暖气设备从缓装置，先装煤气以备实验更佳）、电灯、自来水、卫生设备等约需国币四万元，总计十四万八千余元，与本年度所拨临时费相差甚微，其不足之数，当由本校□谋挹注。在理学院成立之第一年内，化学馆可供化学、数理及生物各系合用。第二、三年内可供化学及物理二系合用。故首先建立化学馆，不仅供化学一系之用，且可补助其他各系次第的发展也。

第二期 化学馆成立后一、二年内，拟建筑生物学馆，计实验室大小三间，教室大小四间，标本室、储藏室、温室、饲养室等共计十四间，约需建筑费国币九万元，暖气、电灯、煤气、水管等共计约三万元。此馆成立后第一、二年并可供地质、土壤学系之用。

第三期 化学馆成立三年后，当筹建数理馆。该馆成立后，化学馆即可归化学系专用。唯如经费不足时，则化学系之工业化学及农业制造等所需房屋，可另建平房，暂时应用。化学馆可仍由化学及数理二系合用，以待将来之发展。故理学院各系之建设，在第二期生物学馆成立后，即可不受建筑问题之拘束矣。

上列建筑，拟在本年度十二月以前完成。

1937年9月17日，辛树帜再呈文教育部长王世杰，提出《筹设国立西北大学理学院临时费用费预算分配表》。同时，辛树帜也于1937年10月11日回复国立西安临时大学筹备委员会拟迁武功办学的要求，借此说明学校尚在建设中，无法接纳西安临大农学院和文理学院生物系共八系迁到武功办学的理由，其中数处提及"本校前奉部令筹设西北大学理学院"，包括化学馆与生物馆两项建筑（图1—15）。

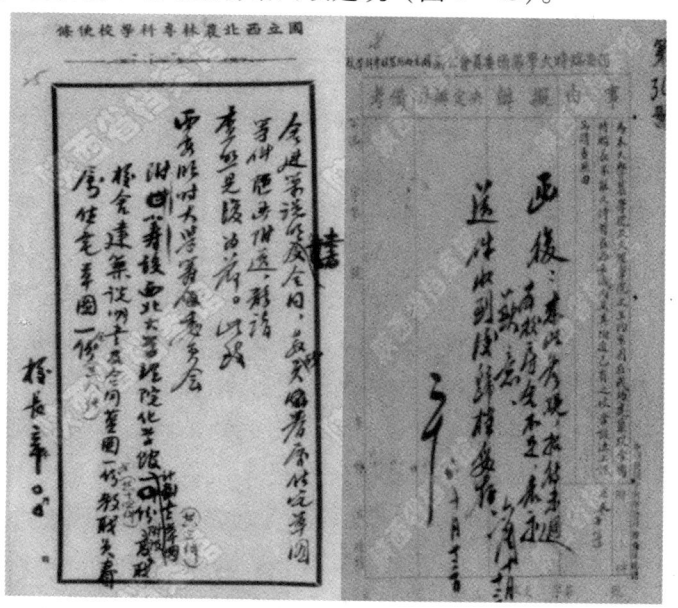

图1—15 西农辛树帜校长和西安临大来往函件中提及教育部令西农筹设西北大学理学院

此事因档案不全，尚难理清原委，但它说明几个问题：一是教育部于1937年7月12日发出第13446号令筹设国立西北大学理学院，到1937年9月17日国立西安临时大学已经成立第七天，表明国立西北大学理学院的筹设稍早于西安临大的筹设，但到临大成立后，此计划仍在同步进行，从而为两年后的1939年8月将国立西北联大改称为国立西北大学埋下伏笔；二是"国立西北农林专科学校"在建校之初，如同暂时停辍的陕源西北大学一样，被陕西地方寄予太多的复兴梦想，不能容忍陕西无大学的局面，与陕甘争办西北大学、多次提出议案恢复西北大学或由西北农专"筹设西北大学理学院"即反映了此种情结；二是国立西北农林专科学校筹设之年适逢陕源国立西北大学—西安中山大学改为西安高中和附设大专水利工程班之际，西北农专的成立正好填补陕西无大学的空白，因此将筹设"国立西北大学理学院化学馆、生物馆"或创设"陕西大学"的愿望寄予农专是合理的，而且农专和将来西北大学的化学、生物有交集，可共用；三是当抗战全面爆发、西安临大迁陕后，将农专校长辛树帜也列为筹备委员之一，并且农专与临大有很多交往，为日后农专与联大农学院的合组埋下伏笔，其中"恢复陕源国立西北大学"和后来的将"国立西北联合大学"改为"国立西北大学"，也具有因应民呼、开发西北和向西北展布高等教育的前后一贯的思考。此事说明筹设一所西北地区的综合性大学——西北大学，在西安临大未到西安之前，已被局部付诸实施。

这是全面抗战爆发前夕，大学迁陕和后来将国立五校展布西北的重要酝酿。在此基础上，看待之后国立北平大学、国立北洋工学院等校的西迁入陕和国立西北五校在西北的展布，就顺理成章了。

贰 | 临大初创

贰 临大初创

谋国年年说帝秦,
芦沟战起尚和亲。
北门锁钥今何在?
南渡衣冠委路尘。
排队久,点行频,
都无片语话酸辛。
谁知送往迎来者,
几度生离死别人。

卢沟桥上月胧明,
聋鼓一声撼平津,
平大师大谋迁校,
北洋女院步后尘。
中央下令同迁并,
四校师生结伴行。
校设西安唐殿址,
临时大学具雏形。

这两首诗的前者为西北联大文理学院国文系讲师吴世昌先生所作，后者则系西北联大理学院院长刘拓教授所作。

1937年7月底，北平南宛机场失守，平津相继沦陷。曾在"九一八"事变后与兄吴其昌绝食以促国民政府出兵抗日并被列入日本宪兵队黑名单、时任北平研究院史学研究所编辑的吴世昌先生遂挈妇携幼，饭碗也来不及洗，便告别了北平，故有这首《鹧鸪天·平津沦陷后车站所见》。他感叹道：谋国者常赞秦帝国积极御敌的作为，然而今天却与日寇侈谈和亲。北大门山海关洞开，南去逃难者弃如路尘，在车站上排队进站，对检票的日寇频频点头，连辛酸的话语也不敢说，真是生离死别，不知何日再见。就这样，吴世昌一家随着逃难人群到了西安，受许寿裳、黎锦熙之邀，任西安临大—西北联大的讲师，曾以"国立西北联合大学讲师吴世昌谨撰、国立西北联合大学教授黎锦熙书丹；国立西北联合大学常务委员会李蒸、徐诵明、胡庶华谨立"的署名，于1938年5月撰写了极具民族情怀的《增修汉博望侯张公骞墓碑记》，对张骞"持汉节，跋踬于风沙冰雪之乡，委顿于腥胳膻羴之群"和"跋涉万里的凿空之功"极尽褒扬，对"比年倭寇河朔，流毒海陬，国黉播迁，西暨汉中"，"御侮图强"尽书悲壮，成为这所战时流亡大学最重要的遗存文献之一。

后半部诗的作者、时任北平师范大学教授的刘拓，见证和亲历了从撤离平津、随校西迁长安、由国立北平大学、国立北平师范大学、国立北洋工学院、河北省立女子师范学院四校院合组的国立西安临时大学，以至南迁城固改为国立西北联合大学，复分为国立西北五校的全过程。因此，由他来记载"四校师生""谋迁校""同迁并""具雏形"——中国高等教育史上这波澜壮阔的一幕，殊为适当。

想当初，庚子年八国联军入侵京津时，西安即成为避难的后方，光绪帝与慈禧太后曾在此驻跸两年。哪知过了37年，西安再次成为平津，以至华北、东北和整个中国的大后方。当强敌压境，中华民族面临生死存亡之际，西安敞开华夏之母的怀抱再次承担起庇护诸如吴世昌先生、刘拓先生这些遭难儿女的责任。为保存文化教育的血脉，平津的四所国立、省立的大学奉令迁移西安，一个"战时大学""临时大学"的特有形式在西安横空出世。

一、连篝丰镐

(一)长沙、西安两个"临时大学"的孕育

要说这战时大学西迁和长沙、西安两个临时大学的合组,在卢沟桥事变爆发前的1936年1月,时任陕西省政府主席邵力子向国民政府行政院和教育部提出了最早的建议。

行政院关于邵力子请将北平四所大学迁移一所进陕致教育部函

(笺函 第二九八号)

奉院长谕:

　　陕西省政府邵主席函陈西北教育依然落后,北平一隅,国立大学居四所之多,请酌迁一所入陕,即以旧有图书、仪器教材作新校基础一案,应交教育部统筹办理,等因。相应抄同原件,函达查照。此致
教育部
　　　　计抄送原函一件

　　　　　　　　　　　　　　　　中华民国二十五年一月

　　附邵力子函

　　院长钧鉴:敬呈者:西北自中央主持开发以来,物质建设成就渐显,唯教育一端依然落后,诚以陕甘宁青新等省,人口总数在二千万以上,乃竟无一所大学作高深之培养,实不足以应事实上之需要。前者五全大会有筹设西北大学之建议,西北人士同声欣喜,盼其实现,期望之殷,可以想见。第兹事体大,须有充分之设备,复须有相当之教材。衡以中央财政现况,恐难点正多,窃谓与其另创新基,不如利用故物。查北平一隅,国立大学居四所之多,实嫌供过于求,似可酌迁一所入陕,易名西北大学,即以旧有图书、仪器、教材作新校基础,中央但筹购地暨建筑校舍之费,预计为数不过一百万元左右,如财力艰难尚可分期拨给。以此办法全国学区既免畸形畸重之弊,西北方面亦省另起炉灶之劳,一举两利,莫过于此。复查北平大学现有农工医法商及女子文理等五学院,学生共一千五百余人,教授百余人,机器、仪器、标本、书籍等约值三

百万元，规模素称完备，以该校环境论，迁移西北尤为适宜。如蒙谕允，拟请钧座令饬教育部，就此项原则与该校徐校长妥商详细办法，逐步进行。除径函王部长外，谨此奉陈，伏乞裁夺。

即颂崇安。

职 邵力子 手启（印）

中华民国二十五年十二月二十八日

行政院关于邵力子提议将国立北洋工学院西移事致教育部笺函

（笺函第三二九号）

奉院长谕：陕西省政府邵主席函陈以接国立北洋工学院院长李书田函，拟将该院西移，为西北大学之基本。详核所拟计划，颇为赞同，该院与北平大学其他各学院自无重复，唯平大亦有工学院，是否该院一并迁陕，请统筹办理，并赐复，等情。应交教育部统筹办理，等因。相应抄同原件，函达查照。此致

教育部

计抄送原函一件。

院长钧鉴：顷接国立北洋工学院院长李书田函，以此次五中全会有设立国立西北大学之提案，拟将该学院移至西安，以为西北大学之基本，并附意见书一份。详核所拟计划，颇为赞同，唯职日前曾上书请以北平大学迁陕改为西北大学，谅邀钧鉴。北洋工学院只工学一部分，与平大其他各学院自无重复，唯平大亦有工学院，是否该院一并迁陕，尚祈钧裁，统筹办理，并赐示复，不胜盼祷。肃此。

祗请钧安。

职 邵力子 谨启（印）

中华民国二十五年一月三日

早在清宣统三年（1910），29岁的邵力子即在挚友于右任的推荐下由日本回国，就任陕西高等学堂和陕西师范学堂教习，因在辛亥革命前夕宣传新思想、新文化和支持学生罢课被驱逐离陕。20余年后他又以一省之长的身份重返西安，于1933年春任陕西省政府主席，与时任陕西绥靖公署主任杨虎城共事。1936年参与西安事变谈判，力促和平解决，但被作为与杨虎城共事的事变当事者调任甘肃省主席。在陕任内，创办西

北农林专科学校，资助夫人傅学文创建陕西省立助产学校（后并入陕西省立医专，复并入国立西北大学医学院）、资助创立培华女子职业学校等。因此，邵力子对陕西高等教育，以至西北高等教育有着亲身体验和深刻认识。因此，在抗战全面爆发前一年，即由他提出"西北教育依然落后，北平一隅，国立大学居四所之多，请酌迁一所入陕"，"改为西北大学"的建议，是与于右任、杨虎城以及众多西北有识之士自陕源西北大学中辍后一直呼吁恢复西北大学或重建西北大学的呼声前后一以贯之的。这与1932年5月戴季陶在《建设西北专门教育之初期计划》中提出的先办西北农专，三年后开办西北理学院、农学院、工学院、医学院以及开办"理科中心之西北大学"的计划（图2—1），1935年11月国民党第五次全国代表大会通过杨一峰、杨虎城、周伯敏等32人联署的《请设国立西北大学　以宏造就而免偏枯案》，以及1936年3月报章有关"国府拟设立西北大学，已经行政院令交教育部办理，拟与国立西北农林专科学校筹备委员会、东北大学在西安筹备"①等报道前后一贯的，说明改变中国高等教育布局的畸形发展、筹设西北大学，奠定西北高等教育基础，早在抗战全面爆发以前已经开始谋划。

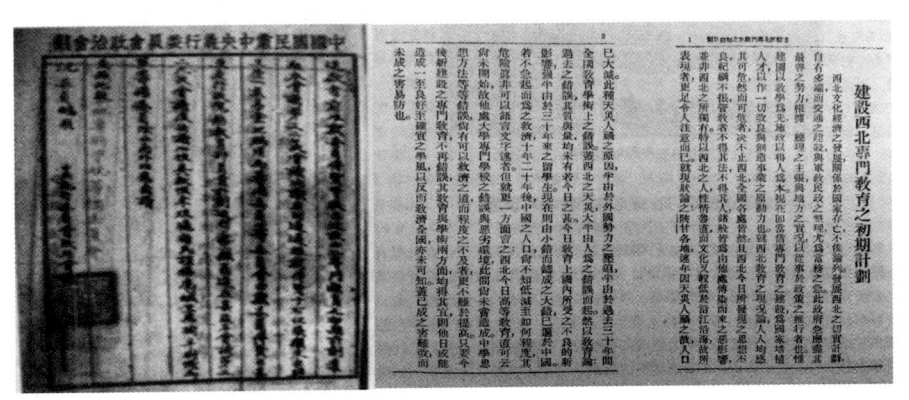

图2—1　戴季陶起草的《建设西北专门教育之初期计划》（1932—05）和中国国民党中央执行委员会政治会议关于建设西北专门教育筹建委员会的批复文件（1932—10—27）

---

① 编者. 西北大学将设于西安[J]. 图书展望（1936—03—31出版），1936（6）：70.

1937年8月的《国民政府教育部设立临时大学计划纲要》① 开始酝酿。其目的：一是"使抗敌期中战区内优良师资不至无处效力，各校学生不至失学"；二是"为非常时期训练各种专门人才以应国家需要"。这个"临时大学"构想，在中国近代高等教育史上是一个重大创造。顾名思义，就是沦陷区的高等学校有组织、有计划地临时迁移到暂未被日寇侵占的地方。这成为之后西南联大、西北联大、东南联大的肇端。

从后来的发展来看，在西安设临时大学较符合抗战趋势，而在长沙设立临时大学，就显得对战争趋势的失算，以致后来的第二次迁徙，并造成了较大损失。但是，今天看来，战时临时大学之设的确不失为保存文脉、收容沦陷区失教教师和失学学生的有效举措，特别是以长沙临时大学—西南联大收容南方教师和学生，以西安临时大学—西北联大收容北方教师和学生的空间布局，以及辅以录取、借读、旁听、战时助学金借贷等措施，为沦陷区师生就近选择执教或入学创造了有利条件。

国民政府教育部设立临时大学计划纲要②

（中华民国二十六年八月）

一、政府为使抗敌期中战区内优良师资不致无处效力，各校学生不致失学，并为非常时期训练各种专门人才以应国家需要起见，特选定适当地点筹设临时大学若干所。

二、此临时大学暂先设置左（下）列一所至三所：

（1）临时大学第一区——设在长沙；

（2）临时大学第二区——设在西安；

（3）临时大学第三区，地址在选择中。

三、各区临时大学之筹备，由政府组织筹备委员会办理之。

四、各区临时大学筹备委员会办理左（下）列各项事宜：

（1）临时大学校址之勘定；

（2）科系之设置；

---

① 国民政府教育部设立临时大学计划纲要，1937年8月，当时抄件，现存清华大学档案馆.

② 国民政府教育部. 设立临时大学计划纲要（抄件），1937年8月.

（3）师资之吸收；

（4）学生之容纳；

（5）已有各科设备之利用和新设备之置设；

（6）其他应行筹备事项。

五、各区临时大学筹备委员会设主席一人，由教育部长兼任；设秘书主任一人，常务委员三人，分别担任秘书、总务、教务、建筑设备四部分事务。其人选由教育部就筹备委员中指定之。常务委员合组常务委员会，依照委员会决定之计划纲领商决一切具体方案。

六、各区临时大学之经费，由政府就战区内暂行停闭各校之原有经费及其他文化教育费项下拨充。其详由筹备委员会拟定，送请政府核定。

七、各区临时大学之教学应注重国防需要。其方案另行详定。

除此纲要以外，在中国第二历史档案馆还见有教育部长王世杰致浙江省政府主席兼中英庚款董事会董事长朱家骅电、朱家骅致教育部长王世杰电和王世杰致陕西省政府主席孙蔚如电，应为迄今所见酝酿在长沙、西安两地设立"临时大学"，并与地方洽商的最早文档之一。[①]

省政府朱主席骝先兄：

惠鉴应密。战区扩大，全国高等教育多受影响，平津尤甚，近与适之、孟真诸兄细商，拟在长沙、西安两处筹设临时大学各一所。长沙一所已租定圣经学校房屋为校址，拟由北大、清华、南开三校合并办理，并由中研院予以赞助；西安一所拟由平津国立他校合办，俾平津优良师资不致无处效力，学生不致失学。其经常费拟就各原校原有经费酌量扩充，唯开办费须另设法。拟恳兄主持由中英庚款拨长沙、西安两所开办费共一百万元。其中，有若干成可即以中英庚款会原助平津各学校及其他机关之款移充，余请另引筹拨，并盼能分两期拨款。此事意在集中原有力量，于内地创造一、二学术中心，以求效力国家，务恳吾兄予以鼎助。再此事原拟请孟真兄偕锡朋赴杭面商，以交通不便，用特电商，敬祈电示尊意。

弟世　锡　炳　同叩　马印

中华民国二十六年八月二十一日发

[①]教育部长王世杰.致浙江省政府主席朱家骅电，民国档案［A］.1937—08—23，南京：中国第二历史档案馆.

其中骝先为朱家骅的字，时任浙江省主席兼中英庚款董事会董事长；适之为胡适的字，时已受命赴美寻求援助；孟真为傅斯年的字，时任国民参政会参政员、中央研究院史语所所长。由此可见：在长沙、西安两处筹设临时大学的设想，是由王世杰、胡适、傅斯年、朱家骅、孙蔚如等人最先拟议的；100万元开办费由中英庚款提供；目的在于"集中原有力量，于内地创造一、二学术中心，以求效力国家"。之后，王世杰先后于8月25日①、8月28日②先后致电陕西省政府主席孙蔚如、西安行营主任蒋鼎文、行政院院长蒋介石等人，落实了西安校址。

（二）国立西安临时大学的合组

1937年9月2日，教育部发出聘函，组成国立西安临时大学筹备委员：

主　席：
王世杰　国民政府教育部部长
委　员：
李书华　国立北平研究院副院长、院长代表
臧启芳　东北大学校长
李书田　国立北洋工学院院长
童冠贤　国民参政会参政员、监察院山西、陕西监察区监察使
周伯敏　陕西省教育厅厅长
徐诵明　国立北平大学代校长
李　蒸　国立北平师范大学校长
辛树帜　国立西北农林专科学校校长
陈剑翛　教育部特派员

这表明国立西安临时大学筹备委员会正式成立。之后的9月6日下午，教育部在南京朝天宫故宫博物院礼堂举行了首次筹备委员会会议，

---

① 教育部长王世杰. 致电陕西省政府主席孙蔚如，民国档案，五—2211［A］. 1937—08—25，南京：中国第二历史档案馆.
② 教育部长王世杰. 致电行政院蒋院长，民国档案［A］. 1937—08—28，南京：中国第二历史档案馆.

童冠贤、徐诵明、李蒸代表袁敦礼等出席。[①] 教育部·在首次筹备会议两天后，即1937年9月8日，“设西安临时大学常务委员会”，指定李书华、徐诵明、李蒸、李书田、陈剑翛为常委、童冠贤为秘书主任，确立“开会时互推一人为主席”的常委商决制（图2—2）。[②]

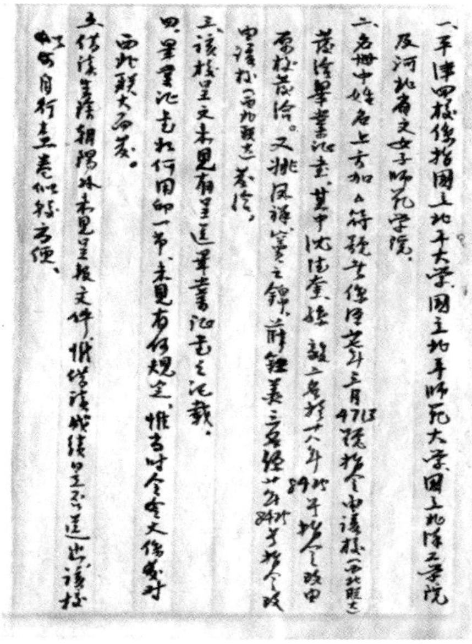
一、平津四校係指國立北平大學、國立北平師範大學、國立北洋工學院及河北省立女子師範學院。
三、該校呈文未見有呈送畢業證書之記載。

图2—2　嗣后“平津四校”（国立北平大学、国立北平师范大学、国立北洋工学院、河北省立女子师范学院）一词频频出现于与教育部的往来公文中

1937年9月10日，国民政府教育部发出16696号令：

以北京大学、清华大学、南开大学和中央研究院的师资设备为基干，成立长沙临时大学。以北平大学、北平师范大学、北洋工学院和北平研究院等院校为基干，设立西安临时大学。

1937年9月，教育部核准同意河北省立女子师范学院家政系用中英庚款补助办学，并同意迁西安并入国立西安临时大学（图2—3）。

1937年9月13日，国立西安临时大学筹委会委员相继到达西安。17日，陕西省政府主席孙蔚如设宴欢迎西安临大筹委，并商定校址等。关于校址，曾有将临大农学院、文理学院生物系迁设武功的设想，国立西北农林专科学校校长、西安临时大学筹委会委员辛树帜致函“极表欢迎”。西安临时大学复函辛树帜校长兼筹委会委员，“农学院及文理学院生物系暂在西安城内及附近已有校舍设法上课”。9月17日，国民政府教育部快邮代电，规定国立西安临时大学接纳学生的范围和比例。10月

①教育部. 致童冠贤等笺函，民国档案，五—2211［A］. 1937—09—30，南京：中国第二历史档案馆.

②教育部. 就指定常务委员及秘书主任致筹委，民国档案，五—2211［A］. 1937—09—08，南京：中国第二历史档案馆.

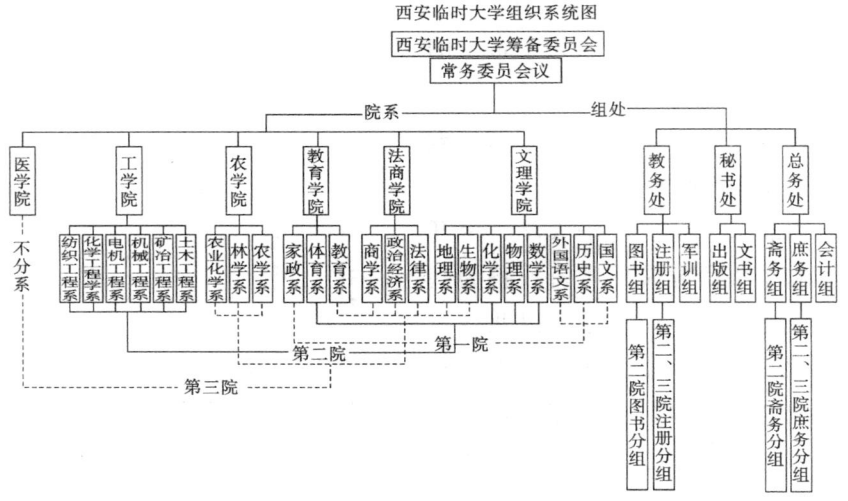

2日，西安临大据此规定，拟接收三校学生为840人，借读生、新生140人，并呈报教育部备案。《国际言论》杂志以《陕临时大学办理登记》为题对筹备中的临大做了报道："临时大学校址觅定，正布置中，现以学生纷纷到陕，决先办理登记，开学日期俟徐诵明等由京请示归来，即可确定。"（1937—09—26 西安电）

图 2—3　国立西安临时大学组织系统图

与常委们抵达西安同时，各校师生也大多先经天津，坐船然后绕道陇海铁路到达西安。

联大工学院刘锡瑛、潘承孝二位教授告别妻、子，从塘沽乘船至青岛，复弃船乘火车至济南，转徐州，再由徐州折向郑州，经洛阳去西安。在胶济铁路线中段时，遭遇火车脱轨，二人险遭不幸。平时乘火车一天的路程，他们竟然辗转走了一个多月。1937年10月11日，二人终于到达西安，这时西安临大已经开学。

体育系教师王耀东、教授谢似颜，告别弱妻幼女，于1937年10月间化装逃出北平，连闯北平火车站、天津火车站、天津港、徐州火车站四关，在徐州车站遭遇敌机低空扫射，幸免于难，舟车辗转，终于抵达西安。三年以后的1940年，王耀东的妻子齐志修才带着两个孩子，历经艰险，数千里辗转找到陕南城固（1938年西安临大自西安南迁城固），一家人终于团聚。

生物系汪堃仁教授，于1939年5月筹借到路费，携妻女（当时长女2岁，次女才6个月），从塘沽登船，经香港抵越南海防，换乘火车到昆明，再由昆明乘卡车穿过云贵高原，到达山城重庆，再由重庆乘江轮溯江而上，到了泸州，复由泸州经成都、剑阁、广元到陕西，历时4个月，行程万里，终于在1939年9月到达陕西城固。

学生们从各地赴陕报到同样历经艰辛。1937年8月10日，一名叫纪侗的河北籍学生，与另一河北籍同学一起，经北平沿津浦铁路至济南，继续南行，翌日凌晨至徐州，然后转陇海铁路西行至商丘，夜宿商丘，次日凌晨四时出发，徒步由亳县界首行三天到漯河，从漯河改乘汽车两天到叶县。前后历时九天，于8月18日抵达洛阳，从洛阳再到西安。

北平大学医学院学生黄日聪的从南到北的求学之路最有意义，当时他正在老家江苏嘉定，见报载吴淞口沪战爆发，以及同济大学和上海医学院合组救护队北上参战，便立即赶到上海，准备参战。之后，随战地救护队一路北上。自1937年8月间至1938年1月初，历时4个多月120多天，辗转海路、内河、陆路2 800余华里，跨越上海、江苏、湖北、河南、陕西，五省市，终于抵达西安，到西安临大医学院报到。

（三）常委商决制虽有短暂波折但整体上有效运行

国立西安临时大学筹备委员会成立于1937年9月2日，教育部聘李书华、臧启芳、李书田、童冠贤、周伯敏、徐诵明、李蒸、辛树帜、陈剑翛为委员，王世杰为主席委员。[①] 教育部在首次筹备会议两天后，即确立"开会时互推一人为主席"的常委商决制。[②]

1937年9月13日，教育部长王世杰告知于右任院长，在李书华常委未到任的情况下，聘监察使出身的"童冠贤为筹备委员会常委"，"兼主持筹委会各种事项之执行"。1937年10月11日，教育部正式聘任童冠贤为常务委员。这就与"长沙临大组织不相同"，遂致三位校院长出身

---

① 教育部. 聘李书华等函, 民国档案, 五—2211 [A]. 1937—09—02, 南京：中国第二历史档案馆.
② 教育部. 就指定常务委员及秘书主任致筹委, 民国档案, 五—2211 [A]. 1937—09—08, 南京：中国第二历史档案馆.

的徐诵明（国立北平大学校长）、李蒸（国立北平师范大学校长）、李书田（国立北洋工学院院长）三常委向教育部王世杰部长请辞（见下文）。

教育部王部长钧鉴：

顷奉大部训令，颁发西安临时大学筹备委员会组织规程并指定童冠贤为常务委员兼主持筹委会各种事项之执行，均谨奉悉。校院长等奉命来陕合组临时大学，原为收容三校院学生，培植人才，奠复兴国家民族之基。到陕以来，竭力筹划，愧少贡献，今幸大部指派专人担负全责，既视前令组织加密且与长沙临大组织亦不相同，校院长三人至今以后无能为役校院长等，应即日电请辞去西安临时大学筹备委员会委员兼常务委员及原三校院长职务，敬祈鉴察并即派员接替，以重职守。

徐诵明　李　蒸　李书田　同叩巧
中华民国二十六年十月十八日

1937年10月22日，教育部王世杰致电西安临时大学三常委：

徐轼游、李云亭、李耕砚：

临大筹委会规程，湘陕一致，并系同时令知。西安临大原为收容北方学生，并建立西北高等教育良好基础，政府属望殷切。校事照章应由常务会议商决，系共同负责之合议制度。正赖诸兄及其他委员协同主持，何可言辞！大难当前，务希继续积极任事，不胜企感。

世　杰
中华民国二十六年十月二十二日

三常委似乎并未理会王世杰的解释和挽留，复向行政院蒋介石院长提起辞职。

南京行政院蒋院长钧鉴：

暴日入寇，平津沦陷，校院长等问道南来，奉教育部令将北平研究院、北平大学、师范大学及北洋工学院迁移西安合组临时大学。部聘校院长等为筹委会委员兼常委，另派童冠贤为秘书主任，遵即来陕，积极筹划，粗具端倪。原冀集合平津各校院学生加紧训练，奠复兴国家民族之基，巧日忽奉教部令函，取消李书华筹委会常委职务，改派童冠贤为常委兼主持筹委会各种事项之执行，更特订规程多方牵制，与长沙临大组织迥不相同，此间校舍、校具百端草创，原有学生及请求借读学生数近千人，定于十一月一日开学。今既蒙教部改派专员担负全责，主持校务，校院长三人自今以后，深愧素餐，无能为役，不得已电陈教育部，恳请辞去平大、师大及北洋工学院校院长原职，并西安临大筹委会委员兼常委职务，谨电呈明，敬祈鉴察。

  代理国立北平大学校长徐诵明 国立北平师范大学校长李蒸 北洋工学院院长李书田 同叩效印

中华民国二十六年十月二十六日

  自10月26日向行政院发出电报起，"常委均不到校"。① 陈剑翛、臧启芳、周伯敏委员亦于1937年10月22日联合致电教育部长王世杰："组织规程增定之第五条，似不适宜，日来校务几乎陷于停顿，可否速饬修正，以利事功"。就在三常委再次向行政院请辞的当日，教育部长王世杰致电西安临时大学童冠贤："第五条已另电筹委会准缓实施，请并告臧、周、陈诸委员，至因监院促返，请辞秘书主任一节，应照准，并盼来京一洽。"② 次日，教育部长王世杰又电西安临时大学筹备委员会："部颁该校组织规程第五条暂缓实施"。③ 1937年11月3日，教育部高教司收到童冠贤电报："常委均已到校办公，贤旬日内返京"。④ 一场历时半个月的三常委请辞风波遂风平浪静。

  王世杰既是"临大常委商决制"的缔造者，也是导致其短暂与长沙临大常委商决制分道扬镳的主要责任人。然而，王世杰还是及时予以纠正，从而使西安临大常委商决制得以正常运行（图2—4）。他虽然担任主席委员，可能仅出席过第一次筹备委员会会议，其余均以函电往来掌控运行，因此在主席缺席的情况下第一线常委的轮值和集体"商决"就显得特别重要。

---

① 童冠贤.致王世杰电报，民国档案，五—2211［A］.1937—10—26，南京：中国第二历史档案馆.
② 教育部长王世杰.致电西安临时大学童委员冠贤，民国档案，五—2211［A］.1937—10—26，南京：中国第二历史档案馆.
③ 教育部长王世杰.致电西安临时大学筹备委员会，民国档案，五—2211［A］.1937—10—27，南京：中国第二历史档案馆.
④ 教育部高教司收到童冠贤电报，民国档案，五—2211［A］.1937—11—03，南京：中国第二历史档案馆.

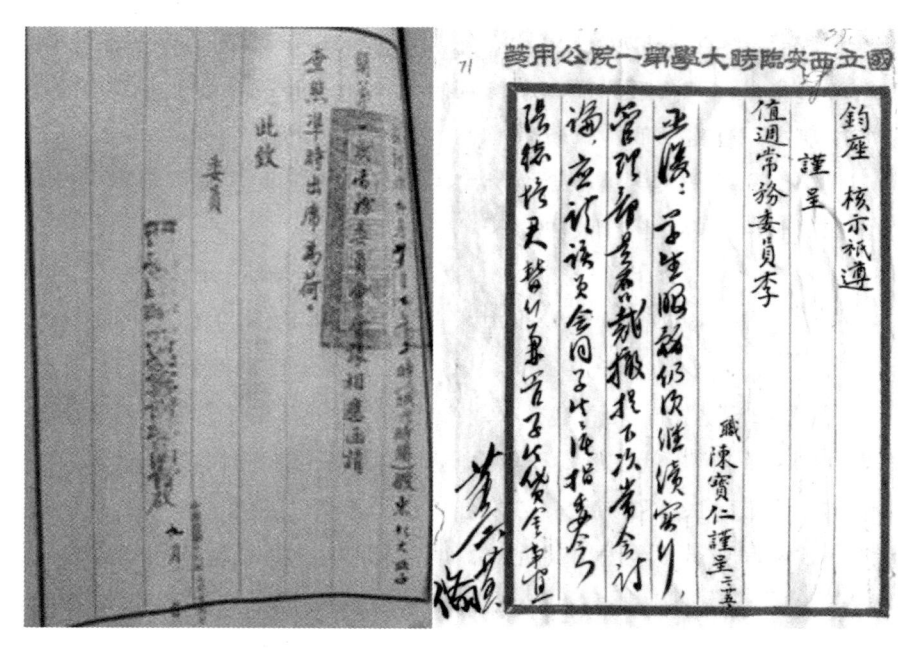

图 2—4 1937 年 9 月 29 日国立西安临时大学第一次常务委员会会议通知和 1938 年 2 月 25 日值周常委李蒸和常委陈剑翛在呈文上的阅示记录

  这一"常委商决"的主要任务为校址之勘定、经费之支配、院系之设置、师资之遴聘、学生之收纳、建筑设备之筹置、其他应行筹备事项等。其特点：一是在常委商决的机制下，周伯敏（陕西省教育厅）、臧启芳（东北大学）、辛树帜（西北农林专科学校）三委员在辅助常委、拥护常委商决制、校址勘定、协助建设校舍、教学实习材料借用等方面发挥了积极作用；二是常委商决制符合三校院合组的实际情况，颁发各校院毕业证书，设立原各校院办事处、尊重各校差异，平衡制约，有效合作，并未出现领导层间的校际矛盾；三是坚持常务委员会议制度，从 1937 年 9 月 30 日至 1938 年 7 月 19 日召开了 82 次常委会议，运行至 1939 年 10 月 26 日行政院孔祥熙院长训令"将国立西北联合大学即行改组为国立西北大学，废除委员制，采用校长制"①为止，大致每周例会一次，必要时值周常委可召集临时会议，形成秘书主任、教务主任、总务主任列席或替代请假常委参会的惯例，实职常委和替代常委一视同仁，保障任何时候常委商决制的正常运行；四是实行每周轮值担任主席，民主协商解决校内一切重大事项，尽职尽责，有事请假，回校销假，集体出席教育部会议，并未发生任何徇私舞弊的失职事件；五是会议议程大致分为报告事项、议决事项、讨论事项和临时动议四大类型；六是议决事项包括教育部训令落实、机构设置、人事任免、校舍建筑、图书仪器设备购置等。今见其收发文簿、布告、呈文、来往文档、建档存档、常委会82次会议记录和重大事项的议决、处理，井然有序。

1937年9月2日至1938年4月2日，西安临大筹备委员会和常委会与地方政府接洽校址、与铁路部门接洽教学用品装运、与兄弟院校接洽合作、收纳战区学生、考试招生、学生救济、招聘师资、确定各院系主任、教授支援云南等边远省区、落实导师制等方面做出积极贡献，使其于11月1日如期正式开学。1938年3月16日至4月26日，又以军事拉练、强身健体、社会调查和抗日宣传为目标，成功地组织实施了从西安往汉中的千里大迁徙，徐诵明常委、李蒸常委身先士卒，与第一中队学生同行，徒步翻越秦岭，安置于三县六地，奠定了八年办学的基础。应该说，常委商决制发挥了积极作用。后来在筹组国立西北工学院时，鉴于西工的四院合组与西安临大的三校院合组很相似，故有不少人建议仍然实行常委商决制，只是与教育部在西北展布高等教育的战略相左，还是恢复实施了校院长负责制。

（四）河北女师、北平研究院与临大的合组、关联

北平大学、北平师大、北洋工学院合组西安临大已有较多论述，兹不赘言，而河北省立女子师范学院、国立北平研究院与西安临大的关联因为阅档不易，倒是常常被人忽略，故据新见档案予以还原。

1. 河北省立女子师范学院并入经过

---

①国民政府行政院．关于西北联大预算的训令，民国档案，五—3195（1）[A]．1939—10—26，南京：中国第二历史档案馆．

1937年7月30日，日军对天津狂轰滥炸，河北省立女子师范学院毁于日军炮火，学校器物被掠，损失中外图书57 000余册、中文期刊210种，院务陷于停顿。在时局严峻时刻，院长齐璧亭率学生退入天津英租界，经商洽，由私立耀华中学和圣功中学将女师附属师范部和中学部学生分别收容，使得学生继续完成学业。附属小学部学生在志达小学继续上课。只有学院本部学生在租借地各私立高校没有相应系科，无法安置。

1937年9月，齐璧亭晋京向钧部（教育部）面呈学校被毁情形，并请示复课办法，与教育部周次长、高等教育司黄司长、中英庚款董事会秘书长杭立武先生等广泛接触洽谈。最终，教育部核准同意女师用中英庚款补助办学，并同意迁西安并入国立西安临时大学。

1937年9月28日，西安临大收到教育部高等教育司1937年9月23日函。

西安临时大学复教育部高等教育司
（1937年10月2日）

贵司九月二十三日函开："奉部长嘱，关于河北省立女子师范学院呈请将该校家政系暂行附设于西安临时大学内，请由中英庚款董事会供给家政系特殊设备费及家事教员薪金一案，应由司函西安临时大学筹备委员会酌办等因。奉此，相应抄同该校。望拟请求附设家政系于西安临时大学办法节略，函送查酌办为荷"等因。附抄办法节略一份。准此，经提交本会常务委员会第一次会议通过。

抄办法节略

一、班次：二三四年级各一班，并招收一年级新生一班，共计四班。

二、教薪：全系共聘家政教授五人，技术教员二人，系主任兼教授一人，每月薪金共计一千九百三十元，按八折计算，实合一千五百四十四元，由本年十月份起薪，至明年七月份止，共十个月，合计一万五千五百元。

三、设备费：家政系重要特殊设备，拟用二万九千五百六十元从事购置。

以上教薪及设备费，共计四万五千元，请中央庚款董事会将补助属院家政系设备费四万五千元，挪移拨给。

四、普通准备课目：关于家政系公共必修课目，及准备课目，如国文、外国语、普通化学、生物学、经济学、社会学、家事看护学之教学，拟请临时大学与他系合并办理。

五、本系行政管理及员生食宿，拟请临时大学统筹办理。

交通部电报局电报——南京发长安。南京杭立武陷电：

临时大学徐诵明、李云亭、李耕砚、陈剑翛、童冠贤诸先生均鉴：河北女师学院为国内冠，如任停顿，殊为可惜，意拟恳贵大学惠予容纳该系教授，每月最低薪俸仅一千数百元，并请维持至设备费。敝会可予补助。该校齐院长现在京，如有相需，乐愿效力。仍乞裁酌示，复弟。杭立武叩陷印。

1937年10月6日，西安临大电复中英庚款董事会杭立武：

敬悉河北女师家政系附设本校一案，前准教育部高教司函送该系附设本校办法节略到会。其设备费及教薪统由庚款拨给，业经本委员会第一次常委会议决照办，并函复在案。尊电所示，该系教薪由本校支给一节，因经费支绌，实难照办，仍希按照原办法办理。至齐院长肯予以帮忙，无任欢迎，并希转达为荷。西安临时大学筹备委员会印。

齐璧亭遂就此致函西安临大五常委，并形成了一卷珍贵的文档。①

齐璧亭致西安临大五常委

（1937年10月12日）

诵游，耕砚，云亭，冠贤，剑翛诸位仁兄先生大鉴：

久违教益，无任企仰！

敬启者：

关于敝院请在贵临时大学附设家政系事，近晤教部周次长、黄司长及中英庚款董会杭立吾先生，知各方面意见尚未趋于一致。兹特叙述此事经过，并建议简易解决办法，尚祈仰察为幸！弟上月到京之初，敝因各大学无家政系之设置，致敝院此系之员生无法安插，曾向杭立吾君接

---

① 国立西北大学（综合类）.1937年有关河北省立女子师范学院呈请家政系暂行附设西安临大校内并供给特殊设备费、教员薪金的报告，国立西北大学档案[A]. 1937—10—12，西安：陕西省档案馆.

洽，请将该会补助敝院之款拨给，以便觅地续办家政系。杭君深表赞同，并主张在甘肃设校。嗣以甘省交通不便，乃商定请在贵校附设一系。旋由弟拟具计划书两份，一呈教育部，一送庚款董事会。呈部之计划书，已特函贵校审核，送会之计划，则由杭君邀同周次长共同审议，当议定庚款董会仍照原案拨给。本年度拨给一万五千元，并请文化基金董会应拨给前允补助敝院之五千元，统交贵校作为家政系设备费，另请贵校支给该系教薪，即由杭先生及周次长根据此议分函电贵校，请予照办。旋贵校函复高等司，谓设备费教薪有着，家政系当可附设，复会之电，又重申复部之意，而以另支教薪为难，闻杭君拟仍电贵校请勉为其难。如是，各方面意见未趋于一致，弟甚感不安。当初杭君商洽："可否名义上请临时大学支给家政系教薪，而实际上由大学将所发教薪数目由贵会及文化基金补助费中照数扣下，以作临时大学科学设备费，而以其存之款购置家政系设备。"为杭君云："贵院与西安临时大学如此通融，敝会当可不加过问。"窃以为按照部意办理，在贵校既可不垫出家政系教薪，在庚款董会亦可形式上不变更原敝院家政系，并可速得救济，诚一举而三得也，尚希俯予采纳是幸！对于杭君第二电，尤盼暂勿致复！至杭君电荐弟往贵处帮忙。弟事前并未闻知，乃谬蒙诸兄不弃，闻之深为惭愧。弟此次南来，本为敝院员生谋出路，今家政系员生既得救济，他系员生亦得借读及均予延用，于愿已足。弟个人如得滥竽贵校教职，予以家政系□□任务。俾□素志！弟不日启程西上，把晤非遥，余俟面罄。

专此虔颂教祺！

          弟 齐 制 国樑 敬启
          中华民国二十六年十月十二日

  中英庚款会真（十一日）电：电复女师家政系教薪难以补助仍请统筹办理。1937年10月12日西安临时大学筹备委员会收到中英庚款会发自南京的电报。教育部高等教育司也致函西安临大：函送河北省立女子师范学院请将家政系附设于西安临时大学。为设备费及教员薪金亦由庚款会供给一案。

  1937年10月19日，西安临时大学筹备委员会回复齐璧亭：

  敬复者：顷接十月十二日大函，知台端对于河北省立女子师范学院家政系附设于本校一案,擘划周详,至深感佩!故会自应照办。仍希从速命驾来陕,共策进行,无任盼祷。

此致

齐璧亭先生

中华民国二十六年十月二十日

于是,女师院本部师生在齐璧亭、程孙之淑、王非曼教授的带领下,迁至西安,并入国立西安临时大学。女师最有特色的家政学系整建制入临大教育学院,仍为家政系,成为教育学院教育、体育、家政三系之一,齐璧亭教授兼主任,程孙之淑、王非曼为教授。女师其余各系学生分别并入临大各系,部分体育教师并入教育学院体育系。1938年4月2日后,继为文理学院家政系。民国二十七年度、民国二十八年度,有11名女师学生毕业,仍颁发给女师毕业证书。

2. 国立北平研究院与西安临大的关联

在史学研究所和植物研究所与陕西合作的同时,1936年至1937年,刘慎谔、徐炳昶在西安成立"北平研究院西安办事处",推徐炳昶为主任,并与西安临时大学有聘任关系,显示部分研究人员在李书华委员未到西安之前已经开始执行教育部关于并入西安临时大学的命令。其证据:

其一是1937年10月30日刘慎谔自西安致北平研究院生理研究所所长经利彬(燧初)函中有

西安临时大学已在西安成立,经费已有办法,生物系主任为金树章兄,唯因此系平大与师大合并,平大教员只有金树章兄一人,孤掌难鸣,前曾屡次函催君范①及德耀②二兄来此,终无音信,而师大皆招旧人,郭庸早到,刘汝强坚决要来,弟曾示意金兄林、汪之功课(尤其是君范之

---

① 林镕(1903—1981),字君范。江苏丹阳人,西安临大、西北联大生物学系教授,二年级导师。1930年自法国留学回国后任北平研究院植物研究所研究员、国立北平大学农学院农业生物系教授兼主任。1939年4月随西北联大农学院并入西北农学院。1955年当选为中国科学院学部委员。

② 汪德耀(1903—2000),江苏灌云人。1931年获法国巴黎大学博士学位,同年回国后于1932年任北平大学生物系教授,兼北平研究院生物研究所研究员。1938年起任西安临大、西北联大生物系教授。后任厦门大学校长。中科院院士汪德昭、汪德熙之弟。

功课）坚持保留，任何人不能取代之，金兄亦甚赞成斯意，请兄再促林、汪二人早到。临时大学有通启，声明旧教授在十一月十五日以后不能到达者，即以解聘论，此为淘汰之法。然与林、汪二人，弟自当特别设法处理之，请勿念。①

这是有关北平研究院史学所和植物所负责人与西安临时大学有教授聘任关系的重要证明。它表明，刘慎谔与北平大学兼任北平研究院研究员的金树章、刘汝强已经应聘在西安临时大学，并请经利彬催促林镕、汪德耀二人尽快在临大要求的教授到校最后时间（1937年11月15日）之前到临大应聘。另外，"西安临时大学已在西安成立，经费已有办法"表明，由于教育部停拨北平研究院经费造成的刘慎谔的困扰，似已经在西安临时大学解决。刘慎谔托人在南京与教育部等有关部门接洽时，称北平研究院物理所岳劼恒先生已经到达陕西，另外还有三个研究所在来陕西的途中。② 1938年1月10日之前公布的西安临大《本校教职员录》中，已经有北平研究院史学研究所黄文弼（任临大历史系讲师），稍后又有徐炳昶任西安临大阅卷教授和西北联大发掘张骞墓指导，以及北平研究院植物研究所金树章任西安临大生物系主任、刘汝强任生物系教授、岳劼恒任物理系教授，所长刘慎谔在地理系、生物系等处讲授《中国西北植物地理》的记载。刘慎谔致经利彬函中就林镕、汪德耀任教于临大，即便迟到，也可"自当特别设法处理之"，表明刘慎谔与西安临大领导人间有着密切的联系。

其二是北平研究院主事的副院长和部聘西安临时大学筹备委员会委员李书华（润章）因身困北平，直到10月始脱险离平，于1937年11月8日抵沪后，收到刘慎谔于11月5日寄自西安的函后，回复刘称"弟为经费事曾与教部王部长去一详函，并说明本院现在工作情形，嗣后复函大意谓：平研究院决定迁西安，并经呈准行政院，其经费应与平津国立

---

① 刘慎谔. 致经利彬函（1937—10—30），见：胡宗刚. 刘慎谔与北平研究院西安临时办事处［L］.（http：//blog.sina.com.cn/huzonggang/2012—02—25）
② 陈印政，王大明. 抗战爆发与西安临时大学的创建［M］//方光华，姚远，姚聪莉. 西北联大与中国高等教育. 西安：西北大学出版社，2013：179—188.

校院一体发给"①。这说明教育部长兼西安临时大学筹备委员会主席的王世杰已经再次明确北平研究院迁西安与国立三校院合组西安临时大学，且经费已经"与平津国立校院一体发给"。此时距1937年9月10日，教育部令以三校"和北平研究院等院校为基干，设立西安临时大学"的命令已是两个多月以后。

图2—5 从西安鼓楼遥望北院门
（张玉衡学长珍藏）

图2—6 国立西安临时大学招考新生简章

之后，李书华复经上海、武汉、长沙，辗转至昆明，遂改教育部初衷于1938年4月在昆明设立北平研究院昆明办事处。物理学、化学、动物学等研究所相继迁昆明。稍后，刘慎谔将西安办事处与教育部往来函件、文档等移交昆明办事处。

综上所述，北平研究院虽未按教育部命令整建制并入西安临大，教育部则已经将其经费"与平津国立校院一体发给"。其植物所所长刘慎谔、历史所所长徐炳昶已先期与陕西省政府、西北农林专科学校展开合作，并在西安设立办事处，刘慎谔等植物所在陕和在平主要研究人员，历史所黄文弼、何士骥等主要研究人员，物理所岳劼恒等已经被聘为西安临大教员。

---

① 李书华. 致刘慎谔函（1937—11—22自上海）. 见：胡宗刚. 刘慎谔与北平研究院西安临时办事处 [L].（http：//blog.sina.com.cn/huzonggang/2012—02—25）

其中植物所、历史所主要研究人员几乎全部成为西安临大的教师。

(五)国立西安临时大学正式开学

1937年10月18日，伴随着以西安鼓楼标准时为作息时间的启用（图2—5)①，西安临大正式宣布成立，11月1日开学。11月15日，在第二院所在地即东北大学礼堂（今西北大学太白校区大礼堂）补行开学典礼，同时正式上课。20日发布招生广告（图2—6）。

11月21日，教育部发高令（26）字21892号文，规定设立西安临时大学的目的为收容北方学生，并为西北高等教育奠定基础。

1938年1月8日，国立西安临时大学布告全校，申明当前局势、学校设立缘由和学校办学目标，并提出学习风气、学习纪律上的要求：

国立西安临时大学布告

民国二十七年一月七日缮写（贴第一、二、三院）

现当抗战赓续进展时期，国防军备经纬万端，人力资源悉需调协，政府为国家谋永久之安全，争取抗战最后胜利，任重道远，昕夕未遑。对于培植青年之教育、百年树人之大计，而运筹兼顾不任偏废。青年为国家瑰宝，更何忍其疏散流亡，贻未来社会以莫大之忧？本大学受命于危难之际，由平津三校院移陕联合成立，开学以后，照常上课，顺利布施，虽设备上极感简陋，环境亦远不如往昔宁静，尚能保存若干学术研究精神，弦歌未断，黉舍宛然，特殊训练之外，不忘正常教学，埋头苦干，鼓励刻苦攻读之勇气，冀成学风，一以坚抗敌之壁垒，一以奠复兴之始基，责任至为艰巨，共体国家维持战时教育之至意所致，然亦其力求精诚战胜危机之一种心理建设也。唯本大学同人处兹非常时期，愧未参与抗战前线实际工作，相率而未兼任此清苦事业，辛劳不辞，险阻不避，所恃以自安自慰与自信者，唯在学生之努力造就，蔚为国用。他日大乱救平，国家建设勃兴，所需用之专门技术人才不亚于今日要求于勇

---

① 西安临大教务处以一（城隍庙）、三（通济坊）两院上课时间与第二院（城西南隅）上课时间常有差池，而二院时间与东北大学共同规定，不能独自改易。故有在一、三院上课之师生，双方奔驰，颇感不便，临大常委遂与东北大学校长、临大筹委臧启芳商议，以后两校上课时间皆以鼓楼时间为标准，以免歧异。

士之迫切。务望诸生省查自我个性，标本兼顾，努力进修。在平日听讲、笔记、习题、实验以及临时学期试验之际，尤盼严格自律，毋稍疏忽。本大学为爱护青年，推行战时教育计，亦当认真执行，按照规定成例办理，决不宽假。特此布告，仰本大学全体各遵照为要。

此布。

国立西安临时大学筹备委员会（关防）
中华民国二十七年一月八日发布

布告中提及的"为国家谋永久之安全，争取抗战最后胜利""培植青年之教育、百年树人之大计，而运筹兼顾不任偏废"表明了办学宗旨，"坚抗敌之壁垒，奠复兴之始基"，表明其办学目标；向学生提出了"保存学术研究精神，弦歌未断，黉舍宛然""不忘正常教学，埋头苦干，鼓励刻苦攻读之勇气，冀成学风""共体国家维持战时教育之至意所致，然亦其力求精诚战胜危机""努力造就，蔚为国用""务望诸生省查自我个性，标本兼顾，努力进修……严格自律，毋稍疏忽"等要求。这是迄今所见西安临大筹备委员会唯一的一份"声明"或宣示，向校内外表明了自己办学的远大抱负及对学生的殷切期望。

1937年10月至1938年1月间，西安临大委托东北大学代为建筑教职员宿舍30间、学生盥洗室7间、学生大厨房、房舍15间、办公室11间、厕所7间，另添置双层木床150架等。工料各费近2万元均由西安临大支出。由此可见，最初尚有在西安较长时间停留的打算。

同时，西安临大还于1937年11月前后，在东北大学校址建立了"西安临大校医室"，并兼为东北大学患病学生诊治，曾为此致公函东北大学要求惠助医药费。

与此同时，平津教育遭受严重破坏，为求留住中国教育的根基，让中华文脉得以延续，中国的大学校长、文化精英们发出了正义之声。1937年11月6日，中央研究院院长蔡元培、南开大学校长张伯苓、北京大学教授胡适、北平研究院院长李煜瀛、同济大学校长翁之龙、中山大学校长邹鲁、北京大学校长蒋梦麟、中央大学校长罗家伦、清华大学校长梅贻琦、北平大学校长徐诵明、中央研究院史语所所长傅斯年等102人联合发表英文声明，揭露日军破坏中国教育机关的经过、叙述日方有计划、有系统的侵略行为，控诉日本帝国主义对世界文明犯下的滔天罪行，提出了"教育为民族复兴之本"的主张。

1937年8月2日，蒋介石在南京主持高级军事会议，制订抗战计划。1937年10月下旬，上海战事吃紧，11月，上海、太原失陷，南京已暴露在日军炮口之下，11月20日蒋介石代表国民政府发表移驻重庆办公宣言。1938年1月，国民政府机关陆续经武汉迁至重庆，军事及外交部门则驻武汉办公，10月武汉失守后均移往重庆。11月14日，由各相关机关派代表联合组成厂矿迁移监督委员会，全面统一了工厂内迁的领导权，即刻派员前往苏州、无锡、常州及浙江、山东等地指导工厂拆迁，抢运当地物资。[1] 其迁徙路线分为三路：一路向南，迁往湘南、湘西、桂林；一路向北，迁往陕西；第三路是较多地迁往四川。由于国民政府对战争发展趋势估计有误，指导迁徙目的地不明，造成后来的二次迁徙，蒙受较大损失。当时，陇海铁路于1932年由灵宝通到潼关，再于1934年由潼关通到西安，平津方向可从北平或天津、青岛、徐州，到西安；西潼公路则从1922年8月即开通汽车运输，抗战期间晋豫沦陷后有所整修，可乘汽车经潼关、华阴、华县、渭南、临潼至西安，全长170公里，是贯穿关中东部，沟通秦晋豫三省的主要通道。

二、战时教育

（一）到校、分布与教育概况

国立西安临时大学下设文理学院、法商学院、教育学院、农学院、工学院、医学院等6个学院，以及国文、历史、外国语文、数学、物理、化学、生物、地理、法律、政治经济、商学、教育、体育、家政、农学、林学、农业化学、土木工程、矿冶工程、机械工程、电机工程、化学工程、纺织工程等23个系（医学院不分系）。

其中，文理学院主要由北平大学女子文理学院，北平师范大学的文理系科和北平研究院植物学、史学等学科组成；法商学院由北平大学法

---

[1] 何虎生. 蒋介石传 [M]. 北京：中国工人出版社，2015：282.

商学院为主组成；教育学院由北平师范大学的教育学、体育学系科和河北省立女子师范学院的家政系组成；农学院由北平大学农学院为主组成；工学院由北洋工学院和北平大学工学院合组而成；医学院由北平大学医学院为主组成。由此可见，北平大学对国立西安临时大学学科架构的形成贡献最大。这个临时大学虽然年轻，但其中的北洋工学院可远溯清光绪二十一年（1895）的北洋西学堂；北平师大可远溯清光绪二十八年（1902）的京师大学堂师范馆；北平大学法商学院可远溯清光绪二十八年（1902）的京师大学堂仕学馆；河北省立女子师范学院可远溯清光绪二十八年（1902）的北京顺天府学堂和天津北洋女师范学堂。因此，就此来看这所临时大学又是古老的，也因此承载着延续我国最早大学、我国最早师范大学、我国最早法政高等教育、我国最早女子师范教育血脉的使命。

学校创建之初，由于自平津仓促迁来西安，原三校教学设备和图书仪器都没有运来，到西安后校舍也是颇费周折。学校被临时安置在三个地方，分为三院：

第一院在靠近西安西门的城隍庙后街四号（图2—7、图2—8），置校本部、国文系、历史系、外语系、家政系于此。

图2—7 西安临大第一院所在地城隍庙后街（今西安城隍庙）

第二院在小南门外东北大学（今西北大学所在地，图2—9），置文理学院数学系、物理系、化学系，教育学院体育系及工学院于此。其校门左边既有东北大学的校牌，校门右边又悬挂了国立西安临时大学的校牌。1937年11月，国立西安临时大学第二院所属数学系、物理学系、化学系、体育系和工学院迁驻此处。这时的大礼堂，除作为大课教室外，曾组织过多次大型讲演和报告会。如：水利大师、西安临大工学院兼职教授李仪祉曾在此作《抗战力量》的讲演，西安临大张伯声教授也在此做过《西北地质》的讲演。丁玲、田汉、贺绿汀、梁漱溟等也曾到校演讲。

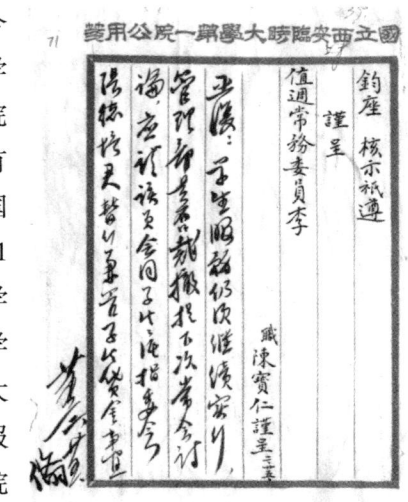

图2—8 西安临大第一院公用笺以及1938年2月20日李蒸常委、陈剑翛常委的阅示记录

图2—9 西安临时大学第二院所在地（今西北大学太白校区）

1937年3月1日，西安临大请行营主任蒋鼎文在第二院东北大学礼堂（今西北大学太白校区礼堂）训示，3月2日请陕西省政府主席孙蔚如训示。

第三院在靠近西安城北门的北大街通济坊（图2—10），置法商学院三系、农学院三系、医学院和教育系、生物系、地理系等。

图2—10 西安通济坊（1936年以驻有通济信托公司而得名，位于今西安市新城区北大街中段东侧，有通济中坊、南坊、北坊三条东西巷）

因属临时大学，故北平大学、北平师范大学、北洋工学院、河北省立女子师范学院均保留原称。在开学之初，既发给国立西安临时大学的校徽，也发给原有各校的校徽。

1937年11月6日，西安临时大学常委向教育部长王世杰呈文汇报了9月至11月两月来的筹备工作，反映了办学的艰困。其全文如下：

呈报两月来筹备经过各情形请鉴核由[①]

案奉

钧部以在抗战时期战区内教授学生不应失教失学，并当训练各种专门人才，以应国家非常之需要，特设临时大学以资救济，意远旨宏，洵为国家百年教育至计。委员等承命为西安临时大学筹备委员，并被指定为常委，体念斯旨遂尔驰驱莅陕以来，不觉将届两月。此两月中考察地方环境之情形，与夫古代文化成规及现时科学设备之利用，通盘计划积极进行，并得西安党政军当局及地方人士之协助共同努力筹备，暂局偏安，差幸告成。关于临时校舍之择定（城隍庙后街四号为第一院，通济

[①]国立西安临时大学筹备委员会常委会. 呈报两月来筹备经过各情形请鉴核由, 国立西北大学档案［A］.1937—11—06, 西安：陕西省档案馆。

坊洋房为第三院，东北大学新建屋舍为第二院），院系之紧缩裁并，三校院原有各种设备之转运及新设备之设置业经呈报在案。至于师资之延聘亦曾附带略为陈述。唯其时平津交通梗阻，敌人于南来教育界人士检查甚严，而此间筹备情形，往往不为困处平津者所尽悉，不免观望迟迟其行。故前此除各院长、系主任外，教授之人选及人数无法详细计及，兹幸旧教员冒险而来者络绎于途，迄至今日为止，教授（包括院长、系主任、讲师、助教在内）已到七十人，职员亦到五十人。虽各系处组偶有多寡不一之现象，然以有余补不足，自不至有过分超越预定数目之虞。三院校内部之调整应尽力弥纶，以求其薪资总额于部定经常费分配标准不甚差池，其概算预计书现正在赶速编送中。学生方面日来报到注册者亦极踊跃，尤以工学院、法商学院为最，统计至今日全校共有男女学生七百人，均令分住本校各宿舍。新生试验已举行完竣，投考者竟达六百余人，其成绩刻正由各教授分别评阅，择优录取，借读生申请人数亦在五百以上，南北各省各大学学生所在皆有。但已设临时大学之原校学生，只准其经过转学试验及格后方可入学，系一例外。拟即组织借读生审查委员会严格甄别，庶不使学生分子因数量之增加致素质之降落，影响学风殊失教育意义。总之，战时教育不应遽失平时教育模型。至于应付抗战与国防之特殊知识与技术，自应随时因势利导、集收标本，兼顾相得益彰之效。现本校教授、学生达到西安已近预计之数，而一切教学上、管理上初步之设备布置亦将逐渐完成。委员等感到筹备工作虽繁，此可告一小段落，即于本月一日宣告正式开学，并定十五日实行上课，以树三校院临时联合设立大学之规模。但自审两月来筚路蓝缕，苦心经营，殆足以上答政府维护战时教育之微意，而自慰同人服务教育之初衷。教育为国家命脉所系，应保持一成不变之经费，临时大学为战时教育所寄，尤宜有创立建筑之基金（或专款），两者之权责皆属于教育当局。今本校仅以原三校院三成五之款项，办理从前具体而微之事业，加以西安生活及物价之昂贵，远过往日之平津，以彼移此虑有不敷，而来日方长，欲挖肉以补疮，恐力劳而事败。瞻念前途不无忧虑，此对于教育经费应保持原款，不便分割折扣，为苟且目前之图其理甚明。况本校僻处西安，一切物质建设均赖自力创造。原有高大房屋洵不多观，即偶有洋式新房，亦与学校实验装置仪器不太适宜，辟作教室授课，则嘈杂之声相闻，空气光线不足，均不宜勉强利用。以较长沙临时大学之能借用圣经学校房屋与设备，事半功倍，不啻霄壤之别。本校为比较永久计划，不得不于城垣附近地方觅地建筑新校舍以敷实用。西安为汉唐旧都，郊外禾黍故宫，荒烟祠宇，皆成广无垠之区，购用民地需价固不低廉，然分期购置由小而大扩充并非难事。且集全校六院二十三系于一处，行政管理既较周密，教学研究亦无困难，其便利莫过于此。本校因有拟用英庚拨助之法币二十五万元之一部分，在城外杜公祠或未央宫附近建筑第一期文理农工各院校舍之计划，详细预算早已编制呈送。比年以来，国内大学动辄建筑瑰伟堂皇之校舍，宫墙美富以示来学。本校非敢驰骛建筑之名，洵有需用校舍之实。此举确有益于本校发展前途至重至大。委员等近察实状远虑未然，实觉有此必要，他日校舍设计构筑只求坚实，毋取奢靡。俾西北偌大地方有此一所简单朴素切合实用之黉舍，足容千百学生弦诵学习于其中也。以上情形确系事实，除由本会童常委冠贤面陈外，合将两月筹备经过备文呈请。

  鉴核令遵
  谨呈
教育部

西安临时大学筹备委员会常务委员

童冠贤　李蒸　徐诵明　陈剑翛　李书田

中华民国二十六年十一月六日

  这份报告反映了三大问题：一是办学目的为"教育为国家命脉所系"，"为国家百年教育至计"，"以在抗战时期战区内教授学生不应失教失学，并当训练各种专门人才，以应国家非常之需要，特设临时大学以资救济"；二是在教育上"不使学生分子因数量之增加致素质之降落，影响学风殊失教育意义"，要达到"战时教育不应遽失平时教育模型，至于应付抗战与国防之特殊知识与技术，自应随时因势利导、集收标本，兼顾相得益彰之效"；三是学校目前的经费"仅以原三校院三成五之款项""加以西安生活及物价之昂贵，远过往日之平津，以彼移此虑有不敷，而来日方长，欲挖肉以补疮，恐力劳而事败，瞻念前途不无忧虑"；

四是为学校之永久计划，提出"拟用英庚拨助之法币二十五万元之一部分，在城外杜公祠或未央宫附近建筑第一期文理农工各院校舍之计划，详细预算早已编制呈送"，"俾西北偌大地方有此一所简单朴素切合实用之黉舍，足容千百学生弦诵学习于其中"；五是学校已经在西安城内三地暂时安置，截至11月6日，已到校教职员120人，学生700人，尚有投考者600余人和借读者500余人等等。

当时，临大的确很困难，学生借住的宿舍均系大通间、上下铺架子床，晚间，每8人仅有一烛。沦陷区的流亡学生，有的孤身来校，衣服、被褥皆无，为解困，每人发棉大衣一件、制服一套，伙食每月发给战区学生"贷金"法币6元（每月分三次发放，每10天发2元）。教师则自找民房分散居住在全市，有的教师暂时住在西安的西京招待所和北京饭店。因此，不少教师上课得步行一二十里路。学校校舍分散、狭小，教学设备和经费极端困难，没有图书馆，更没有体育场，处于一种战时流亡教育的状态。

鉴于沦陷区教师、学生因路途遥远，又要通过敌人封锁线，导致教师学生到校时间不一，故临大将教师和学生的最后到校报到时间定为1938年1月10日，逾期令其休学。同时，鉴于本学期开学较迟，经常委会决定，将本学期延至1938年2月底。除元旦休假一天外，所有年假、寒假，均予取消，照常上课。

其教学工作按战时状态要求。教学指导思想"凡所教学训遵之方，悉宜针对国难时艰，积极设施，以厉行非常时期之救亡教育"①。因此，开学以后各院系克服了不少物质条件方面的困难，开始授课。但是，由于缺乏必要的教学设备，又由于战事不利，人心动荡，故难有安定的教学秩序。除课堂专业学习外，为适应战时的特殊需要，特别制定了以抗战为中心的军事、政治、救护、技术等课外训练。全校设军事训练队（由军事教官李在冰主持），政治训练队（由尹文敬教授主持），救护训练队（由医学院院长吴祥凤教授主持），技术训练队（由校常委、工学院院长李书田主持），并由教授指导学生组队下乡宣传，"以尽匹夫匹妇

---

①国立西安临时大学．本校布告［J］．西安临大校刊，1937（1）：3.

救亡之责","愿吾人勠力同心,艰危共济,尽瘁此临时教育事业,以挽救当前民族之大危机。否则,吾人将成为亡国士夫"①。

师生在教与学的同时,全力支持抗战。教职员积极认购救国公债,按校常委会决定,"本校教职员一律以一个月薪金认购救国公债",自1937年10月至1938年2月止,分5个月扣缴,全校教职员缴第一期救国公债计国币共7 655.44元。与此同时,响应陕西省新生活运动促进会"一日一分运动",设置钱箱,每日每人于生活费中节省出一分钱来,投入钱箱,每三天由负责人当众点清,汇存银行,以接济抗战需用。

为救济来陕的大批难民,校常务委员会又决定:"全校教职员各捐实领薪百分之二,由会计组扣垫,薪金在五十元以下者,自由捐助"②。另外,为慰劳前线来陕的伤兵,教师和学生也为伤兵募集捐款数百元大洋。

据1938年2月10日统计,全校学生人数总计1 472人(内借读生151人),其中文理学院439人(内借读生50人),法商学院279人(内借读生35人),教育学院149人(内借读生13人),农学院133人(内借读生10人),医学院86人(内借读生25人),工学院386人(内借读生18人)。

(二)战时大学制度与战时管理

"临时大学""战时大学""临时大学的战时管理"和"战时大学的战时管理"——这些在中国乃至世界近现代高等教育史上,恐怕都是前所未闻。是日本侵略者的炮声催生了这些概念和名词术语,是战时教育部、是长沙临时大学和西安临时大学,创造了这一管理模式。其中,尤其是西安临时大学制定的这个《西安临大军事管理办法》,为这一模式提供了清晰详尽的案例。因此,我们将其全文附此,以为研究借鉴。

以此管理办法为基轴,形成了一系列以军事为中心的战时大学制度。在教育部层面出台了临时大学常委商决制、《公立专科以上学校战区学生贷金补充办法》《为达长期抗战之目的,必须一致努力推行兵役制案》《学生集训改进办法》,尤其是教育部转发国民政府军事委员会政治部

---

① 陈剑翛. 发刊辞 [J]. 西安临大校刊,1937(1):1.
② 编者. 本校教员认购救国公债;一日一分运动 [J]. 西安临大校刊,1937(1):3.

《专科以上学校军事管理办法》等，为战时大学制度和管理提供了依据。除《西安临大军事管理办法》以外，临大还陆续发布了《陕西省各界抗敌后援会国立西安临时大学学生支会简章》《国立西安临时大学防空警备办法》《本校防空灯火管制办法》等，并以军事编队的形式实施了稍后徒步翻越秦岭的军事拉练，成为军事管理的一次成功实践。

也许，我们在今日和平的环境里阅读这个《办法》，会感到极为琐碎，甚至难以理解，然而，我们设想在敌人的炮火下，要将千余名学子培养成为能够适应战争环境，开动机器、拿笔或拿手术刀的一名合格战士，那必须得经受这样的磨炼。如同俗话所说："一屋不扫，何以扫天下?！"要想成就栋梁之材，那么，"整洁、敏捷、勤朴、耐劳、团结、互助、振作精神、遵守纪律"这些的美德是必须具备的。

经与《国立西南联合大学史料》收录的文献核对，长沙临时大学并无这样的一份战时军事管理办法，因此这份军事管理办法就显得非常宝贵。

本校军事管理办法①

（民国二十六年十二月二十六日第四十六次常委会通过公布）

第一章　总　则

一、本大学为养成学生整洁、敏捷、勤朴、耐劳、团结、互助、振作精神、遵守纪律诸美德起见，特依据训练总监部与教育部会衔公布之高中以上学校军事管理办法，参照本大学实际情形，制定本办法，对本校学生不分年级均施行军事管理。

二、本大学教职员应协助本大学常务委员，以身作则，督导学生，共促本办法之实行。

三、每日早晚应举行国旗升降典礼，学生起居操课，亦应照规定时间实施，均以号音为起讫准度。

四、举行国旗升降内礼，由值周常务委员主席，学生以全体参加为原则，仪式照规定办理，其有未能参加之教职员学生，均应在原所在地立正致敬。

---

①国立西安临时大学．本校军事管理办法［J］．西安临大校刊，1938（3）：2—5．

五、通学外宿学生，早晚须参加升降旗典礼，如有特别情形，经常务委员许可者得免参加。

六、学生均须穿着制服，遇师长时，概须行军礼。

七、为维持全校军纪风纪起见，所有工役应服规定之服装，并加以必要之训练。

八、为促进军事管理效率起见，队长以下各级长官，应随时对学生施行服装、内务、武器、勤务诸检查，予以矫正及奖惩。

第二章 组 织

九、本大学全体学生编为一军事训练队，定名为国立西安临时大学军事训练队，设队长一人，队副若干人。队之下辖若干中队，每中队设中队长一人，队副一人，辖若干区队。每区队设区队长一人，队副一人，下辖三分队。每分队设分队长一人，分队由学生十余人组成之。

十、训练队设队本部，其组织如下：

（一）队本部设于校本部内。

（二）队长一人，由本大学常务委员中推定一人兼任，主持军事训练及军事管理一切事宜。

（三）队副若干人，由本大学生活指导委员会主席、军事主任教官及其他有关教官人员兼任，承队长之命，办理关于管理学生事宜。

（四）军事主任教官（上校）一人，承队长之命，办理军事训练及军事管理之实施。

（五）军事教官若干人（暂定中校两人，少校三人）承主任教官以上官长之命，教授军事学科、术科，并襄助军事管理之事宜。

（六）助教若干人，承军事教官以上官长之命，襄理军训事宜。

（七）副官一人（上尉）承队长、队副之命，办理有关军训、文牍及一切杂务之职。

（八）书记一人（少尉）专办撰缮文案。

（九）号兵、传令兵各一名，勤务兵三名，分掌司号、传令、勤务之职。

十一、中队设中队部。其组织如下：

（一）中队长一人。由队长指定训育人员或军事教官兼任，承队长之命，协助训练并办理各该中队军事管理事宜。

（二）中队副一人，由队长指定学生任之，承中队长之命，负传达命令、报告事项及纠察队员军纪风纪之责。

（三）文书一人（准尉）专办撰缮文案。

（四）传令兼勤务兵一名，负传令、勤务之责。

（五）号兵一名，专任司号。

十二、区队长由队长指定训育人员或军事助教兼任，承中队长以上官长之命，协助训练并办理该管区队军事管理事宜，设区队副一人，由队长指定学生任之，负协助训练、传达命令、报告事项及纠察队员军纪风纪之责。

十三、分队长由队长指定学生任之，负协助训练、传达命令、报告事项及纠察各该分队之队员军纪风纪之责。

十四、训练队各职员对于军事管理上，如有改进意见，得随时商请队长酌量采纳施行。

十五、关于军事训练及军事管理之一切命令与通告，均以队长名义行之。

第三章 请 假

十六、凡学生在军事管理范围内，请假时须声述事实，报请队本部核准转呈队长备案，每周并由队本部将军事范围内请假学生姓名、时数，通知注册组登记。

十七、病假三日以上者，须呈缴医生证明书，始得准假。

十八、请假分为半休、全休两种，全休可免一切受课及勤务，半休仍须参加早晚点名及上课。

十九、凡请假而缺席者为缺课，未请假而缺席者为旷课，旷课一次作缺课二次论，缺课扣分办法依照学则办理。

二十、因微病而不能参加军事训练术科者得先报告，请求见习，见习三次者作缺席一次计，但见习亦须至解散时始可离场，否则仍以缺席论。

二十一、凡请假者须依时销假，不得逾限，如万不得已须续假时，务必先期履行请假手续，否则以旷课论。

二十二、学生因故离校者，所领用公物须检交队本部妥为保管，否则如有损失，应负赔偿修理之责。

第四章　外出

二十三、请假外出须整齐服装，端正仪容，途中行走尤须保持军人固有之精神，二人以上同行时，其步履须整齐，以示一致。

二十四、行进时靠左边路走，不许食物、吸烟，坐车遇拥挤时，对年老幼童及妇女应让座位。

二十五、途遇师长时，应行行进间敬礼，遇见同学或他校着规定服装之军训学生，亦应互相敬礼，由先见者行之。

二十六、途遇师长，如右手提物时，须先将物置于左手，然后行举手注目礼，如两手均提物时，则可立正行注目礼。候其行过后再继续前进。

二十七、如系多数人结伴行进遇见师长时，则由先见者呼口令"敬礼"行礼。

第五章　食堂

二十八、学生进食堂后，应按规定位置就座，不得紊乱秩序。

二十九、食时须闭口细嚼，勿作声，勿太快，并不得喧哗敲碗争闹。

三十、学生不得私自备菜。

三十一、遇有长官到食堂会餐时其仪式如下：

（一）学生闻开饭号音时，即到指定集合地点，由值日生按顺序带入食堂，不得争先及喧扰。

（二）长官到食堂时，由值日生发"立正"口令全体肃立，候长官答礼后，然后由值日生再发"坐下"口令，各生俟闻"开动"口令时方可就食。

（三）用膳完毕后，由值日生发"立正"口令，各生即一致起立，俟长官答礼后依顺序赴指定集合地点解散。

第六章　寝室

三十二、寝室须整齐、清洁、简单、朴素，合乎新生活标准。

三十三、每早起床后，即将内务按照规定形式整理完善，点名时，须迅赴指定地点集合。

三十四、寝室内外，不得随地吐痰及抛弃零星物品，尤不得任意污损墙壁钉挂物与在窗台上晒衣物等。

三十五、一切用品均须依照规定妥置，不得擅自变更及随意置放，墙上不许乱挂画片等物。

三十六、各生床位，已经编定后，不得私自调换。

三十七、在寝室不得喧扰，在夜间熄灯后，并不得私置灯火。

三十八、每一寝室之值日生。每日按照规定时间，展开窗户，打扫清洁，以重卫生。

三十九、如有学生临时疾病不能起床者，须于点名前由值日生报告长官请假。

四十、如遇检查，或中队长以上长官莅临时，须由值日生或先见者呼"立正"口令，各人按原来位置立正，非有命令不得稍息，长官出室时同。

第七章 教 室

四十一、学生闻上课号音，应迅赴教室，不得无故缺席或迟到。

四十二、学生上教室时，应按各人位置就座，不得随意离动，如有特别事故须报告教官许可后，方得离开。

四十三、教官到教室时，由值日生呼"立正"口令，经教官答礼后，再发"坐下"口令，并由值日生依例报告人数。

四十四、学生听讲时，必须端正严肃，振作精神，专心听讲，不得谈笑头盼，并不得随意吐痰及阅看教科以外之书籍。

四十五、讲授时如遇高级长官莅临，由值日生发"立正"口令后，随即起立致敬。

四十六、遇教官垂询时，学生应即起立作答，学生如有质疑时，须待教官讲毕后，始得起立询问。

四十七、下课时由值日生呼"立正"口令，待教官出堂后。再呼"解散"口令，不得纷扰喧哗。

四十八、教室清洁，应由各生共同保持，不得乱抛杂物于地上。

第八章 操 场

四十九、凡各班学生闻预备号音时，应照规定之服装及其应带物件，准备妥当，闻集号音时，应速赴操场，以待教练。

五十、凡学生在已整顿队伍后，方至操场者，以迟到论。

五十一、集合站队以后，由各该分队长检查本队人数，报告本区队长转报教官注入名册内。如会操或连教练时须由值日区队长或分队长综合报告。

五十二、下达科目及训话时须立正听受，非有命令不得稍息及随便动作。

五十三、稍息时不得言笑或移动地位，或有叉腰背手等姿势。

五十四、操作时如有不得已事故，亟须离场时，可俟稍息，先呼"报告"再声明理由，得教官许可后，始得离场。

五十五、如教官指派学生充当指挥或其他勤务时，不得违拗推诿。

五十六、教练完毕，闻解散口令，各生均向教官敬礼，待教官答复后，始得解散。

五十七、解散离操场时，不得喧哗，仍须保持严肃，迅速离场。

五十八、在上操时间内如有不守纪律或不听命令者，除由教官惩罚外，并呈请队长处分。

第九章　野　外

五十九、野外演习，须严守军纪风纪，不得中途落后规避。

六十、未经许可，不得购买食物，并严禁吸烟。

六十一、闻集合号音，应即迅速集合。

六十二、野外之规则，除上述各条外，余则参照上章办理。

第十章　值　日

六十三、为养成学生服务习惯及练习勤务起见，值日生由学生轮流充任之。

六十四、值日生应照以上各章所规定之规则，切实执行任务。

六十五、已轮派之值日生，如因事不能执行其任务时，须先请同学代理，并报告长官。

六十六、将届轮派之值日生，如因故不能充任时，须先请同学代理，并报告长官。

六十七、值日生当值时间，由值日之早晨起床时起至次日起床时止。

六十八、值日生日常服务项目简略如下：

（一）传达命令及报告。

（二）督促各生实行各种规则。

（三）受长官之指挥负各种勤务之分配。

第十一章 附　则

六十九、本办法由常委会议通过后公布施行。

七十、本办法如有未尽事宜，得随时由常委会议议决修正。

西安临大战时教育制度的创建，也有厚实的战时教育思想基础。徐诵明在论及战时教育时，指出："在抗战时期，最高学府学生应如何救国：不一定非拿枪到前线去才是救国，我们在后方研究科学、增强抗战力量，也一样是救国"。[①] "洵为国家百年教育至计"，"以在抗战时期战区内教授、学生不应失教失学，并当训练各种专门人才，以应国家非常之需要"，"庶不使学生因数量之增加致素质之降落，影响学风殊失教育意义，总之战时教育，不应遽失平时教育模型。至于应付抗战与国防之特殊知识与技术，自当随时因势利导，以冀收标本兼顾、相得益彰之效"。[②] 他还要求学生积极参加军训，随时上战场杀敌，要求"或致其希望，或勖其努力，或从历史以激扬民族精神，或言古训以促进旧有文化，或说明集训与建国的关系，或阐发集训对抗战之功用"，"外以军事训练劳其筋骨，内以精神食粮充其肠胃，进则为国家民族杀敌之用，退亦可训练民众，组织民众"。[③] 正是在这样的思想指导下，西安临大全体教职员以"全国同胞公鉴"的形式发出《拥护贯彻抗敌大计》的电报，控诉日寇暴行，发出抗战到底的坚强决心："我国国势兢积弱垂数百年，近岁有'九一八'、'一·二八'之祸乱，自卢沟桥及上海事变后，日敌更张其狰狞面目，穷兵黩武，暴力横临，其野心不仅在占领我土地，屠戮我人民，而在毁灭我五千年文化与夫民族独立自强之精神"，然而，"全国

[①] 徐诵明. 战时最高学府学生应如何救国［M］//姚远. 西北联大史料汇编. 西安：西北大学出版社，2012：492.

[②] 西安临时大学筹备委员会童冠贤、李蒸、徐诵明、陈剑脩、李书田. 呈教育部函. 国立西北大学档案，67—5—292［A］.1937—11—06，西安：陕西省档案馆.

[③] 徐诵明. 集训专号发刊词［J］. 西北联大校刊，1939（12）.

决然作神圣之自卫战争，以争取民族生存与国际正义"，"抗战以还，全国怒吼，东西北战场皆有极壮烈之战绩与牺牲，其在前线将士，尤能以血肉体躯铸成堡垒，前仆后继，有死无退，庶使敌人了然我国名城可陷，阵线可毁，而全民族抗战到底之共同意志，永不可夺"。我们唯有抱"持久抗战，最后必胜"，"一息尚存，唯有顶踵捐糜，以期贯彻到底"，"我黄帝裔胄绝不致就此沉沦，但需艰苦创造。我广大民族，亦决不致就此瓦解，但须精诚团结。总之，今日之权势属于人，将来之胜利属于我，民族解放，以至达到现代化国家之枢机，至简至明，端在乎此。同人等深知救亡图存，高于一切，学术研究，岂有他途。当此危疑震撼关头，愿率千百青年学子，贯彻抗敌大计"。[1] 这显然是西安临大战时教育制度和军事管理的思想基础。

学校对这种战时大学制度和管理还从各个角度作了研究，形成了一整套成熟的战时教育理论。比如：徐诵明常委发表《战时最高学府学生应如何救国》的演讲，提出在后方拿起笔杆子一样救国的思想；李书田常委发表了《适应抗战时期之生产建置与工程教育》，对战时工程教育做了深入探讨；陈剑翛常委发表的《从军与争取抗战胜利》《抗战宣传技术》，探讨战时大学教育与社会动员的关系；农学院贾成章教授发表《高等教育如何支持长久的抗战》，提出农学战时教育的方针。

（三）6院23系的师资与教育活动

1. 文理学院

为全校学生人数最多的学院，院长由刘拓（泛驰）教授兼任。至1938年1月10日前，到校教授28人，副教授2人，讲师9人，助教8人。

各系系主任与教师如下：

国文系主任黎锦熙教授，教授有罗根泽，副教授有曹联亚（靖华），讲师有陈叔庄、冯成麟（书春）、高元白；

历史系主任许寿裳教授，教授有李季谷（宗武）、许重远、陆懋德

---

[1] 国立西安临时大学全体教职员"拥护贯彻抗敌大计"的电报 [J]. 西安临时大学校刊，1937（3）：1.

（咏沂）、谢兆熊（渭川），讲师有周传儒、蓝文征（孟博）、黄文弼，助教有王兰萌；

外国语文系主任佘坤珊教授，教授有张杰民、谢文通（华庄），讲师有金宝赤（少曦）、易丕荣；

数学系主任赵进义（希三）教授，教授有杨永芳、刘亦珩（一塞）、傅种孙（仲嘉）、张德馨、曾炯（炯之），助教有齐植朵；

物理系主任张贻惠（少涵）教授，教授有杨立奎（据梧）、林晓（觉辰）、岳劼恒，讲师有谭文炳（星辉）；

化学系主任刘拓教授兼任，教授有赵学海（师轼）、周名崇（修士）、陈之霖、朱有宣（仲玉）、张贻侗（小涵），讲师有王毓琦（景韩），助教有杨若愚（道生）；

生物系主任金树章教授，教授有郭毓彬（灿文）、雍克昌、容启东、刘汝强，助教有王琪（荃孙）、项润章；

地理系主任黄国璋（海平）教授，教授有谌亚达、殷祖英（伯西）、王钟麒（益厓），副教授有郁士元（维民），助教有姜玉鼎（定宇）、王心正。

文理学院地理系在1937年11月27日至12月底，开展了多项教学实习活动：一是为详知陕西省地形起见，赴陆地测量局调查陕西省诸种地图，并购买军事地图作为研究之用；二是到陕西省民政厅借来咸阳航测地图，用于教学；三是拟定四年级毕业论文照常进行，并拟定选题为西安地理调查，包括西安户籍调查、泾阳乡村调查、商务运输调查；四是由郁士元副教授率20余人赴终南山考察，由殷祖英教授带领8人到灞桥考察，殷祖英教授和助教姜玉鼎到汉城未央宫考察，系主任黄国璋教授邀请西安临大兼职教授、陕西省水利局李仪祉局长和临大兼职讲师刘钟瑞工程师到校讲演《泾惠渠之水利问题》《渭惠渠工程概况》，请刘慎谔教授演讲《中国西北之植物地理》，请利查逊（Dr. Richardson）演讲《甘肃之地理与农业》，请史悠明演讲《甘肃青海两省之见闻》，请孙健初演讲《甘肃青海两省之地质》，请卫楼博士（Dr. Willer）演讲《中国西北之地形》；五是拟于下学期增设黄国璋教授开设的"人生地理"、郁士元副教授的"普通地质学"、黄国璋教授的"拉丁美洲地理""地理实习与实习讨论"、郑励俭（资约）教授的"非澳两极"等。

在教学之余，文理学院还组织学生外出参观或社会调查。1938年2月7日第二学期注册和开学的更始期间，文理学院女生60余人由教师率领，赴咸阳一带乡村参观和调查；地理系师生赴泾阳泾惠渠附近做农村调查；其他系的学生赴终南山、王曲等处作修习旅行。"本校常委会对于申请结队赴外县旅行参观调查、实习者无不准，且以目前校内仪器标本等设备不甚完全，准令学生出外实地体察，亦可为正常课程之助"①。

2. 法商学院

院长由校常委徐诵明教授兼代。1938年1月10日前到校者有教授10人，副教授1人，讲师14人。

各系系主任与教师如下：

法律系主任由黄得中（觉非）教授，教授有王治焘（聪彝）、赵愚如、王璲（式儒）、李宜琛（子珍），讲师有王捷三、吴英荃（季荪）；

政治经济系主任由尹文敬教授兼任。教授有章友江、吴正华、李绍鹏（兼）、沈志远（会春），副教授季陶达，讲师有康仑先（正五）、于鸣冬（风亭）、方铭竹（筠新）、刘毓文（钟岳）、孙宗钰（式均）、曹国卿（伟民）。

商学系主任寸树声（雨洲）教授，教授有李绍鹏，讲师有刘景向（经斋）、陈建晨、张云青（青坪）、夏慧文、董建平、阿亲泽斯基。

由于法商学院的前身为北京俄文专修馆、北京俄文法政专门学校，故有很强的俄文教育师资，可以说是全国学习俄文最好的学府。其中，原驻苏联大使馆参赞刘泽荣教授的俄语水平达相当高的程度，就连斯大林也说刘泽荣的俄语比外交部长莫洛托夫的还要好，而有此俄语基础或留苏背景的教授有十几位。到西安临大时期，仍然保留这一优势，由商学系继续办理俄文先修班。中国共产党早期主要领导人瞿秋白、原全国学联主席郑代巩、著名作家柳青均为这个先修班的学生。

临大法商学院的另一特色是继承了我国传播马克思主义源头之一的传统，中共一大代表李达、五四先锋许德珩、历史学家范文澜均在此任

---

① 各系学生纷往外县参观实习（1938—02—27）[M]//姚远.西北联大史料汇编.西安：西北大学出版社，2012：445.

教，继《资本论》的两个最早译者陈豹隐、侯外庐，最早的马克思主义著作《哲学辞典》《辩证唯物论与历史唯物论》《新经济学大纲》的最早译者沈志远等人均出于此。迁陕改为西安临大法商学院之后，沈志远、章友江教授等又在讲授和传播马列主义方面做出新的成就。其俄文教育在曹靖华、李毓珍、初大告、徐褐夫等教授的传承下，继续保持全国重镇的传统。

法商学院政治经济系校友、台湾著名作家尹雪曼回忆："我们大部分同学都住在城隍庙，上课有一部分就在城隍庙里，有一部分在通济坊（一个很大的宅院）。"① 法商学院的教学，紧密联系抗战形势授课，并成为教学的主题。抗战初期，由于国共两党合作抗日，民主空气增强，一些教授在课堂讲授中常会论及国内外形势和抗战等方面的问题，特别是原北平大学法商学院的一些进步教授，公开讲授马列主义学说，联系抗日救国实际，论述全国总动员，改革政治，实现民主及民族团结诸问题，深受广大进步青年的拥护和欢迎。法商学院政治经济系二年级学生李可风回忆：

说她像个战时大学，不是课程上有什么重大改革，而是说一部分课程的教学内容有了革新，教师注意理论联系实际，有的教授把马列主义与抗日救国的实践联系起来。师生课后开展抗日救亡活动，从事抗敌后援工作，并有一部分学生奔赴前线参加战地工作。我那时读经济二年级，感到有几门课有战时教育的气氛，一门是章友江教授的"比较宪法"，他以历史唯物主义为依据，论述全国总动员、改革政治、实现民主及民族团结诸问题，指导学生从理论上认识全面抗战和抗战救国纲领。另一门是沈志远教授的"中国社会性质问题"，他以马克思的经济理论为武器，分析我国半殖民地半封建的社会性质，论及抗日救国是全体人民的历史任务。这些课提高了同学的政治认识，激发起青年的爱国热情。进步教师传播马列主义，宣传抗日救亡，深得学生的尊重和信任。②

---

① 尹雪曼.秦岭道上的泪和爱［M］//国立西北大学卅周年纪念刊，台北：西北大学校友会.1969：31—32.
② 李可风.从抗日救亡蓬勃发展的西安临大到白色恐怖笼罩的西北大学（1985—03于南京）［M］//李永森等.西北大学校史资料汇编.西安：西北大学校史编写组，1987：31—46.

3. 教育学院

院长由李建勋教授兼任。1938年1月10日前到校者有教授15人，讲师13人，助教6人。

各系系主任与教师如下：

教育系主任李建勋教授，教授主要有方永蒸、程克敬、金澍荣、鲁士英、熊文敏、高文源、马师儒，讲师主要有汪大捷、康绍言、张光祖（绳武）、郭鸣鹤（闻远）、胡国钰（仲澜）、许笁生（筱埠）、郝鸣琴（荫圃）等。

体育系主任袁敦礼教授，教授有董守义、沙博格（美籍）、谢似颜，讲师有刘振华（博森）、郭俊卿（师典）、刘月林（靖川）、王耀东、陈仁睿（静庵）、孙淑荃、朱淳实、苗时雨（润田），助教有白肇杰、凌洪龄（会五）等。

家政系主任齐璧亭（国樑）教授，教授有程孙之淑、王非曼，助教有张琴书等。

体育系除体育本科教学外，还承担全校体育课程，尽管分处三地、条件简陋，仍然组织有"课外运动委员会"，由王耀东任主席，开展了多项课外体育运动项目。如：男子项目，足球、篮球、排球、垒球、国术、竞走、体操、月夜赛跑；女子项目，小足球、篮球、排球、垒球、国术、竞走、旅行、体操与游戏等。要求"凡本大学学生每人以必选一项为原则"①。学生体育活动组织也极富战时趣味，如"潜水艇男子篮球队""乌云男子篮球队""铁鸟男子篮球赛""先锋男子篮球队""黑铁男子篮球队"，有以抗战为名者，如"老北风男子排球队""八一三男子篮球队""战队（男子篮球队）""七七男子排球队""复兴女排""游击男子篮球队""平倭男篮"，也有以籍贯、原校名、系科命名的，如"湘队男排""华豫男子篮球队""北农垒球队""商先男子篮球队""北洋二十九年班男篮"等等。1938年1月15日，在庙后街的第一院，举行了一、三年级与二、四年级间的姊妹班排球友谊赛，虽然当日天气阴

---

① 课外运动委员会第一次会议记录（1937—12—08）[M]//姚远. 西北联大史料汇编. 西安：西北大学出版社，2012：139—140.

寒，出场者和观众却极踊跃。①

4. 农学院

院长由周建侯教授兼任。1938年1月10日前到校者有教授15人，副教授1人，讲师7人，助教6人，农场技士2人。

农学系主任汪厥明教授，教授主要有易希陶（少屏）、夏树人（德甫）、姚錱（天沃）、陆建勋（暨澄）、李秉权（正喧），讲师有苏麟江（尚皓）、季士俨（若思）、陈兰田（秀夫）、王金钹（相伯）、沈文辅（支仁）、舒联莹、刘钟瑞，助教主要有昝维廉、王淑贞，农场技士郑子久（恒寿）等。

林学系主任贾成章（佛生）教授，教授有殷良弼（梦赉）、周桢（邦垣）、王正（义路），助教有江福利（秋白）、范济舟（及舟），技士王战（义士）等。

农业化学系主任刘伯文教授，教授有陈朝玉（润山）、王志鹄（思九）、虞宏正（叔毅），副教授有罗登义（绍元），助教有王来珍（献堂）、罗元熙（页凡）等。

农学院在教学活动之余，也注意开展学术社团活动。农业化学系同学会，在1938年2月22日，即在举行虞宏正教授和苏麟江先生自欧洲返国回校欢迎大会时，分别由虞、苏，以及刘伯文、王思九等教授和罗登义副教授的演讲，报告游欧经过，介绍国外化学研究最新进展，激励"国难中吾人应有之责任"。②

农学院农业化学系的学生，组织了"战时食品问题研究会"，于1938年1月23日赴西安东关十八陆军医院及其各分院进行调查，受到了院方的殷勤欢迎，同时获得了受伤将士和难民营养状况的珍贵研究资料。

5. 工学院

院长由校常委李书田兼代。1938年1月10日前到校者有教授20人，讲师10人，助教11人。

---

① 第一院女同学姊妹班排球赛（1938—01—15）[M]//姚远. 西北联大史料汇编. 西安：西北大学出版社，2012：439.
② 农业化学系同学会举行欢迎会（1938—02—22）[M]//姚远. 西北联大史料汇编. 西安：西北大学出版社，2012：443—444.

各系系主任与教师如下：

土木工程系主任周宗莲（泽书）教授，教授主要有李仪祉（李协，名誉教授）、刘德润（敬修）、赵玉振（金声），讲师有孟昭礼、崔宗培、徐宗溥（赤文）、黄秉鉴，助教有李登奎、梁锡伯（善西）等。

矿冶系主任魏寿昆（镇雄）教授，教授主要有雷祚雯（漱云）、张伯声（遹骏），讲师有孙敬清（涤尘），助教有李荫深、周同藻（友芹）等。

机械系主任潘承孝（永言）教授，教授主要有何绪缵（述三）、李酉山、李廷魁（海文），讲师有朱良玺（了瑕）、梁锡琰（兰坡），助教有赵正权（叔平）、张洪锡（百朋）等。

电机系主任刘锡瑛（毓华）教授，教授主要有王翰辰（董豪）、余谦六（骞陆）、樊泽民，讲师有黄苍林、王际强（健庵）、张恒月（霁秋）、王钦仁（敬甫）、韩暮乾等。

化工系主任萧连波（仲澜）教授兼任。教授主要有李仙舟，助教有罗素一、毕淑英（俊逸）等。

纺织系主任张汉文教授，教授主要有崔玉田（崐圃）、张佶（朵山）、郭鸿文（雁宾），助教有李金铸（溶经）等。

工学院注重实验实习，以训练实物运用与现象之观察技能，故采取多项措施弥补仪器设备之不足：一是接管山西省桑乾河及汾河两河河务局之测量仪器，以充测量及铁道测量实习之不足；二是借用陕西省工业试验所矿物标本，以为矿物学实习之需；三是借用陕西省机器局木工、铸工、锻工、金工、钳工各工厂，以为机械制造实习之需；四是借用东北大学电机实验室，以为直流交流电机实习之需；五是向陕西省水利局索赠旧长途汽车1辆，向陕西省公路管理局借用旧载重汽车5辆、旧坐车3辆，以为训练汽车拆装修理之需；六是向东北大学借用有线电报器材仪器，以为训练有线电报安装修理之需；七是向交通部陕西省电政管理局借用有线电话器材若干种，以为训练有线电话安装修理之需，并置备无线电电讯器材，用于无线电报、电话安装的训练。

工学院等系，因有东北大学礼堂之便利，除正常授课外，每周均请校内外专家学者讲演，从开学至1937年底，仅一个半月左右的时间，第二院共组织四次大型讲演或报告会：第一次由陕西省民政厅厅长彭昭贤讲演，题目是《不得了，了不得!》；第二次由陕西省水利局局长、著名水利专家李仪祉讲演，题目是《抗战力量》，华北水利委员会工程队队长徐宝溥也讲演了《在北战场办理军事工程之经过》；第三次由航空委员会第十三科科长顾校书讲演，题目是《防空工程》；第四次由陕西省建设厅厅长雷宝华讲演，题目是《求学态度与抗战时期应有之修养和准备》。此外，土木系也组织过几次学术报告会，请矿冶系教授张伯声讲《西北地质》，土木工程教授刘德润博士讲《土壤力学》，请陕西省导渭工程处总工程师刘钟瑞讲《导渭工程》等。

1937年入学的学生马恩春这样描述西安临时大学初创时的情景："原三校在西安均无分校，无奈只得借当时已二迁其校的东北大学的部分校舍而开学焉。在东北大学校门左边悬挂着东北大学校牌，右边悬挂着国立西安临时大学的校牌。"另外据记载，北洋大学西迁之后经费极端困难，学生借住的宿舍都是大通间、上下铺的架子床。流亡学生很多是孤身来校，衣服、被褥均成问题。不仅如此，由于变起仓促，临大的设备、图书全面告急，这使得北洋工学院这样的工科类院校几乎走到了只能做"无米之炊"的地步。①

6. 医学院

院长由吴祥凤教授兼任。1938年1月10日前到校的教师，教授有徐佐夏、严镜清、蹇先器、王晨、林几，副教授有毛鸿志、王同观，讲师有翟之英、黄万杰（立天）、刘士琇（新民），助教有贾淑荣（晓澜）、妇产科助教徐幼慧（徐诵明的女儿）、小儿科助教厉裔华（声闻）。

抗战全面爆发以后，平津相继沦陷。当时，国立北平大学医学院的师生获悉北平大学西迁西安后，院长吴祥凤在北平石驸马大街的校址内召集在校教授开会，提出"愿去西安者签名"。吴祥凤、王同观、蹇先器等人当场签名，随后与徐佐夏、林几、毛鸿志等师生辗转来到西安，成为西安临时大学医学院及其附属医院最初的创业者。

之后，1938年2月到校的教授有王景槐教授（辽宁人，主外科学，

---

①北洋大学西迁大事记——将教育在大后方继续［EB/OL］．http：//www.enorth.com.cn/2005—09—03 14：36.

毕业于北平大学医学院和德国图宾根大学）；助教、护士、助产士有李宝田（字滋圃，河北高邑人，主内科学，毕业于北平大学医学院，德国留学三年），周美姝（字召南，江苏江宁，任附属医院护士主任，毕业于中央高级护士职业学校）、周粹南（江苏江宁人，任护士长，毕业于上海西门妇孺医院协和高级护士职业学校）、聂玉琨（陕西三原人，任护士长，毕业于上海西门妇孺医院协和高级护士职业学校）、高维新（字惠静，山东临沂人，任助产士，毕业于天津医院高级护士职业学校）、徐政（护士，生平不详）5人。

西安临大在西安虽不到半年，但学习、医疗活动、抗日宣传却照常开展。1937年11月15日，西安临时大学开始上课，医学院86名学生除在西安两次招收录取之新生，余皆为原有学生或他校旧生转学而来。

（四）学生生活

西安临大时期学生生活绝大部分非常困难。很多学生只能通过申请公费生解决最基本的生活问题，还有的通过参加校内外服务获得一两顿饭食。学校也通过各种途径，增加公费生名额，甚至降低标准以扩大名额（仅扩大4%）。但是，公费生名额审查相当严格，除了确系家境贫寒以外，还要求上学期（或平大、师大、北洋原校上学期）成绩必须优异。1937年9月初，学校专为平津战区学生流亡到陕衣食无着者特设服务队，经审查后可按日领取津贴2角钱，以资救济。之后，按教育部《专科以上学校战区学生贷金暂行办法》取消服务队，改为战区学生贷金，正式学生（不含试读、借读、旁听生）每月每人6元，每月分三次发给，毕业后三年以内全数还清，并专门成立战区学生贷金委员会审查办理。

西安临时大学女子文理学院院长许寿裳教授曾致函常委徐诵明，为女子文理学院文史系二年级学生陈瑜熙家境清寒，核给公费待遇。陈瑜熙为山东历城人，1936年考入国立北平大学女子文理学院文史系，成绩总评在80分以上，但入学第二学期后遇卢沟桥事变，所有衣物书籍全部损失，幸同乡周济方借川资绕道济南，暂住平津流亡同学招待处，1937年10月10日停止招待后，乃与同学奔来西安，时值敌机轰炸津浦线，沿路备受痛苦，终于到校。"天气已至严冬，而学生仍着夹衣，每日生活全靠同学帮助，仅能解决饮食问题。前数日，每日至伤兵医院服务每日可得两顿饱食，今伤兵医院不需外人帮忙，因此学生生活倍增困难"。同时，医学院三年级穆秉彝、吴杏云、林继恕，医学院四年级郭仓、王兆麟、谢荣晋、李景颐、刘锡衡、王洄礼，医学系五年级任诚、霍炳蔚，电机系一年级周用乂、黄鸿煊，电机系二年级邰洪泮、柳毓山，电机系三年级费韫娴，农学系四年级孙方，农学系三年级何代昌、茅乃纬，农学系二年级孙化善，农艺系四年级张愚，农业经济系四年级牛汝梅、胡占奎，农学系四年级乔国庆，生物系二年级张震乾，外国文学系二年级吴伟人，英文系二年级孟子奇，英文系三年级王启光，历史系三年级董安康，文史系四年级欧阳明玺等亦提出公费生待遇申请。① 1937年11月20日，医学院四年级学生陈向志致函常务委员会，请求公费待遇。其文称："呈为呈请准予公费，以维学业事。学生家境贫寒，幸得苏密滦榆战区贷费得未失学，又加之此次日寇侵略涂炭更甚，断邮断汇，更何力以求学。恳祈体恤苦情，准予公费，完成未竟学业，则赐恩匪浅矣。"②

1937年12月10日，法商学院法律系二年级学生张金兰致函国立北平大学校长徐诵明请求公费。张金兰系山东高密人，于1937年11月28日入学北平大学法商学院法律系（即西安临时大学法商学院法律系）。其"家素贫寒，仅有薄田二十亩，岁遇大有，尚足自给，当此国难时期，捐税频仍，用款浩繁，求生犹恐不足，没有余款再事求学。无奈，生向学心切，不忍中辍，百方罗掘，始得前来，不料近来鲁省风云日急，家人均避难他乡，不仅无款接济，即信息亦将断绝，且西京人口骤增，薪桂米珠，生活甚高，而又离家千里，举目不识，告贷无门，点金乏术，枵腹上课，既有所不能，长此流亡，势将沦于饿殍。进退维谷，一筹莫

---

① 国立西北大学.1937年学生申请公费补助及认购公债专卷［A］.1937—11—10，西安：陕西省档案馆.
② 国立西北大学档案（综合类），陈向志呈请准予公费以维学业（1937—11—20），陕西省档案馆。陈向志（1912—1992），河北丰润人，1934年考入北平大学医学院，卢沟桥事变后转入国立西安临时大学—国立西北联合大学—国立西北医学院。1940年毕业于国立西北医学院，为西北地区心胸外科创始人，曾被评为全国英雄劳模，受到毛泽东同志接见。

展，瞻念前途，不寒而栗"。① 因此，向学校提出公费申请。同班同学周纪元、丁奉璋、吴季霖三人签名盖章，出具"学生家境贫寒证明书"予以证明。同时，法律系二年级学生周纪元、宋永年，法律系三年级陈奎昌、商树桂、王汉民、聂慎五、冯连章，法律系四年级王承濂，商学系三年级金玉琨、刘鸿逵、张坚、朱读箴，政治经济系四年级高维陞，商学系一年级柴军武、卢增宸、孔广良，林学系四年级李兴邦，林学系三年级孙麟符，林学系二年级宋荣昌、杨文斌、洪均，林学系一年级钱明熙等亦提出公费申请。其中：河北唐山宋荣昌于"家乡失陷当日，冒险沿太行山徒步逃出，衣被既未敢带，财物复遭兵劫，幸学校有服务队之办法，始敢有半工半读继续求学之念，然经济旁无来源，衣被等物皆属无着"；河北高邑冯连章"系小农子弟，家境清苦，父兄勤劳，终年余资不足所需，课余之暇为杂志报章作稿，月得10元左右，始能度过两年""家乡沦陷敌手后，只身逃出，中途复遭兵劫""常在同学中求三借两，勉强支持，严冬将至，来日正不堪设想"；吉林永吉人沈吉"东北事变后不甘受奴化教育，只身弃家，负笈到平，志在受祖国教育，他日以报祖国，一身流离，家境清贫，家长无力供给子弟异地求学，到平后即已资源断绝"；河北新城王承濂"日寇占领家乡至今，毫无音信，于卢沟桥事变后由平转济，流亡至西安，离平时仅携一小箱，只身逃出，幸赖在济之同学接济始能支撑到此"；河南临漳商树桂过去"家道尚称小康，近年以来因漳河泛滥，五谷淹没，农村破产，债台高筑，八口之家，时虑仰屋，先家乡已为敌人盘踞，奸淫掳掠，无所不至，家人流离失所，经济来源已经断绝，实难维持，严冬将届，冻馁堪虑"；河北平山刘鸿逵"惨遭浩劫，敌踪所至，荡然无存，家乡消息既无由探询，父母兄弟更不知流亡何处"；山西孔广良"家内所有被强掠一空，家人流离，尤为悲惨"；浙江嘉兴钱明熙"自沪战发生，故乡焦土，亲戚自陷穷境。无法救济，已是拮据万状，不克维持"；山东寿光孙麟符由北平流落至

---

① 国立西北大学档案（综合类），法律系二年级张金兰公费申请（1938—01—10），陕西省档案馆．张金兰（1915—1976），1940年6月毕业于国立西北大学法商学院法律系，相继在陕西省立西乡师范学校任教、陕西凤翔地方法院后补推事、首都地方法院推事等。1948年赴台，曾任我国台湾地区"大法官"，是为亚洲女性最早。

此，加之山东寿光先被水淹再成战区，"处此古都，举目无亲，今经济绝源，饥寒立至，前途何堪设想"。然而，学生们"感于爱护之殷切与自身责任之重大，即努力不息，专心研究所学"。①

另外，流亡入陕的学生逐渐增多，仅在陕西省教育厅登记的就有180余名。其中，有不少学生错过入学考试，无法入学，也有的学生拟改为转学生，以便享受贷金而未能如愿。1937年11月23日，山东籍学生荆桂田，家境贫困，以工读互助肄业于三育研究学院中级医预组，1935年辍学入青岛平民报社为外勤记者，因家乡沦陷，报社停刊而借钱西行至潼关时盘缠用尽，遂为人佣工一个星期，适逢伤病医院表兄又助20元求学费用，特申请在文理学院化学系选课试读。因无试读先例，未能入学。同日，法商学院法律系备取第一名考生全经纬因耽误二期考试，递补无望，申请试读生，因无先例，也未能获准。1937年12月2日，北平朝阳大学法律系四年级肄业生、西安临大法律系四年级借读生郝耀光致函国立北平大学校长徐诵明，请求改为转学生。该生自来陕后，家乡安阳即被日寇占领，房屋尽成焦土，父母失散，不知去向，音信不通，经济来源断绝，现"终日几不一饱，求亲不得，告借无门，昔念借读后可加入战区服务队工作，以求一餐，不料借读生不允许，而即由此弃学"。因错过试验日期，而未能获准。② 1937年12月3日，法商学院经济系二年级借读生贾幼明呈文西安临大常委会请求改为转学生被拒。该生原为上海大夏大学学生，因学校被日机炸毁，家庭亦破产，无法赴沪继续求学，自11月13日参加西安临大口试结束后即回到家乡宣传组织民众，返校时转学生考期已过，遂仅录为借读生，复申请改为转学生，未获准。同日，陕北榆林考生田树楠，暑假前在天津河北工学院市政水利工程学系三年级肄业，1937年夏赴平绥路实习期间恰逢卢沟桥事变，平津沦陷，学校被毁，遂返里暂住，复报考西安临时大学，不幸患病，仍拖病体于11月1日由榆林取道山西赴镐，行抵离石值我军退守晋南，

---

① 国立西北大学. 吉林永吉人、法商学院商学系四年级学生沈吉致函西安临时大学常务委员会 [A]. 1937—11—15，西安：陕西省档案馆.
② 国立西北大学. 法律系四年级借读生郝耀光呈国立北平大学校长徐诵明 [A]. 1937—12—02，西安：陕西省档案馆.

交通阻塞，又折返陕境经咸榆旱路赴镐，途中复受匪警雪雨搁置，于11月30日始抵西安，致误试期。为此，呈请补试入学，也未能如愿。这仅仅是有关档案反映的学生生活的一个侧面而已，实际情形比此要严重得多，特别是西安临大开学时已届严冬，很多流亡学生就连衣被和一日三餐都无法保证。

就是在此艰难的生活条件下，学生们仍能刻苦学习，按部就班地按时上课，参观实习。同时，不忘抗日救亡，参加学校组织的政治训练队、军事训练队、医护训练队，演出街头剧，为前方将士募捐，组织下乡调查、兵役宣传，组织战地服务等，开展了丰富多彩的抗日救亡活动。

三、抗日救亡

（一）西安临大开课前夕西安遭日机轰炸

西安临大在西安成立之初，即随时面临日军飞机的轰炸，师生的生命与学校财产随时面临危险（图2—11）。1937年9月，日机即频频飞临西安上空，从事侦察活动。1937年11月13日11时，在西安临大正式上课（11月15日）前两日，日军两架轻型轰炸机窜入西安上空。我方地面高射炮、高射机枪立即齐发，我方空军驱逐机亦起飞迎战，日机投掷炸弹数枚，仓促间均落在郊外，然后向东北方向仓皇逃逸。在如此危险的办学条件下，师生们并未畏惧，而是实行了全员战时动员状态，按教育部要求实行战时教育。

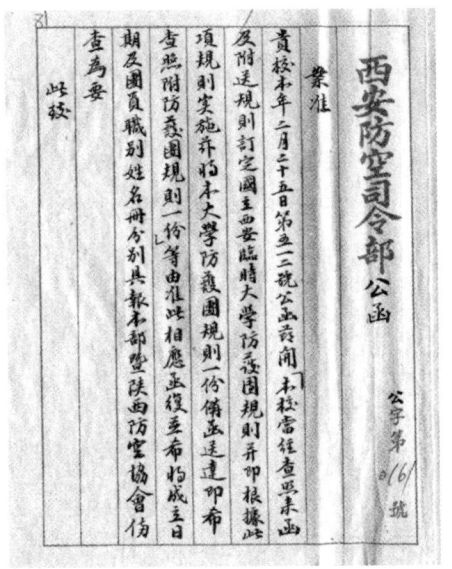

图2—11 西安防空司令部同意设"国立西安临时大学防护团"的批复

全校设军事训练队、政治训练队、救护训练队、技术训练队，在校本部所在城隍庙附近的城墙开凿了很多临时防空洞，举办"防空工程""抗战力量""在北战场办理军事工程之经过"等演讲，成立国立西安临时大学防护团（图2—11），及时了解前方战况和后方防空知识，成立陕西省抗敌后援会西安临大支会，"以尽匹夫匹妇救亡之责"。

西安临大开课后的次年春天，学校准备南迁汉中办学的前四五天——1938年3月11日，日机30架分4批再度来犯，中国空军飞机起飞迎击。日机在郊外投弹10余枚后，向东逃窜。

临大南迁后的1938年11月16日，日机13架分两批轰炸西安火车站，共投弹40余枚。炸毁车皮6节、铁路路轨数段及民房10余间，死伤40余人。11月23日系回族人民的开斋节，不料突然出现20架日机，集中轰炸西安城西北部的回民居住区，共投弹80余枚。有4座清真寺被炸，民房150多间被毁，死伤160多人。

临大南迁后，与东北大学同处的临大第二院（文理学院数学系、化学系、地理系、体育系和临大工学院）所在地亦遭到轰炸。战干四团学员乔志铭回忆："双十节（即1939年10月10日上午9时至下午6时——笔者注）那天，团里放假，我去城里逛。刚由小南门进去，将到南院门时，就拉了预备警报。我就回头向城外跑，刚跑出城，紧急警报就响了，接着有九架敌机已飞到西安上空，投弹后，旋即返回山西运城机场，装好炸弹，又来西安轰炸。一天之内，来西安轰炸五次，还有一架侦察机始终不离西安上空，警报整天不能解除。我在一家菜地小房子内蹲了一天，傍晚警报解除后，方才回团。回团后发现团内也扔了数枚炸弹，还炸死了牛金山等两名学员。"[①]

（二）西安临大抗日救亡概述

日军的暴行愈发激起学生抗日救亡的热情。西安临大"民先队"组织，有队员202人[②]。除此之外，尚有女同学会、临大剧团、社会科学研究会和相当于学生会的西安临大抗敌后援会。负责人郑代巩，是中共地

---

① 乔志铭. 对战干四团的回忆[M]. 中国人民政治协商会议陕西省户县委员会文史资料委员会. 户县文史资料. 第6辑，1990：106—108.
② 陕西省西安学委. 关于学生工作情况报告[A]. 1937—12—11，西安：陕西省档案馆.

下党员，同时又是全国学联的负责人之一，故抗敌后援会实际上在临大地下党组织的领导下开展活动。

1937年冬天至次年春天，西安临大中共党组织，通过民先队等革命群众组织，做了不少有积极意义的工作：

一是在1937年11月，中共中央军委副主席周恩来在西安七贤庄八路军办事处做有关团结抗日的报告时，西安临大民先队负责人、原平大法商学院经济系四年级学生郭有义等代表全校民先队出席会议，[①] 校民先队与西安市民先队还动员群众赴晋豫前线参加战地工作，举行游击战演习，并请八路军办事处派员前来指导。

二是在1937年秋，晋南前线战事吃紧时，学校抗敌后援会决定组织"西安临大战地服务团"，到敌占区周围进行动员群众、组织群众的工作，团长薛启犹、副团长申振民（申健）及20余位学生参加，服务团又于1937年11—12月间到潼关、华阴等地开展工作，1938年春才回到西安，不久，与西南联大战地服务团合并，在凤翔县组成"第一军随军服务团"，开展了卓有成效的工作。

三是积极参加社会各界抗日群众大会（图2—12），举行抗战形势报告会、专题座谈会，宣传全民族抗战的重要性，激发爱国热情，反对"亡国论"等妥协投降倾向。沈志远教授就曾在西安各界群众大会上发表过激情的抗日演说。1937年，彭德怀将军在西安做报告时，临大学生蜂拥前去聆听。临大学生也多次请八路军政工人员来校，就国内外政治、前线军事形势和敌后群众运动，举办各种专题报告或座谈会。西北战地服务团团长、女作家丁玲，历史学家侯外庐教授，杨虎城将军主陕时的秘书长、陕西抗日大同盟主席杨明轩，还有民主同盟负责人之一梁漱溟等都曾受邀做过报告。

---

① 郭有义. 我在陕西省的一段地下工作经历[J]. 燎原（河南），1982（5）.

图 2—12 1937 年冬西安临大师生参加西安各界人士抗日动员大会

四是开展抗日救亡宣传。西安临大提出："训练民众、组织民众，为动员全国军民最重要之工作。本校为西北最高学府，唤起民众，责无旁贷。爰组织宣传队下乡宣传，以尽战时青年应负之责任。"并且，规定："本校学生均有下乡宣传之义务"，"下乡宣传之目的，为唤起民众及灌输抗战常识，以期民众之组织化，及发挥自卫能力。"学生下乡宣传，分期实行，以两周至三周为限，宣传队以 20—30 人为一队，教职员 1—3 人率领指导，为避免与东北大学及陕西省府宣传地点重复，西安临大以陕南各县为重点，"不得收受任何招待，对民众必须有最谦和之态度"。"自己所用之行李，必须能自身携带"① 出发前，进行一周训练，宣传队下乡宣传之成员，作为学业成绩之一部分。宣传以讲演和各种生动活泼的文艺形式为宜，如组织歌咏队、漫画班、话剧团，通过唱歌、演戏、绘画、写标语、出墙报等多种形式宣传抗日救亡。当时作曲家贺绿汀，漫画家张汀、陶今也等从武汉去延安在西安停留时，被学生团体邀请来校指导，为全校培养了一批抗战宣传人员。贺绿汀操着满口湖南腔给同

---

① 组织宣传队分赴陕境各县宣传 [M] // 姚远. 西北联大史料汇编. 西安：西北大学出版社，2012：568—573.

学教唱抗日歌曲、唱"到敌人后方去！……"的神情，在当年的同学中留下了难忘的印象。学校话剧团在西安上演过舞台剧《飞将军》和街头活报剧《放下你的鞭子》等。同时，歌咏队也经常到群众中去演唱抗日救亡歌曲，如《义勇军进行曲》《松花江上》《大路歌》《开路先锋》《打回老家去》《大刀进行曲》《新莲花落》《黄水谣》等。

（三）首越秦岭的抗日宣传

这一时期，特别值得记载的一个重要事件是西安临大按照陕西省抗敌后援会的统一安排，翻越秦岭，第一次抵达陕南开展抗日宣传的工作。其中第一队至汉中，第二队至褒城（今划归勉县、留坝县等），第三队至留坝。1937年12月1日，西安临大医学院由药理学教授徐佐夏、妇产科副教授王同观带队，率第二队30余名师生经宝鸡翻越秦岭，于12月11日抵达褒城开展抗战宣传以外，还宣传防毒气知识，为群众诊病，调查地方病等。

第三队于1937年12月5日由宝鸡乘骡马驿车①出发，经大湾铺、观音堂、东河桥、黄牛铺、草凉驿、其实不过、凤县县城、双石铺、留凤关、南星、榆林铺、庙台子，于1937年12月11日抵留坝县城。途中上岭时，车行维艰，须乘客推挽而行。因沿途各驿站缺乏食粮，宣传队自携粮食、锅灶，每日炊食两次，沿途均铺草席地而眠，每房间容三四十人。

《西安临大校刊》记载：

榆林铺与庙台子间为柴关，不甚高，上下仅约二十里，但冰雪载道，需行二小时半，行旅苦寒。各岭均有旧时小道，较公路为短，亦不易行，体力弱者及车夫马匹皆不敢尝试焉。

第六日原定至留坝，但逾柴关岭时，驿车行极慢，至庙台子，已近黄昏，因借留侯祠中宿焉。留侯祠风景极佳，古迹及名人字迹均甚多，住持来自故都，招待甚殷勤，享全队以素食，又引游当地名胜，殊可纪

---

① 当时物价：雇一辆大车2.6元；雇一头驴1.4元；雇一头骡子或马1.6元；1元钱可购一袋160—170市斤的农家产粗面粉；据说当地鸡蛋含有麻风病菌，师生多不敢食，豆腐却成为沿途美食之一。南迁时，负责警戒的学生曾两次误杀农家耕牛，赔偿后亦成为途中肉食。

念也。第七日午刻自留侯祠启程赴留坝，下午三时许，抵县城，借寓东关小学一小阁中，甚舒适。……明日即开始宣传工作。①

其中之所以不留宿东河桥、黄牛铺或庙台子，而留宿留侯祠的原因是"东河桥与黄牛铺间为土匪出没之区，此外庙台子亦颇繁盛，惜宿店不佳，只可借住庙寺耳"。这是西安临大学生宣传队第一次抵达留坝县境。以《宣传队计划大纲》中"每队以20人至30人为一队、由教职员一人至三人率领指导、学生一人为队长、二人为队副"的编制来看，这也是近现代第一次有数十位大学师生抵达留坝。

这支学生宣传队的宣传方式与内容虽未见记载，但据学校制定的《宣传队计划大纲》和与其同赴陕南宣传的其他两个宣传队的报告，以及这支宣传队抵达褒城（今划归勉县、留坝县等）、南郑、沔县（今勉县）的汇报来看，其方式主要是利用县城、乡镇的集市集会演讲、化装表演、奋斗性游戏、体育竞赛、教授军歌、讲故事、谈话等形式进行宣传，并携带小册子、图画发放给民众。其讲演宣传内容，以汉中龙岗寺的讲演为例，主要是："史地常识（疆域、国耻史）；时局报告与分析；我国必获最后胜利的原因；惨痛故事（如日本人残杀我同胞）；爱国故事；民族英雄故事；拥护领袖；我们的责任；军民合作；矫正错误思想（矫正流言）；国家观念与民族意识；防空常识；服兵役与服工役；铲除汉奸"。此外，宣传队还在计划之外协助地方筹划农村俱乐部组织、协助地方办理壮丁训练、保安队体育训练、社训军官之体育指导等，目标为"锻炼强壮之身体，启发奋斗之精神、培养爱国之思想，增进抗敌之力量，以挽救国家民族之危亡"。②

这支首越秦岭的抗日宣传队直到1938年2月，接到学校准备全校南迁的命令，才返回学校。一个半月后，他们便再次随学校翻越秦岭，南迁汉中办学。

---

① 陈明璇．本校学生宣传队第三队第二次报告[M]//姚远．西北联大史料汇编，西安：西北大学出版社，2012：570—571.
② 本大学下乡宣传队近讯（自汉中寄）[M]//姚远．西北联大史料汇编，西安：西北大学出版社，2012：571—573.

四、翻越秦岭

（一）西安临大迁陕南经过

1937年底，抗战形势严峻，上海、太原等地相继沦陷。次年3月，山西临汾失陷，日寇窜抵风陵渡，距离西安仅130余公里的陕西门户潼关告急。日寇亦经常隔着黄河向对岸陕西境内打炮，敌机也经常到西安侵扰轰炸。① 抗战时住在西安临大第一院所在地城隍庙附近的陈相鸣老人回忆："45年前，我还是个8岁的孩子。每次警报响了，母亲就拉着我的手随人群往西边玉祥门的城墙洞里躲，胆子大点儿的，就在戏楼和城隍殿能遮挡的地方蹲下。间歇轰炸后，有一天，警报解除，我回来走到大殿前，见地上有一只手套，就过去看，谁知竟是人的手……而回头往墙上看，上面到处粘着血淋淋的人的皮肉。心惊胆战地回到家，一个裁缝师傅被从地上炸飞后又摔到地上，结果吓得拉了两天稀就死了。当时西大街城隍庙东边的琉璃庙街口西边，均有防空洞，一次炸弹掉在洞口，事后，拖出了好大一堆尸体，惨不忍睹。因为轰炸，城隍庙里一些古迹被炸毁，西安有名的画匠宋宝先生留下的古画也荡然无存。轰炸一阵后，沿街就多出很多乞讨的残疾人，他们缺胳膊少腿或者是烧伤。全是日本人轰炸造的孽。"② 1937年，西安的老百姓为了躲避日机的轰炸，在城墙的墙体内修建了大大小小的防空洞，总共600多个，连起来有5公里长。③

---

① 从1937年11月20日第一次遭两架日本轻型轰炸机轰炸起，至1944年10月8日最后一次止，西安城遭日机轰炸达7年计145次，出动日机1 106架次，投掷各种炸弹累计3 440枚，西安伤亡人数3 000余人，毁坏房屋7 000多间。日机还轰炸了宝鸡、汉中、安康等地，范围遍及全省55个市、县、镇等区域。
② 潘京整理．见证日机轰炸西安（78岁陈相鸣讲述）[EB/OL]．[2015—12—03]//http：//blog.sina.com.cn/s/blog_ d32944ab0102w53i.html.
③ 陕西卫视．日军飞机轰炸西安七年之久 陕西人民积极抗日[EB/OL]．央视网．[2015—08—14]//http：//news.163.com/15/0814/19/B10LFG2500014AEE.html.

陕西面临危险。中共陕西省委为此发表了《保卫陕西的宣言》①，成仿吾作词、吕骥谱曲的《保卫陕西之歌》的歌词写道：

日本强盗打到了陕西的门前，
黄河两岸都成了抗日的前线；
野兽般的敌人在向咱们逼近，
他想占领咱们的城市和田园。
咱们是黄帝子孙，
咱们是三秦好汉，
起来，男女老少，
一千万同胞，大家联合加入抗战。
为了保卫家乡、土地、老婆、娃娃、生命、财产，咱们排成队伍，一起拿起枪杆。
在城市、在乡村，
在乡村、在城市。
八百里秦川到处燃起抗战的烽烟，
让日寇的鲜血染红泾渭河水，
保卫长安，
拼着头颅热血，
保卫我们的河山、河山！

西安临大也面临又一次危机。

1938年3月，由西安行营主任蒋鼎文出面，为维持学生的学业起见，及为国家根本的教育事业起见，命令西安临时大学再迁汉中。

于是，西安临大常务委员会于1938年3月初开始了紧张的迁校筹备工作。3月2日，派总务处徐世度持公函前往汉中地区寻觅校舍。9日，经校常务委员会23次会议决定，成立以徐诵明等17人为首的"准备迁移事务委员会"，下设布置、运输及膳食三委员会。不久，校常务委员会又公布迁徙行军办法：

---

①编者. 动员组织武装千百万民众起来，进行保卫陕西的斗争 [J]. 西北周刊，1938，9（6）．

国立西安临时大学全体学生由西安至汉中行军办法①

甲、一般原则

一、本大学全体学生，在西安至汉中之行军中，依照本大学军训队原有组织，编为一大队、三中队、若干区队、分队，行军时以中队为单位。

二、本大学教职员编成独立区队，由常务委员率领，所有行动，以能取得全队行动之联络与协调为原则。

三、全队学生之整理及指挥，由军训及体育人员分队负责，秉承常务委员会执行之。

四、运输、膳食，由本大学运输委员会、膳食委员会随时分别办理。

五、沿途停留宿舍，由本大学沿途布置委员会，先期出发准备。

六、全队之住宿、警卫及有关事宜，由军训人员负责支配。

七、全队设参谋团，辅导一切行军事务之进行。

八、凡由大队部或中队部所规定之事宜，学生不得任意更改。

九、凡行进中不受管理不听指挥之学生，得由大队部或中队部停止其行进中之优待权利，其情节较重者，得由大队部请本大学常务委员会停止其在校之权利一时的或永久的一部或全部，情节重大者，由本大学予以开除学籍处分。

乙、编队及分组

十、编队，以军训队原有大队编制，分为三中队，再分为若干区队、若干分队，每中队约五百人至六百人，为全队编制基础（其行军大队图示见图2—13）。

十一、大队设大队部，大队长由军训队长兼任，总理全大队一切事宜，军训主人教官为副大队长襄助大队长，办理一切事宜。

十二、大队部聘请本大学院长、系主任、学生生活指导委员会常委、高中部主任，及膳食运输布置各委员会召集人为参谋，常务委员为当然参谋，组织参谋团，以值周委员为参谋团长。

---

①编者. 国立西安临时大学全体学生由西安至汉中行军办法 [J]. 西北联大校刊，1938（1）：58—60.

十三、中队设中队部，为行军单位。

（一）中队设中队长一人，承大队长副大队长之命，总理该中队一切事宜，设副中队长两人，承中队长之命，襄理该中队一切事宜。

（二）区队分队各设队长一人，由中队部提请大队部指定学生担任之。

（三）运输组设组长一人，承中队长之命，办理该中队行进时运输事宜，下设给养班，负该中队给养之保管押运分配之责，行李班负该中队行李之保管押运点交点收之责，每班设班长一人，并由中队部指定学生（每区队一人）组成之。

（四）设营组设组长一人，承中队长之命，办理该中队设营事宜，下设前站班负该中队营队之寻觅、支配引导之责，饮食班负该中队沿途饮水膳食之责，每班设班长一人，并由中队部指定学生（每区队一人）组成之。

（五）纠察组设组长一人，承中队长之命，办理该中队军纪军风事宜，下设秩序班负进行休息时秩序之责，由分队长兼任，指定一人为班长，收容班负行走维艰学生之审核照护之责，每班设班长一人，并由中队部指定学生三人组成之。

（六）交通组设组长一人，承中队长之命，办理该中队交通情报联络事宜，下设传达队负该中队道路交通消息传递之责，侦察队负侦察、调查形迹可疑人事之责（报告区队长或传达班），每班设班长一人，并由中队部指定学生组成之。

（七）医务组设组长一人，负办理该中队进行宿营时诊治病伤事宜，不再分班，其组长由本大学医学院教员担任，组员四人，由医学院指定学生充之。

（八）警卫组设组长一人，承中队长之命，办理该中队警防保卫事宜，不再分班，其组长由军训教官担任。组员以特殊军训队学生为基干，其熟悉军事动作之学生，经中队长许可，得参加工作。全组组员至少为三十人，除各区分队宿营时由各该区分队自行轮流守卫外，该组组员须日夜巡查警卫。其待遇与贷金学生服务同，各组组长由大队部推定职员担任之。

丙、行进

十四、行军区分：按本大学军训队之中队次序逐日连续出发一中队。

十五、行进行列应照下表规定

　　设营组……侦察班……中队全部

　　医务组……运输组……收容班

十六、每中队由本大学拨给胶皮大车十五辆，以装载粮食及随身行李之用，由运输组督率管理之。

丁、给养

十七、给养：由膳食委员会在各站布置，每中队携带给养二天，由运输组给养班负责保管押运分配（每日三餐，中饭为馍、咸菜）。由分队长于早餐后未出发前（或前一日晚饭时）向驻在地办理伙食人员领取该分队全部给养，转给同学，自行携带，早餐为稀米及馍，晚膳为干饭及汤菜，均由宿营地办理伙食人员负责整理。

十八、如遇路程距离较远中途煮水由饮食班办理。

戊、费用

十九、行军杂务用费：每中队由本大学会计组分派两人负责办理会计事宜，费用数额在十元以上三十元以内，由中队长负责签名，三十元以上由大队长负责签名，向本大学支领。

己、行李

二十、日常应用必需之行李随队运动，由行李班负责处理，其行李之件数轻重规定于后。

（一）教职员每人一床被褥及衫衣等合捆为一件，其重量以三十斤为度，其能自携自提之小件不在此限。

（二）学生在同一分队内，每两人自由组合一床被褥及各人之衫衣等合捆为一件，其重量级不得超过四十斤。

（三）每日行李之取放，由分队长向行李班点收点交，不得任意取放，否则遗失时概不负责。

（四）每件行李须有标牌，上书×中队×分队×××等等字样，俾便识别。

二十一、学生本人携带物品，计棉大衣、洋瓷茶缸（内装洗面用品）、筷、鞋（有雨衣可带往）、装馍等件。

庚、路站

二十二、由宝鸡至汉中分十站行进，各站宿营地点由各该中队长于前一晚宣布。

辛、其他

二十三、本大学公用及学生自备脚踏车，应交由各中队交通队统筹尽先登记，分配与前站班、饮食班、传达组应用。

二十四、每中队随行工友三人至五人，听候中队长差遣。

二十五、大、中队，区队，分队均须各制白布角旗一面，各组制白布方旗多面，写明番号。

本办法经本大学常务委员会第二十三次会议议决，自1938年3月9日起施行。

这个"行军办法"是前述"军事管理办法"的继续，也是战时大学战时管理模式的一次大检验和实践。它将战时大学战时管理模式更进一步地具体化和细化，与之后到陕南后实施的军事集训，成为这一模式的三部曲。

在实际执行中，这次南迁的行动意图绝非一次逃亡或简单的迁移，而是被赋予三大实质：一是军事拉练；二是强身健体；三是沿途抗战宣传、社会调查。

这次南迁，徐诵明常委任大队长，军事教官李在冰任副大队长；常委李蒸为参谋长。大队下分3个中队，每中队500—600人。大队设大队部，总理全大队一切事宜，军训主任教官为副大队长，协助大队长办理一切事宜。大队部聘请各院长、系主任、学生生活指导委员会常委及膳食运输布置各委员会召集人为参谋，校常务委员为当然参谋，组织参谋团，以值周委员为参谋团长。中队设中队部，为行军单位。

齐国樑教授任膳食委员会主席，佟学海任书记。

大队下分为3个中队（图2—13、图2—14）。我们今天已不能确知第一中队和第三中队的详细组成，仅能根据刘德润教授的《第二中队迁移行军纪要》获得第二中队的详情。录此以为了解其内部组织结构：

第一中队，教育学院体育系谢似颜教授任队长，王耀东任副队长。以女生、临大高中部、联大教职员组成。徐诵明、李蒸常委随第一中队行军。高中部主任方永蒸、赵慈庚等随队步行。

第二中队，工学院土木工程系刘德润教授任中队长，朱淳实任副中队长，罗师李任指挥。

第二中队下分：第一区队周泽书，第二区队白肇杰；第三区队长袁志仁，第四区队苗润田，第五区队朱淳实。第一区队（分为1、2、3、4、5、6、8等7个分队，小计99人）；第二区队（分为19、10、11、12、13、24、25、26等8个分队，小计137人）、第三区队（分为17、18、20、21、22、34等6个分队，小计64人）、第四区队（分为25、26、27、28、29、30等6个分队，小计86人）、第五区队（分为32、33、34等3个分队，小计49人）。另有警卫组84人、中队部32人（含在各区队中）。共计519人。

运输组：组长孙庆瑞，组员孙宝贤，于忠，龚宝贤，张洪锡。给养班：班长楼兆文，给养员：荆广生，汪心洞，吴正淮。行李班：班长周用义，行李员：陆鸿益，孙家驹，李奉先，陈瑛，李骥龙，董崇珍，陈文澜，贾毅，曹金涛，李先魁，张玉为，李森林，于长文，李光亮，陈廷杰，吴景书，熊家骧，王文光，杨均，赵晋城，薛济英，李克仁，李芳华，高洁主，王本良，陈天智，曲在文，田岁成，雷纪桂，张慕云，路瑗，陈迹，汤世菊，黄淑麟。

设营组：组长龙韶九，前站班：班长吴曾方，站员张维恭。饮食班：班长刘文海，饮食员贾锡彤。

警卫组：组长李振汉，第一班：班长周亚兴，警卫员：董振铺，王广誉，梁钟潝，丁治，张立仁，黄鸿煊，杨乃震，陈延誉，杜景华，于德润，冀光第，杨逢，赵化天，高润之，田斌。第二班：班长梁麟阁，警卫员：张杙，杜镇福，于世瑄，崔泽林，张以信，王家璧，詹易元，张汝汉，张沛霖①，姚立国，王兆椿，刘植，孙洁，高峻岖。第三班：班长王福瑞，警卫员：佟泽民，贾智林，童启昧，谷家骧，李海青，王

---

① 张沛霖（1917—2005），1940年毕业于国立西北工学院矿冶系冶金组。1980年当选为中国科学院学部委员。

履谦，兰克昌，王克珍，王汉超，陈荣泽，吴家骧，王耀荣，赵恒元①，张开敏，李铭秀。

纠察组：组长白肇杰，秩序班：第一班班长吴成三，纠察员：于德润，王克达，董言声，刘植，董振铺，高士彬，刘夔，翟允庆。第二班班长杨起璠，纠察员，冯汉杰，张辉南，康升龙，王洪星，康天经，艾琦主，沈得柽。第三班：班长梁钟浚，纠察员：杨逢树，陈容章，李育珍，黄来兴，罗大章，佟泽民，赵殿臣。第四班班长程明达，纠察员：冀光第，陆润林，牛世华，王鹤绵，杨希会，赵士侠，刘自烈。第五班班长王秀泉，纠察员：董锡兰，范德明。收容班班长金振铎，收容员王静宇，胡应德。

交通组：组长王钦仁；传达班班长李兆庆，传达员：李增榕，王传钰，王雨农。值查班班长吴云书，侦查员：张异卿，张淳，胡郁，杜汝霖。

医务组：组长刘士琇②，组员：陈向志③，刘锡衡，李光新，郭仓。

通讯组：组长刘，收音员：杨能和，会计：余梦祥。

第三中队，军事教官李在冰任中队长，以法商学院为主，谷景耀所在中队。

---

①赵恒元（1915—1994），1938年自西北联大理学院物理系毕业（发北平师范大学物理系文凭），历任西北师范学院、西北大学教授，陕西师范大学教授、物理系主任、副校长、应用声学研究所所长等。

②刘士琇（1908—1979），又名新民。时为临大医学院专任讲师。1931年毕业于北平大学医学院，后留日。1937年归国后历任北平大学医学院眼科副教授、西安临大—西北联大—西北医学院—西北大学医学院眼科教授。

③陈向志（1912—1992），又名向之。时为临大医学院学生。1934年考入北平大学医学院，1940年从西北医学院毕业后，自愿参加滇缅前线抗日红十字会手术队，任第四手术队队长，在前线出生入死抢救伤员。西北地区心胸外科的创始人，历任西北大学医学院、西安医学院教授、心胸外科主任。

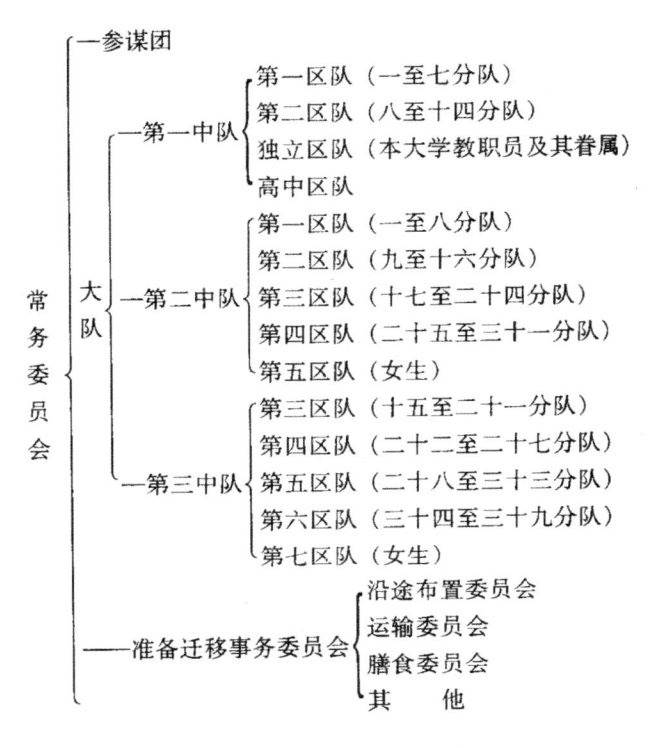

```
                ┌─参谋团
                │
                │           ┌第一区队（一至七分队）
                │           │第二区队（八至十四分队）
                │   ┌第一中队┤独立区队（本大学教职员及其眷属）
                │   │       └高中区队
                │   │
                │   │       ┌第一区队（一至八分队）
                │   │       │第二区队（九至十六分队）
常务委员会┤大队┤第二中队┤第三区队（十七至二十四分队）
                │   │       │第四区队（二十五至三十一分队）
                │   │       └第五区队（女生）
                │   │
                │   │       ┌第三区队（十五至二十一分队）
                │   │       │第四区队（二十二至二十七分队）
                │   └第三中队┤第五区队（二十八至三十三分队）
                │           │第六区队（三十四至三十九分队）
                │           └第七区队（女生）
                │
                │           ┌沿途布置委员会
                └──准备迁移事务委员会┤运输委员会
                            │膳食委员会
                            └其  他
```

图 2—13　西安至汉中行军大队图

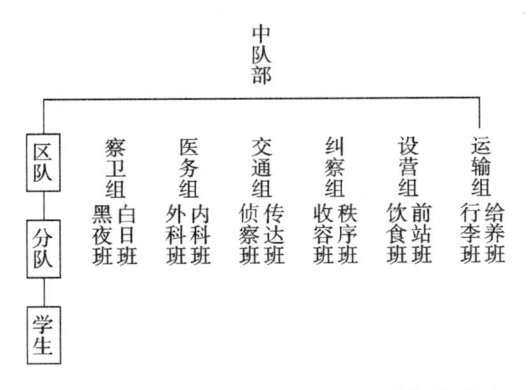

```
                    中队部
        ┌────┬────┬────┬────┬────┬────┐
  区队  察卫组 医务组 交通组 纠察组 设营组 运输组
  分队  黑白  外内  传侦  收秩  饮前  行给
        夜日  科科  达察  容序  食站  李养
        班班  班班  班班  班班  班班  班班
  学生
```

图 2—14　西安至汉中行军图区队与分队

1938 年 3 月 16 日，西安临大 1 400 余名学生正式迁离西安。全校师生员工，不畏艰辛，按照行军编制，在校常委、原北平大学校长徐诵明带领下，乘陇海路火车由西安出发至宝鸡，然后下车，住宿宝鸡一宿，次日按照预定计划徒步南行。

常言道，蜀道难，难于上青天。从宝鸡到汉中盆地，当时唯一的通道是川陕公路。这条公路要翻越秦岭山区，途经双石铺、凤县、褒城（今划归勉县、留坝县等）到汉中。

为了保证行军安全，临大校常委会做了大量细致的组织准备工作，行军顺序按中队次序，逐日连续出发一个中队，每中队行进行列按设营组——侦察班——中队队伍——医务组——运输组——收容班的顺序前进。从宝鸡至汉中，共分10站，每中队拨给胶皮大车15辆，作为载粮食及随身行李之用。给养由膳食委员会在各站布置，每中队携带给养二天，由运输组给养班负责保管、押运、分配。全校学生和年轻教职员工，从3月17日自宝鸡出发，大、中、区、分队均各制白布角旗一面，各组制白布方旗多面，写明番号。全大队长途跋涉，行军250公里，过渭河、越秦岭、渡柴关、涉凤岭。虽然山峦起伏，道路崎岖泥泞，但大家仍以前方将士流血牺牲的爱国精神激励和鼓舞自己，团结互助，克服困难。生活方面，每日三餐，早餐出发前为稀米粥及馍，中午是自带的干粮，多是啃锅饼（西安有名的干粮）加咸菜，到达宿营地后可吃一顿干饭及汤菜。如遇运输及粮米购置困难时，也有分向居民零星凑集或向民家借用锅灶自行炊做的情况。每晚歇息时，经过一天行军的年轻人，虽然疲累困乏，但是仍然时刻关心祖国的命运和前方战场的情况。当时，交通和通信极端落后，同学们看不到报纸，全校只有几台陈旧的老式电子管收音机，每到一地，各队部只好把从收音机里听到的前方战况用大纸书写出来，供同学们阅读。全校师生经过前后半个月的时间，终于到达目的地汉中。

在大队出发前，学校已派徐世度持公函并陕西建设厅科长魏公权介函，拜访了汉中行政专员张伯常，经过多方联系，实地勘察，原打算在汉中找房子设校，后因汉中军队甚多，无处容身，不得不转向附近的城固、沔县（今勉县）寻找校址。校常委徐诵明、李书田、陈剑翛等随大队到达汉中以后，也到各地勘查寻房。

（二）西安临大南迁日记

西安临大南迁是战时大学大迁徙的一个典型案例，在此让我们以日记的特殊形式予以真实记载，主要参考了工学院刘德润教授、赵慈庚教授①、临大文书组组长佟学海②、总务处徐世度③、第三中队学长谷景耀④等人的记录。

【前言】1938年3月9日下午3时，校常委举行第23次会议，徐诵明、李蒸、臧启芳、李书田（周宗莲代）、张贻惠（列席）出席，主席徐诵明，记录陈叔庄。会议报告：李书田常委、袁敦礼主任、张汉文主任自甘肃天水电报考察校址印象颇佳，并告知拟迁南郑，复接虞电知教育部密准紧急时迁南郑或天水一带。会议议决追认业经成立的"国立西安临时大学准备迁移事务委员会"和规程修正，并追认徐诵明、李蒸、李书田、陈剑翛、张贻惠、李冰、袁敦礼、齐国樑、周宗莲、罗根泽、佘坤珊、李廷奎、刘德润、谢似颜、郭俊卿、易价、方永蒸为委员。成立"新迁校舍勘察及布置委员会"，推定委员为李书田、袁敦礼、张贻惠、贾成章、杨立奎、许寿裳、黎锦熙、张汉文、董守义、刘锡瑛、尹文敬、汪厥明、林几，李书田为召集人，在李书田未到之前由张贻惠召集。

学校派阎步洲、尹荣琨、李荫深赴宝鸡接洽房屋、车辆情形。学校派徐世度早在大队人马出发之前约半个月沿南迁路线走了一遍全程，并接洽校址。他于1938年3月2日自西安乘火车于3日晨5：30抵宝鸡；4日搭乘故宫博物院押运古物车出发，9时越秦岭至黄牛铺（距宝鸡46公里），11时至沙河铺（距宝鸡70公里），前遇塌方，遂攀上山腰，步行20公里至凤县，宿西北旅馆；5日，雇汉中客车，晚6时抵南郑。

1938年3月11日上午，西安临大在东北大学与本校第二院所在的大礼堂召开迁移队务会议，全体负责人参加，主要讨论行李运输、列队赴火车站、车辆分配、配给交通组脚踏车、行军次序、每日行进地点等；3

---

① 赵慈庚．西安临大南迁琐记（1993—05于北京师范大学）[M]//李溪桥．李蒸纪念文集．北京：中国社会科学出版社，1996：25—26．
② 刘德润．第二中队迁移行军纪要；佟学海．本校迁移行军沿途经过记录；谷景耀．母校南迁记行[M]//姚远．西北联大史料汇编．西安：西北大学出版社，2012：593—599．
③ 徐世度．奉派至汉中区觅校舍工作日记[M]//姚远．西北联大史料汇编．西安：西北大学出版社，2012：99—104．
④ 谷景耀．母校南迁记行[M]．国立西北大学建校卅周年纪念刊．台北：西北大学校友会，1969：29—30．

月14日，学校决定购买团体票迁离西安；3月15日，运输委员会规定学校公物及教职员学生行李集中地点、接收手续、起运方法，以及分配职务、招雇车辆、沿途警卫等事宜，并在第一院点收第一院及第三院学生行李，每人一件为限，有两三件合并一大件者一律予以点收；第一及第三两院公物，由各处系组装箱后点交本会。第三院学生行李，由本会职员督率学生分组编号，先期运至车站附近。第二院公物，另编一组与学生行李同时运至该处。教职员行李每人限两件，有家眷者增加一件，于出发之下午在车站点收。购买途中所需物品，收拾行李，并将全校行李运到车站附近。押运行李人员，由运委会签请常务委员核定，计教职员学生工友各50人，本会另由西安雇大车60辆，共分三批起运，每批派教职员工友各2人押运，由西安步行出发，直达汉中。

3月16日

下午2时开始运输行李，分配职员，分组担任发放行李照料脚夫装车，押运及点收各项职务。先期由运委会确定胶皮大车14辆，由第一院装运行李送至车站。下午5时集体赴陇海路西安火车站（图2—15）。晚9时许，行李搬运完毕。晚10时起分别装置闷车四辆，至晚12时竣事，由运委会押运员分住各车看守，同人半日不得饮食，至是始各取点心茶水，以解饥渴。西安临大校常委徐诵明大队长，率领1 400余名学生，编为1个大队、下分3个中队、14个区队、106个分队，在火车站集合。膳食委员会主席齐国樑教授和书记佟学海在开车前在全城搜购到317袋锅饼①，计8 676斤（4 338公斤），另有3 000余斤（1 500余公斤）咸菜装上火车。晚8时全体登车，夜12时开车，西行开往170公里之外的宝鸡。

图2—15　民国时期的西安火车站

---

①锅饼者，相传为明丞戚继光发明，行军时所特制之麦粉烘制干粮。此物滋养耐饥，易存不腐，流传至今。为纪念戚继光，故又称光饼。

尹雪曼回忆："在开往宝鸡的车厢里，堆满箱笼和行李，我们大伙就趴在行李卷上，有说有笑，稀里糊涂地到了宝鸡"。①

徐世度今在汉中与天主堂祁主教、张伯常专员、刘副主席签约，确定古路坝、龙岗寺、沔县武侯祠等校址。

黎锦熙教授今抵汉中，与徐世度晤，宿汉城旅社。得知李湘宸（建勋）先生汽车被劫。

3月17日

凌晨1时许，大队乘专列自西安火车站出发，上午11时半抵宝鸡，由押运员轮流看守行李，运委会主席与宝兴货栈接洽存放行李，商定办法。

第二中队在火车中开会，议决：①到宝鸡车站发锅饼咸菜；②第二中队今天到宝鸡南15里之隘门镇。午11：30，全体抵达到宝鸡。

此前，徐世度已经在宝鸡访军校王主任、汽车队朱队长、钱县长、西街小学张校长、汽车站王站长，以及故宫博物院宝鸡办事处那知良、吴爽秋等，接洽汽车赴汉中事宜，并调查得知胜景寺可容300人、长寿山可容六七百人、金台观可容1 400人、公共体育场可搭帐篷，但看来并未全部如约。

第一中队进驻渭水南岸的大湾铺和隘门镇。

第二中队原闻宝鸡车站预停有胶皮轮大车45辆，每中队15辆，孰知一无所有，乃临时雇用驮夫80余人，直至晚17：30方出发往宝鸡南15里之隘门镇，途中驮驴且走且卧，同学嗟怨之声，不绝于耳，交通之不便，运输之艰难，诚令人浩叹！晚22时，第二中队始抵隘门镇，23时吃晚饭，运输组行李员以校方未备运输工具，15里路程犹如此困难，未来更不堪设想，故纷纷向中队长辞职，刘队长好言相劝。

第三中队暂驻宝鸡。

第三中队学生谷景耀与经济系同学张仪修同一行李，属于第三队，于第一、二批之后，抵达宝鸡；在夕阳西下时分，全部进驻国民学校。

第三中队谷景耀回忆道："宝鸡（即陈仓）位于凤县西南，渭水北

---

① 尹雪曼.大学生活二三事[M]//.国立西北大学建校卅周年纪念刊.台北：西北大学校友会，1969：51—55.

岸，东有陈仓山（亦即宝鸡山），因山而置陈仓县，唐改为宝鸡，民国仍之，地势扼要，西控陇蜀，屏障陕南，为川陕甘交通重镇。在抗战初期，因沿海交通遭受封镇，军需民用，大量物资，均赖该线予以运输，一时造成人口商业极其繁盛。一般旅馆业者，认为有机可乘，乃大敲竹杠，凡投宿军公过客，不问有眷无眷一律收取规外娼资，否则不予接待，此种武断作风，使人啼笑皆非。前据本校一教授称：彼携眷赴汉中，路过宝鸡，天色已晚，曾在大街上数度往返，才找到一家旅舍。住吧，须接受条件，不住，则无第二客栈，结果成交，只得'陪坐'天明。"

徐世度今与董守义教授（3月10日抵达）、李湘宸教授、齐璧亭教授、黎锦熙教授商议在汉中上课事宜。

下午5时许，许寿裳（季茀）、李季谷、林晓（觉辰）、陈之霖、潘永言、李酉山、余谦六、李仙舟、杨永芳、陈叔庄、齐植朵、杨若愚、季陶达诸先生，及张小涵夫妇、李漪、徐一郎、徐氏姐妹等共20人，乘坐合资购买之大汽车，翻越秦岭，于17日下午抵南郑，寓大华旅馆十六号。

3月18日

晨7时开始卸车，将本校公物及员生行李分类排别，点交脚行总理，至9时许，正在点交之际，忽传空袭警报，一时警号齐鸣，人声鼎沸，车站群众，纷纷逃越；运委会除留少数职员在站看守外，余均避去。及警报解除，继续工作，至晚8时始起运完毕，由宝兴货栈将行李分类移交后，出具正式收据，至此，西安—宝鸡段之运输工作告一段落。

为拉开行军距离，第一中队在大湾铺和隘门镇停留一日。

早晨，第二中队召开队务会议，讨论运输膳食事宜。徐诵明大队长偕李蒸参谋长来到第二中队驻地安慰学生。晚，学生组织膳食委员会，协助校方膳食委员办理膳食事宜。

上午9时，校勘察及布置委员会在汉中开会，商议校址布置。

3月19日

本日起，运委会即开始接洽汽运，唯因军运频繁，交通工具，均经军事当局统制，颇费周折，始雇到卡车二三辆，将行李分批起运。①

膳食委员会议定行军时早晨食粥，中午打尖食自带之锅饼咸菜，晚间食干饭汤菜。当出发时膳食委需分头于各中队到达各该站以前，预为布置，以便各中队到达时，即有饮食。除西安至宝鸡系乘火车外，自宝鸡至龙门镇，大坝铺、观音堂、东河桥、草凉驿、凤县、双石铺，每站二人。自双石铺再南如南星，庙台子，留坝，马道、褒城各站，由前半段各站人员按自北向南顺序，于第一、二、三中队经过完了后。陆续赶往南星以下各站分驻。每位前站膳委于到达各站后，即预先与保甲长接洽，号定宿舍，购存木柴，迨各队到达时，即分别导引各队搬入指定宿舍，随即购置猪肉、青菜、豆腐、粉条，协助督促伙夫预备膳食。各队去后，并需按照以往人数，以每人每日五分计价，分付各房主房租，或捐助学校款项。事毕又需骑驴、骑车或步行，赶往前站照旧办理。

第二中队运输工具仍无着落。晚，召开组长以上会议，如学校无办法，后天雇驮骡、驮驴南行，闻同仁汽车在马道附近被抢，损失不赀。刘德润队长屈指计算，担心正是自己眷属所乘之车，逃难还是遇难？甚为担心。

张贻惠教授与徐世度往汉中东 50 里上元观镇勘察校址。

晚，徐世度与私立焦作工学院王君交谈勘察校址。

许寿裳出南郑城南门，游览小南海。

西安临大南迁路线为：西安—宝鸡（经陈仓古道）—凤县（转入连云道）—留坝县城、马道镇（萧何追韩信处转入褒斜道）—褒城—汉中（南迁路线先走一段陈仓古道，再至留坝县境转入褒斜古道）。

3月20日

第一中队启程，先行出发。

由宝鸡至南郑，为西汉公路，行人无不兴蜀道难之叹。三国时，诸葛伐魏，屡次取道于此。中间需过秦岭及酒奠梁等。此次行军全程，自

---

①历时一月，行李始全部运至汉中，寄存天主堂及县党部两处。由会派员驻守，随时点收清理。教职员行李，即在该处发还，学生行李分别运至各学院，再行发还，关山险阻，长途跋涉，行李不免少有损坏，幸无遗失，皆由运委会同仁，不辞劳苦，积极负责，有以致之。

宝鸡至汉中,共255公里,同行教职员学生,除极少数因公或疾病搭乘汽车或大车骡驮外,其余均始终徒步旅行。

第二中队闻被抢之车系其他同仁所乘,运输工具无着落,仍滞留隘门。

下午,新校址勘察与布置委员会开会,议设学校南郑办事处,推张贻惠、董守义、徐世度三人负责。

3月21日

第二中队仍滞隘门镇。不但500余学生着急,刘队长更是怏怏不安也!袁志仁、周泽书两参谋到,并请袁参谋讲"天水之行"。

3月22日

第二中队早晨接报告,决定明天前行,因汽车1辆,胶皮轮大车18辆,已归本队使用矣。晚接报告:①明早5时起床;②5时至6时收拾行李装车;③6时早餐;④6:30出发;⑤大车按区队分发;⑥各区队领队,第一区队周泽书,第二区队白肇杰,第三区队袁志仁,第四区队苗润田,第五区队朱淳实;⑦一切行动须听各该队领队命令。

三个中队又前后分为四批行军。由宝鸡至汉中分十站行进。按照次序,第一中队先行,依次为第二、第三中队。每日须步行10余公里,多者30余公里。规定学生们自备背包一个,草鞋两双,二人合组轻便行李一件。每个中队一般由军训教官任队长、年轻教授任副队长,下设运输组、设营组、纠察组、交通组、医务组、警卫组等。每个中队配有民夫、驮运骡马等。公物运输除图书仪器等雇用汽车或胶皮轮大车,另派专员押运外,各队米粮、炊具、伙夫均雇用汽车运送,以便先到前站预备饮膳,其随军行李均雇骡驮,然骡夫驴骡颇不习于有秩序之进行,乃由运输组将骡夫驴骡编号排次加以管理,至各中队行进先后规定:最前为警卫组;二为各分队;三为骡夫;四又为警卫组,教职员殿后,一行前进蜿蜒数里不绝,实为三校院前所未有之大规模旅行。

徐世度在天主堂购得大米二担五斗,麻袋百只备用。

3月23日

第二中队早4:30起床,6时吃饭,原拟6:30出发,车未来不果,旋往驻在隘门之宝成铁路测量队接洽借车,承该队队长、西安临大讲座教授李俨（李乐知）① 慨允，方便不少。8时出发，下午3时到观音堂，秦岭坡度陡峻，车马费力，行动不便，直到晚9时方到东河桥住宿。

　　过秦岭时，适值雨，尚未放晴，道路泥泞行路艰难，乃觅取捷径，努力攀登，翻过一岭又逢一岭，重峦叠嶂，层出不穷，足现秦岭之伟大磅礴，沿途翠峰披雪，白石枕流，景致幽美，随山旋转，随时变换而云雾低迷，人如行于雾上。雾逐人移，距离稍远，即时隐时显。酒奠梁较秦岭为低，而道路难行过之。公路修筑，较秦岭盘旋尤多，汽车迂回公路，似不若人行小道之捷，故同行中有与当时所遇汽车争先者，汽车与人，旋合旋离，互呼互应，宛若于次而后已。

　　李书田常委抵汉中。

　　今，刚刚抵达汉中的临大文理学院化学系周名崇②教授，因身体素弱，不胜长途之苦，至汉中而病逝。③另有一青年体育教师从高处跳入褒河游泳，不幸撞入水底石缝而亡，还有一学生在途中病故。

3月24日

　　自宝鸡下车第八日，临大第一中队南迁队伍抵达留坝县境庙台子，张良庙打破不许女士留宿道观的数百年规矩，第一次容留女生住于观内，

---

①李俨（1892—1963），1937年起，相继被聘为西安临大工学院、西北联大工学院、国立西北大学兼职教授、讲座教授等，曾在西安临大第二院礼堂、西北联大城固校本部作铁道测量、中算故事等演讲，专为西北联大工学院编印《铁道定线法》（西北联大出版组，1938）的教材。1955年当选为中国科学院哲学社会科学部学部委员。

②周名崇（1893—1938），字修士、明群，湖南湘潭人。北平大学工学院应用化学系毕业，1922年与俞同奎、李乔苹等发起成立中华化学工业会。1934年任北平大学工学院化学实习讲师，相继任北平女子大学艺术学院、中国学院生物系讲师、农商部试验所股长等。1936年为北平大学女子文理学院数理系和工学院合聘教授。著有《化学通论》（周名崇、赵沅合译，北平：北平文化学社，1934）。1937年任西安临大文理学院化学系教授，在西安时住土地庙什字28号朱斋。

③西安临大学生姜祖肱（1914生，湖南永州人）作《挽西安临时大学周化学教授》："善化仰先生，持化学以化愚，化雨正频施，茂叔高才伤物化；远东遭浩劫，攘东夷于东亚，东风偏不便，周郎赍志痛江东。"其中"善化"，即长沙；"茂叔"，即宋朝周敦颐号茂叔，借比周名崇；"东风"，指孔明在赤壁祭东风；"周郎"，指东吴周瑜，借喻周名崇；"赍"，指怀着大志向。（引自肖望卿，无官，张月中，许秀京.古今对联选注［M］.石家庄：花山文艺出版社，1986：199.）其孙周鹏陈述，周名崇系在火车上传染斑疹伤寒，迁徙途中无药救治，三天内学校拍发四份电报至家，终未见家人一面而逝，享年45岁。

整休数日方才继续前行。

第二中队早6：30起床，7：30吃饭，8：30出发。早饭时报告：①各区队领队向各该区队训话；②有病不能行之学生，须由各该区队领队签字，医务组组长证明，中队长加签后，得被收容，但只限1日；③各区队领队全权处理各该区队事务；④整队依次而行，有事向领队请示；⑤各队员不得任意乘车，每趟汽车除规定者外，不能多乘一人；⑥各区队胶皮轮大车分配为，第一区队5辆，第二区队5辆，第三区队5辆；⑦行军次序，设营组（先出发），指挥—警卫组三分之二—第五区队（女生）—第一区队—第二区队—第三区队—第五区队—通讯组—医务组—收容班—警卫组（三分之一）—中队长；⑧区队与区队间距离约一里；⑨行军时警报，哨子为号，分散两旁，警报……解除——……平时——……；⑩每区队有交通组组员2人随行；⑪黄牛铺休息。下午5时到草凉驿。

第一中队（图2—16）赵慈庚回忆："那时，川陕公路还没有完全筑成，隔几里就有十几个工人坐在路边砸石头，为铺路面准备石子，公路可以通车，但汽车很少，大队穿行在峡谷之中，永远有河水做伴，时而滂沱雷鸣，好像山谷在怒吼，时而湛平

图2—16 第一中队翻越秦岭

如镜，似提醒我们要冷静。每天一出发，大队便唱起抗战歌曲。《义勇军进行曲》每天不知要唱多少遍。其他像'枪在我们的肩膀，血在我们的胸膛……'；'大刀向鬼子们的头上砍去……'；'工农兵学商，一起来救亡……'；等等。歌声、水声、筑路工的锤声，交织成沸腾的声浪，在山谷中回荡，宛然是雄赳赳赴敌之兵，震撼着无人烟的山峦。歌声停了，话声来了。山上的一草一木也会引起议论，不然就从张子房烧栈道说到诸葛亮出祁山。沉寂下来便只听到脚步声与远处的流水声。郝圣符先生怕沉寂下来会产生疲劳感，便向前方喊了一声：'王鑫（高中部高三学

生，领唱者），唱！'于是，歌声又起。"①

第三中队学生谷景耀回忆道："黄牛铺，出宝鸡经一段平原，就到大散关，该关位于宝鸡西南大散岭上，又称崤谷，千峰罗列，形势险要，续前为隘门镇，断壁悬崖，宜攻宜守，与崤谷依为唇齿。再南就是黄牛铺，山间小邑，形势随峻，是一乡民墟场集散地，过往宿站。据《古今地名志》载宋绍兴三十年（1160），金徒单合嘉，扼大散关，游骑攻于此。""草凉驿，位于凤县东北六十里（30公里），地方产煤，虽为一山乡僻壤，尚可容纳大批人马，再进恐失村庄依据，因而全部同学们就驻于此地。"

各队住宿以事前派有前站，先向该地保甲长，按站借用民房，事后酬以每人每日五分租金，故各当地居民最初尚持支应普通军队过境态度，其后乃喜出望外，接待殷勤。然沿路城镇乡村穷困异常，本为陕川栈道所谓"穷八站"，破屋颓垣人畜杂居，本队教职员学生所住各处，亦不免有与猪为伍之叹。又各中队所设通讯组，每晚以收音机，收听中央广播电台的抗战消息，次晨以大纸书写张贴于外，不特各队队员得以明悉当日新闻，而各当地居民识字者亦多伫立围观，借知现在国家大事。

徐世度等在汉中吊唁周名崇教授。

3月25日

第二中队早6时起床，7时早餐，8时出发，膳委厨夫先乘汽车行，第一区队人数较少，拨出行李车一辆，归第三、四区队使用，各组因事实上之便利，原在中队部用餐者，今日起分食。下午5时到凤县。天雨。

第三中队谷景耀回忆："凤县，自入大散关后，全部称为秦岭。所谓秦岭，西起天水，蜿蜒东行，横贯陕西南部，至河南陕县，八百余里，其在陕境有三名峰，一曰秦岭，形势巍峨，高于诸峰。再前为第二名峰，凤岭，也就是凤县，位于白水江支流东岸，屏障陕南，控扼陇蜀，为陕省西部重镇。本队进驻后，余与部分同学，被指住于西街一无名小庙；该庙年代较久，殿宇清洁，有女像二尊，粉面桃腮，束腰紧袖，栩栩如生，唯其金莲瘦小，古今罕见，余同仪修，睡其脚下，临行各窃绣鞋一

---

① 赵慈庚. 西安临大南迁琐记（1993—05于北京师范大学）[M]//李溪桥. 李蒸纪念文集. 北京：中国社会科学出版社，1996：25—261.

只,带至汉中不翼而飞。"

学校勘察及布置委员会兼南郑办事处张贻惠、董守义两教授赴褒城。

3月26日

第二中队早10时出发,行1.5公里到双石铺,山清水秀,市面繁荣,至此为之一畅,决定休息一天,天双公路以此为始点,正在动工,路成后,双石铺将更发达。

大队长徐诵明、参谋长李蒸两常委抵汉中。

3月27日

第二中队在双石铺休息,奉大队长命,沿途且行且歇。

徐诵明、李蒸、李书田等常委乘学校载重汽车往沔县勘察,晚7:30归。

许寿裳等20余名教授移居城固县民众教育馆中山堂,共居一室。

3月28日

第二中队早5时起床,6时吃饭,7时出发,越凤岭时,闻汽车损坏于留凤关,刘德润队长乃兼程迅进,下午5时抵南星,知汽车损坏后仍拉来膳具食粮等,虽中队部行李未来,同仁等借同学被褥而寝,亦大欢喜,若炊具不能来到,500名同学无饭吃,将如何处置?

行军膳食以沿途无处购买,各队均自带锅饼、大米,军用锅伙夫等,每晨烧水煮饭各一次,中午于途中打尖,食所带锅饼咸菜,晚间炊饭烧水各一次。每晚所到城镇,青菜、豆芽、豆腐、粉条等,均被收买一空,然亦为数不多,不足应用,以各该城镇村庄所产蔬菜本少也,伙夫熬菜煮饭,均以铁锹为调动之具,既具烹调之知识,复有泥水匠之技能,而教职员学生等以行路辛劳,食欲加强,又以沿路城镇食品缺乏,故每当开饭前教职员学生多已持箸拥环立候,迨伙夫一声叫喊,启锅分盛,无不食之津津有味,有外籍沙博格,克敦二人亦羼入分取,享受一日辛劳之酬报。

第一中队抵庙台子(张良庙),停留一天。

3月29日

第二中队早借驻在南星之西汉公路工程处。大汽车到双石铺拉行李,原汽车仍坏不能行,另雇一汽车拉炊具行李等件,亦损坏无力,其速如牛,过柴关岭赖42位同学或推或拉方可攀登而上,下午5时抵庙台子,即留侯张良庙所在地,全队宿庙内,天堂也,欢欣之声盈耳,乃决定留一、二日,以资休息。图2—17分别为南迁途中的汽车与在小桥上小憩的队员们。

第一中队抵达褒城。此前,第三中队已抵达。

徐世度往褒城,见县长孙适病,踏勘当地庙宇,接洽校址。

图2—17 南迁途中(张玉衡、赵同和珍藏)(选自国立西北大学建校卅周年纪念刊. 西北大学校友会,1969.)

第三中队谷景耀回忆道:"庙台子:翌日便到第三名峰柴关,位于柴关岭下,岭以关名,形势险峻,为邑要隘。南行为双十铺,位于凤县西,故道水南岸,为抗战初期,拓扩小镇,西控甘青,南扼巴蜀,为川陕甘交通要道。再前往左,就是前二批及本队所预驻地——庙台子,一名张良庙,为汉留侯隐居胜地,群峰耸翠,曲间清流,风景极佳,在迎门处,有进履桥一座,院内平宇长廊,共有二列,左供方丈起居间,右为往来接待所,花木清幽,十分整洁,最后是受书阁,游人过客,题咏甚多,都是纪念子房治国安邦的故事。地方森严,不收女客。自本校行军女队后进驻,才开为先例。"

3月30日

19时,校常委在南郑中央银行举行谈话会。徐诵明、李书田、李蒸、张贻惠(列席)出席。主席李书田,记录陈叔庄。商议勘察校址进展等问题。

第二中队队长刘德润教授早6时起床，整衣去尘，洗刷三日未尝洗刷之面与口，诚心敬意，至留侯正殿作揖扣首者四，乃先为全体500同学抽一签，得第九十九签，上上；继为自己抽一签，得第一签，上上，此非迷信，带550人行军，食住行与夫安全均成极大难题，今虽秦、凤、柴关三岭平安越过，路程行已大半，然南去留坝马道，均系穷八站之尤者，土匪出没无常，本校同仁汽车在马道之南被截，吾队是否能以安全通过，殊难预料，自己负重责，值此危境，故不能不想尽方法以策安全，抽签盖亦聊慰精神抑郁之一途也。早饭时，刘德润队长犒赏昨过柴关岭拉汽车之42位同学15元大肉，全体共尝。

接校方信，嘱在庙台子多住几日亦可，因校址尚未分配停当。

柴关岭下看留侯庙，中有紫柏峰，所谓授书楼在焉，登楼远望，四面山水风景尽在目中，旧有小西湖之称，经过者多流连不忍去。此为徒行10余日所过风景最美之地。

法商学院学生刘存仁回忆："途径柴关岭时，看到翻到路旁深山沟里的汽车残骸，使人心惊肉跳。有一年，商学系的女同学范玉玉，寒假结束回校途中，汽车就翻到了沟里，幸亏她坐在车子最后，翻车时把她抛了出去，她穿了一件棉大衣，抛出时鼓满了空气，像降落伞一样，对她起了保护作用，所以只受了轻伤。"[①]

15时，校勘察及布置委员会再次开会，研究校址勘察与布置。

3月31日

第二中队仍在庙台子休息。周参谋到，通讯组长刘兼代第一区队领队亦到。原汽车修妥，下午开至庙台子。

徐世度与严镜清教授往天主教堂接洽医学院校址。

4月1日

第二中队早6时起床，9时吃饭，10时出发，14时到留坝。

校勘察及布置委员会举行会议，商议校址布置。

4月2日

第二中队早5：30起床，6：30吃饭，7时出发，15：30到马道，房

---

① 刘存仁. 抗日战争时期大学生活回忆片段［M］// 李永森等. 西北大学校史资料汇编. 西安：西北大学校史编写组，1987：152—157.

屋破陋狭小，设营组备受责难。

今日，教育部一纸命令，令国立西安临时大学改名为国立西北联合大学；令长沙临时大学改为国立西南联合大学。

4月3日

第二中队早接报告：本队组织和任务到学校所在地为止；各队不得任意停止工作；由此至褒城系土匪出没地带，各队员须随队行，不准单独行动；各队员在途中遗失之物，报告各该区队长汇报中队部，以便转呈学校核办。今日因雨未行。

徐诵明、李蒸两常委在南郑办公。徐世度与罗雨亭、刘宗岳两教授往城固布置校舍。

4月4日

第一中队高中部仍停留褒城，马久斋先生带领十几位学生在褒河游泳。

第二中队早5：30起床，6：30吃饭，7时在细雨淋漓中出发，某军之便衣队20人随行保护，经过青桥铺、青桥驿、木龙沟、万年桥至褒姒铺休息，均土匪出没之区，14：30达褒城之北石门。驻扎褒城之第一、三中队同学来迎，至此群山敛迹，汉中盆地在望。15：30至褒城，接学校命令：①中队部服务人员，每人每日按三角发给津贴；②炊食方面，一日两餐，米饭，又每人菜钱三角。晚，刘德润队长搭第二中队大汽车到南郑五洲旅馆，见妻病方愈，幼子司买菜做饭，弱女受到潮湿，染上百日咳，心甚酸楚，然总算全家团聚。

西汉公路依山沿河而筑，沿路河水遂为本校员生洗濯沐浴所取资，各队行至褒城得见有名之鸡头关，高峰耸立，巨石嶙峋，远望之如鸡冠，山上有石门，内有石门铭，下有魏王所书"衮雪巨石横枕中流"，此地河水宽阔，土地空旷，经山谷行十余日，骤然抵此豁然开朗之处，心胸为之一快，且此地水浅而清，实为一天然浴场，本校员生以等候修理校址住于褒城累日多浴于此（图2—18）。

第三中队谷景耀回忆道："褒城，本日第一站，便是留坝县城，位于白水河西岸，花香鸟语，山地清幽，一说为褒姒故里。南行至马道，位于褒城斜谷口，太白河流经其间，北岸有碑一座，'追韩信'处。再南出谷便是褒城，位于南郑以北，太白河西岸，古称褒国，南面巴汉，北依秦岭，东邻洋湑，西接沔县，地势险要，为川陕交通重镇。本队到达后，分驻东西两岸，余和同学等，指定于文庙，因其空闲日久，跳蚤逾膝，无法搬入，又经教官央人清扫，大家摊开行李，才各安其位地休息一夜。饭后晴空万里，烟景阳春，有的往河边田野，有的去桃花树林，三三两两，漫步轻歌，尽情玩乐了一天"。

徐诵明往城固县文庙勘察校址。

图 2—18　川陕道上褒城石门景色（唐祖培先生珍藏）（选自国立西北大学建校卅周年纪念刊. 国立西北大学校友会，1969.）

4月5日

早晨，第二中队刘德润队长往见徐诵明大队长，李燕参谋长，报告途中情形，旋到办事处领出本队用费 2 000 元。

徐世度往南郑与联立中学校长等接洽，布置医学院校舍。

4月6日

因校舍未分配妥当，全体学生留褒城待命。

赵慈庚回忆："四月的汉中平原已是阳春天气，桃红柳绿，黄花片片。褒谷内外都是我们的游憩之区。石门的鸡头关下，有许多摩崖石刻，都是汉魏名品，使我们饱享眼福。"①

4月7日

徐世度往城固布置校舍，晚宿城固海上旅社。

晚，第一大队高中部在山外褒河滩地召开以抗战为主题的营火会，并插入行军中的趣事，颇为热闹。

4月8日

徐世度自城固返汉中。

徐世度晨谒徐诵明、李蒸常委，汇报城固校舍布置情形。9时，徐诵明常委与法商学院多位教授，步行往城南海会寺、平浪宫勘察，结果均不宜设校。

4月9日

是日中午，陈剑翛常委抵汉中。

医学院校舍开始修缮。

4月10日

再与联立一中白校长接洽，商议再借空房作为医学院校址。

是日16时，校常务委员会在临大城固办事处举行第24次会议。陈剑翛、李蒸、徐诵明、李书田出席。张贻惠列席。主席：陈剑翛。记录：陈叔庄。会议议决：

一、即日起遵用国立西北联合大学校名，在新关防未奉颁以前，仍暂为旧关防，新到后应即分别通知各机关并登报公布。

二、文理学院之国、英、史、数、理、化六系，教育学院之教育、家政二系，工学院之矿、机、电、化、纺五系及土木一年级、医学院之一年级均在城固城内上课；法商学院在城固小西门外上课；高中部在上元观上课，如农学院往沔县，高中部在古路坝亦可；商学系除一年级外余均在南郑上课；生物系因课程与理、教、农、医等院系均有关系，在城固或沔县或古路坝上课均可，如农学院与生物系不在一处时，农学院所需之生物学教员应请往农学院授课。

---

① 赵慈庚.西安临大南迁琐记（1993—05 于北京师范大学）[M]//李溪桥.李蒸纪念文集.北京：中国社会科学出版社，1996：25—261.

三、关于各院系教师居住分散相互兼课，应由学校预备住所，并斟酌路远近加送每次往返车资津贴。各院系科目因校舍不在一处，课程需停授时，应在下学年补授。

4月11日

学生将至。徐世度等再访联立一中白校长、军校刘副主任，落实校舍。医学院校舍即将布置就绪。

4月12日

陈剑翛常委、农学院代院长贾成章教授等往沔县布置农学院校舍，并与沔县傅县长接洽。

学校限定今日以前赴南郑办事处报到。学生由褒城分赴各搬迁地址，沿途膳食每人每日发放膳食津贴四角。学生行军南下的原有沿途膳食津贴，自到达新迁校址第二日起（赴古路坝者自第三日起），将原有之膳食津贴取消。如系战区学生，此后即依照战区学生贷金办法处理。

今日以前未随大队同来之学生及教育部分发到校之战区借读生，报到日期亦以今日为限。

4月13日

办事处督促各处修理布置校舍。

学校限定今日为所有学生到褒城归队第一日。

4月14日

办事处检查各处修理布置校舍。

学校限定今日为所有学生到褒城归队最后一日。

4月15日

办事处视察各处修理布置校舍。

4月16日

学校规定今日为赴古路坝和赴沔县上课学生由褒城出发的时间。高中部亦于今日赴古路坝上课之出发时间。新编之各中队开始离褒赴校（图2—19）。同行职教员学生除因公或疾病搭乘汽车或大车骡驮外，其余大多数均步行，到达汉中等处，幸无任何事故发生。

第三中队谷景耀记载道："汉中：离开褒城后，经平畴绿野抵达汉中。据《汉书》云：汉中古为褒国附庸之地，东周初，郑桓公死于犬戎，其南奔居此，因号南郑。为秦南郑邑，项羽立沛公为汉王，都于此。明清皆为汉中府治，民国改县，城濒汉水北岸，北出褒斜道，可通长安，西出金牛道，可至巴褒，浮汉东流，而入鄂境，交通便利，形势险固，是为雍梁锁钥。于卢沟桥事起，后方古城，虽然笼罩战时气氛，但大小商业，仍在安享繁荣，民风朴厚，不欺不诈，亦不排外，唯性格强悍，突出意表，往往因为半圆小大之争，而致杀得有死有活。我们驻于北门外，一所古老民宅，夜间灯光暗淡，树木阴森，好似电影上的荒野古堡。"①

图2—19 南迁队伍向汉中迈进
（赵同和学长珍藏）

4月17日

学校规定今日为赴城固上课学生由褒城出发的时间。

第三中队谷景耀记载道："城固，为全校行军队伍的终点，位于汉中东南，城濒湑汉二水会合处，舆地学社《地理志》云，汉置成固县，南朝及宋，改成为城，故城在今治西北，宋徙今治，明清均为汉中府，民国改县，地据巴山秦岭之间，为秦蜀交通要道。"

4月18日

学校规定今日为赴城固上课学生和赴南郑上课之医学院学生由褒城出发的时间。高中部学生如因校址改为上元观，亦改为今日出发。

4月19日

学生陆续抵达新搬迁校址。

---

①谷景耀. 母校南迁记行[M]. 国立西北大学卅周年纪念刊. 台北：西北大学校友会，1969：29—30.

4月20日

国立西北联合大学今日发布通告，第25次常委会会议议决：本校职员均已到达新址，所有各院、处、组参加行军大队之职员，自应一律解除迁移时行军职务，应自本月22日起各回原职服务，在行军中购用及积存之物品，应由经手人即日点交庶务组。其各部分经手款项，并应于本月内详细报销清结，以完手续。

至此，历时36天的长途迁徙结束。

【小记】4月18日，徐世度勘察及布置校舍任务结束。刘德润教授于4月18日率新编之四中队抵达南郑。19日抵城固校舍。刘教授记载"至此完结"。国立西北联合大学于5月2日在城固学校大礼堂补行开学典礼，正式开始上课。自1937年3月16日，西安临大经西安、宝鸡、凤县、留坝、褒城（今划归勉县、留坝县等）、沔县（今勉县）、南郑（今汉中市汉台区）、城固，翻越秦岭，历时36天，到达汉中三县六地，全程千余华里，其中步行500余华里，是为四院校历史上首次。李书田称为"徒步千里的破天荒大举动"；刘德润教授记为"百年不遇的大事"。

叁 | 改称联大

北雍学者，右学诸生，痛夫蕃卫之失，耻与非类为伍；或驱车崄路，或徒步荒原；或褰裳涉水，或策杖攀崖，风餐宿露，戴月披星，载饥载渴，载驰载奔，以莅止于陕西之城固。喘息未定，父老来集；劳之以酒食，慰之以语言，荫之以宇舍。于是，弦歌不复辍响，绛帐于焉重开，问学之士，闻风而至，咸以志道，据德、依仁、游艺、相与期勉，彬彬乎一时称盛！城固者，北凭秦岭，南倚巴山，中通汉水，号为乐城。垒垣险塞，敌骑望之而不前；平畴沃野，民食资之以不匮。正业居学，藏焉、修焉、息焉、游焉于其间，此诚所谓乱世之桃源也。益以吊张骞之故里，可以发凿空之遐思，展李固之荒茔，可以砺忠贞之亮节；望渭水之奔流，知贤者之泽远；颂橘林之荣茂，想骚人之行洁；登樊哙之台，思鸿门之宴，对子房之山，慕赤松之游。盖进而经纶天下，退而保养性真，无不可供学者之取资焉。

高明教授对"北雍学者，右学诸生"，"载驰载奔，以莅止于陕西之城固"，以及在此"藏焉、修焉、息焉、游焉"，和"发凿空之遐思""砺忠贞之亮节"，"进而经纶天下"和开拓陕南文化、融入陕南文化的记载，揭示了这所大学扎根西北、化为西北文化一分子的独特办学经历。

抗战期间，以西北联大、西南联大等大学联合体为代表形成的南郑区、昆明区、四川区三大高等教育基地，又有"三坝"之说，即陕南古路坝、成都华西坝、重庆沙坪坝之说，俨然是中华民族文化的三大堡垒。这既表明，战时我国高等教育区域布局新格局的形成，也表明颠沛流离的战时大学终于找到了自己的区域定位，从而实现了中国高等教育格局由东部向西北部、西南部的一次战略性展布。

一、播迁陕南

（一）改组概况

1938年4月2日，西安临大南迁队伍已经翻越秦岭，暂驻张良庙、褒城等处，等候确定校址。有一种说法：徐诵明常委曾请示教育部长陈立夫，拟迁四川重庆等地，但被拒绝，称川地已人满为患，迁入太多机关，故仍命留在西北。当时，西安临大开始南迁时，也有一种说法，学校有继续向南到四川的意愿，教育部得知后，发电报给留坝县政府，让县长在临大校领导抵达留坝县时转达训令："停止前进，留在汉中"①。因此，才有三个中队在即将进入秦巴盆地上的汉中平原时，停留在褒城集结待命。但是，这些说法并无任何根据，据学校早在1938年3月2日即派勘察及布置校址委员会徐世度前往汉中勘察校址，以及学校曾派十几位体育系教师徒步往返一次，考察食宿和沿途交通状况是否适宜于徒步翻越等前情相悖。

就在此时，1938年4月2日，南郑专员公署转来教育部电令：

教育部电

（汉教字一六五四号）民国二十七年四月二日

事由：该校应改称国立西南、西北联合大学由

昆明、陕西南郑专员公署转：国立长沙、西安临时大学：

该校应改称国立西南联合大学、国立西北联合大学，奉院令已奉国

---

① 赵慈庚. 西安临大南迁琐记（1993—05 于北京师范大学）[M] // 李溪桥. 李蒸纪念文集. 北京：中国社会科学出版社，1996：25—261.

防最高会议通过。合电令遵照。关防另行颁发。

教育部　汉冬印

图3—1、图3—2为改名过渡期的电报和公函。

图3—1　改名过渡期间西北联大于1938年5月9日使用的"西安临时大学筹备委员会"电报纸；1938年7月4日才见有"国立西北联合大学电报纸"

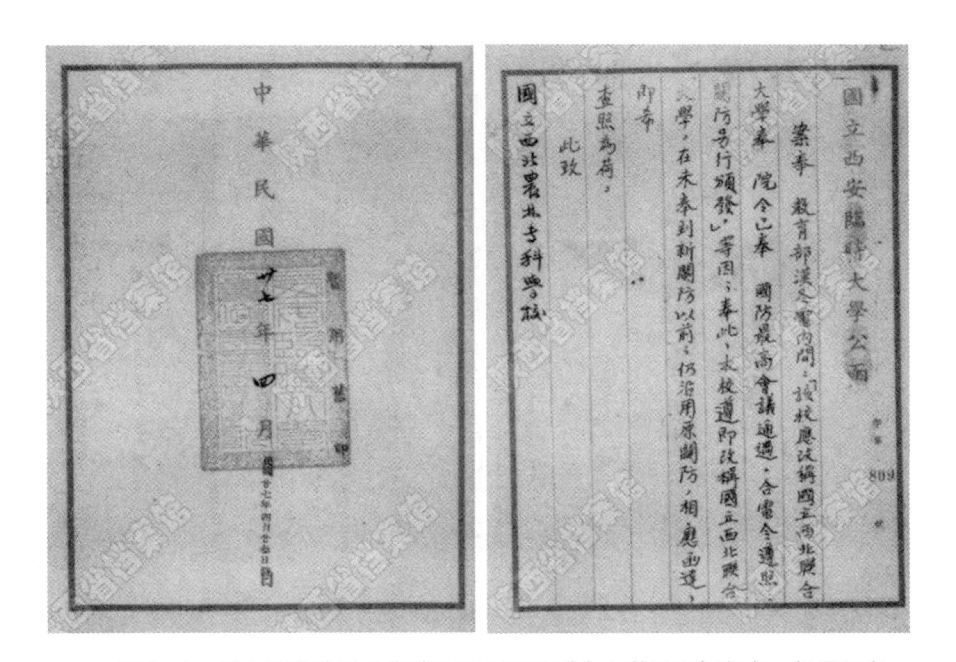

图3—2　国立西安临时大学改为国立西北联合大学后通知各方，仍用旧印

在此，是"国立西安临时大学"改称"国立西北联合大学"，亦即

不过是改名而已,绝不应将其视为两所学校,换言之,西北联大的创建时间只能从西安临大创建之日算起。1938年4月3日,国民政府行政院的《平津沪地区专科以上学校整理方案》(行政院第350次会议通过)亦有:"国立北平大学、国立北平师范大学及国立北洋工学院,现为发展西北高等教育起见,拟令该院校逐渐向西北陕甘一带移布,并改称国立西北联合大学,院系仍旧。经费自民国二十七年一月份起,由国立北平大学、国立北平师范大学、国立北洋工学院各原校经费各支四成,为国立西北联合大学经费。"① 因此,认为"西北联大"仅存一年半的说法,显然与史实的本质不符。

由此,各种说法烟消云散,于3月16日自西安出发南迁的国立西安临时大学(时在陕西褒城途中)和于2月15日自长沙出发的国立长沙临时大学(时在贵州贵阳途中),即日起分别改为国立西北联合大学和国立西南联合大学,一在汉中,一在昆明。

这则报道(图3—3)表明,尚不知两个临大改名,但从对两个临大大迁徙的报道来看,西安临大的迁徙距离较近,长沙临大的迁徙距离显然要远得多,战线也拉得较长,虽比西安临大早出发一个月,但仍在迁徙途中。

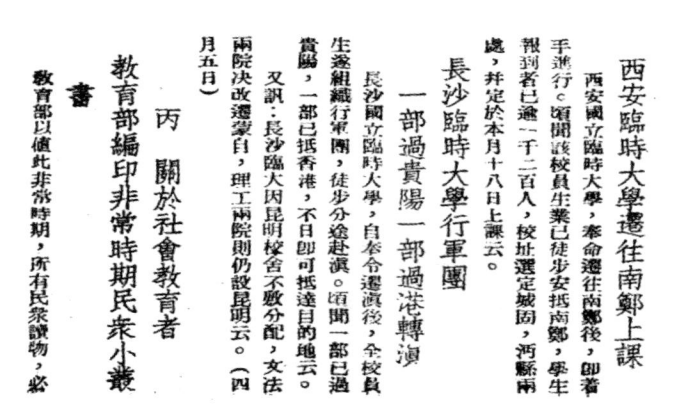

西安臨時大學遷往南鄭上課
西安國立臨時大學,奉命遷往南鄭後,即着手進行。頃聞該校員生業已徒步安抵南鄭,學生報到者已逾一千二百人,校址選定城固,沔縣兩處,並定於本月十八日上課云。

長沙臨時大學行軍團一部過貴陽一部過港轉滇
長沙國立臨時大學,自奉令遷往滇後,全校員生遂組織行軍團,徒步分途赴滇。頃聞一部已過貴陽,不日即可抵達目的地云。又訊:長沙臨大因昆明校舍不敷分配,文法兩院決改遷蒙自,理工兩院則仍設昆明云。(四月五日)

丙 關於社會教育者
教育部編印非常時期民眾小叢書
教育部以值此非常時期,所有民眾讀物,必

图3—3 《教育通讯》1938年第4期对西安、长沙两临时大学迁徙状况的报道

---

①国民政府行政院. 平津沪地区专科以上学校整理方案(行政院第350次会议通过)[A]. 1938—04—03,南京:中国第二历史档案馆.

与此同时，西北联大发出新闻通稿，全国各个报章杂志报道了西北联大迁移的消息（图3—4）。

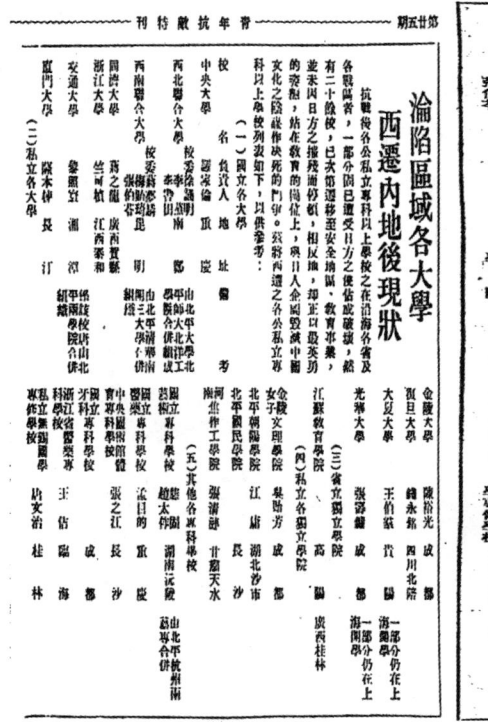

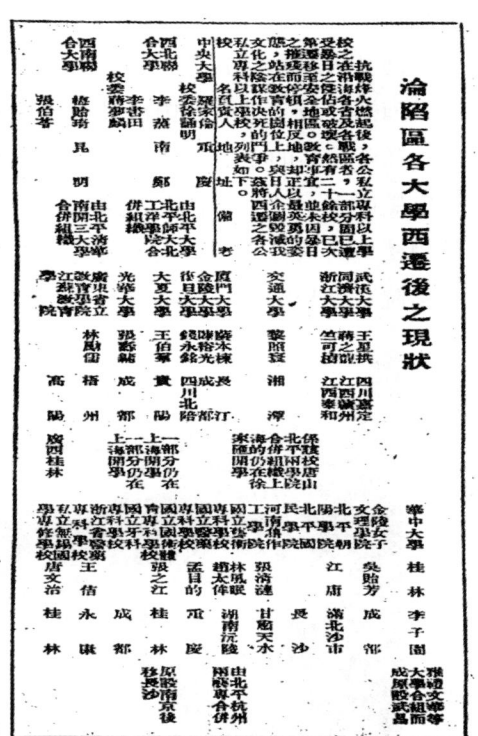

图3—4《青年抗敌特刊》1938年25期的报道《沦陷区域各大学西迁内地后现状》；《文献》1938年2卷的报道《沦陷区各大学西迁后之现状》（1938—11—10出版）

这些报道中高校的排序表明，西北联大已经成为我国战时最大的两个大学联合体之一和10所主要的战时大学之一，并在全国高等学府中，以中央大学、西北联合大学、西南联合大学、同济大学、浙江大学、交通大学、厦门大学、金陵大学、复旦大学、大夏大学的顺序，名列战时著名大学前茅。

4月19日，国立西北联合大学校舍终于尘埃落定，被安置在汉中的三县六地。

城固县城：联大本部在考院（今为城固师范所在地），法商学院在城固县城小西关职业学校（今城固一中），文理学院在贡院及文庙（今城固师范所在地），教育学院在文庙（今城固县二中）。

距城固县城20公里的古路坝教堂：工学院、文理教工分院（地质地理系、体育系），高中部。

沔县（今勉县）武侯祠：农学院。

南郑县城（即今汉中市汉台区）城东10公里的马家庙：医学院。

随着校名的变更，联大校本部仍设在城固县考院，考院的大影壁上，白字黑底大书"国立西北联合大学"八个大字（图3—5）。在考院入门的门楼里高悬着"国立北平大学""国立北平师范大学"及"国立北洋工学院"的校牌。

图3—5 国立西北联合大学影壁

西北联大的迁徙终于告一段落，然而一直到1939年3月，1937年抗战全面爆发后自北平寄出的北平大学文卷等，还在绕道越南海防的"迁徙"途中。为此，学校请教育部咨复中国外交部驻越南海防办事处，请总领事在有关北平大学文卷等件到海防后予以协助（图3—6（1））。[1]

图3—6（2）的《通报》，同样表明战时迁徙不易或往来交通的艰

---

[1] 教育部. 关于北平大学文卷等件请外交部驻越南海防办事处协助的教育部代电 [A]. 1938—04—10, 西安：陕西省档案馆.

难。在1939年七八月间,西北联大派人到距离重庆150公里的贵州省桐梓县松坎一带办事,结果所乘汽车行至东溪一带,由于道路颠簸,将一只文件包颠出车外。其中有印信、账目票据等重要物件和文件。无奈,除在报纸上刊登启事,悬赏寻找以外,当事人又找到当地驻军请求协助查找,并分别向知情送信者和拾获送还者悬赏。因此,就有了驻军营部开出的这张便条,通报沿途驻军第五连邱连长、第六连吴连长、机运连熊连长、迫炮三排廖排长等协助查找。结果是,费尽九牛二虎之力,仍然毫无结果。

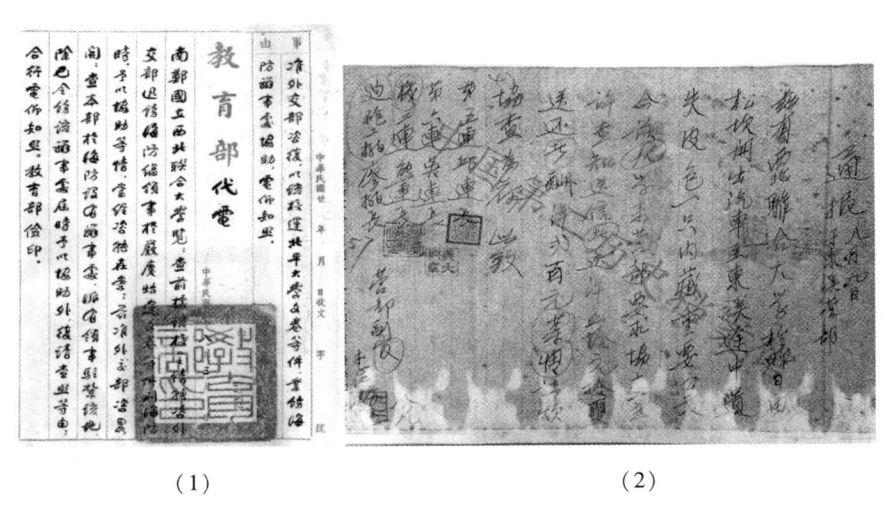

图3—6 (1)教育部1939年3月电报告知西北联大已饬中国驻海防领事处协助邮寄途中的北平大学文卷;(2)西北联大途中丢失文件的便条

(二)组织系统

在校政方面,仍按西安临大时期旧制,不设校长,校内一切重大事项由校常务委员会会议议决,由校筹备委员会常委徐诵明、李蒸、李书田、陈剑翛负责主持。陈剑翛兼任联大秘书主任。不久,经1938年9月联大第38次常务委员会决议,改聘国文系主任黎锦熙兼任秘书主任。常委会下设秘书、教务、总务三大处。秘书处分为文书、出版两组;教务处分为注册、图书、军训三组;总务处分为会计、庶务、斋务三组。不久,奉教育部令实施导师制。经校第40次常务委员会议决议,增设训导处，将原属教务处之军训组和原属总务处的斋务组划归训导处管辖，并将总务处裁撤，将出纳组改为出纳室，庶务组改为庶务室，卫生室改为校医室，会计组改为会计室，同隶常务委员办公室（图3—7、图3—8）。

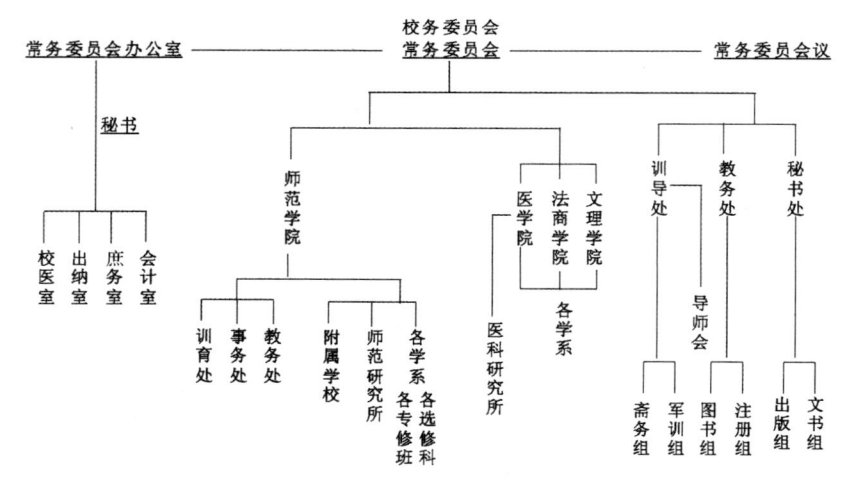

图3—7 国立西北联合大学组织系统图

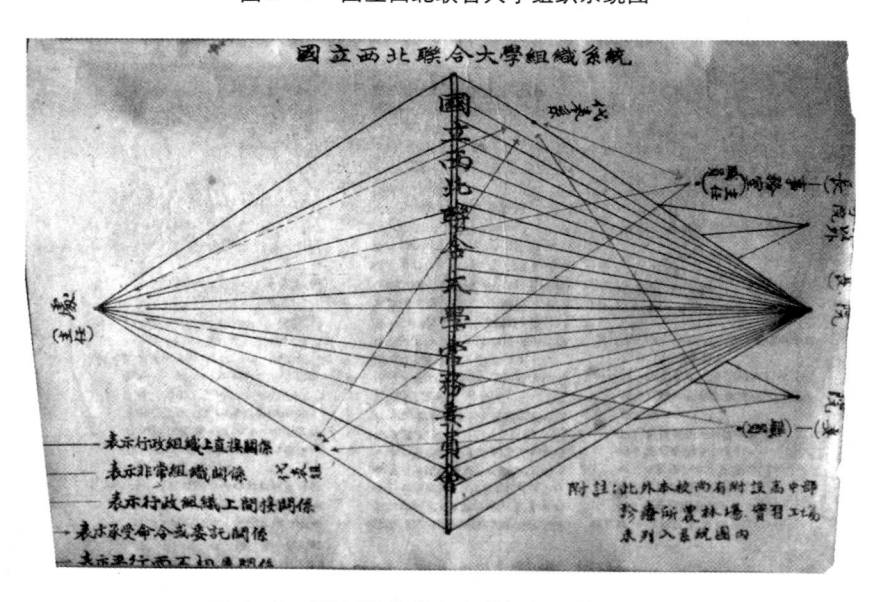

图3—8 国立西北联合大学组织系统关系图

1938年1月，陈立夫出任教育部部长。同年7月22日，教育部令撤销原校筹备委员会，改组为校务委员会，全校实行校务委员会制，原有筹备委员均为校务委员。因陈剑翛请辞常委职务，由教育部派原重庆大学校长胡庶华接替陈职。此时常委即为徐诵明、李蒸、李书田、胡庶华四人。后又增派原教育部督学张北海、法商学院原院长许寿裳任校务委员。

本大学组织系统说明①

（中华民国二十七年四月十八日常委会议通过）

一、本大学分为文理学院、法商学院、教育学院、农学院、工学院、医学院等六学院。

二、本大学文理学院分为国文系、外国语文系、历史学系、数学系、物理学系、化学系、生物学系、地理学系等八系；法商学院分为法律学系、政治经济学系、商学系等三系；教育学院分为教育学系、体育学系、家政学系等三系；农学院分为农学系、林学系、农业化学系等三系；工学院分为土木工程学系、矿冶工程学系、机械工程学系、电机工程学系、化学工程学系、纺织工程学系等六系；医学院（不分系）。

三、本大学行政部分为秘书、教务、总务三处。秘书处分为文书、出版两组；教务处分为注册、图书、军训三组；总务分为会计、庶务、斋务三组。

四、本大学在南郑设办事处，在西安设留守处，均系临时行政机构。

五、本大学设立各种委员会，均系设计、研究及应付特种事件性质。

六、各学院设在城固城内大学本部者，一切行政事务均由本大学常委会所属各处组办理。其不设在大学本部之各处学院，由院长秉承常委会督率各该院事务室人员办理，遇有对外重要公共普遍性之事项并须由院送请常委会统筹办理。

七、凡不相关联之学系合设在大学本部以外之一处时，得组织分院院务委员会，代行院长一部分职务，但重要教务之执行，须征取相联系院院长之同意；其他事项与第六条规定同。

八、各学院或分院对于各处组仍维持原有正常关系；其行文与接洽事务均照旧规定办理。

---

①国立西北联合大学.本大学组织系统说明[J].西北联大校训，1938（1）：28—29.

九、在大学本部以外之各处各学院所设事务室之主任暨职员，秉承各该院院长办理一切事务。其对内（大学本部及其他各部分）行文较重要者，均由各学院以便函行之，遇有直接接洽或申请事件之必要时，事务室主任得酌用签呈或签条，但其底稿须经院长签画。普通不重要事件得由事务室主任单独处理。

十、分院院务委员会下所设之职员秉承院务委员会办理一切事务。其对内行文及接洽或处理普通事件与第九条规定同。

十一、各处学院或分院之事务室主任或职员，因职务关系，得在其主管或经办事项范围内，直接商承大学本部有关之处组办理事务，但须于事前请示与事后报告各该学院院长或分院院务委员。

十二、各处学院或分院之事务室主任，其地位相当于大学本部之组长，其职员分别相当于组员、事务员、书记。

十三、各处学院或分院对外行文及向会计组庶务组支款领物，或托办事项，另规定之。

十四、本件经常委会会议决议后实行。

初到城固时期，校政方面：经第38次常委会议议决，准校常委徐诵明辞去法商学院代院长兼职，聘请历史系许寿裳教授兼任法商学院院长，李季谷改任历史系主任。

在行政管理方面，联大初期，因迁陕南后校址分散，在汉中设有西北联大办事处，同时，在西安也设有留守处。

经第40次联大常委会议决议，增设训导处，并在各学院分设导师会，与军训、斋务两组，及学生贷金管理部，同隶属于训导处。除师范学院已由部章规定专设主任导师外，并在训导处之导师会组织常务委员会。训导处主任由胡庶华委员兼任。

经第40次联大常务会议决议，西安留守处着即裁撤。剩余校具由书记赵广瑞看管，其余人员分别调遣。

经第43次联大常委会决议，本来附设于医学院、由医学院事务主任和职员兼办的联大南郑办事处，改为独立设置。聘请秘书兼法商学院事务室主任徐世度为主任。地址在南郑中学巷九号。

经第43次联大常委会议议决，原直接隶属于常务委员会的高中部改称为西北联大师范学院附属中学，并由古路坝迁城固县城东关关帝庙新购20亩（1.33公顷）地新盖的百余间校舍。

（三）开学典礼

1938年5月2日上午9时，国立西北联合大学在校本部举行隆重的开学典礼。南郑行署张伯常专员、城固县余正东县长，以及全体师生与会。校常委李书田任大会主席，他在回顾本校在平津沦陷后艰难曲折的迁建过程，并感谢陕南地方各界人士的帮助后说：

本校在平津沦陷后，即奉教育部令西迁，以平大、师大及北洋工学院，在西安合组临时大学，上课未几月，西战场失利，太原失守，敌人沿同蒲路南下，但是我们依然坚守着镇静的态度，完成上学期的学业。在考后三月间，敌人窜抵风陵渡口一带。……为维持学生的学业，及为国家根本的教育事业起见，乃命本校再迁汉中。回忆这次迁移所费达一月有余的长久时间，全体师生徒步近千里的路程，过渭河，越秦岭，渡柴关，涉凤岭，从事这样的长途旅行，在我们学界，却是破天荒的大举动。我们对于沿途的风俗习惯，得有详细调查的机会，对于自己的身体健康，亦得到不少的益处。到汉中以后，关于地址的勘定及其他一切事务的进行，备蒙张专员、天主堂祁主教、各县长和地方绅士尽力帮助，使本校有在今天开学的机会，实在是最当感谢。本校大学本部、文理、教育、工学院设于此，医学院设于南郑，因该地居民较多，可便利民众的诊病；法商学院设于本城西关外，农学院设于沔县武侯祠，利用汉水开掘沟渠从事灌溉。体育、地理、土木三系及高中部均设于古路坝，利用大自然的形势和环境，研究地理，实地测量及锻炼身心，这是分配校址的大概情形。……我们的教育当德智体三育并进、文武合一，农业需要、工业需要并重，教育目的与政治目的一贯，家庭教育与学校教育切实联系，以科学方法发扬中国固有文化、自然科学需要迎头赶上。[①]

地方上，张伯常等地方官员致辞指出："诸位为继续求学，保存国粹起见，由平津先到西安又转途来此""精神至可感佩。我们最后胜利的原动力，均在大学教育，即在诸位身上""以前贵校有一队到汉中，对

[①] 本校在城固本部举行开学典礼志盛 [J]．西北联大校刊，1938（1）：7—10.

于训练小学教师,尽了无限的力量,事后调查,各小学的教学状况均有进步,由此可证明适当人才的重要""此地文化落后,希望贵校同人将教育竭力灌输,提高一般民众的教育程度""地方种种事业,仍要借重大家力量,尽量改善""负起抗战胜利及复兴民族的责任"。校常委陈剑翛报告迁校经过及更改校名的意义,他对在迁移中因身体虚弱,不胜长途之苦至汉中不幸逝世的周名崇教授,以及一名同学在途中病故表示哀悼。他指出:"本校现改名为国立西北联合大学,其意义一方面是要负起开发西北教育的使命,一方面是表示原由三校合组而成"。徐诵明常委致辞指出:"在抗战期间,最高学府学生应如何救国?不一定非拿枪杆到前线去才是救国,我们在后方研究科学,增强抗战力量,也一样是救国"。李蒸常委也致辞勉励学生"要记住张专员的告示,'我们要立志做大事,不做大官',爱惜光阴,做我们的处事方针。我们要想成功,非忘掉自己不可,如此则中国总是有希望的"。①

西北联大总算在颠沛流离中落地了,汉中的父老乡亲热情地欢迎这些来自平津大城市的教授们和来自全国各地的学生们。学校师长、地方乡亲寄予无限希望。这片汉文化的发祥地,正在迎来自汉高祖经营汉中两千余年来不曾有过的一次发展机遇。

图 3—9 西北联大校本部范围文庙大成殿(在今城固师范)

学校初迁城固,一切均系草创,学生均散居于各教室内,席地而眠,当时急务,唯有速建校舍以收容此千数负笈远来之学子。学校遂将旧文庙(图 3—9)修葺改建为男生宿舍,将旧考院之西北小院修葺建为女生宿舍,男宿舍共分为十斋,其第一及第二斋又各分为八室,第五及第十斋各分为四室,第一及第二斋在旧司令部前院,第三、四两斋以文庙之东西两廊充之,第五斋为文庙之过厅,第六

---

① 本校在城固本部举行开学典礼志盛[J].西北联大校刊,1938(1):7—10.

斋则为文庙之正殿，第七、八、九斋，均在文庙之东旁院文昌殿，循序自北而南之三层殿内，第十斋则在九斋之南端小院内，各斋各舍，均建双层木床，全斋约可住男生600人，女生宿舍，分为16室，亦以双层木床为卧具，共可容纳120余人。这些建筑经督饬工匠赶修，终于在1938年5月底完工，5月30日全校学生均按规章迁入。唯草创伊始，管理及设备上之缺点甚多，且各斋房屋均非新建，依旧屋修葺而成，本地房屋构造又皆不甚坚固，而屋顶瓦片尤甚，故一遇阴雨，必有数处雨漏，此则缺点中之最著者。至7月2日始渐次安顿。虽在抗战时期，经济拮据，不能修建理想之宿舍，然而大家皆可保持整齐清洁，一所战时大学，就这样又到了一个新的地方，弦诵之声复起。

1939年1月9日，教育部次长顾毓琇（一樵）博士奉令视察西北高等教育，在城固县城、古路坝等地视察。11日在校本部（图3—10）升旗场讲演。李蒸、徐诵明、胡庶华等暨全体教职员300余人，文理、法商、师范三学院学生985人，由顾次长报告第二期抗战之军事、政治、外交、财政、经济各方面状况，证明抗战必胜，建国必成，旋就管、教、养、术四字，发挥尽致，对联大草创汉中多有嘉许。这既是教育部对西北联大迁移新址后的一次检阅，也表明联大的教学已渐次步入常态。

图3—10 西北联大校本部礼堂

在1938年8月工、农二学院独立设置后，根据1939年1月3日注册组的统计，全校共1 114人（文理学院432人，法商学院319人，师范学院234人，医学院129人）。① 其中男生895人，女生219人。从省籍来分，学生来自陕西的160人，河南142人，河北134人，四川105人，山东98人，山西84人。从年龄看，多是23—25岁的青年。

全体学生，于1938年9、10、11，三个月奉令前往南郑受集中军事训练，由南郑中央军官学校分校主办，分为1月或3月，是时正值陕南雨季，学生淋雨踏泥，领受军营生活。军训期间，日机接连轰炸汉中，警报响起就得往野外疏散防空，就连考试之时，学生们也要着军装，携带枪支、刺刀、子弹袋，就差没戴钢盔，大家戏称"武装考试"。11月4日，即有26架日机在汉中上空盘旋，轰炸汉中西关一带，躲在野外墓冢间的军训学生亲眼看见敌机炸弹落地爆炸，我方高射机枪射击和飞机亦升空迎击的情景。就是在此背景下，学生们不畏日寇强暴，充满拿起笔杆当刀枪的抗战情怀，开始了在西北联大的战时军训、学习与生活（图3—11）。

图3—11 《城固青年》杂志上的全副武装的军训学生

---

① 西北联大期间毕业学生：1938年6月，办理民国二十六年度毕业生凡291人，各发给原校毕业证书（师大107人，平大142人，北洋工学院39人，女师34人）。1938年度，毕业学生213人，仍发给原校毕业证书（师大100人，平大52人，女师4人，又他校转学借读生57人）。1939年毕业学生156人（平大57人，师大100人，女师4人）。

（四）校训与校歌

安顿停当，确定校训和校歌也被提上议事日程。这时教育部指示："查全国各级学校……每一学校各有其不同之历史环境及一贯之精神，故每校应依其所有之特征，制定校训校歌，昭示诸生，以必遵之准绳。"①根据这一训令规定，除各校一律以"忠孝仁爱信义和平"为共同之国训，并制成匾额悬挂于各该校之礼堂外，"全国公私各级学校务各制一特有之校训及校歌，限一个月内呈报教育部备核"。②据此，1938年10月19日第45次常务委员会根据西北联大的实际，决定以"公诚勤朴"四字为西北联大的校训，并制作"公诚勤朴"校训与国训"忠孝仁爱信义和平"两块匾额，悬挂礼堂。复依照第37次决议案催请国文系主任黎锦熙教授和法商学院院长许寿裳教授撰写校歌歌词。1938年11月16日，校歌业经黎锦熙、许寿裳两先生拟就，第48次常委会通过，歌词报部备核，并函许寿裳、齐国樑两先生查照第37次常委会决议案请其介绍专家编制歌谱。

其歌词为：

并序连黉，卅载燕都迥。

联辉合耀，文化开秦陇。

汉江千里源嶓冢，天山万仞自卑隆。

文理导愚蒙；

政法倡忠勇；

师资树人表；

实业拯民穷；

健体明医弱者雄。

勤朴公诚校训崇。

华夏声威，神州文物，原从西北，化被南东。

努力发扬我四千年国族之雄风！③

---

①教育部．颁发国训及青年守则训令一［J］．西北联大校刊，1938（4）：3—4.
②编者．国训校训同悬礼堂［J］．西北联大校刊，1938（4）：7.
③国立西北联合大学校务委员会常务委员会．呈教育部文，五—14479［A］．南京：中国第二历史档案馆．

1939年7月24日，西南联大第112次常委会公布了罗庸、冯友兰填写歌词，张清常谱曲的西南联大校歌《满江红》："万里长征，辞却了五朝宫阙，暂驻足衡山湘水，又成离别。绝徼移栽桢干质，九州遍洒黎元血。尽笳吹弦诵在山城，情弥切。千秋耻，终当雪。中兴业，须人杰。便一成三户，壮怀难折。多难殷忧新国运，动心忍性希前哲。待驱除仇寇复神京，还燕碣"。与西南联大校歌的悲愤、壮烈和鸟瞰式的表达从"五朝宫阙""衡山湘水""在山城"，到"待驱除仇寇复神京，还燕碣"的数千里南渡和渴望未来北返相比，西北联大的校歌则更侧重于反映从"卅载燕都""文化开秦陇""汉江千里""天山万仞"从平津到西北史无前例的迁徙，直到"华夏声威，神州文物"和"努力发扬我四千年国族之雄风"的远大抱负，而不仅仅是"还燕碣"，另从"文理"（文理学院）、"政法"（法商学院）、"师资"（师范学院）、"实业"（工学院与农学院）、"健体明医"（医学院）六大学院，到提出"导愚蒙""倡忠勇""树人表""拯民穷"的12字办学宗旨，以及"并序连黉""联辉合耀"，和"原从西北，化被南东"，揭示了这所风沙大漠背景下战时大学联合体的本质和未来化为地道的西北地方高等教育机关的愿景。

然而，正当学校委托专家为歌词配制曲谱的过程中，因学校面临又一次改组，只好搁置，后来竟成了永久的遗憾。

同时，学校更换新的校徽（旧徽章，由个人保存，作为纪念品），又鄂陕边区警备司令部以后方重要，稽查宜严，规定各学校教职员学生应一律佩戴各该学校所发之证章或符号，如有不遵拟定者，一律以散兵游勇论，得随时随地予以捕拘云。

（五）办学经费与交通困难

战时西北联大的办学，困难重重，归结起来主要有三点：

第一，在经费方面，这段时间学校经费由1937—1938学年8万元，减少为5.1万元。在支出方面，教职员薪资占3.5万元左右，仅余1.5万至1.6万元，包括全校公费开支在内，所以还是难以为继。

第二，办学困难不仅限于经费拮据，其实交通方面的困难也不小。1938年10月20日至22日，在重庆召开全国高级师范教育会议，通知西北联大常委兼师范学院院长李蒸参加会议，同时由李常委向教育部汇报西北联大校务。其结果，历经艰辛，耗时两个多月。李蒸回忆：

  此次常委会议指派本人向教部报告校务，同时奉令出席全国高级师范教育会议，开会日期，原定十月十五日起，会期三日，部方给我的通知，十月七日才收到，距开会只有八天的日子，只有坐飞机或汽车，才能够赶上；大家还记得，城固一带从八月底起，一连下雨五十多天，汽车无法行驶，托人在汉中买飞机票，又没办好，当时电请教部可否将会议展期举行。城固到汉中，因沙河营渡桥拆毁，这段路走了两天，由汉中乘滑竿去宁羌走了三天，过沔县时接到教部来电，允将开会日期展到十二月二十日开幕，我计算日程，仍不能按期赶到，于是打电报与高等教育司吴司长。提出会议案五项，均蒙提出会议讨论。由宁羌得乘四川公路局汽车走了四天到成都，已经是二十二日会议开幕之日，到二十五日始到达重庆。幸在所提的议案，经大会通过大半，将来《教育通讯》上公布会议记录时，大家都会看到的。学校驻在交通不便的地区，各方面都感觉吃亏，本期从四川来的新同学，因为搭车十分困难，教育部，四川教育厅，四川大学，还给我们学校帮忙不少。四川公路局的汽车，大部调往前方，后方又不易购买汽油，我在成都候车回校，费了三礼拜的时间，要不是我们学校派汽车来接，怕现在我还留在成都。

  我们学校，请教授，购图书仪器，因为交通的关系，比其他大学格外困难，此次我在四川买五架显微镜，价值比在北平时候昂贵几倍。由香港购买图书仪器，最多能运到昆明，还不保险，要费很久的日期，才能到重庆，重庆运回学校，又要需时若干，这种困难情形，影响到学校一切的发展。本期新请几位教授，因为重庆买不到车票，有的就取道嘉陵江坐船，绕道嘉定，再赶汽车到成都，这段路都要十几天的日子，成都来汉中，又要等候公路局的车子。教部派定本校新生名额四百余名，可是到校的才有二百多名，其余百多名，由于交通阻滞，尚未按期到校。①

  李常委的重庆之行，生动折射出在偏远地区战时办学的艰难。

  第三，战时环境虽处后方，但仍不免遭到敌人频频轰炸。在1939年

---

①本大学校本部本学期第五次纪念周记录［M］∥姚远．西北联大史料汇编．西安：西北大学出版社，2012：118—119．

2月13日举行的校本部第十一次纪念周会议上，李蒸常委即告诫学生："昨天有两次警报，虽说敌机未来，以后恐怕要常有的；大家应当留意，因为学校没有防空设备。在西安的时候，学校还挖了几个地洞，有三丈多深，此地土质太松，挖不成功，就是有几个土洞，也不甚安全，所以我们听到警报，最好是向城外疏散。不过城固城门太小，拥挤不便，学校已向县政府接洽，准备在考院与司令部之间，再开一城门，便于大家听到警报，及时疏散。"而且，战时的社会环境，如难民、社会治安等也给教学活动带来诸多影响，1939年4月26日即发生法商学院教师在城固县城郊的住处遭土匪抢劫，法商学院龚锡庆副教授遭杀害、赵先生身受重伤的事件。

二、六大学院

西北联大最初设6个学院，共23系。大学本部另设体育部，有谢似颜教授、王耀东、刘振华、张光涛、佟安中（女生体育）、陈仁睿、孙淑铨（舞蹈）、吴图南（国术）讲师等。从1938年4月至1939年8月止，教学和科研概况按学院分述如下：

（一）文理学院八系

文理学院由刘拓教授任院长。全院有37名教授，16名专任讲师、讲师和助教。共同科目教授有许兴凯、陈嘉琨、寸树声（后到商学系任主任）、温广汉。副教授有曹配言。专任讲师有齐植朵。讲师有刘北茂。乐歌指导杨宏论。史地助教吴宏中，数学助教蔡英藩，理化助教王本良、朱汝复。文理学院共同科目教授有：党义，副教授曹配言；法文，教授陈嘉琨；英文，讲师刘北茂；数学，专任讲师齐植朵。

其下设8系：

国文系，主任黎锦熙教授，1938年10月第38次常委会议决议兼任学校秘书处主任。教授有罗根泽、谭戒甫。专任讲师有陈孙壮、曹鳌，讲师有何士骥、吴世昌、唐祖培、卢宗濩、冯成麟、卢怀琦、高元白、张焘等。许寿裳教授相继任专任讲师和专任历史系教授。

外国语文系，主任佘坤珊教授。教授有谢文通、张舜琴、饶孟侃。

专任讲师有金保赤、金森。讲师有贾韫玉（英籍）、包志立、徐士瑚。助教有陈效贤、张万里。

历史系，主任许寿裳教授，1938年10月第38次常委会议决议许寿裳教授兼任法商学院院长，改由李季谷教授任历史系主任。教授有许寿裳、陆懋德、谢兆熊、许重远、胡鸣威、杨人楩。讲师有何竹淇、薛祥绥。助教有周国亭、刘廷芳。

数学系，主任赵进义教授。教授有杨永芳、刘亦珩、傅种孙、张德馨。助教有赵桢、朱秀玲。

物理系，主任张贻惠教授。教授有杨立奎、蔡钟瀛、林晓、岳劼恒。专任讲师有谭文炳。讲师有刘竹筠。助教有张慕云。练习生有张允昌。

化学系，主任刘拓教授。教授有张贻侗、赵学海、朱有宣、陈之霖。助教有郁蓁。

生物系，主任郭毓彬教授。教授有雍克昌、刘汝强。专任讲师有王琪。助教有包桂濬。练习生有张空宇。绘图练习生有丁焕文。

地理系，主任黄国璋教授。教授有谌亚达、殷祖英。副教授有郁士元。助教有姜玉鼎、韩宪纲、王心正。

西北联大文理学院是在北师大文学院、理学院和原平大女子文理学院的基础上建立起来的。时任院长刘拓，毕业于北平师范大学，并留校任教，担任手工图画专修科外籍教授课堂翻译。不久，考取留美公费生，在美国学习4年，获博士学位。回国后，任北平师范大学化学系教授。从1931年起相继任化学系主任和理学院院长等职。1937年抗日战争爆发后，随校西迁入陕，历任西安临时大学、西北联合大学教授、化学系主任、理学院院长、文学院院长等。在陕南时，利用城固的土特产资源指导青年教师和学生研制蜡烛、烤胶和造纸等，缓解了当时物资缺乏的困难。原北平大学女子文理学院院长、历史系教授、主任许寿裳，是为鲁迅同窗和挚友。他的讲课内容多以章太炎、鲁迅等师友的著作为主，对于新旧文学论战和鲁迅的治学做人精神的剖析和介绍，深受学生欢迎。文理、法商两院合聘教授许兴凯，曾任《新青年》编辑和《晨报》《新民晚报》记者、主笔，以"老太婆""大小孩""老摩登"等笔名，发表过许多作品。"九一八"事变后，他以日本问题专家的身份，被特邀至庐山讲演,受到蒋介石的接见。他在联大先后讲授过中国政治制度史、日本史、中国经济史等课程,讲课非常风趣。正如当年学生的回忆:"笑话、故事从他那特有的语言中道来,真是趣味横生,令人绝倒"。① 1938年7月28日,有人举报章友江教授在课堂上和在社会科学研究会演讲《精诚团结与中国抗战前途》时发表批评国民党、倡导国共合作的言论。社会科学研究会干事桂亦仙等13人立即呈报学校常委会,称这完全是对章友江教授的诬蔑,申明章教授"对国民党领导全国人民从事伟大之抗战极为拥护,而对最高领袖蒋委员长之推崇与拥护尤溢于言表,至于在座谈会上讨论抗战建国纲领时亦曾发言两次,对于抗战建国纲领非唯未予批评并力赞其完善而主张坚决实践,更表示唯有实行三民主义始能完成抗战建国之伟业,言论内容属会皆有记录可考"。② 这表明进步教授的一些进步言论受到监视。

关于文理学院的课程设置,以全校共同科目和必修科目为例予以说明。据教育部对西北联大《廿七年度各学院一年级共同必修科目实施情形》的批复,认为"查该校各学院一年级共同必修科目大致尚合,唯下列各点应予注意或改正:文理学院所开之数学、物理、化学、生物、地质等五科,国文、外国文、历史三系可选修一科,其他各系应规定于二年级时再选修一科。"③ 这就是说各个大学必须统一到教育部的标准上来,主要包括:国文,6学分,每两周须作文一次;外国文,6—8学分,每两周须作文一次;中国通史(注重文化之发展),6学分;西洋通史(注重文化之发展),6学分;伦理学,6学分;哲学概论、科学概论任选一种,6学分;数学及自然科学为(数学、物理、化学、生物学、生理学、地质学)任选一种,数学应注重练习,自然科学演讲与实习并重,6—8学分;社会科学(社会学、政治学、经济学)任选二种,12学分。

---

① 向玉梅. 怀城固、念西大、怀师长 [M] //国立西北大学建校卅周年纪念刊. 台北:西北大学校友会,1969.
② 社会科学研究会干事桂亦仙等13人呈一件. 国立西北大学档案,67—5—437 [A]. 西安:陕西省档案馆.
③ 教育部令,据呈报廿七年度各学院一年级共同必修科目实施情形指令,大学各学院分院共同必修科目表教育部印,国立西北大学档案67—5—446.2 [A]. 西安:陕西省档案馆.

总计52—56学分。

全国公私立专科以上学校应依其科系性质酌量增设下列科目：①文科：民族文学、抗战史料；②法商科，日本问题、战时经济、战时法令；③教育科，战时教育问题、军事心理学；④理科，国防化学、国防地理；⑤工科，军事工程、军事电讯、洗车修造；⑥农科，战时食粮问题；⑦医科，战时救护等。

联大初到城固时，在古路坝教学区还设有"国立西北联合大学文理教工分院"。1938年4月21日曾举行第一次会议，讨论学校门禁、作息时间等，议决：本分校因环境特殊，兹规定下列各项规则布告学生遵守：①本校大门启闭规定，于每日上午5时至晚8时闭门，以后无论何人未经值周校委或警卫委员主席许可不得擅自出入；②学生未经许可不得擅入天主堂及其附设各机关之内；③学生作息时间规定如下，早上5时起床，5时3刻升旗早操，6时1刻早餐，7时上课，12时午餐，下午6时晚餐，晚9时就寝；④学生于上午5时30分至晚8时30分不得在寝室内逗留，寝室于晚8时30分燃灯，晚9时熄灭；⑤寝室内绝对禁止吸烟及私设火烛；⑥男生不准入女生宿舍，女生不准入男生宿舍；⑦宿舍内不准留校外人食宿，如有不在本分校上课之本校学生因故来古路坝必须居住时须向斋务分组陈明理由，由斋务分组设法安插住所；⑧学生会客均于学生接待室内行之；⑨学生往来城固须于上午5时后起身下午6时前返校，并须至少5人结队同行；⑩学生非因特殊事故经军训教官许可不得在外住宿。1938年4月24日下午曾举行国立西北联合大学文理教工分院第二次会议，袁敦礼、周宗莲、黄国璋三教授出席，李蒸、李书田两常委，高中部主任方永蒸列席，主席为值周院务委员黄国璋教授。会议讨论了教授住房应如何分配案和学生请求拨给团体办事处案。会议决议：本分院以正院东楼及养才院旧址为教职员之寝室，正院东楼单房九间，留一间为袁主任之寝室外，其余八间作为土木、地理、生物、体育四系分用，每系各占两间，将来如生物系不来本分院时其所应分之单房两间由土木、地理两系各得一间，养老院楼下房屋为教职员家眷住处，楼上指定为单身教职员之寝室；学生请求拨给团体办事处，决议凡未经学校承认之学生团体一概不许组织，本分院抗敌后援分会之组织须由西安抗敌后援会先行向学校来函并须派员来校指导成立方能照准。1938年5月3日下午举行国立西北联合大学文理教工分院第三次会议，讨论学生劳动服务时间如何规定案、生物系决定不来本分院，上课学生寝室可否重新分配案和本分院房屋如何分配案。会议决议：每学生每星期以工作4小时为最低限度，土木系学生现担任道路测量者，暂免服务，一俟测量完竣再行参加服务工作，暂定平操场、整理院落及校园、修路三项，令学生填具工作时间自5月6日开始，第一项工作体育系负督工及点名之责，学生服务之成绩得作为本学期操行分数成绩之部分。关于生物系决定不来本分院，上课学生寝室可否重新分配问题，现第三寝室西隔壁之房间改为第三寝室，令原住第三寝室之学生及王振声移入之第九寝室之体育系学生二人并入第六寝室第七、八、九寝室暂时封锁，原第三寝室改为学生临时宿舍以备他处本校学生来本分院时应用。关于本分院房屋如何分配案，决议：卫生室在理发室西侧，其右侧之大室隔断为3间，以1间作为消费合作社，2间作为隔离室；土木系晒图及储藏仪器室改设在该系主任办公室傍原定之生物系办公室内。操场旧有之房一间作体育器械室用；校警住室两间用现在工人之住室，工人另在他处设法；第九教室改为学生游艺室；教授住室在正院东楼上土地体3系教授各占3间，不足分配住室之讲师、助教等统到老人院楼上下住宿。[①] 文理教工分院还在1938年5月9日下午四时举行的国立西北联合大学文理教工分院第四次院务会议是专为讨论学生因地上跳蚤过多，夜间不得安眠，上课时精神不振，学校决从早预备床铺。另一次院务会议，即第九次院务会议的议题是古路坝至城固电话线常被盗窃，通话时阻，应函常委会转请城固县政府饬令地方严加保护。

我们不厌其烦地记载了这些琐碎事件，其目的不外乎反映这所战时大学颠沛流离异乡、散居各处、事无巨细的艰难。学校亦极力地为师生创造一个达到起码条件的可以教学读书的地方。然而，即便在如此居住和教学环境中，他们稍事安顿，即在古路坝的山岗上弦歌复起。

1938年5月，学校还以文理学院、法商学院教师为主，组成了甘宁

[①]国立西北联合大学文理教工分院. 会议记录［A］.1938—04—24，西安：陕西省档案馆.

青暑期考察团，推定张贻惠，袁敦礼，李季谷，徐褐夫，凌乃锐，殷祖英，杨其昌等7位先生为筹备委员，张贻惠先生为筹委召集人，业于5月12日举行第一次筹委会议。其目的在于"将来考察结果，如能提出较有价值之报告，不唯能贡献党国，且亦不负本校在西北设立之旨"①。其考察范围，暂分为政治、经济及历史地理两组。考察地点，暂以兰州，西宁为限。拟7月20日出发，9月20日回校。

文理学院历史系考古委员会、学校历史学会等在服务地方文化建设方面做了大量有益的工作：对城固张骞墓进行考古发掘；进行勉县历史考察和考古调查；对汉中地区各县诸葛武侯遗迹进行考察等。国文系主任黎锦熙教授对方志，特别是城固新修县志发表有关论文近10篇，法商学院教授尹文敬在1939年3月《时事新报》发表的《改良税制与调整地方财政》一文，引起了经济界的重视。历史系教授陆懋德发表了《汉中各县诸葛武侯遗迹考》，许兴凯教授发表了《抗战的经验与教训》和《近代民族主义之发展及吾人应有之认识》。历史系黄文弼教授发表了《张骞通西域路线图考》，周国亭发表了《沔县考古纪实》《发掘张骞墓前石刻报告书》等。

（二）法商学院三系

法商学院，初聘戴修瓒为院长，未到任，由联大常委徐诵明教授兼任院长，1938年9月，新学期开始，因校务繁忙，请辞代院长职务，经校38次常务委员会议决议，准辞兼职，聘请原女子文理学院院长、时任历史系主任的许寿裳教授为法商学院院长。11月9日，教育部为加强对该院的控制，抵制进步倾向，指令第48次校常委会议决议，改聘张北海为院长。全院共有教授、副教授14人，专任讲师、讲师15人。共同科目有国文讲师张焘、英文讲师郝家鹿、历史讲师贾晰光。

随校来陕的进步教授有沈志远、曹联亚、章友江、李绍鹏、季陶达，讲师有韩幽桐、方铭竹等十数人。继之，新延聘到校者还有彭迪先、刘及辰、王守礼等。

---

① 编者．甘宁青暑期考察团筹备会第一次筹备会议记录［J］．西北联大校刊，1939（17）：12—13．

其下设：

法律系，主任黄得中教授。教授有王治焘、李宜琛、王璪、胡元义。副教授有刘毓文。讲师有贾万一、孙春海、荆盘古、薛庆衡。

政治经济系，主任江之泳教授。教授有季陶达、彭迪先、凌乃锐、汪奠基。副教授有刘世超。专任讲师有康伦先。讲师有于鸣冬。

商学系，主任寸树声教授。教授有孙宗钰、李绍鹏、徐褐夫、赵树勋。专任讲师有刘景向。讲师有杨宗培、高维翰。助教有李毓珍。

关于法商学院的课程设置，以全校共同科目和必修科目为例予以说明。据教育部对西北联大《廿七年度各学院一年级共同必修科目实施情形》的批复，认为"查该校各学院一年级共同必修科目大致尚合，唯下列各点应予注意或改正：法商学院所开之数学、生物、地质等三科，法律及政治经济两系可选修一科，政治学系经济学、民法概要等科该两系应规定于二年级时再等候一科。上述各科目除经济学一科外其余各科及中国通史论理学两科，商学系规定修习。至算学、商业史、会计学及经济地理等四科，只限商学系必修，其他两系毋庸必修。其主要内容包括：国文，6学分；外国文6—8学分；商业史，包括中国和世界两部分，3—4学分；经济地理，3—4学分；算学，注重商业上之应用及训练6学分；经济学，6学分；法学通论，4—6学分；财政学，6学分；会计学，8—10学分。总计48—56学分。除表中所列必修科目外，党义、体育、军训均为当然必修科目不计学分"。

西北联大法商学院（图3—12）的前身是北平大学法商学院。该院云集大批全国著名的进步学者如李达、陈豹隐、沈志远、许德珩、程希孟、章友江、侯外庐、范文澜等。西北联大建立后，原法商学院的一部分进步教授因战火阻隔，聘书发出较晚，未能来陕，但平大法商学院的进步传统依然带到了联大。该院的一批进步教授，开设了社会科学方法论、政治经济学、社会学、政治学、比较宪法、世界经济史、经济思想史、苏联政治、国际法、经济地理等课程，用马克思主义观点，讲述辩证唯物主义和历史唯物主义、科学社会主义及马克思主义经济学说，同时大力提倡理论联系实际、实事求是的学风。有的教授革新了教学内容，把自己讲授的课程内容与抗日救国的实践结合起来，开展抗日救亡运动，从事抗敌后援工作，并在课后辅导学生阅读革命和抗日进步书籍。如彭迪先教授的经济史和经济思想史等课程，刘及辰教授讲的唯物辩证法，季陶达教授讲的苏联政治经济学，曹靖华教授的进步文艺理论，韩幽桐的国际法、苏联政治等课程，都不是经院式的教条，而是与现实政治斗争、抗日民族统一战线的发展、反对妥协投降等现实问题密切不可分割的。他们这种敢于面对抗日救国的现实，理论联系实际的求实学风，启迪和教育了当年联大一大批青年认识现实，走上追求真理的道路。

图3—12 西北联大时期的法商学院（今城固县一中内）

（三）教育学院（师范学院）三系

教育学院，由李建勋教授任院长。院址在文庙（今城固二中）。1938年7月，教育部令改为师范学院后又增设了文理各科系。全院教授共16人，专任讲师、讲师13人，助教6人。

其下设3系：

教育系，李建勋兼任主任。教授有程克敬、金澍荣、高文源、马师儒、鲁世英、方永蒸、胡国钰、郝耀东、黄政思。副教授有康绍言。讲师有郭鸣鹤、慈连炤、唐得源、王镜铭。助教有郝鸣琴、陈澄然、杨振东。

体育系，主任为袁敦礼教授。教授有董守义、谢似颜、沙博格（美籍）。副教授有徐英超。专任讲师有郭俊卿、刘月林、王耀东、刘振华、任安平、张光涛、陈仁睿、孙淑铨。讲师有吴图南、马永春。助教有罗爱华、凌洪龄、魏振武。

家政系，主任为齐璧亭教授。教授有程孙之淑、王非曼。专任讲师有王秀林。讲师有张铭西、何佩芬、陆秀。助教有高福媛、崔毓秀。保育员郝培如。

西北联大教育学院是在北师大原教育学院的基础上建立起来的。

西北联大时期的教育学院在1938年7月改称师范学院。院长改由校常务委员李蒸兼任，同时除原有三系外，增设国文系、英语系、史地系、公民训育系、数学系、理化系、博物系、劳作专修科等系科。次年再增设公民训育系和博物系。1938年9月24日，体育、国文、英语、史地、数学、理化、家政等系各招收一班，每班20人。

教学上，课程设置分为普通基本科目、分系专门科目、教育基本科目、专业训练科目四类，计学分，实行学分制，与此同时，对学生实行导师制。

在课程设置方面，以算学课程为例，其1939年度数学系的课程，分为共同必修科目与选修科目：一年级课程主要为自然科学与社会科学的共同必修科目；二年级课程则为在第一学年的基础上开始接触专业一般科目，如微分方程与高等代数；三四年级全面展开专业科目的学习，进行深入的专门数学学习，如高等分析、数论、复变数函数等；五年级课程除理论力学外，重点为论文讨论与专业教学实践。其数学必修科目设置的特点是以高等代数、高等几何、高等分析为中心，围绕代数、分析、几何三大分支展开深入的数学基础课程以及高深数学课程学习。其形势几何、实变数函数、代数数论、天文等选修科目，可供程度较高的学生选习。这些课程也包括为文理学院、工学院开设的基础课程。选修课程包括：数论、微分方程论、图书馆学、代数曲线与曲面、弹道学、向量分析、积分方程论、形势几何、几率、实变数函数、群论、黎曼几何、算学统计、椭圆函数、不变量数、最小二乘法、天文、代数函数、代数数论、多元几何、天体力学等。

1938年12月1日，师范学院继承北师大传统，恢复师范研究所，聘请教育系主任李建勋兼任师范研究所主任，实施研究生教育。在学术研究方面，体育系谢似颜教授发表了《民族主义与道德》等论文。

为"补助家庭教育之不足，增加母亲工作之效率，注重实验，借供仿行"，联大教育学院家政系在城固还设立了"西北联合大学家政系儿童保育实验室"，并经校常委会核准制定了简章。由于该室初设地址狭窄，暂收本校同仁子女，俟将来扩充，再添收其他儿童。暂设幼儿部，招收满2岁未满4岁之儿童，俟办有成效再添设婴儿部，招收未满2岁之儿童。名额：暂以20名为限。其保育方法，对于儿童注重科学的养护，活泼之指导，环境力求生动，设备力求适宜。该室每月举行恳亲会一次，邀请儿童亲长或保护人莅会，以谋联络。每周或隔周并由本室保师至各儿童家庭访问一次，借悉儿童在家中卫生教育情况，并商讨改善方法。这既成为家政系教育实习场所，也成为陕西乃至西北现代学前教育的肇端。

1938年5月23日，师范学院主任导师兼文理学院地理、师范学院史地两系主任黄国璋教授，应中英庚款董事会之聘，担任川康科学考察团副团长，于是日出发履新。所遗师范学院主任导师职务由袁敦礼主任代理，文理学院地理、师范学院史地两系主任，请谌亚达教授代理。这是黄国璋教授继西双版纳考察后的又一次重要的地理考察，也是西北联大时期发起组织或参与的两次重要考察之一。

黄国璋教授是我国留美攻读经济地理学第一人，先后主持7所大学的地理系，创办中国地理研究所，曾任中国地理学会理事长。1934年任云南边疆地理考察团团长，因故复改为西双版纳热带资源考察团，翻越哀牢山脉，普洱、思茅高原，到澜沧江河谷、元江河谷，勘查西双版纳全境，滇缅、滇越（今腾冲）边界等丝路南线古道，历时半年，是为历史上地理学家对此地的首次科学考察。1939年，任川康科学考察团副团长，历时8个月，经过丝路故道的邛都（今西昌）、滇南、滇缅等地，是对近代对丝绸之路南路的首次考察。

(四)工学院六系

工学院,院长由原北洋工学院院长、联大校务委员会常委李书田兼任。全院共有教授、专任讲师、讲师、助教共44人。

其下设6系:

土木工程学系,主任周宗莲教授,教授有赵玉振、刘德润等,名誉教授李仪祉,讲座教授李俨。

矿冶工程学系,主任魏寿崑教授,教授有雷祚雯、张伯声等。

机械工程学系,主任潘承孝教授,教授有李酉山、李廷魁、何绪缵等。

电机工程系,主任刘锡瑛教授,教授有王翰辰、余谦六、樊泽民等。

化学工程学系,主任萧连波教授,教授有李仙舟等。

纺织工程学系,主任张汉文教授,教授有崔玉田、张佶、郭鸿文等。

其中,李仪祉名誉教授为我国著名水利工程专家,曾创立了民国时期最大的模范灌溉区——陕西"八惠",是旧中国水利建设史上罕见的成就。他病重逝世的前一天,还委托陕西省水利局向学校请假,逝世后按家属意愿,西北联大以其未领的讲课费和车马费250元设立了李仪祉纪念基金,专门奖励水利系毕业论文中的优秀论文。讲座教授李俨,由各种函授途径,完成了自己未竟的大学教育,在陇海铁路工作岗位上开创我国数学史研究,是我国自然科学史学科的创立者之一。他开设"道路测量"和"中国古算"讲座,也曾在西安临大师生徒步翻越秦岭时予以协助。他是中国铁道建筑、隧道工程及中算之一流学者,近在工学院土木工程系讲学,并特别撰著600页《铁道定线学讲义》,用于教学。魏寿崑创立我国冶金物理学。张伯声创立地壳波浪镶嵌构造理论。萧连波为我国造纸工业界著名的专家,为国家培养了大批造纸技术人才。李仙舟为皮革专家。张汉文著有《毛纺学》《精梳毛纺学》和《毛纺织厂设计》等全套毛纺学中文教材,是中国最早出版的中文全套毛纺学高校教材。刘德润在陕南期间所著《普通水力学》,是国内较早的水利专著。

其中最不幸的要数雷祚雯教授。他在西安临大时期即受陕西省政府委托,与魏寿崑、张伯声教授一同勘查安康金砂矿,以后随李书田创立西康技艺专科学校。1946年9月20日,乘飞机去重庆大学和西南工业专科学校任教时,飞机失事罹难,年仅39岁。因为机票已经售罄,雷祚雯教授的4张机票还是头一天晚上,通过西昌警备司令部的上校副官张恩涛从一商人手中让出的。当天，飞机拖着疲惫的躯体，冲着蒙蒙细雨，顺安宁河谷，向南飞去，大约20分钟后，地面站同飞机之间的联络，忽然中断。一直到第六天，一个彝胞来报信，说螺髻山上落了一架飞机，机上46人全部遇难，其中就有雷祚雯教授与妻女一家四口。这顿时轰动了整个西昌城。这也从一个侧面反映了战时办学的艰险。

西北联大时期的工学院地处巴山北麓的偏僻乡村（图3—13），但在教学方针、教学制度和课程设置方面毫不逊色于战前。本科学制仍为四年，但毕竟学校频繁的搬迁和机构的变化，加上经费困难、设备奇缺，教学工作条件极为简陋，不得不因地制宜开展教学。矿冶系从西安临大开始，即受陕西省政府委托对安康行政区砂金矿、汉江砂金和勉县煤矿区的地质情况进行了勘查和持续研究，并发表了《勘查安康行政区砂金矿简要报告》等。矿冶系教授郁士元发表了《勉县煤矿区之地质》等。

按教育部训令，工学院的必修科目包括：国文4学分，外国文6学分，算学8学分，物理学8学分，化学8学分，应用力学4学分，材料力学4学分，经济学3学分，制图4学分，工厂实习2学分。总计51学分。除所列必修科目外，党义、体育、军训均为当然必修科目不计学分。

工科教育注重实验和实习，但却缺乏起码的条件，学校想尽一切办法创造必备的教学条件。1938年5月12日，联大西安留守处董政邦致函学校，以学生技术训练领到航空委员会报废的飞机两架，运来城固，并派齐剑屏押运宝鸡转至城固。①

图3—13 西北联大工学院、文理分院办学旧址（今古路坝天主教堂，全国、陕西省重点文物保护单位，国家级抗战纪念遗址）

---

① 国立西北联合大学. 为运输教练废机曾经修函行营请发护照呈函, 国立西北大学档案, 67—5—429—3［A］.1938—05—12, 西安：陕西省档案馆.

(五)农学院三系

农学院,周建侯教授任院长。院址位于沔县(今勉县)武侯祠(图3—14)。全院共有教授、副教授 16 人,专任讲师、助教、技师等 15 人。农学院共三系:农学系,主任汪厥明教授;林学系,主任贾成章教授;农业化学系,主任刘伯文教授。其他著名教授有易希陶、夏树人、姚鋆、王益滔、陆建勋、李秉权、殷良弼、周桢、王正、虞宏正、王志鹄、陈朝玉等。

图 3—14 西北联大农学院办学旧址(今勉县武侯祠)

其中院长周建侯教授是联系北平大学农学院、西北联大农学院和后来的西北农学院的一个重要人物。1905 年公费留日,相继在东京高等师范学校、日本第一高等学校、东北帝国大学预科、北海道帝国大学农学部农艺化学系学习,毕业回国后,历任国立北京农业专门学校、国立北京农业大学、国立北平大学农学院教授,并长期兼任农业化学系主任。同时,还兼课于国立北京高等师范学校。1937 年 5 月至 1937 年 9 月出任国立北平大学农学院院长。1937 年 9 月至 1938 年 7 月担任国立西安临时大学—国立西北联合大学农学院院长。编写有《生物化学》《农艺化学概论》等讲义,翻译了《植物与环境》《营养化学》《实验生命论》等著作,在《中华农学会报》《中华学艺社报》等刊物发表了大量论文。农艺系主任汪厥明教授在英国剑桥大学农学院进修,专攻生物统计学,回国后创立我国生物统计学。虞宏正教授本为福建闽侯人,在德国莱比锡大学和英国伦敦大学从事胶体化学研究，又到到英国剑桥大学、美国布乐克林高分子研究所和加州理工学院进修和考察，回国后在西北扎根一干就是40余年，创立我国土壤热力学，担任胶体化学、物理化学、热力学和量子化学等课程的教学。他特别重视化学基础理论，并注意用当代化学发展的新成就来充实教学内容，备课时总是先查阅大量资料和期刊，然后融会提炼，一丝不苟地写出讲稿，并善于启发式教学。他所设计制作的"热力学公式转换盘"极受学生欢迎。

西北联大农学院是由原北平大学农学院组成的。其必修课程按教育部规定，主要包括：国文4学分，外国文6—8学分，化学6—8学分，植物学6学分，动物学3—6学分，地质学3—4学分，农学概论或农艺4学分，经济学系及农业经济4—6学分，农场实习2学分。总计38—48学分。除所列必修科目外，党义、体育、军训均为当然必修科目不计学分。

（六）医学院

医学院（不分系），最初由吴祥凤教授任院长。1939年改由蹇先器、徐佐夏相继任院长。

独立建院之初，教授有颜守民、林几、王景槐、陈礼节、杨其昌、李赋京、陈作纪、徐苏恩、张效宗。副教授有王同观、毛鸿志、陈东震、刘士琇、董克恩、冯固、吴英荃。专任讲师有翟之英、黄万杰、李宝田、厉矞华、徐幼慧、杨若愚、贾淑荣、杨尚鸿。讲师有王云明。

其中，吴祥凤教授毕业于日本千叶医科大学，为迁陕前北平大学医学院院长，精于内科学和精神病学，曾参与孙中山先生病重期间的治疗工作，后任伪职。蹇先器教授毕业于日本千叶医科大学（一说为东京帝国大学医学院皮肤花柳科博士），是中国西医皮肤性病学科的奠基人之一。徐佐夏教授曾留德，任柏林大学药理研究员，在西安临时大学期间，组成30余人的抗日宣传队，赴陕南褒城一带进行抗日宣传和医疗教学活动，在西北联合大学期间，积极协助医学院院长蹇先器教授聘请教师、联系实习基地，并借南郑卫生院开设门诊，使教学、医疗等工作逐步就绪，其译著《药理学》为药理学界较早的重要参考书籍。林几教授获柏林大学医学院法医研究所博士学位，是中国现代法医学的创始人，并培养了我国最早的一批法医学人才。颜守民教授早年留德习医，创建我国第一个现代儿科学教研室，将儿科由内科分出，开设儿科门诊，建立儿科病房，成为我国现代西医儿科学创建的标志。李赋京于1939年3月30日经国立西北联合大学常务委员会第67次会议聘为医学院病理兼生物学教授，早年留德专攻病理学，获博士学位，是我国研究钉螺最早的专家之一。杨其昌教授，留德专攻耳鼻喉科学，1938年应徐诵明常委之邀到南郑，任西北联大医学院耳鼻喉科学教授兼附属诊所耳鼻喉科主任，后兼任医学院教务主任。1940年5月20日，医学院遭日机轰炸，致腹部重伤而亡，年仅38岁。

1938年4月2日，西安临大医学院亦改为国立西北联合大学医学院，院址相继设于南郑县（今汉中市汉台区），暂在南郑联立中学（今汉中中学西侧汉南书院，见图3—15）商借校舍一部分为校址，半载收还，颇感不便，乃于不久租妥陕西省银行南郑中学巷九号房屋为院址，重新改造门楼添设饭堂与厕所，并将房顶、墙壁、走道加以翻修砌补完竣。在此上课至1939年3月，因日机经常轰炸，院址又迁南郑城东之孙家庙、马家庙（二、三年级），黄家坡、黄家祠（四、五年级）等处为临时课堂，一年级在城固校本部上课。医学院附属诊所在1939年夏天也因敌机轰炸移至南郑东关外黄家坡文家庙内，但停止门诊，只办理重伤病号入所，平时也是四五年级学生实习的基地。1939年4月7日，学校与城固县政府协商，成立西北联大城固诊所，大大方便了学校师生和民众医疗。

1939年5月14日，又办理重伤医院，特致函城固县政府："查本所前因南郑军政当局一再商请办理南郑县防护团重伤医院事宜，乃以情不可却，当即应允，于本月六、七两日，南郑迭遭敌机轰炸，计此二日经本所治疗者70余人，其中重任住院者21人。自经此两次轰炸后，此间人心大起惶恐，每日晨起均纷纷逃至郊外，以致医学院方面亦不能安心上课，并之近日卫生院迭向本所交涉，解除借房契约，而地方当局又以被炸重伤住院病人在市区中心，终非长计，乃经开会商请本所迁移城外，以谋安全。本所以敌机既已在城内滥肆轰炸，将来虽免继续侵扰，与其居住城内终日惶恐，莫若迁移城外，既应市方之要求，亦可供四、五年级学生安心实习,庶无荒废,故决定暂行迁往城外,办理重伤医院,现地址已经南郑县府觅于南郑东关外黄家坡文家庙内,距县城约10华里之遥,定于本月14日全部迁移该处,所有门诊,因感于事实之不能,故暂停止"①

图3—15 1938年医学院南郑联立中学办学旧址之一(今汉中中学)

西北联大医学院这时还主办了救护训练班、公共卫生训练班,并组织乡村巡回诊疗队进行巡回医疗。1938年5月18日,学校对医学院批复附属诊所开办费及附设练习生开办费预算。1938年6月29日,学校借汉中卫生院房屋32间并拨付2 000元作为开办费,并对购置药品器械、修理费等做出安排。西北联大医学院附属诊所首任所长为王景槐教授,另有教授陈礼节、颜守民、杨其昌等23人。

1938年4月间,借南郑县卫生院30余间房成立联大医学院附属诊所,又与迁南郑的洛阳军分区医院联系作为实习基地。附属诊所初在城

---

①国立西北联合大学医学院.函报附属诊所暂行迁往南郑东关外黄家坡文家庙内办理重伤医院,1939年西大呈文、便函、公函、电报,国立西北大学档案,67—5—451.2[A].西安:陕西省档案馆.

内汉台旁（图3—16），复迁至南郑东关黄家坡文家庙（图3—17）内，改称西北联大医学院附属医院，儿科颜守民教授相继任附设诊所主任、附设医院院长。当时住房、教学、生活等条件极为简陋，王兆麟回忆："1939年夏，南郑亦连遭日机空袭，教学、医疗无法进行，医学院又奉命迁至南郑城东的黄家坡、三皇寺和马家坝一带的农村，以庙宇和祠堂作为院址。""校舍条件很差，全院仅有四座年久失修、布满泥像的庙宇和两家祠堂，而且彼此相距二三华里，沟壑田埂纵横其间，交通极不方便。师生食宿之艰辛可想而知。记得小儿科教授颜守民住在离附设医院（文家庙）里许的一间农舍，室内仅摆置桌、床；屋顶透亮，可见天空。颜教授就是在这样的条件下，每晚点着油灯备课，清晨按时赶到医院上班，再走二三里田埂小路到黄家坡上课，日复一日，风雨无阻。其他教师的情况亦大致如此。"[①]

在此期间，学校附属医院得以发展，医院内、外、妇、儿、皮肤、眼、耳鼻喉等学科人员齐备，教师可为学生进行课堂教学和实习教学，施行了扁桃体摘除术、接生手术、眼外伤手术等。这时的医疗活动也不断扩大，1939年4月，西北联大为便利城固平民医疗而成立城固施诊所。1939年3月，附属诊所改为附属医院，分设医务、事务、看护等三部；检查、手术、调剂、图书四室；医务又分门诊、病房二部；门诊部设内科、外科、妇产科、小儿科、眼科、皮花科、耳鼻喉科等7科；门诊诊病时间为每日上午10时至12时，星期、例假停诊。诊券分普通、急诊、及特别诊4种。普通券每位收2角，急诊券5元，特别诊券30元。每日售诊券70至80张，或110至120张。

在医疗条件方面，初创时期的诊所，因设备简陋，检查器械缺如，初期尚不能做化学检验。1938年10月，西北联大医学院附属诊所，从西安购得少量试药及器皿、显微镜（最大倍数1400倍），开始做简单之检查，如小便之各项定性检查、血球计算、大便、痰的普通检查。之后，又购置康氏（Kaha）梅毒反应检查器具，遂开始做康氏梅毒反应检查。1939年3月，附属医院病房分头等、二等、普通、产妇及施诊等5种。

[①] 王兆麟.徐佐夏在西北医学院[J].中国人民政治协商会议西安市新城区委员会文史资料委员会，新城文史资料，1990（8）：78—85.

病房状况：有各种病房，共设 150 床位，住院费每位每日 8 元；二等病房 20 床位，每人每日 4 元；普通病房男女各 30 床位，每人每日 3 元；产妇病房 10 床位，住院费与普通病房相同；施诊病房男女各 25 床位，每人每日 1.6 元（餐费）。各种病房尚能敷用，唯施诊病房稍拥挤。截至 1939 年 11 月，内科门诊初诊人数为 3 908 人，住院 104 人。

图 3—16　在汉台旁设西北联大医学院附属诊所

图 3—17　1939 年，附属诊所迁至文家庙，建重伤医院，更名为西北联合大学医学院附属医院

关于医学院的课程设置，以全校共同科目和必修科目为例予以说明。据教育部对西北联大《廿七年度各学院一年级共同必修科目实施情形》的批复，认为"查该校各学院一年级共同必修科目大致尚合，唯下列各点应予注意或改正：医学院英文、日文每周各授四小时，德文每周八小时较部颁科目表规定时数超出甚多，且不应规定修习两种第二外国语。数学、物理、化学等三科教授时间又较部颁科目表规定时数过少，未免太重视外国语，应即照章分别予以增删。"[①]。

这一时期，学生人数有所增加。1937年开学之初，医学院有86名学生。1939年1月3日，据西北联大注册组统计，1938年上学期医学院学生129人。1939年，西北医学院毕业学生3名，仍发北平大学医学院毕业证。其中，有两位学生始终未到校，也未申领毕业证：一个是1943年时毛泽东同志的保健医生黄树则（1914—2000），1932年考入北平大学医学院，1938年应该毕业于西北联大医学院（北平大学医学院文凭），但他于同年在延安参加八路军，次年加入中国共产党，错过了申领毕业证的机会，相继任延安白求恩国际和平医院医务主任、儿科主任、院长，1943年任毛泽东同志的保健医生；一个是1974年毛泽东同志临终前的保健医生姜泗长（1913—2001），1932年考入北平大学医学院，应于1937年10月随校迁西安，1938年在陕南改为西北联大医学院后首届毕业，但因已任成都华西、齐鲁、中央三所大学联合医院（存仁医院）眼耳鼻喉科住院医师，而未返校毕业领证。但是，他们二人[②]的学历仍写为1938年（有的误为1939年）毕业于国立北平大学医学院（按西北联大规定毕业证仍为北平大学医学院）。

[①] 教育部令．据呈报《廿七年度各学院一年级共同必修科目实施情形》指令，大学各学院分院共同必修科目表，国立西北大学档案［A］．1938—12，西安：陕西省档案馆．

[②] 黄树则，解放战争开始后任第一野战军卫生部副部长兼中央直属卫生处处长，新中国成立后，历任北京医院院长、总后勤部卫生部教育处处长、卫生部保健局局长、卫生部副部长等。姜泗长，1952年任教于南京大学医学院，后改为第五军医大学，1954年与第四军医大学合并，遂迁西安任第四军医大学耳鼻咽喉科学教授、附属医院副院长，1959年调京，任解放军总医院教授、副院长，1994年当选为中国工程院院士。

当时，医学院学生的生活极为清贫，仅靠公费维持生计。史志超回忆：公费也只能顾到伙食，其他墨、纸、灯油费，均需自备。学生的服装，中西装皆有，有什么穿什么，校方也无法统一。夏天，学生大多身穿短裤，足蹬草鞋。"学生多会自己缝制，取布一块，上边挖洞便是夏季背心，长裤膝部臀部磨破了，从膝部剪去下腿，补之于臀部，便是短裤。风尚如此，皆不以为陋"。然而，大家"在精神上确很愉快，读书风气之盛，超过任何时期，虽说身穿短裤，足蹬草鞋，但手不释卷，乐趣盎然。"至于照明，常常使用一种"桐油烛"，汉中山区盛产一种桐树，学校以此制成蜡烛，开始发给学生，后来自备，用于夜间自习，燃烧时发出一种轧轧声，其外壳不易溶化，故需要时时剥皮。"此物虽非上品，但多年相守，久伴情生也"[①]。

（七）训导制的创造与发展

西北联大与其前身院校首创的训导制度在现当代高等教育中具有其特殊意义。1939年3月1日，国民政府第三次全国教育会议在重庆举行。自从民国九年（1920）开过第二次教育会议之后，这几年来，就没有举行过。抗战时期来开这个会议，具有极重要的意义。校常委胡庶华、李蒸、徐诵明作为西北联大代表出席会议，体育系主任兼导师会常委袁志仁（敦礼）被聘为全国教育会议专家委员。会议决定采用西北联大创设的训导办法，在全国高校实施训导制度。参加全国第三次教育工作会议的徐诵明常委指出："全国教育会议经过情形很好，有两点很可值得欣慰：一是出席的踊跃，全国的教育机关、大学校长、教育厅长或是亲身赴会，或是派代表出席，就是东北四省，以及河北、山东等沦陷区域，也推派代表来参加，大家都感觉中华国土，依然金瓯无缺。还有一点，就是教育当局，异常虚心，例如会议当中，本人负责审查训育组的案件，最困难的是教育部提出专科以上学校设立训导处的方案；这种办法，我们学校算是首创，教育部也说是仿照西北联大来设立的。训导主任必须

---

① 史志超.医学院琐记［M］//国立西北大学卅周年纪念刊，台北：西北大学校友会，1969：21—24.

在学校兼任教授，因为在学问上不能得学生信仰的人，不易收训导之实效。"① 参加会议的胡庶华常委也指出："在大学教育方面，全国各大学实施训导制度，采用西北联大设立训导处办法。"②（图3—18）《北京师范大学校史》亦记载："由学生生活指导委员会……改设训导处，这是由西北联大开始，国民党政府又推行全国。"③ 在高等学校设立训导处，的确是西北联大的一个发明。

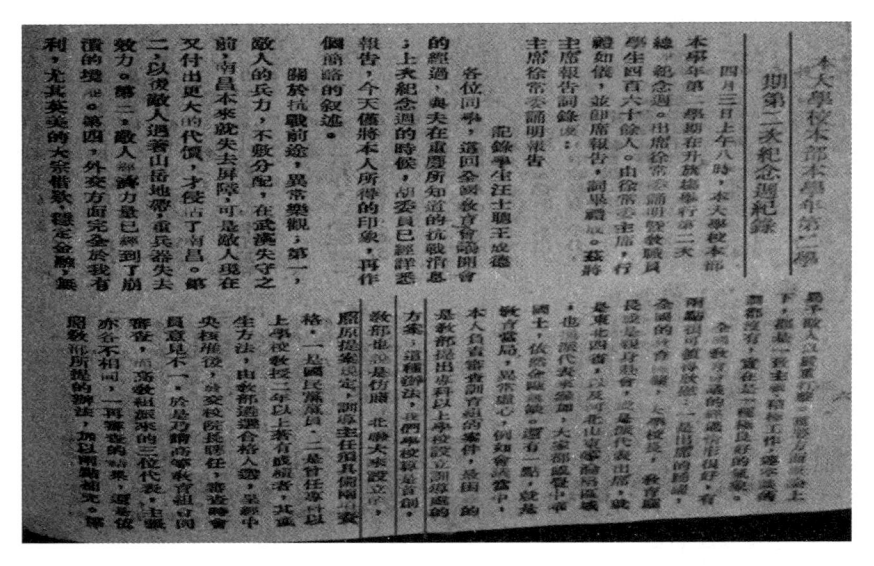

图3—18　1939年4月3日《西北联大校刊》上徐诵明常委讲话中关于西北联大首创训导制的报道

早在1938年4月西北联大的《组织系统图》显示，已在校务委员会和校常委下取消总务处，将原学生生活指导委员会改为"训导处"，与秘书处、教务处并列，训导处又下设导师会以及军训组和斋务组。碰巧的是，训导处的前身学生生活指导委员会，无论是1933年8月在北平师范大学，还是1938年4月之前在西北联大，均由杨立奎教授任常委会

---

①②本大学校本部本学年第二学期第一次纪念周纪录（1939—03—27）[M]. 西北联大校刊，1939（14）.
③北京师范大学校史编写组. 北京师范大学校史 [M]. 北京：北京师范大学出版社，1982：113.

主席。

1938年5月7日，学校对于女生的训导，还责成富有经验的原河北省立女子师范学院院长齐国樑担任全校女生训导事宜，"对于女生今后须从严管理，并盼齐国樑先生草拟管理女生章则。因城固地方相当守旧，如不于服装、行动、交际等特加管理，深虑为地方一般人所奇异，而为培植该女生等及本校对其家长之义务亦有比从前更加注意管理之必要，齐国樑先生掌女教有年，经验宏富，爰于上次教令加推为学生生活指导委员会常委，即盼齐先生以常委名义事实上行办理本校女生训导事宜。"[1]

为此，西北联大还相继发布了《本校训导大纲》《训导处组织章程》等详细规定，使训导制度进一步完善。其中《本校训导大纲》最能体现训导制的具体内容。

本校训导大纲[2]

壹、训导目标：训导学生切实理解三民主义之真谛，养成德智体群美兼备之人格。

贰、训导纲要：

一、依据国训、校训及青年守则，以养成高尚的道德。

二、厉行学业考查，并奖励勤奋，以养成彻底研究的态度。

三、厉行节约运动，纠正浪漫习气，以养成俭朴勤劳的习惯。

四、实施军事训练体育运动等，以养成强健的体魄。

五、鼓励并指导各种服务团体之组织，以养成互助合作的精神。

六、陶冶爱好自治及崇尚秩序的美德，以养成有组织有规律的生活。

叁、训导要目：

甲、关于思想性行方面：

子、思想

一、对主义养成研究信仰、奉行之决心。

---

[1] 国立西北大学. 通知学生生活指导委员会［A］. 1938—05—07，西安：陕西省档案馆.
[2] 国立西北联合大学. 本校训导大纲［J］. 西北联大校刊，1939（8）：32—35.

二、对人生培养正大宏达、服务之观念。

三、对领袖养成信仰、服从拥护之精神。

四、对国家养成崇信、爱护、忠勇之习尚。

五、对民族培养自信、自尊、自强之意志。

六、对世界培养平等、信义、和平之信念。

丑、行为

一、修己养成振作、勤苦、谨慎、整洁、谦虚、知足、廉洁、俭朴之习性。

二、待人养成诚实、信义、仁爱，宽恕、礼节、忍让、劝善、规过之美德。

三、治事养成公正、守法、精细、敏捷、果断、负责、沉着之习性。

四、对家庭养成孝顺、亲爱、忍让之美德。

五、对社会养成服务、合作、改进之精神。

寅、言论

一、谈话养成扼要、明确、诚恳之习惯。

二、演讲养成清晰、条达、充实之辩才。

三、文字养成明畅、正确、敏速之能力。

乙、关于学业方面：

子、治学习尚

一、养成学生对全部课程注意之习惯。

二、养成学生由博反约之习尚。

三、养成学生切实、虚心、有恒创造之精神。

四、养成学生寻求及探讨问题的兴趣与习惯。

丑、治学方法

一、使学生彻底明了各科目在全部课程中之意义及地位。

二、指导学生对于选系、选组、选课做周密一贯的计划。

三、指导学生对于日常课业及课外研究，做合理的设计。

四、增进学生阅读书籍、杂志及发表能力。

五、指导学生其他治学方案。

丙、关于体格方面：

督导学生对于学校军训及体育认真上课，并辅导学生参加课外运动及恪守卫生规则，以期使人人具有健全的体魄，及自卫卫国的技能。

肆、训导方式：

甲、个别训导

子、个人及家庭状况调查，每学年之始举行一次，以作训导之根据（调查项目详见"学生个人状况调查表"及"家庭状况调查表"）。

丑、个别谈话，导师应规定时间，与本组学生轮流作个别谈话，借以体察学生之个性及进修状况，以便指示改进之途径。

寅、个性考查，导师除由日常活动随时体察学生个性外，可采用下列方法搜集关于学生个性之多方面的材料，以为实施个别训导之依据。

一、各组导师及教授意见之交换：为彻底明了学生个性，各导师得随时征询其他导师或教员对于本组学生之意见。

二、学校各处组意见之征询：导师得随时征询导师会常委会、军训组、斋务组、校医室及其他有关方面对于本组学生之意见。

三、学生意见之征询：同学朝夕相处，作息与共，彼此间往往有深刻明确之认识，故其意见亦可作参考之用。

四、家庭访问或函询：如遇有学生之思想，性行发生较严重之问题，而为学校所不易单独处理者，可由导师访问或函询家长，以明问题发生之真相，而谋根本救治之方法。

五、考查学生之交际：学生如与思想悖谬、品行卑劣之人交往，应立予警告。

六、考查学生平日所阅读之书籍、杂志：学生平日所阅读之书籍，如有违背主义，抵触国策，诋告政府者，应随时没收并对阅者予以惩儆。

七、考查学生发表文字：学生如发表荒谬文字应立予禁止。

卯、关于不良之思想性行之矫正。

一、随时以口头劝告，或书面劝告。

二、选择针对某种不良思想发性行之嘉言懿行，令其服膺。

三、责令同学随时劝告。

四、报告学校予以相当惩罚。

乙、团体训导

一、小组会导师对于其所指导之小组，每周或每月应做精神讲话一次。

二、座谈会由导师选定题目预先通告本组学生令其准备后举行，每学期各加指导。

三、读书会由导师选定应读之书籍令本组学生于课外读阅，定期开会，详加指导。

四、研究会导师会可期各种学科及实际问题组织研究会，令学生自由报名参加，并随时开会讨论。

五、服务团导师会应指导学生组织抗敌后援会、劳动服务团、农村服务团、救济服务团、通俗讲演团、戏剧表演团、漫画团、民众学校、社会调查等团体。

六、露行及选定导师会应会同军训组每学期举行一二次。

七、旅行导师会每学年应举行一二次。

伍、成绩评定：

一、训导要目中各德目均以一百分为满分，其有无从考查者从略。

二、思想行为言论三项分数之记分法，以在该项内实得之德目数，除实得德目分数为该项之分数，如思想仅记得对主义、对人生、对国家、对领袖四目之分数，则将各分数相加，以四除之，为思想分数。

三、思想分数用六乘，行为分数用三乘，与言论分数相加，以十除之，作为操行成绩。

四、团体活动及团体中之个人成绩良好者，由学校给予奖状。

其实，训导制源于西北联大三校院之一北平师范大学的学生生活指导委员会。早在1932年7月李蒸任北平师范大学校长期间，即开始整理校务。1933年8月，在重新修订的北平师范大学《组织大纲》中，除设校长室、秘书处、教务处、学院四级机构外，即设有研究所、预算、审计、出版、图书、仪器、卫生、学生生活指导、军事训练、附属学校等10个委员会。其中学生生活指导委员会即主要以"整理学校风纪"为主要职责。其处理的主要事项由学生个人的思想行为、课外作业和团体生活，要使学生"力矫浅薄盲从之弊"，"不为偏颇的禁锢或宣传"。该委员会由校长聘任院长、秘书、系主任四名教授及其他一些人组成，常务委员会由杨立奎等人负责（与西北联大为同一人）。该委员会在北师大创立之初，曾与学生自治会发生尖锐矛盾。

虽说，民国时期大学训导制的实施和演变，逐渐成为党派控制青年学生的途径，甚至一开始就规定导师须为国民党党员，也与进步学生自治屡屡发生冲突，有许多教训应予吸取。但是，作为一项重要的大学制度，它的产生仍具有积极意义。

三、救亡图存

（一）中共地下党和进步社团活动

在西安临大和西北联大时期，在中共地下党的领导下，通过进步社团开展了大量公开的抗日救亡活动和争取民主的各种活动。

西安临大的中共党组织在西安时，与中共西安学校工作委员会委员、东北大学党支部书记孔宪春（孔飞）有密切联系，① 受西安学委领导。西安临大迁陕南改为西北联大后，以原北平大学地下党力量为主的西安临大党组织，除部分党员诸如郑代巩、杨守正、柳青等因工作需要去延安或抗日前线外，数百名要求往延安的进步学生或党员，诸如申健（申振民）等，均按中共西安学委的劝导随校南迁完成学业。在陕南，党的组织改称西北联大支部。

在西北联大时期（1938年4月—1939年8月），先后任联大支部书记和陕南学委负责人的有刘长菘、陶稷农、袁敏、刘骏达、余士铭等同志。这一时期，联大党支部先由中共汉中工委，后由汉中地委直接领导。当时工委、地委的同志先后是：余洪远（王德）、董学源、李铁轮、赵希愚、江侠（何生产）等。当时，虽处国共合作时期，联大党的活动基本上处于半公开或隐蔽状态，大多数工作仍只能通过诸如社会科学研究会、展望社、自励社、文艺学习社、北平大学在校同学会等合法组织或进步社团等形式来开展。

1. 社会科学研究会

社会科学研究会成立于1938年12月12日，常在一座竹木结构、宽

---

① 王振乾，丘琴，姜克夫. 东北大学史稿 [M]. 长春：东北师范大学出版社，1988：115.

敞而具有四川风味的"果尔佳茶社"活动,它是在进步教授沈志远、章友江、韩幽桐的指导帮助下,由法商学院的一些民先队员学生发起,并由西北联大地下党支部领导的第一个大型读书会组织。其主要学生成员有李昌伦、唐义慧、田泽芝、张人俊、余士铭、万迁、桂奕仙、张富林、陈恕人、伍诗绥、姚健吾、孟子奇、张治平、刘养桐、肖富国、马培英、傅道义、胡笑微、郭锦惠、傅静君等,成立大会由法商学院学生李昌伦主持。文理、工、师范各院也有不少进步学生参加,各学院成立有分会或研究小组。研究会组织会员学习有关马列主义哲学、政治、经济知识,如列宁的《国家与革命》和毛泽东的《论持久战》《论新阶段》,以及《苏联共产党(布)历史简明教程》、苏联《政治经济学》、艾思奇的《大众哲学》和重庆生活书店出版的大量进步书刊。除此以外,还相继请章友江、沈志远、彭迪先等教授做过学术讲演。

社会科学研究会曾两次申请立案,表明校方对此组织的反对态度。1938年12月2日,桂奕仙等13人第一次申请立案时,校方于12月6日批文:"查该会于本年5月30日呈请学生生活指导委员会备案,业经指示'不准'。现在所请导师究系何人未经声叙,且干事名单中薛毅因事尚被拘禁。所请备案之处,应予缓办"。1938年12月9日提起第二次立案申请,删去了名单中的薛毅,发起人为桂奕仙、胡笑微、马培英、刘养桐、孟子奇、姚健吾、李昌伦、伍诗绥、袁敏、张文清、魏敏、马汝庄、满开泉。1938年12月13日指示:"俟本校训导大纲颁布后如认为应行组织社会科学研究会时,再由导师会发起组织,令全体学生自由参加。该生等所请应毋庸议"。①

1938年7月28日,有人举报章友江教授在课堂上有倡导国共合作等言论后,社会科学研究会干事桂亦仙等13人呈报学校常委会,为章教授辩护。其呈文指出:

呈为属会导师章友江先生遭受诬蔑恳请勿听谣传而辨是非事,窃属会员为求读书效率之增进,研究方法之正确起见,曾聘请本校教授13人为导师,迄今五旬获益良深,乃迩者风传有人诬蔑属会导师章友江先生

---

① 国立西北大学.社会科学研究会申请[A].1938—12—02;1938—12—09,西安:陕西省档案馆.

在属会所召开之讲演会及座谈会上发表乱坏国民党与批评抗战建国纲领之言论，闻之不胜惊诧。按章先生曾为属会讲演一次，题为《精诚团结与中国抗战前途》，其内容对国民党领导全国人民从事伟大之抗战极为拥护，而对最高领袖蒋委员长之推崇与拥护尤溢于言表，至于在座谈会上讨论抗战建国纲领时亦曾发言二次，对于抗战建国纲领非未予批评并力赞其完善而主张坚决实践，更表示唯有实行三民主义始能完成抗战建国之伟业，言论内容属会皆有记录可考，兹谨缮就随文附呈。际此民族存亡绝续之秋，凡我国人皆当为民族生存而奋斗，覆巢之下绝无完卵，乃横加诬蔑，实为痛心，章先生既为属会所聘请之导师，而又因指导属会所究学问以致遭受无稽之中伤，属会仝人本诸良心难安。①

章友江教授被解聘后到了重庆，复返学校在城固居住，指导学生运动，1939年夏离城固，按周恩来的指示，打消去延安念头，相继在成都、重庆后方工作。桂奕仙后来也到了重庆，在沈志远教授主持的生活书店任秘书。

2. 展望社

展望社（或称展望读书会）1938年秋成立于西北联大法商学院附近的仁义村。最初由中共党员陈志立、余士铭、马介云、伍诗绥等发起组织，开始只有八九人，以后逐步扩大到30人左右，主要有段文燕、王清润、陶建昌（女）、桂奕仙、邓文惠（女）、高之企、沈能汝、彭恩谱、赵玉珉、王建、宋永年、周纪元（图3—19）、姜国杰、秦西铭、王家珍、李玉琤、张振锋、章泰谦、何其珍、傅道义、张新顺、陈莱、江树森、王绍祖、仇维智、王震瀛、吴旭升、王中常、萧锡璋、郭汝墉等。由马介云、陈志立、段文燕等人负责领导社务活动。

展望社成立后相继建立图书室，集资订阅进步报刊、购买进步书籍，供社员阅览和借阅；成立《资本论》学习小组，研究马列经典著作；出版"展望"壁报，发表学习心得体会，宣传抗战，团结进步力量；定期召开专题学习讨论会，在壁报上发表论文，有两篇论文在全校论文比赛中获奖，有一篇关于物价问题的论文获全国大学生论文奖。另外，还组织宣传队下乡开展抗日宣传。同时。该社还进行农村调查，开展文体、

---

① 国立西北大学. 社会科学研究会申请［A］. 1938—12—02；1938—12—09，西安：陕西省档案馆．

娱乐、歌咏、节日联欢、会餐等活动，团结进步青年，参加联大党支部组织的活动，营救被捕的进步同学等。

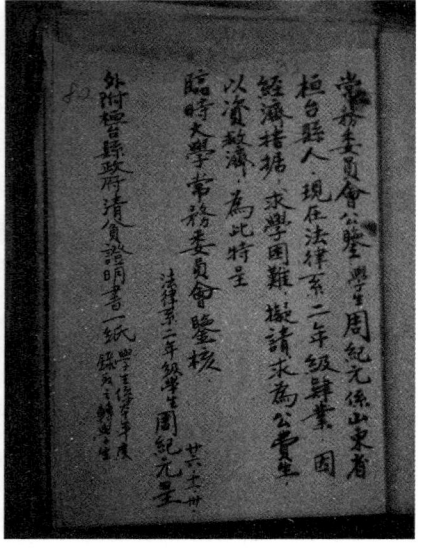

图3—19 展望社成员之一、法律系二年级学生周纪元申请公费生的"学生家境清贫证明书"

黄流回忆：

展望社成立后，读书空气甚浓，抗日救亡宣传活动很活跃。我们租了老百姓一间房子作为阅览室和读书、开会讨论的地方。我们阅读了李达的《社会科学大纲》，列昂捷夫的《政治经济学》《辩证唯物论与历史唯物论》《经济学说史》，列宁的《帝国主义论》《国家与革命》，恩格斯的《费尔巴哈论》，田原的《政治学》，延安《解放》杂志，毛主席的《论持久战》《论新阶段》《新民主主义论》等。

跨越几个读书会的"《资本论》学习研究小组"成立了，时间大约在1939年，参加学习的有马介云、余士铭、陈志立、伍诗绥、陆玉菊、段文艳、王清润、江沛南等20多人。大家推选我当组长。组长的任务主要是根据大家的意见确定学习内容、进度、学习讨论的题目、时间和地点。大家阅读《资本论》十分认真，特别是对商品、货币、资本、剩余价值等问题反复研讨。对于弄不清楚的问题，则找教授解释。学习讨论都是在深夜点着煤油灯聚集在老百姓的房子里秘密进行的，书籍也是秘密收藏的①。

图3—20 1985年4月29日至5月6日西北大学邀请原西北联大老校友召开校史座谈会

　　与会者有陈志立（一排右三）、邓文惠（一排右四）、里林（二排左八）、张容林（一排左四）、兰干亭、万迁（后排右三）、高陵（二排左七）、黄流（后排左五）、年丰、马力可、彭恩普、余士铭（二排左九）、靳鲁雨、祁鹿鸣、李昌伦、孟子奇、刘养桐、傅道义、王志宏、王仲雄、李可风、杨克（中共陕西省委组织部）、张岂之（西北大学校长）

3. 自励社

自励社酝酿于1938年冬，成立于1939年春，是西北联大地下党组织成立的第二个读书会组织，也是联大后期最大和最有影响的一个外围团体。该社由法商学院党员伍诗绥与同院的民先队同学刘养桐、张治平、杨子斌、王绍祖（中共党员）等发起成立。社址在法商学院一年级学生刘养桐、张治平两位同学在城固西门外仁义村的住处。这是一位淳朴、

---

①黄流. 在那暴风雨的日子里——忆在1937—1941年在西北联大、西北大学法商学院的学习斗争生活（1984—07）[M]//李永森等. 西北大学校史资料汇编. 西北大学校史编写组，1987：110—117.

善良的老农的小农舍。自自励社正式成立后,这所远离县城,沐浴着春天阳光的农舍,就成了联大法商学院一批热血革命青年的自由天地。其第一批成员约 20 多人,后来逐步发展到 30 多人,除伍诗绥、刘养桐、张治平、王绍祖、杨子斌外,还有陆玉菊、马培英、康少封、祁东海、张文昺、靳爱鸾、孙希贤、刘治亭、马汝庄、胡宗瑜、姚文焕、王志宏、姜沛南、庞文瑞、罗吉照、杨延寓、侯健、孙希贤、胡治珩、孟培华、史凌云、马遵德、鲍毅、王雨农、王佐才、李德三等。凡参加自励社的同学,他们共同的政治思想基础是:思想要求进步,主张抗战到底。

图 3—21 西北联大进步社团自励社部分成员合影

自励社没有成文的正式章程,社员江树森自己写了社歌的词谱,头两句写道:"我们是西北拓荒者,把革命种子撒遍西北原野……"。伍诗绥、刘养桐、张治平、陆玉菊、张文曾先后担任过该社的负责人和助手。

其活动:一是开展阅读进步书报活动,建立了一个图书室,有近千册社会科学、新文艺方面的书籍以及几份报纸杂志,还有新华日报和《解放》杂志,均由大家捐献或集资购买,供大家自由借阅。有时个人得到有价值的新书,也临时交给图书室传看。二是定期召开座谈会,分几个学习小组，如政治、经济、法律、文艺等，各人根据自己的爱好，参加小组学习，事先共读一些书或文章，而后命题讨论，或召开全社讨论会，主要就国内外政治形势或重大事变，开展讨论，提高认识。三是出版墙报，内容主要宣传抗日救亡，反对投降妥协，通过对国内外政局发表评论，对校内重大事件发表言论，对学习社会科学理论，讲述见解，进行对外宣传。四是在读书会中发展党的组织，经过一段时间对社会科学理论的学习，一部分同学提高了觉悟，提高了对党的认识，有了入党的要求，党决定在读书会中发展组织。五是利用国民党的合法组织形式，做了一些群众工作。如参加国民党当局发动的慰问伤兵活动，读书会一些成员在党组织安排下组织了慰问队下乡慰问、宣传。此外，还不定期地举行聚餐、郊游、唱歌等活动，用以联络感情、畅谈理想、抱负，增进友谊，还办夜校，教农民识字。通过读书会的一系列活动，促进了同学们政治上的成长，加深了同学友谊。

张容林校友回忆：

那还是1940年夏日的一天，自励社组织我们到离校20里路的神仙村柑橘园郊游。我们聚餐、唱歌，畅谈理想、抱负，在那里留下珍贵的照片。当时我23岁，里林20岁，其他同学年龄也相若，真是当年的翩翩男子和妙龄少女。……我记得周锡贤、马茹庄、姜沛南、庞文瑞、里林和我都是第一批成员。我们永远不会忘记那间小屋。城固县仁义村紧西头的那间农舍，那位淳朴、善良的老房东，每次活动为我们提供方便，还有那4条伴随我们风雨两年的长木凳上，总挤坐四五人。我们读进步书报，座谈国内外政治形势，争论重大事变，我们高唱革命歌曲和自编的《自励社》歌。……是这间小屋"教育"了我们，把我们送上了革命道路。很多人都是在"自励社"时入的党。[1]

自励社社员周锡贤和介绍人张容林还记得当年入党的情景：

那是一个晴朗的早晨，我们相约到离村较远的树林里，你郑重地对我说："党组织批准了你入党的申请，从今天起，你就是中国共产党的预备党员了，预备期3个月。"说完，你从口袋里拿出一面笔记本大小鲜红

---

[1] 张容林. 伏枥志 [M]. 南宁：广西人民出版社，2008：311—312.

的纸质党旗，挂在树上，对着镰刀斧头的党旗，你领着我庄严宣誓："为共产主义奋斗终生……"然后，我们紧紧握住对方的手，眼眶湿润了。在那白色恐怖的年代，还有什么比这更能让人感到激动，感到温暖、感到踏实的事啊！此后，我们一直单线联系，直到分别[①]。

在读书和讨论的间歇，为了活跃生活，历史系女社员陆玉菊总是发挥自己的特长，利用这个机会教唱抗日流行歌曲，如《红樱桃》《在太行山上》《黄河大合唱》等。自励社主办有壁报，曾经是西北联大一个综合性的、颇有声誉和影响的壁报，以敢于抨击时弊、文章短小精悍、编排得体和字体清秀，而引起大家的注意。主办壁报的同学都很有经验，像刘养桐，曾经于1938年在法商学院独自出壁报《剪集》，将进步书刊中的抗战内容，经过编排，加上后记，张贴出去，甚至出过诗歌专号、希特勒专号、"三八节专号"等。出了七八期以后，校务委员会委员张北海就此找刘养桐训斥，才没有再出。[②] 有这些有经验的同学主办，自然越办越好，影响很大。其内容，都是一般爱国求知青年关心的大事，如抗战救国、反对汪精卫投敌，呼吁团结对敌等。在反对国民党反苏反共及宣传革命理论方面，也很注意策略。即使这样，个别稿件仍引起了国民党、三青团及校方的注意。如地下党员罗光永于1939年9月写的《纪念"九一八"八周年》一文，和王绍祖的《学习·革命·人生观》（认为将居中圆点去掉就是"学习革命人生观"）一文，均在法商学院全体大会上遭到校方的点名训斥。可是一经点名，一些过去没有看过这一壁报的同学，都带着分辨是非和好奇的心情拥向《自励》壁报，反而提高了《自励》的声誉。

4. 文艺学习社

文艺学习社成立于1939年暑假前后。7月初，进步作家蒋牧良（中共党员）从老河口前线来到城固，在联大地下党支部的安排下，由中文系岳邦珣等人联合法商学院爱好文艺的同学，在城南一家茶馆里欢迎他，并请他介绍了抗战前线的新闻、文艺、文艺创作及党关于文艺的政策等，大家

[①] 张容林.伏枥志[M].南宁：广西人民出版社，2008：311—312.
[②] 刘养桐.自励社始末（1985—02—24）[M]//李永森等.西北大学校史资料汇编.西北大学校史编写组，1987：136—141.

听了都受到很大的鼓舞。会上,有人提议成立一个文艺社,出席的人一致同意,并定名为"文艺学习社"(图3—22),决定出刊壁报《学习》。

文艺学习社由岳邦珣、孙绳武、邓文惠等人发起,主要成员有白诗甫、祁东海、伍诗绥(张容林)、王清润、于淼、王建、卞重芸、刘衡(胡宗瑜)、王雨农、陆玉菊(里林)等。其主要活动:一是阅读讨论进步文艺作品,如讨论过《纺车复活的时候》《华威先生》等作品和对马克思主义文艺理论进行探讨(如现实主义问题);二是进行创作实践,相互研讨习作,并向进步报刊投稿;三是出刊大幅墙报,团结、吸引爱好文艺的同学。

图3—22 1939年成立的西北联大文艺学习社部分社友合影(邓文惠校友珍藏,摄于1940年),前排右一为邓文惠①

文艺学习社出刊的大型文艺壁报《学习》,推文学院于满川、法商学院王建为编辑,每半月1期,张贴在校部门首,非常具有吸引力。每期内容都有小说、诗歌、散文、杂文、理论文章等。壁报第1期于1939年7月16日出刊,发刊词是这样写的:

这是一个纯文艺的刊物。

---

①陈东东,陈湘湘,陈芳芳等.难忘的岁月:记我们的父母亲[M].广州:广东人民出版社,2008:26.

这个刊物的产生，并不是仅仅由于对文艺的爱好的缘故，而是我们感到也认识到文艺的力量和作用。我们认识文学和战士们认识他手中的枪一样……

历史在剧变的时候，是最灿烂的，我们的时代是悲壮而残酷的；同时，也是最美丽的。许多金色的故事，是从血泊里长出来的，是带血腥气味的——这气味可以使人、更崇高、奋发向前。文学不仅应该把它忠实地记录下来，以作为人类的夸耀，更应该发挥出教育、启发和推助时代的作用。①

《学习》的头几期连载了蒋牧良的小说《出山》，文章是用毛笔工整地抄在白纸上，再用蓝色厚纸衬底，刊头是彩色的，每期篇幅都有两三丈长。因为抗战初期发行的文艺刊物不多，这份壁报就自然成为颇受文艺爱好者欢迎的刊物。壁报中的一些稿件还被投往一些公开出版物，比如《一个工人的死》，就被重庆《新华日报》发表。

总之，从1938至1939年暑假，西北联大的读书会非常活跃，除最初的社会科学研究会和后来的展望社、自励社、文艺学习社外，还有不少小型的社团和读书会组织。如自修社、自学社、《资本论》学习组、英语学习组、剪编社等。

（二）西北联大其他抗日民主活动

联大在陕南开学后，传承西安临时大学话剧团（在西安时被胡宗南解散）的传统，联大地下党支部委员袁敏，组织民先队员、原临大剧团成员李昌伦出面，重组成"国立西北联合大学剧团"，由李昌伦担任团长，田泽芝、桂奕仙、陈恕人等担任剧务、总务，形成了马介云、余士铭、桂奕仙、伍诗绥、唐义慧、李昌伦等骨干力量。剧团下设有歌咏队，由孟子奇、朱经兰、张克勤等10余名民先队员组成，还有口琴队，演员虽说仅几十人，但围绕剧团活动和支持剧团活动的民先队员和进步学生，则不下一二百人，特别是男主角王禄贞（由南开大学转来法商学院的学生）、女主角王文琦（原北师大教育系学生），有一双有神的大眼睛，一

---

① 于满川. 关于学习社和剪编社的回忆（1985—10—09）[M]// 李永森等. 西北大学校史资料汇编. 西北大学校史编写组，1987：142—144.

口流利的普通话，表情逼真，深受大家欢迎。除上演临大剧团传统的抗日剧目外，还及时创作了一些内容新颖的节目。比如，联大剧团的第一个剧目《放下你的鞭子》，就是新创作的，排练就在李昌伦等四名同学合住的屋后小空地进行，由王禄贞饰关东老汉，江树森饰小伙计，瞿国成饰青年工人，王文琦饰香姑娘。联大剧团不但经常在陕南城固、南郑等县的农村和城镇巡回演出以抗战为内容的街头剧和中小型话剧，而且还到汉中大戏院演出大型话剧，深受陕南群众的欢迎。1939年暑假，还到汤恩伯驻成都部队演出，宣传并慰问抗日将士。其影响日益扩大，招来地方当局反动分子的仇视，国民党陕南党务督导专员办事处、汉中警备司令部等，都曾下令禁止联大剧团到汉中演出。

在联大校内，军事教官李在冰与复兴社也成立了一个剧团，称为"新生剧团"，主要宣传"一个主义、一个领袖、一个政府"的观点，与联大剧团唱起了对台戏。另外，成立有振中国剧社。

图3—23 国立西北联合大学振中国剧社成员在校本部门前的合影

李在冰和复兴社向当局告密和开送黑名单，企图整垮联大剧团，但又抓不到真凭实据，便指使"复兴社""新生剧团"暗中破坏。有一次，联大剧团在城固县城一个广场演出时，复兴社分子伺机捣乱，大家在地下党支部书记刘辽逸以及支委袁敏等的领导下，由万迁，余士铭、桂奕仙、伍诗绥和李昌伦等动员了数以百计的民先队员和进步学生到广场维持秩序，结果反动派没敢轻举妄动。他们又宴请联大剧团女演员王文琦，图谋挖墙脚，但被王文琦拒绝。

1939年春，两个剧团到汉中唱起了对台戏。新生剧团财大气粗，由校方派汽车将演员、布景、道具由城固送到汉中，而联大剧团则无任何交通工具，还要肩挑背扛，抬布景，拿道具，徒步六七十里路到汉中，从早晨六点出发走到下午四五点才到汉中。新生剧团以逸待劳，抢先在汉中的一个一流大剧院开锣演出。然而，西北联大剧团上演的抗日剧目早已誉满陕南，虽然在演出条件较差的小剧院演出，却观众爆满。新生剧团尽管费九牛二虎之力，观众却很少，演了三天就垂头丧气地打道回府了。

除此之外，西北联大进步社团还积极参加抗日救亡活动，曾在1938年暑假在法商学院最大的教室——北楼二层敞厅教室，召开"《抗战建国纲领》座谈会"，沈志远、寸树声、章友江、季陶达等，文学院的许寿裳、曹联亚、李季谷、许重远等均参加。其主题是讨论国民党3月29日在汉口召开的临时代表大会上制定的《抗战建国纲领》。沈志远在发言中，从理论上透彻地分析了这个纲领，章友江教授的发言慷慨激昂，对当局的抗战不力愤而击案，进行了有力的抨击。这次座谈会，有力地宣传了全面抗战的主张。

迁陕南以后，联大民先队逐步适应新的环境，也积极开展工作。这时，全校仍有民先队员120多人，设区队部，负责人为郑登材，下设城固、勉县、古路坝三个分队。① 当时民先队的成员以法商学院为多，不少共产党员同时又是民先队员，同样，不少民先队员后来又转为中共党员。因此，党的活动仍然是通过各种公开合法的组织形式开展的。这时民先队的骨干分子在法商学院有郑登材、刘长菘、张坚、金玉琨、刘大震、陈汝森、冯连璋、陈志立、王绍祖、祁东海、李诚、牟敦炜等。其他院系有袁敏、陆玉菊、张仁纯、夏聿德、刘骏、胡笑微、曹大中、卢运乾、蔡得中等。章友江、曹联亚教授经常指导民先队的工作。其工作主要有：积极发展民先队组织，壮大抗日进步力量；举办民先队壁报《行列》，宣传抗战理论，与妥协投降及"先安内后攘外"的顽固势力展

---

① 国立西北大学联合大学．常务委员会记录［A］．1938—11—30，西安：陕西省档案馆．

开斗争；组织演唱小队，利用业余时间和假期在城固县城和附近农村进行抗日宣传；反对国民党当局解聘进步教授和支持营救被捕进步学生；等等。1938年年底，校方曾张贴布告"禁止学生参加民先队任何活动"。①

1939年2月21日，中共陕西省委青年工作委员会在《两年来的陕西青年运动及其发展》的报告曾指出："临大（联大）本来是极复杂的，但民先力量相当大，又加上过去在平津做民先队工作的经验，遂在汉南对民先队的工作有了相当大的帮助，推动了汉南青年运动的发展。"②

（三）解聘与抗争

1938年11月30日上午11时，国立西北联合大学常务委员会第51次会议，在李蒸、徐诵明③两位常委缺席，仅余胡庶华一名常委的情况下，仍在城固校本部会议室举行。会议通过了：法商学院政经系教授沈会春（沈志远）先生函请辞职案④；拟请政经系教授章友江先生担任研

---

① 禁止学生参加民先队任何活动［J］.西北联大校刊，1938（7）：21.
② 两年来的陕西青年运动及其发展［A］.1939—02—21，西安：陕西省档案馆.
③ 1938年11月4日出席第47次常委会会议后（解聘许寿裳的1938年11月12日的第48次常委会议系由张贻惠代），第48次开始请假离校两个月（其间又延假半月）赴渝到教育部汇报和聘请师资，常委职由张贻惠代理，直到1939年1月13日举行的国立西北联合大学常务委员会第58次会议，始未由张贻惠代理，而亲自出席。1939年2月22日国立西北联合大学常务委员会第64次会议按教育部指令，常委得全体赴渝参加全国教育会议，"徐委员诵明报告，即日应召赴渝出席全国教育会议，常务委员一职，拟请张主任贻惠代理。"直到1939年3月30日的国立西北联合大学常务委员会第67会议，始出席。1939年5月26日第74次常委会再次由张贻惠代为出席，5月31日第75次出席。1939年7月5日国立西北联合大学常务委员会第80次会议决议，在张北海辞职、戴修瓒待任期间，徐诵明兼代法商学院院长。最后一次常委会记录为1939年7月19日第82次，徐诵明仍出席，并任主席。最后离校时间不可考。
④ 沈会春即沈志远，其余解聘：1938年11月12日的第48次常委会议，接教育部微电"加聘张北海为该校校务委员会委员"，同时"法商学院院长许寿裳先生一再函请辞去院长及兼代政经系主任职务案，决议（1）准其辞职，（2）聘许寿裳先生为本校建筑设备委员会主席，（3）聘张北海先生为法商学院院长"；1938年12月9日第53次常委会临时动议，"法商学院法律系教授兼系主任黄得中先生一再恳辞系主任职务案，决议：照准。法律系主任由张院长北海暂行兼代"；1938年12月14日第54次常委会"商学系教授李绍鹏先生函请解除教授聘约案，决议挽留"。

究抗战政治问题案，决议章教授准予给假一年（自1938年8月1日起至1939年7月底止）研究抗战政治问题；拟改聘曹联亚（曹靖华）先生为文理学院国文系讲师案；法商学院院长张北海函请解聘教授刘及辰先生、副教授韩幽桐先生、讲师张云青先生案；等等。这是西北联大历史上的一次重要会议，也是新增校务委员张北海列席的唯一一次常委会议，并且牵涉几位被"放假"、降职、解聘的主要教师。

1938年夏，国民党反动势力对西北联大以中共党组织为代表的进步势力的活动严加防范，进步教授的授课内容和进步学生的活动受到严密监视。为了加强对西北联大的控制，1938年7月，教育部下令改组国立西北联合大学校务委员会，先后增聘胡庶华、张北海为校务委员，胡并任常务委员。胡到校后，还兼任国民党陕西省党部委员，一身二任，实际上从此掌握了全校的实权。张北海在任校务委员之前，以教育部督学名义常驻学校。他曾从事新闻检查，曾任上海影检所所长和国民党中央调查统计局专员。他的来校，负有特殊使命，并随带一名"秘书"，实为精于拳术的保镖，曾任大汉奸褚民谊练拳的助手，这一仆一主在联大的现身，在宁静的校园颇为扎眼。

1938年9月2日，新学期开学时，校常务委员、法商学院兼院长徐诵明，请辞代院长职务，并经联大第38次常务委员会议追认，聘请鲁迅挚友、历史系主任许寿裳继任法商学院院长（图3—24）。此任命被进步势力拍手称快，反动势力却大为不满。在欢迎许寿裳教授履新大会上，一些三青团成员首先发难，对许先生进行无理攻击，而进步同学则起而驳斥，据理力争，双方各不相让，差一点在会上发生肢体冲突。

教育部对徐诵明聘许寿裳先生为法商学院院长一事，罕见地以重新任命张北海为法商学院院长来表达立场。然而，按大学组织法规定，大学校长为教育部任命，各院院长应由校长聘任，哪里有教育部直接任命院长的道理！教育部施加压力，加聘张北海为校务委员会委员，复于11月12日以联大常委第48次会议的名义，准许寿裳教授辞去法商学院院长兼代政治经济系主任职务，正式聘请张北海为法商学院院长。许寿裳教授得知此讯后，立即向校常委徐诵明提出辞职，徐诵明常委为表示抗议，立即批准许的辞职，同时自己也向教育部提出辞职（教育部未准），

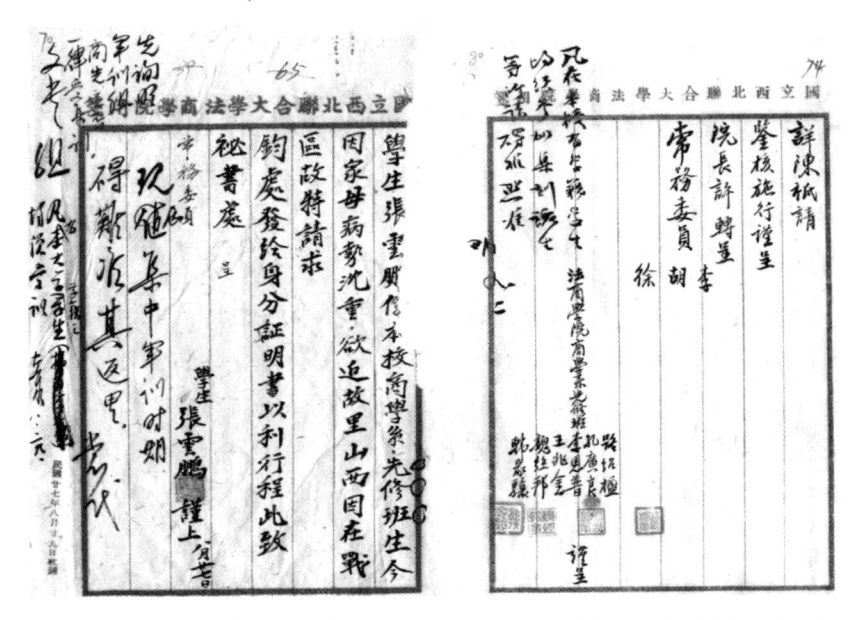

图 3—24　许寿裳至迟在 1938 年 8 月 28 日已经开始履行法商学院院长职责（此用笺上有 1938 年 8 月 29 日"现值集中军训时期碍难准其返里，裳代"和 1938 年 9 月 2 日"院长许转呈常务委员"字样）

随即赴渝、蓉等地向教育部报告校务和为医学院等聘请教师，两个半月后的 1939 年 1 月始回校（出席了 1939 年 1 月 13 日的第 58 次常委会）。11 月 21 日，张北海走马上任。胡庶华常委则在法商学院该学期第一次纪念周大会上支持张北海说："聘请西北工学院筹备委员兼本校校务委员张北海先生担任院长，现在张院长已到校视事，……张院长过去曾在国内文化界颇为努力，此次担任本院院长，我想一定会有很好的成绩表现。"①

张北海的上任，激起全校进步师生的强烈反对。法商学院曹联亚、沈志远、章友江、彭迪先、黄觉非、韩幽桐、刘及辰、李绍鹏等 10 余名教师开会，挽留许寿裳，反对张北海履新，并立即发出油印传单"快邮代电"送全国各报社、各大专院校和各机关团体，公开反对教育部的决定，指责张北海不学无术，品质低劣，不仅不足为人师表，更不配当大

---

① 本校法商学院本学期第一次纪念周记录（1938—11—11）[J]. 西北联大校刊，1938（7）：23—24.

学的院长。校内外对此反应强烈，学生中立即提出了"反对张北海接任法商学院院长""要求教育部收回成命"的口号。为平息事态，教育部加聘许寿裳为西北联大校务委员会委员，学校亦聘为建筑设备委员会主席，在1938年12月9日举行的西北联大第53次常委会上和1938年12月14日举行的第54次常委会上予以公布，教育部并就加聘一事致函许寿裳教授。①

同时，张北海与复兴社杨立奎、军事教官李在冰等人联合对抗师生，出动特务学生对为首的进步师生进行跟踪监视，并威胁、刁难、围攻。对进步教授采取不安排授课或者削减授课时数，实施排挤打击。在彭迪先教授的课堂上竟然有特务学生坐在第一排拿出手枪擦弄，蓄意威胁，还有一名特务学生，蓄意向彭教授提问：有一个教授每月领"国难薪"二三百元，但讲的是马克思主义经济学，试问：从"边际效用学说"看来，这有无"边际效用"？当即遭到彭教授义正词严地驳斥。1938年底，教育部亦下令禁止商学系学生学俄文，同时要求解聘法商学院俄文课教授曹联亚等12人。1939年春天，曹联亚、章友江、沈志远、韩幽桐、彭迪先、黄觉非、寸树声、刘及辰、李绍鹏、方铭竹、吴英荃、夏慧文、张云青等一批进步教师先后被解聘、低聘或给假架空（图3—25）。与此同时，教育部又通令全国各院校：解聘教授，他校一律不准再予聘任。

这激起了师生的极大愤慨。法商学院推举曹联亚、彭迪先二人作为被迫害教授的代表，前往校本部抗议，当面质问为什么要撤换院长？为什么要解聘进步教授？两位代表拍案怒斥道："不遵守聘约，不讲信义，不讲民主，迫害教师，就是摧残教育！"彭迪先教授年方31岁，更是怒不可遏，与校常委胡庶华展开了激烈的辩论。在中共联大地下党支部的领导下，立即向教育部和校方开展了一场请愿斗争。法商学院学生李昌伦出面组织群众200余人签名请愿；桂奕仙执笔起草了谴责反动派摧残高等教育、倒行逆施的石印传单，被迫害教授们还以"快邮代电"方式向全国大专院校请求声援。法商学院学生余士铭、马介云、刘养桐、伍

---

① 国立西北联合大学常委会. 国立西北联合大学常务委员会第53次会议记录；常务委员会第54次会议记录 [M] // 王建领，郑惠姿，姚远，王展志. 国立西北联合大学档案史料选编. 西安：西北大学出版社，2018：299—302.

诗绥、陈志立等积极发动同学进行声援。文学院院长黎锦熙也拍案而起，公开支持进步师生的斗争。张北海后以法商学院的名义宣布对李昌伦、王仲雄两位参与请愿的学生"记大过"处分一次，以示惩罚。

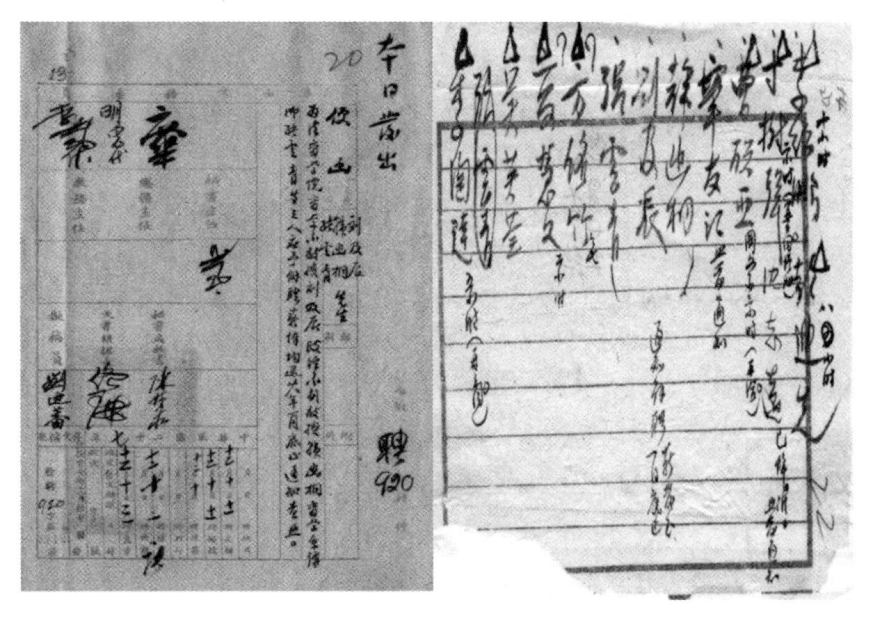

图3—25 西北联大常委会有关解聘12教员的文档（左为解聘刘及辰、韩幽桐、张云青的文件；右为一张会议草稿，自右至左书有李绍鹏、彭迪先、寸树声、沈志远、曹联亚、章友江、韩幽桐、刘及辰、张云青、方铭竹、夏慧文、吴英荃、季陶达〔幸免〕的姓名）

1939年1月9日，教育部长陈立夫指派学者型的教育次长顾毓琇到西北联大平息事态。中共联大地下党支部在章友江等进步教授的帮助下，围绕反对解聘教授这一主题，向顾请愿，并取得了顾对进步师生的同情和支持。但是，积极反共的政策日趋明朗，反动派在采取了种种压制措施后，于1939年3月5日的深夜，将中共联大地下党支部书记刘长菘、党员郑登材和李昌伦三人分别逮捕，并于次日清晨押解到汉中国民党陕南党务督导专员办事处肃反组关押审问。事发后，中共联大党支部在上级党组织的领导下，立即改组了支部，由袁敏继刘长菘任书记，并积极领导营救和组织进步师生探监慰问。同学们向三位战友献诗："爱国竟何罪？无端系尔身，永怀苏氏节，不愧岳家魂。此地朔风急，北天春意深。勿为多寂寞，四海结同心。"彭迪先、章友江、沈志远等教授亦多次奔波于城固、汉中间，尽力营救学生。寸树声教授为营救一事专程从城固赶到汉中找校常委徐诵明商议办法。随后，徐诵明常委与黄觉非教授同去汉中找在警备司令部政治部担任主任的同乡林某进行疏通。在重庆生活书店的邹韬奋先生，也以国民参政员的身份要求立法院院长孙科主持公道，电令陕南当局释放被捕学生。历时三月有余的营救，最终迫使当局释放了学生，但又于暑假之前借故将进步学生王佐才、江效楚、杨文杰三人开除了学籍。

张北海自1938年11月12日开始到法商学院履新，唯一一次列席了1938年11月30日召开的国立西北联合大学常务委员会第51次会议，并通过聘李浦先生为法商学院法律系教授，荆磐石先生为法律系讲师；聘请江之泳、汪奠基、凌乃锐、王希和、罗仲言五先生为法商学院政经系教授，翟桓、刘世超两先生为政经系副教授，吴我怡先生为政经系专任讲师；聘刘泽荣、张永奎两先生为法商学院商学系教授；改聘政经系讲师孙宗钰先生为商学系教授；聘许兴凯先生为法商学院政经系兼文理学院论理学教授。同时，提请常委会解聘政经系教授沈志远、改聘曹靖华为文理学院国文系讲师；准章友江教授学术休假（自民国二十七年八月一日起至二十八年七月底止，研究抗战政治问题）；解聘教授刘及辰先生、副教授韩幽桐先生、讲师张云青（常委会记录写明是"法商学院张院长北海函请解聘"）。在1939年2月14日提交常委会的函中提到李绍鹏教授时，与其他常委的一再挽留形成强烈对比，有"所任俄文课程缺授瞬逾一月，既未请假，形同罢教""现该项课程旷废遏久，不使罢教之风未宜坐视，北海辱承委托主持院务，未敢再行容忍，有负职守，拟恳即日准其辞职，俾便另聘替人以免虚耗国家公帑"；对于学生也很粗暴，在1939年1月27日的法商学院布告中就有"如仍有怙恶不悛，应即查照，为首者予以开除学籍处分"的激烈言辞；在列席联大常委会时，事涉一些法商学院的任免时，也多少有些霸道和与身份不符，如1938年11月30日列席第51次常委会时，一共讨论了10项问题，有8项为"张院长北海"的聘任、解聘提案，1938年12月9日又向第53次常委会提出解聘黄觉非教授法律系主任由自己取代的议案；1939年3月10日的第65次常委会，他又提出"签称商一学生李金明侮慢师长，应予开除学籍"。直到1939年7月5日，张北海向国立西北联合大学常务委员会第90次会议提出辞职，决议"照准，聘请戴修瓒先生为法商学院院长，并电部报告，在戴院长未到校前，推徐委员诵明暂行兼代"。1938年11月12日，张北海被教育部加聘为国立西北联大校务委员会委员，到1939年7月5日辞职，总共任职237天。从此，西北联大再不见其身影。

许寿裳致函昔日同事谢似颜教授回忆此次风波时，说："秋，弟兼长法商学院时，教部长别有用意，密电常委，谓院长宜择超然者，弟闻之，愤而立刻辞职，从此不与陈（立夫）见面，以弟之孤介，实难与此公周旋"。[①] 这次解聘与反解聘激起了一场影响深远的学潮。许寿裳先生辞去行政职务，专任国文系教授。此时，西北联大原体育教授、时任汤恩伯三十八军机要室主任的谢似颜，代转汤恩伯邀许任汤所创办的中正学院院长一职。许寿裳之子许世瑮也收到国立西北农学院邀任讲师的聘书，但忧于西农院长周伯敏由陈立夫任命，又是于右任的外甥，考虑儿子去后会使自己与陈立夫的纠葛再添变数，也"不满于党内有党"，厌于政治，故父子均婉拒谢似颜和西农聘请。之后，许并未离校，曾于1938年12月游汉王城，于1939年4月6日出席西北联大师生祭扫张骞墓，于5月7日出席钱玄同先生追悼会，1939年8月8日西北联大改为西北大学时仍为西北大学文学院史学系教授。1939年9月16日，自汉中乘汽车入川，19日抵四川成都，10月5日抵重庆，后任中山大学师范学院教授。

徐诵明常委未就任教育部令任国立西北医学院院长，而辞职到重庆，后任教育部医学教育委员会驻会常务委员虚职，曾与冯玉祥、邵力子等会面时，谈及对西北联大的愤愤不平。其实，对联大进步教授的解聘由来已久，可追溯至抗战前的北平大学法商学院进步教授解聘。徐诵明回忆：

国民党政府图谋解聘平大教员，由来已久。在抗日战争发生以前，平大特别是法商学院的员生中就有不少进步分子，因而早为国民党中央

[①] 许寿裳. 许寿裳日记（1941—03—21）[M]. 北冈正子，陈漱渝，秦贤次，黄英哲主编. 台北：台湾大学出版中心，2010.

所注意。我自代理校长职务后，每次到南京见到陈果夫、陈立夫、陈布雷等时，他们总说法商教员分子很复杂，希望我好好地整顿。1936年平大新聘许德珩、程希孟、沈志远为法商学院教授之后，国民党中央更加仇视。约在1937年三四月间，教育部忽来电，称奉中央命要解聘陈启修、李达、许德珩、程希孟、沈志远五教授，嘱我依照办理。当时我和法商白鹏飞院长均认为此令不能执行。我随即赴南京面见教育部长王世杰，说明五教授均学有专长，很受学生欢迎，一旦解聘，势必引起学潮，而且我深信他们都不是共产党员，不过言论上有时与政府不甚一致，但丝毫没有非法行动。王说："中央命令不能不照办，人数方面可以略减，否则恐影响平大前途。"不久王世杰又派教育部司长雷震邀白鹏飞到济南续商（雷、白是日本东京帝国大学同学），仍无结果。僵持数月以后，一日沈志远忽来见我说："我知道为解聘事您处境很难，现在邹韬奋先生邀我到上海生活书店去，我也愿意专心写作，暑假中拟即离校。"我当场即表示同意，并函王世杰告以暑假后不再续聘沈志远为教授，并希望解聘问题就这样结束。王函复同意。接着卢沟桥事变爆发，我未到陕前曾向王世杰谈到沈是否还可续聘，王说现在国共合作，共同抗日，续聘已无问题。因此，沈志远也就随校到陕西去了。

西北联大成立以后，情况更为复杂了。校常委陈剑翛不久辞职，教育部派胡庶华接替，而胡是兼任国民党陕西省区党部的（此时教育部长已改由CC头目陈立夫继任）。以原师大教授杨立奎为首的极端反动分子，勾结一批国民党学生利用学生自治会名义，动辄干涉校政，猖狂已极。上述法商五教授在抗战一开始就星散了，陈启修做了军事委员会参事室主任，李达到广西大学任教，许德珩、程希孟失去联系，仅沈志远一人到了城固。但法商员生中仍不乏先进人物，因此更成了陈立夫集中注意的目标。约在1938年下半年，陈立夫派特务张北海以督学名义到校视察，后竟常驻在城固，与常委胡庶华内外勾结，一面监视，一面搞颠覆活动。所幸平大大多数员生团结一致，常委李蒸和原师大教授黎锦熙等主持正义，使张北海等无隙可乘，因而学校尚能勉强维持下去。至1939年上半年，经沈志远介绍，邓初民等二人到校为法商教授后，张北海等即指使法商教授李宜琛、王治焘等公开反对，并致电教育部控告我和许寿裳（原平大女子文理学院院长，当时任法商院长）有袒共嫌疑，张北海等也致电教育部攻击，形势极为紧张。嗣经校委会将邓等聘书暂行搁置不发，始稍缓和。约在同年四五月，教育部来电称奉蒋介石命，要解聘教员沈志远、章友江、韩幽桐、曹联亚等十余人（大多数是法商教员），并嘱从速执行。我到重庆两次向部力争无效，许寿裳因此辞职，但解聘一事并未执行。不久，教育部又电派张北海为校委会委员兼法商学院院长。我忍无可忍，李蒸也鉴于张北海等专横难以共事，我二人乃联名电部辞常委职务。①

徐诵明常委从与国民党高层接触的视角对"解聘与反解聘"事件的回忆，有较高的历史价值。被解聘者章友江教授也从与中共高层接触的视角有所记载，他在后来给周恩来的一封信中写道：

1938年我在西北联大任教时，在党的领导和影响下，积极支持和领导了学生的抗日反蒋活动，为此被国民党解聘教职，并被通令全国各大学不得再聘请我任教。在这次斗争中，我曾专程去重庆八路军办事处向您请示，您和其他领导同志曾用请客吃饭的掩护方式，给了我很多重要指示。遵照这些指示进行斗争，在学校里保存了一部分"左"派教授的力量，充分利用了国民党派系间的矛盾②。

解聘与反解聘虽然以当局的高压了结，但联大按照周恩来等人的指示，仍然保存了一部分进步教授的力量，保存了西北联大地下党组织，抗日的、进步的革命火种并未熄灭③。

（四）"防共说"并未主导南迁和"一分为五"

因国共在联大势不两立，互相渗透，故刻意迫其远迁陕南，并致其解体的说法依据不足。

这一说法目前仅见于国民党方面于鸣冬的说法和共产党方面李可风的说法。

---

① 徐诵明. 西北联合大学的解散 [M] // 全国政协文史资料委员会编. 文史资料存稿选编，第24辑（教育），北京：中国文史出版社，2002：145.
② 傅道义. 抗日战争时期西北联大政治斗争散记 [M] // 李永森等. 西北大学校史资料汇编，1987（1）：107.
③ 李永森. 西北大学校史稿 [M]. 西安：西北大学出版社，1987：63—87.

于鸣冬校友就法商学院院长任免事件指出：

常委徐诵明为"左"倾分子所包围，竟于二十七年七月向常会提议聘请"左"倾教授许寿裳为法商学院院长，许就职后，要求常委会停发吴西屏等的聘书，并新聘……邓和民、吴清友、彭迪先为教授，因他获得常委徐诵明的支持，常委会予以同意。因此，西北联合大学顿时充满了陕北抗日大学的气氛①。

李可风校友回忆：

西安临大迁校……害怕延安影响西安，西安临大越变越红。终于三月上旬强行下令临大南迁……临大党组织和民先队部考虑各方面的需要，并照顾部分同学的意愿，动员大多数进步分子随校南迁，一面学习，一面开展抗日运动。同时，介绍了一部分骨干力量分赴河南、山西前线参加战地工作。另外，还挑选了一部分民先队员，分批送往抗日军政大学和陕北公学学习。我们民先队员几十人分两批步行北上，背负行装，在黄土高原高歌快步，来到革命圣地延安。②

西安临大南迁时，虽有300余名学生选择奔赴延安，如杨守正③、郑代巩④、柳青⑤、黄树则⑥、董慧（后为潘汉年夫人）等即选择去了延安，但中共西安学委，仍鼓励绝大部分学生随校南迁完成学业。西安临大法商

---

① 于鸣冬. 忆西大 [M] // 国立西北大学建校30周年纪念刊. 台北：西北大学校友会，1969：17—18. 于鸣冬为临大时法商学院政治经济系专任讲师，1939年为西大日文教授，1946年赴台为中兴大学教授。这是迄今所见将西北联大与陕北抗大相提并论的唯一文字。

② 李可风. 从抗日救亡蓬勃发展的西安临大到白色恐怖笼罩的西北大学 [M]. 西北大学校史编写组. 西北大学校史资料汇编（第一辑），1987：31—46

③ 杨守正（1915—2012），本名田冲、田大聪，1935年考入北平大学农学院，1937年10月转入西安临大农学院。他在西安临大1938年3月南迁汉中时，到了延安。后任驻驻索马里、苏丹、埃塞俄比亚、莫桑比克、苏联大使（1964—1970）。

④ 郑代巩（1915—1942）于1936年9月，10月间考入北平大学法商学院商学系俄文先修班，1937年复转入西安临大求学，在校期间为中共地下党负责人，亦于1938年到了延安。曾任全国学联主席。

⑤ 柳青（1916—1978），原名刘蕴华，1937年秋考入西安临时大学俄文先修班学习。后为著名作家，有《创业史》传世。

⑥ 黄树则，1932年入北平大学医学院，应在1938年自西北联大医学院毕业（发北平大学医学院毕业证）。1943年在延安任毛泽东的保健医生。新中国成立后任卫生部副部长。

学院申健（申振民）① 即按照党组织的安排随校迁陕南完成了全部学业。李可风校友，1938年9月与在延安抗大毕业的学员百余人分派至武汉工作。武汉沦陷后的1940年春，几经曲折，又回到城固国立西北大学复学。

西安临大文理学院外国语文系二年级学生崔润珊和同班同学方澄敏也是这批选择去延安抗大的学生，被分配至延安抗日军政大学第三大队第三队第十班学习。为以休学名义保留西北联大的学籍，崔润珊于1938年2月16日在延安特地致函西北联大常委（图3—26）。

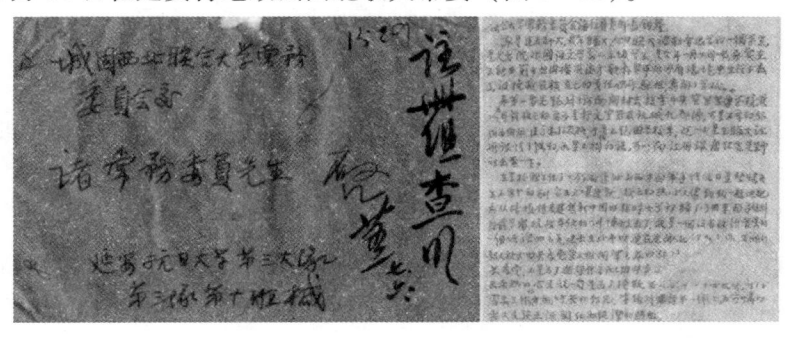

图3—26　延安抗日军政大学第三大队第十班崔润珊呈请休学来函局部与信封

这封信是一份反映全面抗战初期西安与延安间、国共间、国立西安临时大学与延安抗日军政大学间的关系，以及反映进步学生奔赴延安投身革命和思想变化的重要文物。当西安临大常委收到这封信时，学校已迁至陕南改为国立西北联合大学。西北联大常委们的最后处理结果是：李蒸常委指示注册组查明崔润珊学籍无误，并复函崔润珊告知处理结果："所请休学，碍难照准"。然而，"请发给修业证明书一节，或可通融。来函请求时可照发"。②

李可风与崔润珊等少数学生自愿奔赴延安，后又回到学校复学或要求保留学籍并获准发给修业证明，这说明延安方面了解西安临大和西北

---

① 申健（1915—?），原名申振民，申健为刘少奇所改。1937年夏考取国立北平师范大学，后随校转入国立西安临时大学法商学院经济系。1938年初本拟去延安，在中共地下党的劝说下，仍随校南迁汉中，入国立西北联合大学。1938年10月，党组织指示申健去胡宗南所部工作，被称为中共隐蔽战线"后三杰"之一。新中国成立后相继任驻古巴大使、中联部副部长。

② 崔润珊. 致西北联合大学常务委员会, 国立西北大学档案（学生类）. 67—4—163 [A]. 1938—02—16，西安：陕西省档案馆.

联大，而西北联大方面亦与延安有联系。虽然，校内也曾发生数次学运，也曾有进步学生被捕，以及孙科、邹韬奋、周恩来、徐诵明等出面营救学生，但均未成为联大解体的主因。无论是冯友兰的"三个人穿两条裤子"[1]致内部分裂说也好，还是于鸣冬、李可风国共互防说也好，抑或当下"内部矛盾和防共控制在将西北联大解散分立的决策和执行过程中也是发挥了一定作用的"[2]等说法其实都有某种偏颇，并未成为影响既定战略决策的主因。

西北联大在1939年8月8日最终"一分为五"，化身为皆冠以"西北"的国立五校，并按既定战略，稳步展布西北。

从大学西迁酝酿时期的社会舆论来看，1932年即有"上海一地即有国立大学六所，而西北六七省地方除前已所云兰州公立之甘肃大学外，国家并未丝毫顾及西北之教育……亦国家当局之失职与损失"[3]和"国家教育经费，动以千百万计，然用于西北者几何？沿江沿海，大学如毛，而从未在西北省区创一规模宏阔之国立大学"[4]的批评；有国民党第五次全国代表大会通过的"从速设置国立西北大学，培植服务西北之人才，树立复兴民族之基础"[5]的决议；有陕、甘、青政府及民间争办西北大学的高涨热情；有陕西省政府主席邵力子与行政院、与北平大学、与北洋工学院在全面抗战之前即积极接触，欢迎平津高校迁陕和"拟将北平大学和北洋工学院西移，为西北大学之基本"的预案。当西北师范学院迁兰、北洋工学院西京分院面临归并，以及1949年西北大学、西北工学院和西北农学院拟迁四川时，陕西省政府、陕西省参议会均极尽挽留，阻挡迁移。北平研究院与陕西省合作成立陕西考古会，以及与国立西北农林专科学校—国立西北农学院合作成立中国西北植物调查所等，则为大学西迁的先声。

---

[1] 冯友兰．三松堂自序[M]．冯友兰．三松堂全集．郑州：河南人民出版社，2012．
[2] 陈海儒．西北联大为什么被解体分立？[J]．天下，2012（3）：11—14．
[3] 康天国．西北应设立一国立大学[J]．新西北，1932（创刊号）．
[4] 大公报．西北教育之总病原在于贫穷[N]．大公报，1932—11—29．
[5] 杨一峰等．请设国立西北大学以宏造就而免偏枯案，民国档案[A]．1935—11—21，南京：中国第二历史档案馆．

在1937年8月的《国民政府教育部设立临时大学计划纲要》①《教育部长王世杰致浙江省政府主席朱家骅电》中，已有"为非常时期训练各种专门人才以应国家需要起见，特选定适当地点筹设临时大学""集中原有力量，于内地创造一、二学术中心，以求效力国家"②"于学术文化上根基较为稳固，文化着眼似宜注意于西北，即在政治上所关亦甚大"的战略考量。1937年9月28日，行政院与教育部对平津高校的西迁专门做了部署：

关于平津专科以上学校之处置：平津专科以上学校教职员学生为数极众，势非借读办法所可完全救济。本部为使优良教授得以继续服务，并使学生得完成学业，且为内地高等教育扩大规模起见，业经呈奉蒋院长核准，先在长沙、西安等处设立临时大学各一所，近已分别成立筹备委员会，派员分赴长沙、西安积极筹备，期能早日开学，并定就平津各校院原有经费划拨一部分充各该临时大学经常费。所有开办费亦经商得管理中英庚款董事会同意协助五十万元。关于校舍业经觅定暂时需用之房屋。至于图书仪器，则除利用平津各校院业经迁出之设备外，并正一面另行设法补充。战区教职员及学生之登记与救济：自平津失陷以后，平津专科以上学校教职员，多数南下，本部为接洽通讯起见，在部内设立平津国立校院通讯处，办理登记事宜。③

教育部长王世杰致陕西省政府主席孙蔚如电亦有"为使平津各校师生迁地研习，并发展西北高等教育起见，决定在西安设一临时大学"④的说法。在西安临大筹备期间，常委们也认可了这些说法，并自觉作为

---

①国民政府教育部设立临时大学计划纲要，1937—08，当时抄件，现存清华大学档案馆．

②教育部长王世杰．致浙江省政府主席朱家骅电，民国档案，五—2210［A］．1937—08—21，南京：中国第二历史档案馆．

③教育部．对于战事发生前后各级学校之措置总说明及有关文书，五—2—54［A］．南京：中国第二历史档案馆．

④教育部长王世杰．致电陕西省政府主席孙蔚如，民国档案，五—2211［A］．1937—08—25，南京：中国第二历史档案馆．

办学目标，明确表示是为了"培植人才，奠复兴国家民族之基"，①"以在抗战时期战区内教授、学生不应失教失学，并当训练各种专门人材，以应国家非常之需要，特设临时大学以资救济，意远旨宏，洵为国家百年教育计"。② 在此前后，国民政府行政院的《平津沪地区专科以上学校整理方案》也有相同表述。

1939 年 1 月，教育部在国民党五中全会、六中全会教育报告中，已有"现设陕西各国立大学及学院，如因战事关系有迁移之必要，拟令迁甘肃及青海以树发展西北高等教育及社会文化之基础，以后私立专科以上学校如呈请迁移，亦拟令其迁移于现有学校较少者省区如西康、青海等省以求分布之合理化"；"为谋奠定西北高等教育基础起见，教育部经将原有平津各校合并组织之国立西北联合大学改组，分为国立西北大学、国立西北医学院，国立西北师范学院三校，使成为永久之西北高等教育机关"的明确表述。

教育部在战后教育复员计划中，有"战后专科以上学校之设置宜先谋全国各地合理之分配"，还有具体的迁移计划：

  内迁学校迁移计划：内迁专科以上学校为求合理分布起见，拟定迁移办法如次。第一，分全国为东、南、西、北、中及东北、西北、西南八个区域。第二，各区之中心点及拟迁移或设置之国立专科以上学校校数拟订如左。西部：重庆，国立大学及专科学校各一校；成都，国立大学一校；西昌，国立专科学校一校；雅安，国立专科学校一校；自贡，国立专科学校一校。西北部：西安，国立大学一校；兰州，国立大学一校；迪化，国立学院一校；武功，国立学院一校。③

其中，西北地区有在西安、兰州、迪化、武功设校的计划。在教育复员计划中也有在"西安，国立西北大学；宝鸡，国立西北工学院；武

---

① 徐诵明、李蒸、李书田. 致电教育部长王世杰请辞十八日电，民国档案，五—2211［A］. 1937—10—18，南京：中国第二历史档案馆.
② 国立西安临时大学常务委员会. 呈报两月来筹备经过各情形请鉴核由，国立西北大学档案［A］. 1937—11—06，西安：陕西省档案馆.
③ 教育部. 教育复员计划，教育部教育复员计划及有关文书，5—2—287（2）［A］. 南京：中国第二历史档案馆.

功，国立西北农学院；兰州，国立西北师范学院，甘肃学院，西北医学院，西北畜牧专科学校，交通大学甘肃分校"等计划。1946年2月1日教育部的《国立专科以上学校调整地点一览表》中，已有"西北大学，迁西安，西北工学院迁西安，西北农学院仍武功；西北师范学院、甘肃学院、西北医学院（南郑），该三校拟合并扩充改为国立兰州大学"。

这些均充分说明，西北联大一分为五展布西北，绝非一时权宜之计，而在战前、战后的国家层面均有缜密的战略规划，而其他原因作为主因均难以获得档案史料的支撑。

四、苦乐生活

（一）"衣服无边疆"的教授生活

西北联大所在的汉中，在自然环境方面正当秦蜀之会，北依秦岭，下褒斜，临汉沔，平陆延袤，凡数百里壤土，居汉水之上，川陆平衍，广袤千里，南傍巴山，上通荆楚，旁出岐雍，此当襟喉要害之处。人文环境则自三代以来，号为巨镇，私商暗旅，出入如织，其养得稻鱼之饶，民人朴淳。抗战时，此地虽不时也有日机轰炸，但比起东部那战火纷飞的抗日前线，这汉中平原确是一小块平静的"世外桃源"。然而，这里毕竟为山间盆地，交通闭塞，联大校舍分散在三县六处，来往不便，不少院系的教室设在庙宇和破旧的公房里，宿舍和其他必要的教学设备全无，没有电灯，没有自来水，一切物质设备均简陋不堪。面对重重困难，联大规定购买公用物品要力争节约，尽量购用国货，个人则不许相互宴请，婚丧寿庆以茶点代替酒席，提倡节约储金等。1939年夏，又规定：停止应届毕业生各种酬应；劝戒吸烟饮酒；取缔浪费及无谓消耗；女生服装禁用华丽质料及鲜明颜色；学生贷金从严管理，有经济来源而仍申请贷金者，予以惩罚等。

教师生活方面，1938年11月16日联大第49次常委会通过的《本校教员待遇章程》规定：教授薪俸分为8级（300—440元）；副教授分为9级（180—300元）；专任讲师分为13级（100—220元）；助教分为11级（60—110元）。同时，按教育部1938年训令："抗战期间薪俸七折"，故大多数教职员都是靠薪俸收入维持生活，从东北、华北沦陷区流亡至此的教师，没有积蓄，又拖家带口，生活则更为艰难。

黄文弼教授的学生向玉梅回忆："黄文弼教授，一身中山装，不知穿了多少年，两袖发亮，肘下裂缝，我们望着他的衣服，常常联想到博物馆的陈列品。黄教授教的是边疆史，我们这些缺德鬼，常说教授的衣服没有边疆。他上课从来不说闲话，讲授材料之丰富，治学态度的严肃缜密，令人由衷敬佩，他口才虽不佳，声音又低，可是我们上他老先生的课，却是全神贯注，肃静无声，下课之后，我们会不由自主地反省到自己的浅薄和读书不切实际"[1]。

教师们大多住在附近农舍或临时住宅里。大多数教师身体状况很差，据校医室1939年3月8日至29日的统计，全校教职员百余人20天内生病就诊人数为326人次。但是，在爱国图存精神的激励下，大多数教师踊跃参加各种抗日献金、捐金、节约、捐助前方将士寒衣，认购救国公债等运动，表现了不畏艰苦，不计报酬的抗战爱国精神，尽心尽力地搞好教学，执意留在陕南偏僻山乡，坚持工作。

（二）化学系的科研乐趣

1938年，西北联大化学系初到城固，鉴于当地物资缺乏，遂就地取材制造了不少具有西北联大特色的"校产土特产品"，包括试制中药、进山调查制革原料五倍子、分析黑米、酿造芋头酒、绘制第一份汉中土壤成分图等，满足学校和地方的需要，为抗战和地方经济社会发展做出重要贡献。以下仅为其事迹之一二。

刘拓[2]造纸：1938年初在城固最感紧缺的就是纸张。刘拓教授立即着手研究，派学生收集原料，发现陕南的构树纤维很长，可以造纸。于是，采集标本，分离粗皮、软化细皮、蒸煮、制成白纸。质地洁白平滑。

---

[1] 向玉梅. 怀城固，念西大，怀师长 [M] //国立西北大学卅周年纪念刊，台北：西北大学校友会，1969：49—50.

[2] 指导学生造纸的刘拓教授为西北联大文理学院院长、化学系主任，留美博士，善书法，能诗词。抗战爆发时，他正在庐山讲学，旋即赶赴西安，先后任西安临时大学、西北联大文理学院院长兼化学系主任。他在城固利用当地土特产资源指导青年教师和学生研制蜡烛、栲胶和纸张，缓解当时的物资缺乏。1942年曾任内江糖厂总工程师。抗战胜利后赴台湾负责接收糖业。

他还据此撰成论文，发表在美国《化学工程》杂志。

二朱制蜡：联大初到城固，没有电灯照明，全靠蜡烛。其熔点甚低，亮度欠佳，气味难闻，夏天点用极易弯曲。为此，化学系朱有宣①（仲玉）老师、朱汝复老师悉心研究，予以改良，制得蜡烛硬度增高、灯芯燃烧速率与蜡的消耗更合理，而且外形美观，气味芬芳，大受欢迎。

助糖坊制糖：汉中盛产甘蔗，联大驻地有糖坊一所，制造粗砂糖。某年忽然早霜，糖坊所制糖浆不能结晶。眼看其一年心血将付诸东流，东家焦急万分，遂至化学系求救。化学系学生在刘拓教授的指导下随往糖坊调查分析，发现脱色方法落后。转化糖过多，漏盆中温度过低，致使结晶与母液不能分离。遂对症下药，手到病除。刘教授还就此撰成《糖液中加石棉粉过滤之效果》一文，发表于美国《化学工程》杂志。

谈"七"色变：汉中巴山之阴的西乡、秦岭之阳的洋县一带均产漆树，遂进入化学系的研究视野。结果，田岁成所在班的学生，凡是接触者，满身红肿，刘拓教授认为是异蛋白质反应，校医温大夫也束手无策。后来请教木工，才知"七木打了，八木治"，蒙赐八木片，煮水洗伤，不久痊愈。然而，此后同学们连与"漆"谐音的"七"都不敢谈，"谈七色变"，无人再敢与"漆"有染。

裂化桐油造汽油：学生们"谈七色变"，不敢染"漆"，遂又研究起桐油来。陕南桐树漫山遍野，桐油输出，为一大财源，但抗战时期出口停顿，货弃于地，非常可惜。学生们遂在朱汝夏老师的指导下，进行各种试验，以裂化桐油制造汽油，获得成功。

自酿芋头酒：陕南盛产芋头，学校食堂的水煮芋头，倒尽胃口，但芋头与山药炒成的二泥，又当别论。化学系实验室自酿成"芋头酒"，味道极为醇美，也很有开发价值。30多年过去，田岁成校友在台北回想起来，仍然回味无穷，不禁勾起酒瘾来。

（三）"水煮白菜一口沙"的学生生活

学生生活更为清苦。学生大多来自华北、东北、华中等沦陷区，在

---

①指导学生制蜡的朱有宣教授，后赴台湾。1947年任台湾糖业公司第一分公司总经理。

国破家亡中流离至此，仅靠微薄的贷金和公费来维持最低的学习生活。虽然，教育部宣布："凡战区学生可申请发给贷金"，金额仍为每月每人6元，但贷金的数量太少，且经常不能及时发给。公费的比例更微。1938年上半年，联大千余名学生中，能享受公费待遇者为54人（平大26人，师大17人，北洋工学院11人），约占全校学生比例4%。该年下半年，全校享受公费待遇者为21人，规定专为照顾非战区清寒学生而设，约占全校学生比例2%。①

学生伙食方面，因物价波动，吃饭时经常是八个人围着一小盆白菜汤，菜里很少看到油星、尝到肉渣。正如1939年3月一位学生在一篇名为《饭厅》的作文中所描述的："像吃宴席似的，八个人一桌、一桌、一桌，……水煮的白菜连盐都没有！'有警报'（没有饭的术语）！打游击（乘机多盛一碗）！倒霉！（吃一口沙子）！这是敌人送给我们的！这是磨炼我们的功课：'水煮白菜'和'沙子'……"②

政治经济系学生张鸿春回忆："我到西大读书以前，我的家乡已经沦陷，经济来源完全断绝，因此在大学读书的时候生活异常艰苦，完全依赖学校所发的一点贷金维持生活。贷金数额微小，勉供吃饭而已，其他用项又将怎么办呢？尤其到了三四年级，额外费用随之增加，所受经济的压迫，几使无法为继。"③

学生健康状况方面，由于抗战初期生活的艰辛，不少学生常常是靠借贷和半饿肚子来坚持学习的，故健康水平日益下降，据校医室1939年3月8日至29日20天的统计，全校学生800人左右，生病就诊者达2 177人次。④ 其中肺病和心脏病者占比例最大。在住宿方面，初期散居在旧庙宇、教堂和祠堂改建的教室里，睡地铺、通铺。即便后来改建了部分临时住房，也是十几人甚至几十人的大通间，也有到附近农家几人合伙租一间农舍的。

---

① 本校战区学生贷金委员会简章［J］. 西北联大校刊，1938（1）：30—31.
② 华遵舜. 饭厅，存西北大学校史办公室.
③ 张鸿春. 忆城固师友［M］//国立西北大学卅周年纪念刊，台北：西北大学校友会，1969：59—62.
④ 本校教职员每月疾病治疗分科统计表［J］. 西北联大校刊，1939（16）：15.

学习条件方面，除了汉中平原上自然美丽的农村风光、大城市少有的清新空气、清澈的汉江流水、神仙村秋季红果满山的橘林……这些大自然赐予的优越条件之外，可以说别的一无所有。偌大的联大图书馆，起初只有2 000多册图书，师生平均每人只有一本多书，消息闭塞，看不到全国性的报刊，大多学生买不起书，也买不到书，当然也有经济条件较好的学生向读书会等社团组织捐赠图书，或毕业班留下书籍。其他学习条件方面的困难更多，如晚上自习用油灯照明，不但光度不足，而且油烟使人窒息。学习必备的文具纸张也匮乏到了极点，就连《西北联大校刊》也不得不在1938年第10期以后由新闻纸改用地方黄土纸印刷，化学系的教授不得不自己动手自制黄土纸、蜡烛等用品。尽管如此，学生们的生活仍然丰富多彩，仍然积极学习和参加各种抗战救亡活动。

（四）足蹬草鞋的医学生

那时候，医学院的学生虽全部为公费，但也只能顾到伙食，其他墨、纸、灯油费，均需自备。学生的服装，中西装皆有，有什么穿什么，校方也无法统一。夏天，学生大多身穿短裤，足蹬草鞋。

然而，大家"在精神上确很愉快，读书风气之盛，超过任何时期，虽说身穿短裤，足蹬草鞋，但手不释卷，乐趣盎然。"[①] 有的学生仓促逃出战区，复与家庭失去联系，冬天将至，就连衣被都成问题。原北平大学医学院二年级学生、西北联大医学院三年级学生李星全甚至在申请中说："天气日益寒冷时，生活尚难维持，学业何能继续进行。"[②]（图3—27）

至于照明，常常使用一种"桐油烛"，汉中山区盛产一种桐树，学校以此制成蜡烛，开始发给学生，后来自备，用于夜间自习，燃烧时发出一种轧轧声，其外壳不易熔化，故需要时时剥皮。

至于课外体育运动，当时盛行的是板羽球，因战时物资缺乏，足球、排球、网球算是珍品，不知哪位高人，发明了这种板羽球：用三根鸡毛，

[①] 史志超. 医学院琐记 [M] // 国立西北大学卅周年纪念刊, 台北: 西北大学校友会, 1969: 21—24.
[②] 国立西安临时大学. 医学院二年级学生公费生申请书 [A]. 1937—11—29, 西安: 陕西省档案馆.

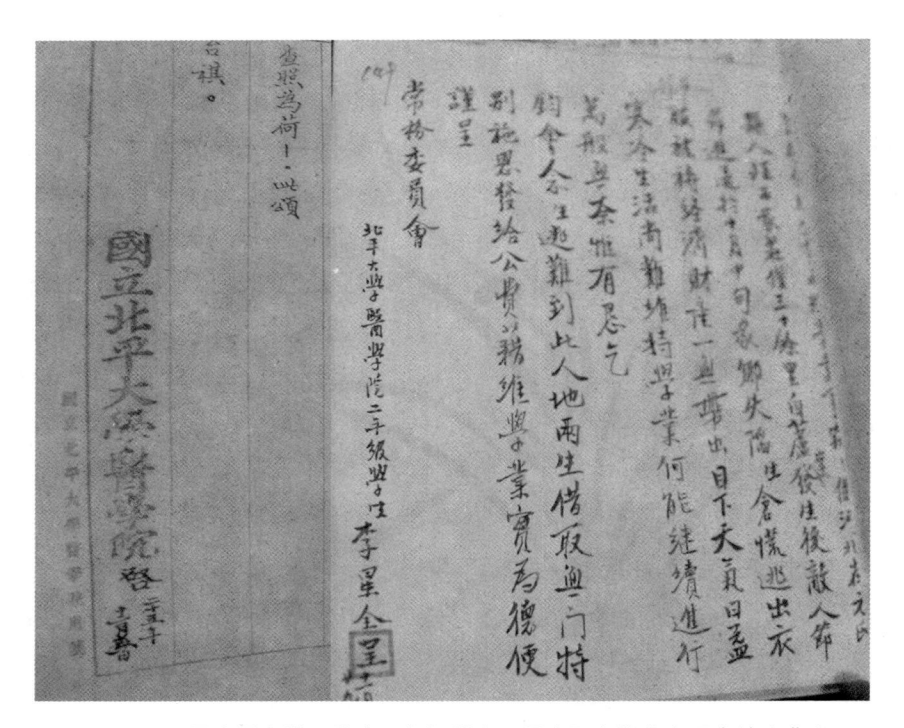

图3—27 原北平大学医学院二年级学生王星全因家境贫寒而申请公费生

根部缠以橡皮条，性能超过现时之羽毛球，球拍为木制，比现在的乒乓球拍为大，场中挂球网，可单打，可双打，玩时十分紧张，亦可充分发挥技术。它已成为那个时代课外运动的象征之一了。

（五）警报声中的武装考试

抗战中的汉中，西北联大的师生们常常听到警报声和遭遇日机频频轰炸。

1938年11月4日，在汉中南郑县集训地，西北联大为期两月（自1938年9月8日开始）的军训——陕西省学生集训队陕南支队受训结束，并迎来考试之日。然而，谁也没想到的是，模拟军事训练竟然赢来了一次携带枪支、刺刀、子弹袋的实战武装考试。

考试的前一天晚上，军训总队部已经通知：除了免戴钢盔以外，其他武器均要随身携带。卫万瑞同学在其《集训日记》中说："这种考试在我一生考试中，算是破题儿第一次"。

考试当日，军训教官还没有将考试题目写完，警报钟声即起，教官掷下粉笔夺门而出。武装考试的学生们也一窝蜂地扛起枪来，撒腿就跑向城外。卫万瑞与一位周姓同学躲在一片树林的两个墓冢之间。

不一会儿，8架、再有8架……相继有26架日机在汉中城上空盘旋。哒哒哒……我方高射机枪开始射击，日机炸弹爆炸。同时，汉中西关机场我方飞机应声而起迎击。一团团的黑烟由地而起，弥漫天空。卫万瑞清晰地看见我三中队的飞机在自己的头上盘绕飞过。

这就是西北联大师生战时的教学与生活。

叁　改称联大

肆｜五校分合

群思转瞬倭氛靖，
重返幽燕入旧黉。
敌势猖狂风鹤紧，
再迁南郑苦经营。
更名联大冠西北，
欲树宏规作久停。
院系星罗经纪紊，
三番改组庆新生，
流光卅载飞蓬转，
桃李成蹊蓝出青。

刘拓教授在诗里写道：大家本以为"转瞬倭氛靖"，即可"重返幽燕入旧黉"，哪知"敌势"仍"猖狂"，故西北联大不得不做持久打算。这就有了国民政府的连续三番改组，以及再一次合分。

常言道：合亦是分，分亦是合，合中有分，分中有合，分分合合本无常。1938年7月，正当全面抗战爆发周年之际，国民政府重整全国专科以上学校，促使立足未稳、黉舍稍安的国立西北联合大学母体诞生了两个最早的子体——工、农两院，并开始了新一轮的分合：以当时国内唯一的工科独立学院"国立西北工学院"的名义，实现了华北、东北、西北、中原的西北联大工学院（含国立北平大学工学院、国立北洋工学院）、国立东北大学工学院、私立焦作工学院的新一轮联合；以当时国内唯一的独立农学院"国立西北农学院"的名义，实现了西北、华北、中原的国立西北农林专科学校（1932年12月归并上海劳动大学农学院，1934年9月归并陕西省水利专科，1936年11月与国立北平研究院合组中国西北植物调查所，1937年秋并入国立河南大学畜牧兽医系）、西北联大农学院（即国立北平大学农学院）的新一轮联合。这不仅成为"国立西北五校"架构的先声，而且同时形成了我国战时最强大的综合性工程技术和综合性农业技术的两所独立学院。

一、西工分合

国立西北工学院和国立西北农学院是第一批自西北联大母体分出并独立的两个学院。1938年7月21日，教育部首先发出第5942号训令[1]；1938年7月27日，国民政府教育部《令发该校工两学院合并改组办法》。教育部部长陈立夫再发出第6074号训令："西北联合大学工学院与国立东北工学院及私立焦作工学院合并改为国立西北工学院"，并附《国立西北联合大学工学院与国立东北大学工学院及私立焦作工学院合并改组为国立西北工学院办法》《国立西北工学院筹备委员会简章》等。由于焦作工学院是完整西迁的，图书和教学用具、实习工厂设备齐全，这为仓促流亡到陕西的北洋、平大和东大工学院合并成立西北工学院创造了条件，因此四所工学院各具优势，绝对是一个强强联合。由此，教育部制定的这份合并改组办法，就成为我国战时国立院校与私立院校合并改组不多见的文件之一，形成了"焦作工学院之设备用具归国立工学院借用"的公私合立的独特办学体制与机制。

（一）国立西北工学院概貌

国立西北工学院相继有陕南城固、咸阳、西安三处办学地址。

---

[1] 教育部. 训令（廿七年发汉教第5942号），国立西北大学档案，67—5—306—1[A]. 西安：陕西省档案馆.

抗战时期，教育部初定设于甘肃岷县或天水，但实际上一直以在西北联大借用的意大利天主教堂之一部做院址，即汉中城固县东南部的古路坝天主教堂（今城固县城南12公里处董家营乡古路坝村）。初与联大文理教工分院（地质地理系、体育系、高中部）共处古路坝，1938年11月10日筹备委员会自城固考院联大校本部迁古路坝院址办公，为工学院独有。古路坝西北距汉中35公里，而宝鸡到南郑有西北公路，由成都到南郑有川陕公路，由天水至南郑有天双公路，由南郑至城固有汉白公路。院本部设于古路坝，二、三、四年级学生在此，分院设于七星寺（距城固县城5公里），专收一年级及先修班学生。古路坝除利用天主教堂房屋外，另建宿舍数10间，七星寺除利用全部寺庙外，另建宿舍教室及膳厕10余幢，勉强敷用。七星寺四周是平川一片，阡陌纵横，溪水常流，背后遥望斗山，青山绿水使人醒目，斜眺天台，令人有出世之感。古路坝一带地旷人稀，远离城镇，偏于一隅，又不易被敌机轰炸，因此是个学习的好地方。古路坝有座教堂，是意大利传教士设计的，周围的田产又差不多都是教产，连居民也大都是天主教徒，那巍峨的西式建筑，点缀在这四周的青翠林木中，阵阵的钟声，荡漾在山重水复之中，倒像是世外的桃源。"坝上长夜、七星灯火"的故事，就发生于此。

抗战胜利后，教育部于1946年3月指定西安为西工校址，但因西安军政机关林立，迁回单位众多，以致房屋奇荒，欲觅可容纳2000人的校址，难度颇大。西工派人奔走月余，仅在西安市早慈巷（今儿童公园东墙外）省立一中南院觅得200余间房屋。适逢资源委员会咸阳北郊酒精厂奉令结束，有厂房300余间，又在其300亩空地新建560间宿舍、饭厅等，遂于1946年6月迁咸阳，至1947年底开始上课。[①] 同时，在西安早慈巷设立分院。

在城固时，李书田初任筹备主任，胡庶华、张清涟、王文华、张贻惠、张北海、雷宝华为筹备委员。1938年11月10日筹备委员会迁古路坝院址办公。筹备期间有学生600余人。全院陆续设土木、矿冶、机械、

[①] 1957年10月西北工学院与西安航空学院合并成立西北工业大学，1958年由咸阳迁西安。1957年10月，中央批准将咸阳的西北工学院校址转交西藏，1958年9月15日西藏公学（今西藏民族大学）在此开学。

电机、纺织、化学、水利、航空工程及工业管理九学系。

1939年2月，部令以本院筹备完竣，于是撤销筹备委员会，聘原焦作工学院校董、北洋工学院校友秦瑜任院长，在秦院长未到院前，聘赖琏代理。3月1日，赖代院长偕曾养甫由渝到广元，着本院留广一部学生回城固，暂择龙头镇、七星寺两处分地上课。3月16日，赖代院长宣誓就职，同日开学。5月中，充实工科研究所暨工程学术推广部，俾对工程学科多作高深研讨，并辅助西北生产事业之进程。7月秦院长留欧未返，教育部正式聘赖琏为院长。8月21日，分地上课学生全体返院，同时举行第一届毕业典礼。毕业生共144人，计土木系65人，矿冶系21人，机械系13人，航空系12人，电机系20人，化工系6人，纺织系7人。12月23日，由院系会议修正组织大纲，订定各项章则，而法规乃具。1940年元月，呈奉教育部指令，以1938年7月27日部令饬合并改组，定为成立纪念日。

学院设院长一人，院长办公室设秘书、助理员各一人，分设教务、训导、总务三处及会计室。教务处设主任一人，体育组及卫生室，各置主任一人，分设注册组、仪器组、出版组及图书馆，各置主任一人，组员、馆员、教务员、助理员、书记各若干人。训导组设主任一人，分设生活指导组、军事管理组，组员、训导员、军事教官、军事助教、医士、护士、司药、书记各若干人。总务处设主任一人，分文书组、出纳组、庶务组，各置主任一人，组员、事务员、助理员、书记各若干人，会计室设主任一人，佐理员、事务员、书记各若干人。此外分设：迁运、建筑、编译、审查学生贷金、审查学生公费各种委员会，各设委员若干人。总干事一人。1942年时，图书馆有15 177册，内借自焦工者13 101册，余系北工、平工、东工所移交及该院所购入。另有测量仪器室、矿冶陈列室、化学实验室、电信实习室、机械系实习工厂等，还有两架旧飞机供航空系实习。

赖琏、潘承孝相继任院长。教育部附发的西工改组办法规定了其经费的三个来源：一是以西北联大工学院实支经费266 400元充为其经费；二是以焦作工学院的教育部补助费实支31 500元及原有学院经费移充为其设备费及迁移费；三是以中英庚款会补助西北联大工学院设备费原额

89 000元移充为其设备费。其教职员、学生、院产等均为西北联大工学院等三院校原师生和财产,包括全部学生成绩、设备、文卷等。

1938年度,添建师生宿舍90余间,复添建学生浴室等。

1938年12月11日开始上课。1939年2月,教育部撤销筹备委员会,最终聘赖琎为院长。8月21日第一届144名学生毕业,1939年度第二学期毕业143人,这两届学生的大部分学业应在西安临大和西北联大完成。至1939年6月,有教职员159人,学生共计828人(含正式生811人,研究生1人,借读生10人,特别生7人)。

至1946年,共毕业学生233人,按教育部学位授予法,授予学士学位。抗战胜利后的1946年3月,西工迁至陕西咸阳。

西工在联大时即成立有工科研究所,1939年又成立矿冶研究所。其中矿冶研究所分设采矿、冶金、应用地质三组,先后招收研究生46人,研究期限两年。开设有外国语(德、法、俄)、高等数学、高等金属矿床开掘法、采矿术、物理冶金学、高等冶铁学等40余门必修课和选修课程。

西工与西大等西北五校关系极为紧密,一度甚至两校共有一个校长。其中赖琎任西北工学院院长任内,于1942年春至1943年12月,一身两职,同时兼任西北大学校长。直到1943年底潘承孝继任西工院长后,教育部始准予他辞去西工院长兼职。

表4—1 1939年度全国高校工学科系设置

校名	校址	院、科、系设置
国立中央大学	四川重庆	工学院:土木、电机、机械、建筑、化工、水利、航空
国立西南联合大学	云南昆明	工学院:土木、机械、电机、化工、航空
国立西北联合大学	陕西南郑	工学院独立分出
国立中山大学	云南澄江	工学院:土木、电机、机械、化工、建筑
国立交通大学	上海/贵州平越	唐山工程学院:土木、采冶、铁道管理
国立同济大学	云南昆明	工学院:土木、机械、测量
国立武汉大学	四川乐山	工学院:土木、机械、电机、矿冶
国立湖南大学	湖南辰溪	工学院:土木、电机、机械、矿冶

续表

校名	校址	院、科、系设置
国立云南大学	云南昆明	工学院：土木、矿冶
国立西北工学院	陕西城固	土木、机械、电工、化工、矿冶、纺织、水利、航空
中法国立工学院	上海	土木、机械、电机

表4—1表明，国立西北工学院为战时我国大后方唯一的综合性工科独立学院，以及科系设置最为齐全的工学院。其所设航空工程系全国仅有3所高校（还有中央大学、西南联大），其所设纺织工程系及稍后所设工业管理系均为全国唯一。

北洋工学院显然为国立西北工学院的主体之一。其迁陕教授，土木工程有周宗莲、刘德润；水利工程有李书田；矿冶工程有魏寿昆、雷祚雯、张伯声（属于焦工、北洋两校）；机械工程有李廷奎、何绪缵、李酉山（属于北洋、平工两校）；电机工程有刘锡瑛、王翰辰，青年教师有王钦仁；化学工程有萧连波（属北洋和平工两校）等。据《北洋大学—天津大学校史》的统计，在西北工学院的北洋教师有296人。[①]

北平大学工学院形成于1928年，由清光绪三十年（1904）的农工商部高等实业学堂（设机械、电机、矿冶、应化4科）、1912年的高等工业学校（旋改称北京工业专门学校，增设机织科，1916年设立机织厂）、1922年的国立北京工业大学（增设土木工程科，1923年建成一座飞机场）、1927年的京师大学校工科发展而来。自1928年，相继由俞同奎（1876—1962）、颜德庆（1878—1942）、王季绪（1881—1951）、胡仁源（1883—1942）、程干云（1890—1968）、孙国封（1890—1936）、徐诵明（1890—1991）、张贻惠（1886—1946）任院长。至1934年，设有机械工程系、电机工程系、机织工程系、应用化学系等四系。其主要建筑和设备多数由京师高等实业学堂所遗留，民国建立后有大量增加。其电机工程学系有机械仪器416件；机械工程学系有机器仪器和工具1 251件；应

---

① 校史编辑室. 北洋大学—天津大学校史［M］. 天津：天津大学出版社，1990：453—457.

用化学系有机械仪器标本2 192件；机织学系共有机器仪器873件。全院共有机器、仪器3 868件。张贻惠院长任内添设了造纸机、喷色机、燃机等设备。由此可见，其已具相当规模。北平大学工学院西迁入陕的有院长张贻惠，教授有机械系有潘承孝、王季绪、李酉山、郭鸿文；电机系有余谦六；纺织系有张佶、张汉文、崔玉田；应用化学系有虞宏正、萧连波、方乘等。

以德国柏林大学为蓝本的东北大学工学院，以东北现代工业的缩影著称，也是当时设备最为先进的工程教育基地，仅其附设工厂即下属10个分厂，占地数百亩，投资170万银圆，年获利300余万银圆，故具有相当的基础。梁思成于此创建了国内第一个建筑系。

私立焦作工学院为我国最早的矿冶大学，也是当时唯一的私立工科院校。私立焦作工学院与国立高校合并，使其矿冶学府鼻祖的特色和其完整地、有计划地搬迁所保存的图书仪器设备，成为新联合体设备的重要补充，不啻雪中送炭。

（二）二次联合后的西工系科

1938年12月时，设有土木、电机、化工、纺织、机械、矿冶、水利、航空八系，后又增设工业管理系。1938年3月16日赖琏就职后，增设工科研究所与工程学术推广部。至1939年6月，有教职员159人，学生共计828人，含正式生811人，借读生10人，特别生7人。

西北工学院前承北平大学工学院，复汇入东北、中原工学高等教育，形成了土木、矿冶、机械、电机、化工、纺织、水利、航空、工业管理，以及从本科生到研究生的完整工程高等教育体系，当时也尤为注重基础教育，仅1945年时即有公共课教授刘凤年（社会科学）、马纯德（数学）、王丕拯（数学）、许继曾（力学）、高怀慈（德文）等，还有副教授刘冠勋、苑廷瑞、朱淳实、时万咸、王允升、萧涤吾、张大昕等。七星寺分院有郝圣符、张兆荣、段子美等教授，及张景淮、赵慈庚、郑恩德、刘寿嵩、刘振华等副教授。1948年，先后新增副教授晋升教授的刘冠勋，还先后新增张寄尘、龙际云等教授，从而大大充实了西北地区工程教育本土化发展中各个层次、各种类型的师资力量。①

赖琏在西工第二届毕业生训词中亦谈到工程人员的责任、信仰与修养，特别强调："吾辈学工程者对于素习科目，固宜继续探讨，精益求精；即其他普通知识，亦应随时充实，日新又新"②。并进一步指出"工程人员负有解决实际问题的责任，更应有充分的普通知识；否则，一旦观感幼稚，判断谬误，小之被人讥为坐井观天，大之就可影响毕生的事业。如果你们除了某种工程外，对于历史、地理、文学、哲学，丝毫不感兴趣，甚至对于政治、军事、经济、社会的趋势，完全隔膜，你们就不能把握全盘的时机，纵有专门技能，也难成为健全的工程人员。所以，你们对一门自应精通一切，对其他部门，也应略知梗概"③。在此，西工明确倡导工程教育应注重通专并重、讲求实际、随时充实、学以致用的科学教育观，与北洋工学院的教育思想一脉相承。

（三）填补中国北方地区高等教育空白的工业管理学科

西工的学科除水利工程以外，其机械、土木、化工、造纸、纺织、航空学科，固然均为西北所无，是我国西北地区这些学科的肇端，但其中对工业体系影响面最大的还是工业管理学科。

工业经济管理是对工业经济活动进行计划、组织、指挥、调节、控制和监督的一种职能，是国民经济管理的重要组成部分。它萌发于以蒸汽机和纺织工业为特征的第一次工业革命时期，在20世纪初期逐渐进入欧美高等工程教育领域。1928年，上海交通大学成立管理学院，但最初仅侧重于交通运输管理，1931年始设铁道管理、实业管理、公务管理、财务管理四科。早在1936年，还在西北联大前身之一北洋大学时期，周宗莲即开始介绍英国工业经济管理的课程和考试内容，指出："英国的工程教育是由学校、厂家与学会三方面负责，而受教育期间，是三年书本，两年学徒，而在资格上须有学会之某种考试为之证明"；此种考试"命题内容，全是实际经验的材料，如估计材料数量、价值、草拟工程合同

---

① 张建新，李晓霞，姚远. 国立西北工学院工程教育课程体系的演化[J]. 西北大学学报（自然科学版），2012，42（4）：684—687.

②③ 赖琏. 对本院第二届毕业生训词——工程人员的责任、信仰与修养[J]. 西工友声，1940（1）：3—5.

或说明书等"①。

西北工学院工业经济管理学科适应抗战时期内迁工业的发展，形成从师资、学生、教材教法，到课程建设的一整套成熟经验，从而填补了中国北方地区高等教育的空白。1945年时，水利系主任彭荣阁教授兼任工业管理系主任，教授有叶守济，副教授有蓝贞亮，讲师有刘宗耀，助教有卢坤纶等。1948年，先后增苏在山、龚止敬教授，以及副教授晋升教授的蓝贞亮。

与西安临大、西北联大相关的北平大学工学院设有机械、电机、纺织、应用化学四系，未设工业经济系。西安临大、西北联大时期，仅在法商学院设有政治经济学系、商学系，工学院仅有土木、矿冶、机械、电机、化工、纺织等六系，有一些课程涉及工业经济管理。

东北大学工学院在1932年接收的东北交通大学学生中有铁路管理科（分运输、商业两门）的学生。自1923年至1938年并入西北工学院之前，并无工业经济管理专业。私立焦作工学院合组前仅有采矿冶金和土木工程两科，后改为采矿系、冶金系、路工系和水利系四系，没有工业经济管理系科。国立西北农学院由西北联大农学院与西北农林专科学校于1938年7月合组而成，故同属西北联大子体学校。该校专设有农业经济系和附设农业经济专修科，适应西北建设需要，培植乡村建设及各种农业经济人才。其所开课程有经济思想史、经济地理学、农村经济学、经济史、西洋经济史、中国经济史、农村合作、农业推广、农业仓库、农场管理、农业经营等等课程。虽然部门不同，但是原理有相通之处，因此它也是西北联大工业经济管理学科生成的基础之一。国立西北大学之法商学为其骨干学科，开设有系统的经济学、管理学课程，如所开设的经济学、会计学、成本会计、统计学、会计报告分析、经济数学、运输学、市场学、经济政策、公司理财、战时经济、中国经济史、西洋经济史、经济思想史、经济地理、条约论、现代经济学说、工商组织与管理、工商政策、实业计划研究、合作经济。经济学系罗仲言（章龙）所

---

① 周宗莲. 英国之土木工程 [J]. 北洋理工季刊，1936，4（3）：12—19.

著的《中国国民经济史》①对中国古代、近代的工业经济做了全面的历史考察。

未设工业经济管理系之前，西北工学院其他系科已经开始学习相应课程。比如：土木工程学系第二学年第一学期开设有经济学必修课，第四学年开设有钢桥计划、钢筋混凝土计划、铁道计划、契约及规范、房屋建筑计划、高等结构计划、都市计划等管理课程；矿业工程学系采矿组第四学年第一学期、第二学期连续开设有经济地质、矿场会计与管理，第二学期开设有矿业法规必修课和矿业经济任选课；矿业工程学系采矿组第四学年第二学期开设有炼厂会计及管理必修课；机械工程学系、电机工程学系、化学工程学系、纺织工程学系、水利工程学系、航空工程学系第二学年第一学期或第二学期开设有经济学必修课，机械工程学系、航空工程学系第四学年第二学期开设有工业管理必修课；化学工程学系第四学年第一、二学期开设有簿记及工业会计必选课；纺织工程学系第四学年第一学期开设有工厂管理必修课、工厂会计必选课，以及工厂卫生、工商法规等任选课；水利工程学系第四学年第一学期开设有水工结构计划、灌溉工程计划等选修课和契约与规范必修课和水电工程计划、卫生工程计划、工程估价等选修课。从其工业经济课程多设于高年级来看，显然是作为工程技术高级管理人员必须具备的高层知识来设置的。这些课程的开设，为工业经济学管理学科的形成做了重要准备。

1943年，在西北工学院自西北联大分出独立设置5年以后，增设工业管理系。抗战胜利后，迁校西安、咸阳时期，工业管理系教授有苏在山、龚止敬（教统计学）、叶守济、蓝贞亮等4人。当时，工业管理学系教师变动不大，仅增聘龚止敬先生教统计。系主任彭荣阁先生事务较忙，无暇兼顾。改聘新回国的苏在山博士为教授兼系主任，各门课业，照常进行。其主要教授生平事迹如下：叶守济，安徽长丰人，生于清光绪三十年（1904）。1931年毕业于中央大学经济系，1937年毕业于日本东京大学研究生院。从1940年起，历任河南大学经济系教授、西北农学院农

---

① 罗仲言. 大学丛书·中国国民经济史（上、下册）[M]. 上海：商务印书馆，1944.

业经济系教授、西北工学院工业经济系教授兼系主任。① 他先后讲授过经济史、农业经济、土地问题、农业仓库、农业金融、政治经济学、货币银行学、工业进化史等课程。彭荣阁，毕业于北洋大学。教授水利课程，曾任西北工学院工业经济系主任、教授。后任四川大学工学院院长、二级教授。蓝贞亮，浙江松阳人，生于清宣统元年（1909）。1934年毕业于暨南大学铁道管理系、1949年至1954年历任西北工学院工业管理系副教授、主任、教授。② 他主要讲授会计原理、工业会计、成本会计等课程。主编有《会计学原理》《工业会计》等。苏在山，西北工学院工业管理系主任，东北人，留美博士。抗战胜利后赴台湾，任成功大学商学院院长。刘纪之，经济学教授，河北河间人，生于清光绪二十一年（1895）。获英国伯明翰大学商学硕士学位，曾在伦敦大学政经学院从事研究工作。历任吉林大学，河北农学院，西北工学院教授，河北大学教授、系主任。1937年1月起，任西安临时大学、西北联大、西北工学院工业经济系、西北大学商学系教授。在西北工学院时期，教授经济学与工业管理课程。教授会代表之一，曾代理院务。这些教授半数以上都曾分别在西北大学、西北农学院、西北工学院间互相兼职，或频繁流动，尤其是与西北大学经济学教育互动更为频繁，早期所知的5位系主任或教授竟有3位与西北大学互聘。这表明西北联大子体学校在分离后仍有紧密合作。

1941年，西北工学院工业经济系首届招生2名；1942年招生6名；1943年招生6名；1944年招生15名；1945年招生2名；1946年招生15名；1947年招生7名；1948年招生3名。1941年至1948年总共招生56名。1946年，工业经济系开始有6名毕业生；1947年毕业5名；1948年毕业11名；1949年毕业13名。中华人民共和国成立以前总共毕业36人。毕业生大多分配至铁路沿线工厂、铁路局，以及油矿、煤矿、水利、航空等部门服务。由于西工从严治学，故在资源委员会、航空委员会，以及铁道、公路运输等部门一向为直接预约毕业生前去服务，尤其是矿

---

① 1954年调入西北大学，任经济系教授、校图书馆馆长。1976年退休
② 1954年任西北大学经济系教授，1960年随系转入陕西财贸学院（1978年改为陕西财经学院）。1969年逝世。

冶、纺织两系的学生，往往不敷分配，供不应求。这30余位学生具有扎实的自然科学修养，既懂工程技术，又懂工业经济管理的复合型高级管理人才，正是战后经济恢复和重整民族工业所急需的。

西北工学院工业经济管理学系的课程设置，包括40余门，两大方面：一是基础性工程技术教育，如应用力学、材料力学、工程材料、热工学、电工学、结构学、运输学、工程图画、机械设计原理等；二是工业管理学专业课程，如经济学、财政学、机构计划、工业管理、制造管理、施工规范、工商法规、会计学、统计学等。像热工学、电工学等课程连续开设两学年以上。

抗日战争时期，大量工厂内迁，西北地区亦兴起工业合作运动，从而使偏僻的战略大后方陕西陡然成为战时大后方第二大工业基地，而最缺乏的就是工业管理人才。西北工学院顺应时势，由个别教师的个别课程、个别研究，由个别学校在其他系科的借壳繁衍壮大，到逐渐整合发展为一个"工业经济管理学系"。这在我国整个西北乃至整个北方地区高等教育史上，都是一件破天荒的事件，故具有重要的历史意义。

(四) 传承和光大我国最早的工科研究生教育

虽说我国的文、理、法、商、教育学的研究生教育起源于20世纪一二十年代，南洋大学在1926年也成立了我国最早的工业研究所，但工科研究生教育则以北洋工学院为最早。[1]

北洋工学院的研究生教育始于1933年成立的矿冶工程研究所和工程材料研究所，相关系科的教授和副教授分别为两所研究员。次年，将两所合并为工科研究所，下设矿冶工程部，又分设采矿工程、冶金工程及应用地质三门。研究生研究期限为两年，研究期满考试及考核及格，并通过毕业论文后，授予硕士学位。1935年，研究所制定《国立北洋工学院工科研究所招考研究生简章》，并在本院、北平、南京三地考试招生。当年实际招生录取采矿工程学门常锡纯、冶金工程学门谢家兰和冶金工程学门丁诚威三名新生。1937年夏，首届研究生毕业，组成以院长兼工

---

[1] 陈元. 民国大学工科研究所的发展及其研究生教育特征 [J]. 教育评论, 2015 (5): 154—157.

科研究所主任李书田博士为委员长，校内外6名博士或教授为委员的毕业口试及论文口试委员会，进行硕士论文口试。其三篇学位论文均为英文。最终在"七七"事变前夕获准毕业，均授予硕士学位。同时，常锡纯、谢家兰、丁诚威也分别成为我国采矿工程学、冶金工程学最早的研究生。之后，相继毕业11名研究生。

西工继承了北洋的工科研究生教育，于1939年3月16日增设工科研究所（初分为采矿、冶金、应用地质3组）。1939年，充实工科研究所和工程学术推广部。同年秋，工科研究所又呈奉教育部令先成立了矿冶研究部，后增设其他研究部。1945年，仍由刘锡瑛兼任工科研究所主任。雷祚雯教授、任殿元教授相继兼任矿冶研究部主任；王文华教授、成干云教授相继兼任工程学术推广部主任。每年研究经费3 000元，每位研究生补助生活费600元。1940年5月制定《所务会议制度》以审议本所之进行计划及设备事项、预算、研究生之招考、研究生之毕业成绩等事项。部务会议由部主任与部相关学系之教授、副教授及讲师组成之，由部主任召集并为主席以办理审议、订定研究课程、推定指导教授、审定研究生成绩、订定研究生毕业论文等部内事项。1940年5月，刘德润修改《工科研究所增设部门过渡办法》：一、本所除已设立矿冶研究部外增设土木、机械、电机、化工、水利、纺织、航空研究部；二、本过渡期间各新设研究部暂不设主任所有职务由各系主任兼理之；三、在过渡期间不招收普通研究生，各系助教经研究生入学试验及格者得兼研究生；四、研究期限至少为三年；五、助教兼研究生应习完研究课程至少24学分及指定之研究工作并需提出论文；六、助教兼研究生受助教之待遇不另领生活津贴；七、助教兼研究生于研究完成后参加硕士学位候选人考试，合格并经教育部复核无异者由本院授予硕士学位。[①] 1939年度有1名研究生；1940年度有林宗彩等3名研究生。同年，向中英庚款董事会函保王朝林等3人为科学工作人员，包括王朝林，申请采矿工程，北洋工学院矿冶工程学系毕业，西北工学院工科研究所研究生；周德章，申请工程学（航空工程），西北工学院航空工程学系毕业，西南联大工

---

① 刘德润. 西北工学院工科研究所拟增设部门过渡办法，国立西北工学院档案，61—2—124—2 [A]. 西安：陕西省档案馆.

学院航空工程系助教及清华大学航空研究所服务；安如曾，北洋工学院矿冶工程学系毕业，西北工学院工科研究所研究生。1947年度矿冶研究所招收有杨让（陕西乾县人），胡炳如（山西五台人）等两名研究生。①

工科研究所和工程技术推广部开展了多项科学技术研究活动：一是于1940年12月由化工系四年级学生的毕业论文，以陕南土产原料为研究对象，为此发函各县，调查南郑的糖、桐油，城固的桐油、土硝，洋县的五倍子、木蜡、桐油，西乡的木蜡、桐油、漆蜡，镇巴的漆蜡、纸业，紫阳的漆蜡，石泉的檞皮等，对陕南油脂、制糖等开展研究；二是水利系测绘五门堰及汉中灌溉等图，包括汉中区总图、大幅汉中图、五门堰测量蓝图等，一度曾被西北大学地理系主任黄国璋借阅，刘德润主任于1940年6月曾致函催还，还曾于1940年12月致函安康县政府，索取汉江水文资料、勘察报告等，因安康测量站结束未果；三是对渭水河即五门堰、百丈堰水利工程进行测绘；四是于1942年6月1日，由石心圃、马恒矗等完成佛坪县铁矿调查报告，调查结果是矿质纯洁，硫磷极低，为炼钢之上品，含铁成分为陕南之冠，矿砂二斤约出生铁一斤；五是与陕西省第六区行政督察专员公署合作，于1940年暑假与双石铺、宝鸡一带的机械、电、造纸、制币，及煤铁矿冶开展合作研究、实习考察等，并对略阳之金矿、铁矿，南郑、洋县之煤矿，镇巴、佛坪之铁矿，洋县镇巴之造纸等生产原料之化学加工制造分途考察，地方上也提请派员至南、城、褒、沔等县一查，并略阳之金矿、铁矿进行探查，以发现有价值之矿产。②

这些实习、考察和与地方的合作研究，可谓费尽艰辛。如1940年8月6日，潘承孝教授赴甘肃天水一带考察西北工合及与地方合作办厂，不料遇雨，车困双石铺。他在致野秋函中回忆：

三日晨挤车赴兰州，不意途中遇雨，快到双石铺时又大雨，桥梁前

---

① 函管理中英庚款董事会. 函保王朝林等三名为科学工作人员连同申请书等件送请核办理由，国立西北工学院档案，61—2—124—3 [A] . 1940—01—04, 西安: 陕西省档案馆.
② 魏席儒. 函赖琏，国立西北工学院档案，61—2—124—3 [A] . 1940—07—30, 西安: 陕西省档案馆.

数日被雨冲去，便道虽然作好坡度太大又加上新雨，车左冲右冲上不了，就停在水道中。弟等七人冒雨步行三里寻到民房，每人长板凳一条过夜，衣履尽湿，借柴烤火，不然冰冷病也。卧凳约四小时，即天明，始到双石铺，以天雨不晴不愿开车，已休息三日矣，旅馆拥挤，弟仅觅得地铺一席，身体上虽不舒服，精神上尚觉痛快也。昨日参观工合造纸厂，工合机械厂及高级职业学校，都亦热心招待。无意中遇到一位东大学生殷切招待，又与工合机厂经理薛鸣九先生详谈拟于合作新合办机厂事，薛对于此事甚感兴味，愿出巨资合作，对于厂址亦不坚执，在汉中、城固都可。弟拟请将本院兴建厂矿办法寄薛一份以作将来谈判之原则，建厂方面已有回音（薛鸣九经理，凤县双石铺机器合作社）。今日天气似可晴，明日或可起身赴天水矣。君武校长已过世，弟已电聘西大竺良甫及金锡如教授，希望有所成就也。①

除此之外，工科研究所和工程技术推广部还改良汉江淘金工具、改良陕南土法炼铁、改良陕南制糖研究，进行秦巴山地地质考察、煤矿、金矿的勘测、渭河上游水利设计、兰州水利设计、两当山硝矿设计、南郑城区测绘，并调查凤、徽两县矿产等。学校还有兴办炼铁、采煤、采金、化学、纺织等实业的规划和研究丛书的出版，创办了《机工通讯》《西工土木》《北洋电工通讯》《化工通讯》《西工通讯》等期刊。②

二、西农分合

（一）合组后的国立西北农学院

由西北联大农学院与国立西北农林专科学校合组而成的国立西北农学院，设于武功张家岗原农专校址。此地属头道原最高地带，原野广袤，前有秦岭横亘东西，渭河绕于南，又有后河围于北。其地为黄河流域古代文化的重要发源地之一，古有邰国，尧封后稷之地，邻后稷教稼台、苏武墓、马扶风之绛帐镇、张横渠之绿野亭。周至李颙，眉县李柏诸儒

---

①潘承孝. 函野秋函，国立西北工学院档案，61—2—124—4［A］.1940—08—06，西安：陕西省档案馆.
②姚远. 中国大学科技期刊史［M］. 西安：陕西师范大学出版社，1997：393—395.

故里亦相接，隋文帝之泰陵，唐太宗之悬弧处，毗连左右，人文环境美善。张家岗一带由北而南具有头、二、三道原不同地带，纵约5公里，横两三公里，直达渭滨，村落稀少，形势开拓，代表了高、中、下三种不同地貌，便于农林的各种作物试验。渭河北岸并有横两三公里、纵约20公里之广大草滩，可辟为牧场。渡河而南，水田漠漠，可以种稻，再南而进达秦岭，树木翁郁，天然长成，可作森林研究资料，地质土宜，洵为研究农林优越环境。

西安临大农学院在西安时设于西安通济坊，与法商学院、医学院和教育系、生物系、地理系同在一地。时有农学、林学、农业化学三系。周建侯教授任院长。汪厥明教授任农学系主任，教授有易希陶、夏树人、王益滔、陆建勋、李秉权；贾成章教授任林学系主任，教授有殷良弼、周桢、王正；刘伯文教授任农业化学系主任，教授有虞宏正、王志鹄、陈朝玉，副教授罗登义等。

西北联大农学院在汉中时，设于沔县（今勉县）武侯祠。三系未变。周建侯教授继续任院长。教授新增姚鋈等。

1937年秋，河南大学畜牧系主任路葆清教授，带领该系师生西迁武功，入西北农专。

1938年6月，始议西北联大农学院、西北农林专科学校合组为西北农学院。1938年7月21日，教育部令："国立西北农林专科学校：案查该校自廿七年度起与国立西北联合大学农学院合并改组为国立西北农学院，业经呈奉行政院核定电知并聘请该校长与曾济宽、周建侯等为筹备委员各在案，该校所有校产及学生成绩文卷等项应即造册点交筹备委员会接收。"[①] 1939年4月20日，国立西北农学院正式成立，下设农学系（含农艺、植物病虫害、农业经济三组）、森林学系、园艺学系、畜牧兽医学系、农业化学系、农业水利系，附设农业经济专修科。1939年，农学系之农艺、农业经济、植物病虫害三组及森林、园艺、畜牧、兽医、农业、化学等系第一届学生毕业。同年，开始招收四年制本科学生。1940年奉部令

---

① 教育部. 训令（廿七年发汉教第6076号）国立西北农学院档案，84—2—315［A］. 西安：陕西省档案馆.

改农学系内之农艺、植物病虫害、农业经济三组升格为系。①

表4—2　1939年度全国高校农学科系设置

校名	校址	院、科、系设置
国立中央大学	四川重庆	农学院：农艺、森林、畜牧兽医、园艺、农业化学
国立西北联合大学	陕西南郑	农学院独立分出
国立中山大学	云南澄江	农学院：农学、林学、蚕桑、农林化学、畜牧、兽医、农业经济
国立四川大学	四川成都	农学院：农艺、林学、园艺、病虫害
国立西北农学院	陕西武功	农学（含农艺、植物病虫害、农业经济三组，次年升格为系）、森林学、畜牧兽医、园艺、农业化学、农业水利

表4—2表明，在1939年度，国立的西南联大、交通大学、同济大学、暨南大学、武汉大学、东北大学、浙江大学、湖南大学、厦门大学、云南大学均未设农学院或分出了农学院，国立西北农学院是当时全国唯一的农学独立学院。其科系设置也是最全的。

截至1947年，西农共9系1科1部。② 公共科目教授有王恭睦（地质）、程楚润（数学）、祁开智（物理）、杨权中（德文）等，副教授有李贯英（英文）、李恂（英文）、曾鼎录（数学）等。

（二）合组国立西北农学院的意义

第一，师资队伍大幅度增加。

国立西北农林专科学校时期，从1933年到1937年五年间，累计曾相继在岗的教授有34人，副教授8人，小计42人。③ 1937年时的在岗教师（有明确离校时间者）有教授21人，副教授3人。

1938年11月12日，由沔县（今勉县）前往武功国立西北农学院任教的西北联大农学院员工有54人。其中教授20名，副教授4名，讲师2

---

①教育部编. 全国专科以上学校要览（上册）[M]. 重庆：正中书局，1942：207.
②国立西北农学院概况，国民政府教育部档案[A]. 1947—04，南京：中国第二历史档案馆.
③西北农林科技大学档案馆. 民国西农纪事[M]. 杨陵：西北农林科技大学出版社，2015：59—63.

名，助教 16 名，职员技士 12 名。国立西北农学院从 1938 年 7 月开始筹备，至 1939 年 6 月，不到一年时间，即一次性新到岗教授 39 人、副教授 11 人，小计 50 人。1939 年在岗教师有 172 人（含西北植物所、高职、附小教师），职员 67 人，教职员总数达 308 人。亦即，合组之后 1939 年在岗教授、副教授达到 50 人，是 1937 年 24 名教授、副教授总数的两倍以上；仅 1938 年至 1940 年三年，曾经在岗教授、副教授总人数增至 94 人，是 1933 年至 1937 年农专时期五年总人数的 2.2 倍。合组之后的教授、副教授数量逐年增加，从 1940 年到 1949 年，新增 212 人。由此，从 1933 年至 1949 年，相继有 254 名教授和副教授在岗任教。①

第二，开始实施研究生教育。

继 1936 年与北平研究院合办中国西北植物调查所以来，1939 年 5 月复与国民政府经济部中央水工试验所合办武功水工实验室。

1941 年 7 月 25 日，教育部批准成立农科研究所农田水利部具有招收研究生资格，当年招收研究生 3 名，是为全国具备此资格的国立中央大学等 10 所国立大学之一。其研究生修业年限两年，助教兼研究生者 3 年。其必修课有高等数学分析、流体力学、土力学、高等水文学、高等水工设计、模型试验、水工流体学、专题讨论等，选修课有水利机械、水质分析、黄河问题研究、田间技术、植物生理及病理、作物遗传、棉作学、食用作物等。在科学研究方面，先后育成棉花、小麦、谷子、大豆、玉米、高粱、马铃薯等各种优良品种 22 种。

第三，学科水平有较大提升。

组建后的西北农学院，学生人数增加，教师队伍扩大……专业设置由农艺、森林、园艺、畜牧、农经、水利 6 组转变为农艺学（包括农艺、植物病虫害、农业经济 3 组）、森林学、园艺学、农田水利学、畜牧兽医学和农业化学 6 系 8 个本科专业。专业涉及农、工、管理 3 个学科门类，形成了多学科发展的专业格局。同时，与学科发展相配套的三大教学支撑条件（教学试验场、图书馆、实验室）也有长足发展。其包含农、林、果、牧等的教学实验农林场面积达 3 582 亩（238.8 公顷），其规模

---

① 西北农林科技大学档案馆. 民国西农纪事 [M]. 杨陵：西北农林科技大学出版社，2015：59.

之大也为当时国内农科学院之首。①

合组之后的西农,规模之大,师资力量之强大,国内农业高校亦无出其右者,也是当时全国唯一的独立农学院。

(三)创建我国西北最早的现代科学研究机构

抗战全面爆发前夕,急于"西进"和开辟植物调查新区的国立北平研究院院长李煜瀛,与急于提升农林高等教育办学水平的国立西北农林专科学校校长辛树帜二人一拍即合,遂于1936年11月18日由双方联合创建中国西北植物调查所。1939年1月24日复与国立西北农学院续约举办。这成为我国西北地区第一个现代科学研究机构。

1936年9月30日,国立北平研究院致函西北农专,提出联合建所,并附有11条细则。其目的是使北平研究院植物研究所研究和采集的方便,也便于西北农专的植物研究和教学需要。辛树帜校长于同年10月24日复函北平研究院,表示"本校完全同意"。经双方商定,于1936年11月18日在西北农专召开了成立大会,由西北农林专科学校杨亦周代替校长辛树帜主持典礼,校方代表有齐敬鑫、吴耕民、石声汉等,北平研究院的代表有李书华、徐炳昶、顾颉刚,以及随刘慎谔来调查所工作的孔宪武、王振华、沈家康、傅坤俊等30余人出席。成立大会当日,西北农专校方同意北平研究院前函意见,同时聘刘慎谔为调查所所长。西北农专于1936年12月10日连同"简约"和职员名单呈报教育部,1936年12月教育部指令(廿五年发国贰壹14第20231号)"准予备案"。至此,我国西北地区国立科研机构与高等学校合办的第一家现代科研机构——中国西北植物调查所宣告成立。

西北植物调查所研究工作的重点在中国西北植物地理、太白山林层、西北卫矛科植物、中国经济植物目录、苤苢考、陕西南五台山植物志、中国北部桔梗科植物图志、川康采集植物目录、陕西白粉菌名录、中国林业建设、中国种梨系统、嫁接杂交等。诸如:刘慎谔的《中国西北之植物地理》,根据自然之现象在将中国分为8个区的基础上,再次从内西

---

① 西北农林科技大学档案馆.民国西农纪事[M].杨陵:西北农林科技大学出版社,2015:101.

北、近西北和远西北分别论述了西北植物的平面分布情况；王振华的《陕西南五台山植物志》，主要研究西安南部秦岭南五台山的植物种类和分布；崔友文的《华山植物之研究》，记述调查所历年在华山采得之标本，计82科278属429种，包括2新种，以及《陕西楼观台植物之研究》记载156种123属67科植物；刘慎谔、黄逢源的《中国西北紫孢子类伞菌之研究》，包含太白山、武功一带的7属32种和2变种，以及《中国西北之扫帚菌之研究》；夏纬瑛的《陇南经济植物调查》；钟补求的《中国西北悬钩子属之研究》等等。其中，刘慎谔开拓历史植物地理学与森林生态学，具有重要意义。他发表的《中国北部西部植物地理概论》《中国南部西部植物地理概要》《西北植物地理》等，是我国最早的植物地理学研究文献，为我国植物区划和制备研究做出了重要贡献。

西北植物调查所开辟以植物学研究为示范的现代科学研究事业，一举扭转了晚清以来西北地区植物学调查向由外国人越俎代庖的尴尬局面。

三、西大分合

1939年8月8日，国民政府行政院决定将国立西北联合大学改为国立西北大学，并将该校原有之医学院与师范学院独立设置，分别称为国立西北医学院与国立西北师范学院。

西北大学方面，宣布9月1日正式成立。与此同时，"西大"开始"瘦身"，先后裁撤学校导师会、导师常委会、警卫委员会、贷金管理部、斋务组、法商学院事务室、文理学院事务室及建筑设备委员会，并将校医室并入体育卫生组，缩小南郑办事处等。

终于，在"陕源"和"京源"分别发源37年之久后，以1939年8月8日国民政府行政院决定将国立西北联合大学改为国立西北大学，终使两源合流。从此之后，西北大学再也没有出现断续和停辍，一直延续至今。"陕源"和"京源"对西北大学同等重要。没有"陕源"，西北大学就不会有周秦汉唐文化的底蕴，就不会有西安的校址、根基和以广袤的大西北为依托的立足之地，当然也不会有承纳"京源"的避难港湾。然而，没有"京源"，时断时续的"陕源"就难以再生于抗战之中，也难以在短期内，陡然集合起强大的师资阵容和战时中国西南、西北两个规模最大的大学联合体之一。① 抗日战争，这一历史的契机，使地处大后方的"陕源"和流徙此地的"京源"汇合成了大西北历史最为悠久和培养法政、商、文、理之才最为众多的高等学府。

（一）国立西北大学概况

国立西北大学在城固时，校本部及文理两学院在城固旧考院。城固为一小县，城内面积狭小，而城外则平畴沃野，禾苗青葱，南临汉水，北瞰秦岭，校址邻接东城，辟有便门，出城极便，课余之暇，闲步城外，饶有乡野别趣，兼之沟渠纵横，流水清漪，尤能令人心旷神怡。交通方面，因沿汉白公路，东至白河，以达湖北之襄樊；南至汉中仅30公里。自汉中有公路经褒城西北达宝鸡，衔接陇海铁路至西安；西南过宁强、广元以达成都。有西北公路局汽车，尚称方便。学校各办公室及教室，男女学生食堂，女生宿舍等，皆利用原有房屋，建筑多系旧式，另外新建图书室，物理、化学、生物各实验室，比较适用。男生宿舍在文庙内，系利用两廊及配殿等原有房屋，距校本部甚近，光线尚佳，然因学生人数过多，稍感拥挤。法商学院在城外西北数里之前城固县立职业学校旧址，所有建筑，较为新式。另于其后添建学生宿舍若干座，校外四野空旷，空气新鲜，门前新修大操场分置各种运动器具。

国立西北大学西安校址，原为唐长安城实际寺所在范围，位于西安城垣西南隅。其南屏终南山，西枕渭水，大小雁塔耸立于前，阿房、镐京遥接于后，向称"风水宝地"。一位在此踏青的举人曾预言："此地日后会出一斗芝麻的官"。果然，以后这里成为培养数十万国家干部的大学云集之地。清光绪三十年（1904）至清宣统三年（1911）为西北大学前身之一陕西中等农林学堂校园和农场范围，学堂监督办公室（今西北大学国家微检测中心所在地）；光绪三十四年（1908）改为陕西省会农业学堂，1912年大部分并入西北大学。1912年至1914年为西北大学前身之一三秦公学校园范围（因袭农业学堂一部分和实业学堂旧址）。1914年三秦公学并入西北大学，至1915年为西北大学农科校园范围。1915年至1922年陆建章督陕时改为陕西省立甲种农业学校。1923年甲种农业学

---

①姚远. 西北大学的两个历史源头[J]. 西北大学学报（哲学社会科学版），2000，30（3）：127—131.

校并入国立西北大学,为国立西北大学应用科学院农学系、林学系所在地,至1928年。1929年至1938年为陕西农林职业专科学校校园和东北大学校园共处地(东北大学工学院自1936年2月至1938年3月)。1938年至1946年为"战时干部训练团第四团"驻地。1945年3月12日刘季洪校长通报在渝承蒙蒋主席召集谈话,垂询本校永久校址问题,以为确定在西安,甚为合宜。1945年8月14日学校致电国民政府教育部请准拨东北大学西安校址为西北大学使用。1945年9月5日,校迁建委员会副主任萧一山教授赴西安洽勘东北大学校舍,并面见第一战区司令长官胡宗南、省长祝绍周。1945年12月2日,刘季洪校长偕王耀东教授及郭君实接收东北大学校舍,并再次面见胡宗南解决所部驻占校舍问题。1946年8月8日国立西北大学开始在此招生。

在城固时,校长综理全校校务,其重要之学术设备事宜,则由校务会议议决,校长负责执行。校长之下,设有校长办公室,置秘书一人,下分设教务、训导、总处三处;分置教务长、训导长、总务长各一人。教务处之下,分设注册、出版、图书三组;训导处之下,分设生活指导、军事管理、体育卫生三组;总务处之下,分设文书、庶务、出纳三组;以上九组,各置组主任一人。关于会计事宜,另设会计室,置会计主任一人。校务会议由校长、教务长、训导长、总务长、各系系主任、会计室主任,及教授选举代表组成之教授会,为全校最高议事机关。

按照《国立西北大学组织规程》,学校"以研究高深学术,陶铸健全品格,培养专门人才为职责"。学校相继提出了"化成为西北自身所有、永久存在的高等教育机关",做西北"一切大学的基石""恢复固有文化""振兴蒙回教育""注重考古工作""担任地质调查"等具体目标,"以奠定全中国文化之基础,并作为全中国文化之重心"。[①] 稍后,还以西北大学为主,联合全国各方力量,成立了西北学会,创刊《西北学报》,甚至向蒋中正、林森、陈立夫、各战区司令长官、各集团军总司令暨前方将士、西北党政军长官、全国各文化团体发出通电,声明"成立西北学会,借以砥砺学术,发扬文化,作建设西北之准备,振中华之

---

① 刘志聪. 西北最高学府的风光;西北学会成立大会时发出之电稿[J]. 西北学报, 1941(1): 41—47, 50—51.

国魂，作文化之反攻"，俨然吹响了"开发西北，建设西北"的进军号。1940年4月，教育部决定西安为国立西北大学永久校址。1940年6月，教育部部长陈立夫到校视察，并在法商学院二楼凉台向全校发表讲话，对未来发展提出殷切希望。

至1940年暑假，开始有第一届毕业生：中国文学系7名，历史学系2名，物理学系3名，化学系9名，法律学系16名，政治学系9名，经济学系14名。外国语文系、数学系、生物学系、地质地理学系、商学系均无毕业生。全校共计毕业60名。这是西北联大文理学院、法商学院的学生转入西大后第一次获得西北地区最高学府的毕业证书，排在名录第一名的是文学院中国文学系的杨俊民同学（时年23岁，河北文安人）。台湾1967年至1976年的第三届"大法官"张金兰（别号晚秋，时年26岁，山东高密人）即为本届法律系毕业生。这的确是一件破天荒的事件，国民政府党军政要员、国防最高委员会委员长蒋介石、司法院院长居正、检察院院长于右任、立法院长孙科、教育部长陈立夫、教育部次长顾毓琇、教育部高等教育司司长吴俊升等也特地为《国立西北大学第一届毕业同学录》题词祝贺。

1941年时，根据《教育杂志》编辑的《全国专科以上学校最近实况》，全国综合性大学有20所。其原表排列如下（表4—3）：

表4—3　全国20所国立与省立大学概况（截至1941年7月）[①]

校名	校长	所设学院	所在地
国立中央大学	罗家伦，蒋梦麟	文、理、法、师范、农、工、医、研	重庆
国立西南联合大学	梅贻琦，张伯苓	文、理、法、商、师范、工、研	昆明
国立中正大学	胡先骕	—	江西泰和
国立西北大学	皮宗石	文、理、法、商	陕西城固
国立中山大学	许崇清	文、理、法、师范、农、工、医、研	广东韶关
国立交通大学	黎照寰	理、工、管理、唐山工程、研	上海

[①] 黄觉民. 教育杂志社丛刊—全国专科以上学校最近实况［J］. 长沙：商务印书馆，1941（7）.

续表

校名	校长	所设学院	所在地
国立同济大学	周均时	理、工、医	云南昆明
国立暨南大学	何炳松	文、理、商	上海
国立武汉大学	王星拱	文、理、法、工、研	四川乐山
国立东北大学	臧启芳	文、理、法	四川三台
国立浙江大学	竺可桢	文、理、师范、农工、研	贵州遵义
国立四川大学	程天放	文、理、法、农	四川峨眉
国立湖南大学	胡庶华	文、理、工	湖南辰溪
国立厦门大学	萨本栋	文、理、商	福建长汀
国立云南大学	熊庆来	文、法、理、工	云南昆明
国立广西大学	雷沛鸿	理、工、农、医	广西桂林
河南省立河南大学	王广庆（代）	文、理、农、医	河南嵩县
四川省立重庆大学	叶元龙	理、工、商	四川重庆
山西省立山西大学	—	—	山西吉县
浙江省立英士大学	许绍棣	农、工、医	—

"—"，原表空缺。其中，皮宗石（任职时间1940年8月—1942年3月12日）未到任，陈石珍代理校长（1940年10月—1942年3月12日）；赖琏继任。

这表明战时我国国立和省立高等教育的全貌，也表明国立西北大学在改组两年后在全国所处的地位。战后，国立西北大学将自己的校史表述为：

本校原为国立北平大学、国立北平师范大学、国立北洋工学院三校院合组而成。缘民国二十六年"七七"变作，平津沦陷，国立各校院相率南移。九月，教育部乃令平大、师大、北洋工学院三校院合组为国立西安临时大学，迁设西安。聘任徐诵明、李蒸、李书田、童冠贤、陈剑翛、臧启芳、周伯敏、辛树帜诸先生为筹备委员，并批定徐诵明、李蒸、李书田、童冠贤、陈剑翛五委员为常务委员，组织常务委员会，商决校务。十一月十五日开课。二十七年三月十六日迁离西安，四月奉部允改校名为国立西北联合大学，校本部及文理学院、法商学院设城固城厢；工学院设城固古路坝，医学院设南郑，农学院设沔县，分别布署，先后上课。七月部令撤销筹备委员会改组为校务委员会，原有筹备委员会改为校务委员，先后增聘胡庶华、张北海两先生为校务委员，指定李蒸、徐诵明、胡庶华三先生为常务委员。又令农、工两学院分别独立，改设为国立西北农学院及国立西北工学院，教育学院则改称为师范学院。二十八年九月，复奉令改组为国立西北大学，同时师范学院、医学院亦独

图4—1　国立西北大学在城固时的大门

立设置为国立西北师范学院、国立西北医学院。以上自临大而联大，而西大，原分六院二十三系，联大时农、工两学院分立；改组为西大时，师、医两学院又分立后，本校文理学院奉令分为文学院及理学院，和法商学院共为三学院。二十九年八月，调皮宗石先生任本校校长，未就职，校务由教授王治焘先生代行。十月，部令派参事陈石珍先生代理校长。三十一年三月十二日行政院决定准免皮校长职，任命赖琏先生为本校校长，五月四日赖校长就职。三十二年八月奉令于法律学系内增设司法班。三十三年二月，赖校长以在中央另有任务，一时不克返校，部派教务长杨宙康先生代理校务。七月，行政院决议任命刘季洪先生为校长，刘校

长于八月二十六日到校接收视事。即自三十三学年度起于文学院内增设边政学系，并于训导处下改设生活管理、课外活动、体育卫生三组。三十三年十月，中央发动十万知识青年从军运动，本校遵令于十一月一日成立本校青年志愿从军咨询委员会，计共送志愿从军男生52人，女生2人。本校自改组成立迄至三十四年暑期，计共毕业男、女学生共六届1 636人。本校前奉二十九年四月部令，指定西安为永久校址。三十四年八月，奉部电令指定东北大学西安校址拨与本校使用。三十五年五月，迁设西安。①

1944年9月奉教育部令，文学院添设边政学系。1945年8月奉教育部令增设教育学系，首届招生30人。1946年5月奉教育部令，西医汉中部分自1946年度起并入西大。8月1日，自联大分出的西医正式并入西大，为医学院，院址设于西安崇礼路西北化学制药厂旧址（今西安交通大学第二附属医院）。1947年初，报教育部批准，理学院地质地理系分为地质、地理两系。1947年12月报经教育部批准，原隶属文学院之边政系，改属法商学院。1949年8月4日，西安市军事管制委员会命令（学会字第20号）原省立师专、医专、商专并入西北大学；以师专为基础归并西北大学教育系成立师范学院（设教育行政、中文、史地、数学、理化五系），之后陕西师专南郑分校亦并入；原西北大学法商学院的政治、法律两系暂停，经济、商学两系与商专合并，改设财经学院，内设金融贸易系和企业管理系，附设会计专修科。至此，西北大学有文学院、理学院、医学院、师范学院和财经学院五院。1949年9月28日，西安市军管会文教委员会和西北大学校务委员会决定暂停财经学院会计专修科。

迁回西安后，刘季洪任校长至1947年10月28日。马师儒继刘季洪任校长至1948年9月8日。杨钟健继马师儒任校长至1949年5月。岳劼恒代理校长至1949年8月4日，复改为代理校务委员会主任委员至1950年7月10日。

西大在汉中办学8年，在西安办学3年。至1947年，共有教师231人，其中教授101人，副教授43人，讲师48人，助教39人。至1948

---

① 国立西北大学. 校史概况，国立西北大学档案，67—1—200.1［A］. 西安：陕西省档案馆.

年，共毕业 9 届学生 2 411 人。

（二）创立我国最早的两个考古学学科之一

1938 年 5 月，西北联大成立考古委员会，对张骞墓的发掘维护，标志着西北联大—西北大学考古学科的创立。至战后，西北大学历史系考古学科已经有了较大发展。自联大迁至城固，即大量搜集陕南文物，成立考古室，在甘、青、新等省所获史料亦多，曾公开展览数次。1945 年春，教育部复将西北艺术文物考察团累年所得文物资料，全部拨归西北大学，同时将原有考古处并入，成立西北文物研究室，以发挥其在教育上之价值。

当时，其保存的文物已有：史前石器、铜器、陶器、砖瓦、佛像、钱币、写经、藏画等实物；陵墓雕刻、佛教雕刻、碑刻等模型；碑碣、墓志、造像、花纹图案等拓片；壁画摹绘、风俗写生、史迹名胜等图画；建筑、雕刻、壁画、风俗、史迹名胜等照片，计五大类，100 种，2 000 余件。

黄文弼教授是我国自 20 世纪二三十年代至五十年代最早的两个高等学校考古专业的奠基人之一。这也许是一个历史的巧合。我国最早和最具代表性的两个高等学校考古学科——北京大学考古学科和西北联大—西北大学考古学科的诞生，竟然都与黄文弼、徐炳昶相关。以同出一源的北平大学—北平研究院—西北联大或中央古物保管委员会西安办事处为契机，两支高校考古力量实现了一次历史性交集。1924 年，北京大学国学门考古室建立和 1927 年夏天徐炳昶、黄文弼作为中方代表与瑞典地理学家斯文·赫定（Sven Hedin，1865—1952）合组的第一次西北科学考察团出发，

图 4—2　西北联大在发掘维护张骞墓后所立的碑

标志着北京大学考古学科的重要发展；1938 年 5 月西北联大成立考古委员会，建立文物陈列室，并以徐炳昶为指导，何士骥、周国亭、吴世昌、

黄文弼等具体参与实施张骞墓发掘和主导的一系列西北科学考察和考古发掘，标志着西北联大—西北大学考古学科的诞生和重要发展。由此，建立了扎根西北的我国第一个大学考古学科，培育了西北最早的一批科学考古人才。

（三）创办我国最早的两个边政学系之一

西北联大时期，边疆教育被正式纳入国家计划。黄文弼教授早在1933年10月初旬，即以教育部特派员身份，随视察新绥路汽车路线之斯文·赫定等一行赴新疆考察教育。他于1941年起，任教育部第二（1941）、四（1944）、五届（1945）边疆教育委员会委员，与顾颉刚等作为历史学界代表，利用多次边疆考察所得经验，为边疆教育的发展做出了积极贡献。1941年6月，他赴重庆出席教育部边疆教育委员会期间，得知在西南、西北各大学内，拟设置有关边疆问题的课程或科系，遂积极参与了国立西北大学边政学系的筹备，1943年夏经教育部批准正式成立，与国立中央大学成为全国两个最早的国立大学边政学系之一。汪洪亮亦指出："1944年，教育部依据《推行边疆教育方案》，指令中央大学和西北大学创设边政学系，规定边政学系学生享受师范生同等待遇，民国高校中边政学才真正成为名副其实的学系。中央大学和西北大学的边政学系，不仅课程设置充实，充分体现边政教学和研究需要，而且教师队伍齐整，具备较强的科研实力。"[1] 西北大学边政学系设在文学院，王文萱担任系主任，有王子云、杨兆钧、郑安伦等教授和副教授。1947年12月，西北大学呈报教育部批准，将隶属文学院之边政系改属法商学院，系主任由黄文弼兼任。黄文弼1947年赴北平研究，系务一度由杨兆钧代行。1947年底，改任萧洛轩为系主任。1949年8月，边政学系被改为少数民族学系，又改属文学院。[2]

西北大学边政学系于1945年正式开学，聘任教育部第二届边疆教育委员会秘书、第四、五、六届委员王文萱为主任、教授，当年11月，黄

---

[1] 汪洪亮. 民国时期的边政与边政学（1931—1948）[M]. 北京：人民出版社，2014：173.

[2] 1952年，全国高校院系调整时，西北大学边政学系和兰州大学边疆语文学系，均并入西北民族学院。

文弼复辞去历史系主任，接任边政学系主任。就培养目标，黄文弼勉励边政学系各同学"步武马伏波（马援），效法班定远（班超）为边疆服务之精神"，"以传教师之精神，传播中原文化，造福边疆人民"。在技术方面，要求同学要会骑马术、游泳术、摄影术、绘画术等，系方专门从第一战区长官部借来蒙古高头骏马，上骑术课，练习野外调查本领。每年6月前后，利用暑假，都要安排学生们前往甘、青、新等省实习，深入"蒙藏维三族集中之区域，做实际调查与研究，俾达学以致用之目的"。1947年6月16日，即为该系三年级学生出发实习之日，学生早在图书馆、阅览室、自修室作了资料预研准备，"系方早就准备妥了旅费、车辆、服装、药品、照相机等"，在"晨光曦微中乘长车直向甘、青、新等省而去"。至1947年，边政学系已有87名学生，除部分统考录取者外，几乎全部为复员青年军，按教育部规定在战后重新回到原校学习。他们毕业后，大部分分布在西北地区，成为西北地区最早的一批接受过高等教育的边疆干部。

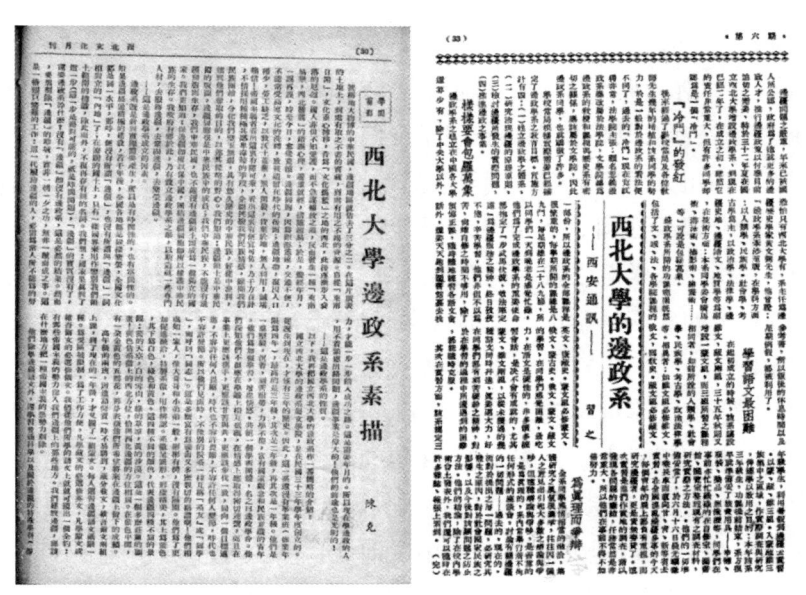

图4—3 《西北通讯》1947年6期发表的《西北大学边政系素描》和《西北文化》1947年1卷3期发表的《西北大学的边政系》

四、西医分合

(一) 国立西北医学院的历史地位

国立西北医学院乃秉承自我国国立西医高等教育之源头。

目前，全国各医学院校追溯历史上百年者有10所院校，分别为：

（1）河北医科大学，溯至清光绪七年（1881）直隶总督李鸿章创办的直隶省会医学馆，清光绪十九年（1893）改为北洋医学堂，1913年改为直隶公立医学专门学校；

（2）中山大学中山医学院，追溯至清光绪十二年（1886）成立的中国最早西医学校——博济医学堂和1910年的广东公立医科专门学校；

（3）原北京医科大学（现北大医学部），追溯至清光绪二十九年（1903）的京师大学堂"医学实业馆"，直到国立北京医学专门学校、国立北平大学医学院、国立西安临大—西北联大医学院等，与国立西北医学院的表述一致；

（4）中南大学湘雅医学院（湖南医科大学），清光绪三十二年（1906）的长沙雅礼医院和湘雅医学专门学校；

（5）四川大学医学院，溯至清宣统二年（1910）的私立华西协合大学（1913年增设医科，1914年增设牙科）；

（6）山东大学医学院，溯至清宣统三年（1911）的齐鲁大学医科；

（7）苏州大学医学部，南通大学医学院，均追溯至1912年的南通医学专门学校；

（8）浙江大学医学院，溯至1912年创建的浙江公立医学专门学校；

（9）温州医科大学，溯至1912年的浙江医学专门学校；

（10）北京协和医科大学，溯至1917年；

这10所百年以上的医学院校中，河北医科大学等校的前身为省立，博济、湘雅、齐鲁均系教会学校，因此，只有京师大学堂医学实业馆—国立北京医学专门学校—国立北平大学医学院—国立西安临时大学—国立西北联合大学医学院—国立西北医学院—国立西北大学医学院—国立西北医学院这一支，是为国立。

在抗战时期，截至 1941 年 7 月，国立综合性大学中仅有中央大学等 4 所学校下设有医学院，省立大学中仅河南大学、浙江英士大学设有医学院，私立大学中有私立岭南大学等 5 所学校设有医学院，私立独立医学院有同德和东南两家，另有国立医专 1 家和省立医专 4 家（见表 4—4）。

表 4—4　全国国立、省立、私立医学院概况（截至 1941 年 7 月）[①]

校名	校、院长	所设系科	所在地
国立中央大学	罗家伦，蒋梦麟	文、理、法、师范、农工、医学院、研	四川重庆
国立中山大学	许崇清	文、理、法、师范、农、工、医学院、研	广东韶关
国立同济大学	周均时	理、工、医学院	云南昆明
国立广西大学	雷沛鸿	理、工、农、医学院	广西桂林
国立上海医学院	朱恒璧代	—	上海
国立中正医学院	王子玕	—	云南昆明
国立贵阳医学院	李宗风	—	贵州贵阳
国立江苏医学院	胡定安	—	四川北碚
国立西北医学院	徐佐夏	—	陕西南郑
河南省立河南大学	王广庆代	文、理、农、医学院	河南嵩县
浙江省立英士大学	许绍棣	农、工、医学院	—
私立岭南大学	李应林	文、理工、农、医学院、研	香港
私立中法大学	李麟玉	文、理、医学院	北平
私立齐鲁大学	刘世传	文、理、医学院	四川成都
私立震旦大学	胡文耀	文、理、工、法、医学院、女子文理	上海
私立华西协合大学	张凌高	文、理、医学院	四川成都
私立北平协和医学院	胡恒德	—	北平
私立湘雅医学院	张孝骞代	—	贵州贵阳
私立上海女子医学院	王淑贞	—	上海
私立同德医学院	顾毓琦	—	上海

[①] 黄觉民. 教育杂志社丛刊—全国专科以上学校最近实况 [J]. 长沙：商务印书馆，1941（7）.

续表

校名	校、院长	所设系科	所在地
私立东南医学院	郭琦元	—	上海
国立牙医专科学校	—	—	四川成都
浙江省医药专科学校	王佶	—	浙江天台
江西省立医学专科学校	李为涟	—	江西新渝
山东省立医学专科学校	尹莘农	—	四川万县
陕西省立医学专科学校	薛健	—	陕西南郑

国立独立医学院中：上海医学院，系1927年建立第四中山大学时由颜福庆主持组建而成，1932年独立为国立上海医学院，1939年迁昆明，1946年迁回上海（今为复旦大学医学部）；国立中正医学院，1937年7月成立于江西南昌，由湘雅医学院调王子玕主持，1938年迁江西永新，秋，再迁云南昆明，1940年迁贵州镇宁，1945年春迁福建长汀，1946年迁回南昌（后相继改称华中医院、中南军区医学院、第四军医医院、第七军医大学等，今被第三军医大学所继承，亦被南昌大学医学院列为三大源流之一）；国立贵阳医学院，1938年3月成立于贵州贵阳，李宗恩主持（今为贵州医科大学所继承）；国立江苏医学院，1934年9月1日，江苏省府在镇江成立了江苏省立医政学院，1938年8月在迁徙途中与南通学院医科合并为国立江苏医学院，相继迁江苏镇江、湖南沅陵、贵州贵阳、重庆北碚等地，1946年迁回镇江（1957年迁南京，今为南京医科大学所继承）。国立西北医学院，则是唯一来自北方的一所独立医学院，无论从京师大学堂医学实业馆算起，还是从1912年的国立北京医学专门学校算起，都是我国西医高等教育的源头。

这五大国立医学院，在抗战中均数度迁徙，历经艰辛，在保存国立西医高等教育火种、支持抗战方面，发挥了重大作用。

（二）国立西北医学院概况

近溯西北医学院的历史，乃由西安临大医学院发展而来。在西安时，院址位于西安北大街通济坊，与临大法商学院三系、农学院三系，以及教育系、生物系、地理系同在一地。吴祥凤任院长，教授有徐佐夏、严镜清、蹇先器、王晨、林几等，副教授有毛鸿志、王同观等。

图4—4 抗战时期的五大国立医学院（依次为国立上海医学院、国立中正医学院、国立贵阳医学院、国立江苏医学院、国立西北医学院）

图4—5 国立西北联大常委徐诵明与医学院教师和部分学生在南郑东郊医学院本部马家庙前合影。前排：左二眼科副教授刘新民、左三病理学副教授毛鸿志、左四儿科学教授颜守民、左六法医学教授林几、左七医学院院长兼皮肤花柳科教授蹇先器、左八西北联大常委徐诵明教授、左九药理学教授徐佐夏、左十内科学教授陈礼节、左十二儿科学专任讲师厉矞华（徐佐夏之子徐褒珍藏）[1]

---

[1] 杨龙. 北京开医道 西北续弦歌 [J]. 西安：西安交通大学出版社，2017：91.

国立西北医学院校址在南郑县（今汉中市）城东新民乡，自黄家坡到三皇寺，由西南而东北，延袤两三公里，占祠庙七八处为校舍。其地自然风光绝佳，汉江、巴山绕其南，秦岭峙其北，山环水抱，颇适宜于疗养医病。称为西北联大医学院时期，先借南郑联立中学校舍一部分为校址，复租陕西省银行南郑中学巷九号为院址。改为国立西北医学院以后的1939年3月因日机飞南郑频繁轰炸，又迁南郑城东孙家庙、马家庙（二、三年级，院本部），黄家坡、黄家祠（四、五年级），城固校本部（一年级）等处为临时课堂。此间，与南郑县卫生院成立临大医学院附属诊所，又与迁南郑的洛阳军分区医院联系作为实习基地。附属诊所于1939年夏迁至南郑东关黄家坡文庙内，改称西北联大医学院附属医院。

国民政府教育部等机构介绍了医学院概况：其一是1941年5月，教育部编《全国专科以上学校要览》介绍国立西北医学院校舍及设备：校址在陕西省南郑县（今汉中市）新民乡。北有汉宝公路，通西安。东有汉白公路，通湖北。西南有川陕公路，通四川。校舍系旧有祠庙、民房加以修改或重新建筑。计有教室、实习室、办公室、学生宿舍及医院诊室、病房等。共约150间。环境方面北望秦岭，南邻汉江，山环水抱，临近旷野，风景佳丽，空气清新，于卫生疗病颇为适宜。校舍现有解剖、生理、病理、药物、细菌寄生虫、内科、外科、妇产科、眼科、小儿科、耳鼻喉科各教室，并有附属医院1所，卫生教学区1处。其二是1942年12月23日，国立西北医学院回函（发文第475号）致中央宣传部国际宣传处，为该处编撰的《中华年志》一书提供西北医学院概史。其中称："本院创于民国元年（1912），地址位于北平之后孙公园，名曰国立北京医学专门学校，民国十一年（1922）奉令改为大学，名曰国立北京医科大学校，民国十五年（1926）复更名为京师大学医科，民国十七年（1928），奉令改为国立北平大学医学院，民国二十六年（1937）九月，北平沦陷，本院奉令撤退迁至陕西之西安，奉部令合国立北平大学、国立北平师范大学、国立北洋工学院三校院，组成西安临时大学。民国二十七年（1938）三月，奉令迁移南郑，更名为西北联合大学，文、理、法、商、教育等院分设于城固，本院设于南郑城，旋复移至郊外之马家坝，距城三里许，去城可八里。至民国二十八年（1939）八月，奉令改组,本院改为独立学院,始称今名——国立西北医学院"(图4—6)。

1939年8月8日,国立西北医学院自西北联大分出独立设置。

1939年9月18日,西北大学、西北师范学院、西北医学院接收委员会于西北大学校长室举行第一次联席会议。医学院黄万杰、余梦祥、冀侣僧;师范学院汪如川、袁敦礼、刘拓;西北大学苏雅农、张贻惠、赵学海等人出席,由张贻惠任主席。会议商讨接收前西北联合大学事宜,并就图书仪器、校产公物分配原则及办法做出规定;会议决议将原西北联大公物分为十份,西北大学接收五份,西北师范学院接收三份,西北医学院接收二份。①

图4—6 独立设置后的国立西北医学院附属医院

1939年12月4日,国民政府检察院院长于右任返渝经过南郑,到院视察,并在附属医院对全院师生训话。因适逢警报,且南郑复遭轰炸,原定的1时训话,推迟到3时警报解除。训话指出:"现今大学之入乡村,多因敌机肆扰的原故……医学虽可医人,救人于不死,但对于炸伤者常常不及医治。……军人在抗战中固然责任很重,唯我医学界之责任尤大,尚望大家格外尽力。同学方面应负起自己的责任,用心学习。抗

---

①国立西北大学.西北联合大学改组由国立西北大学、西北师范学院、西北医学院接收,前北平大学遗失印信公物收支计算书查处情形,五—2162[A].南京:中国第二历史档案馆.

战固赖之于军人，建国却系于我等，建国大业正待大家努力也"。①

此时，先后有三任院长：1939年7月，教育部聘西北联大常委徐诵明为国立西北医学院院长，未就职。遂由徐佐夏（益甫，1895—1971）教授于1939年8月出任独立设置后的首任院长（1939—1944）。

1941年3月20—22日，学院公共卫生副教授黄万杰任卫生宣传队总队长，分领12队，拟定宣传大纲，绘制60张图画，在新民乡、灵泉乡各村落宣传卫生。其内容包括天花预防、沙眼预防、求医指导、改进膳食、疥疮预防等，同时施种牛痘和散发本院附属医院施诊券500余张。1942年12月1日，为实施社会教育，学院附设民众学校开学。聘赵敏树为校长，张继善为教务主任，学生任教员。

1941年4月26日，徐佐夏院长会同西北师范学院长李蒸往天水、兰州、平凉等处勘察新院址，拟迁院，院长一职由马馥庭教授代理。

1943年3月1日，西北大学、西北工学院、西北师范学院、西北农学院、西北医学院等西北五校再次联合电呈最高国防委员会教育部、行政院秘书处、教育部，以呼吁解决生活困难，电文如下："本院校等偏处陕南，交通梗阻，近数年来历受物价激涨之苦。校院同仁咸以国难当前，忍痛负重，未容言宣。乃迩来物价又复突涨不已，较诸西安、陪都各处，尤为高昂。而自1942年10月起城固地区生活补助费基本数为400元，加成数为十二成。城固与西安、陪都悬殊，同仁艰窘，苦不堪言，拟恳请准予自本年4月份起提高城固生活补助费以资维持。"教育部未予答复。

1944年5月30日，教育部聘请生理学家侯宗濂（1900—1992）教授相继任国立西北医学院院长和国立西北大学医学院院长（1944年5月—1947年5月）。

1946年8月并入西北大学后，侯宗濂（1946年8月—1947年5月）、刘蔚同（1948年夏）、万福恩（1948年9月11日）、李之琳（1948年年底至1949年5月代理院务）等相继任院长。院长下设教务处，总务处

---

① 编者.于院长来院视察并对全院师生训话[J].国立西北医学院院刊，1941（14—15）：46—47.

（下辖注册组、图书组、仪器室），训导处（军事管理组、生活管理组、体育组、卫生组），会计室，医学研究所，附属医院。

1944年1月，因物价飞涨，师生生活艰困，加之军事教官与八期学生冲突后罢课抗议，引发全校性学潮。教育部遂将军事教官和原院长徐佐夏免职，并将教务主任李宝田、附属医院院长赵清华等解聘。内科学教授陈阅明接任附属医院院长。1941年4月底按教育部令，组成7人招生委员会，包括院长徐佐夏（益甫）、附属医院院长王同观、教务主任黄如烟、总务主任毛抟凤、马馥庭教授、李文轩教授、教官刘伯安等。1944年10月20日，西北大学校长刘季洪与国立西北工学院院长潘承孝、西北医学院院长侯宗濂商讨陕南各地学生从军问题，并联名致电蒋介石，表示拥护知识青年从军运动。

1942年4月，经国民政府批准，以创建于1933年的甘肃医学专修科为基础，组建了"国立西北医学专科学校"，招收五年制的专科班。次年，改为国立西北医学专科学校，设置四年制和六年制的医学专业。

1945年初，教育部将国立西北医学院与国立西北医学专科学校合并，原国立西北医学专科学校改为"国立西北医学院兰州分院"，侯宗濂任院长，汪美先（1914—1993）代理院长。国立西北医学院遂有迁兰州的计划。但是，1945年8月抗战胜利，原北平大学医学院要求复原北平，教育部不准，而同意搬迁至西安建校，并将西安崇礼路（今西五路）原西北制药厂厂址和附近空地作为国立西北医学院及其附属医院院址，迁兰计划未能实施，两院校也未能实现合并。

1946年8月初，教育部又决定将国立西北医学院并入国立西北大学，改为国立西北大学医学院。8月中旬，开始从陕南搬迁，历时两个月，迁回西安。1947年春，西北大学医学院附属医院开始基建，11月建成开诊，设病床40张，由王立础任院长。1949年5月，中国人民解放军西安军事管制委员会接管西北大学，军事代表赵仲池委派王荣进驻西北大学医学院。

在新中国成立前夕的迁校和护校斗争中，医学院院长汤泽光、万福恩先后辞职赴广州、天津。其间，国民政府要求西北大学及医学院南迁四川。马载坤、张时等临时负责应付当局，抵制迁院。孙国桢

(1907—？)、徐浩、孟昭林、隋式棠（1912—？）、王兆麟、张保真等教授、职员组成护校委员会，工人朱新年、朱文光、唐友德，及学生高瀛洲、绪昶光、于克、郭炯等组成三四十人的护校队，日夜巡逻，为新中国保住了学校。1948年11月中旬，第一战区司令长官胡宗南到校命令西北大学迁往四川成都。西北大学，以及所属医学院、附设医院等开展了反迁校运动。反迁校斗争取得胜利，医学院师生见证了新中国的诞生。1949年5月20日，西安解放。5月24日，军管会进驻西北大学，同时派员接管医学院。侯宗濂任主任委员，张效宗为副主任委员，恢复了医学院和附设医院的正常教学秩序。

在解放战争时期的战地救护中，于1949年7月，医学院组织戈治理、宋爱兰、李秀林等医生和学生组成4个支前战地医疗队，随解放军第一野战军第一、二、三野战医院西征，参加了咸阳反击战、扶眉战役、关山战役、兰州战役等。

此时，陕西省立医学专门学校并入西北大学医学院。1949年8月4日，西安市军事管制委员会主任委员贺龙，副主任贾拓夫、赵寿山、甘泗淇签署管会字第20号令，将陕西省立医学专科学校并入西北大学医学院。将医专附设医院全体人员及设备暂借西北军区司令部（未归还）。1949年9月完成陕西省立医学专科学校并入过程。

据侯宗濂回忆此段历史时，说：

1946年学校由陕南迁回西安，并入西北大学，改名为国立西北大学医学院，购前西北制药厂作校址，次年购西邻居民地皮14亩余，建教学医院（图4—7），有门诊、病房各一排，全是平房，设床50张。笔者回到西安后因病辞职，内科汤泽光教授代理院长。后万福恩继任院长近一年，实际到职不足两

图4—7　1947年国立西北大学医学院附设医院在崇礼路（今西五路）建成开诊

个月，亦离职而去。后来，胡宗南的军医处长李之琳代理院务，实则学院领导处于瘫痪状态。西北大学校部亦因校长屡次更换，学校秩序紊乱而无力顾及医学院。1949年解放前夕李之琳离校，学校更陷于无人负责的混乱状态。回忆学院成立至解放已近12年，它度过了漫长的岁月，走过一段艰难曲折的道路。由于国民党反动政府的黑暗统治，医学教育受到摧残，没有得到应有的发展。解放前12年连同1949年仅仅培养了347名学生，平均每年不到29名。在校学生数1949年最高达280名，教师44名，实习病床61张。教学方面有解剖、生化、生理、药理、病理、细菌、内、外、妇产、小儿、皮肤、花柳病、眼、耳鼻喉等科，这些科不但设备差，力量也薄弱。重要仪器有显微镜29架，分析天秤1架，电冰箱1个，电动离心机1台，万能手术床1台，X光机2台，图书2 530册，杂志4 350卷，学校规模由此可见。1949年5月20日西安解放。学校回到了人民的怀抱。从此，揭开了新的历史篇章。①

源于北平大学医学院的西安临时大学—西北联大医学院诞生于战时西安，复经西北医学院、西北大学医学院、西安医学院等母体的发展演化，保存了中国最早国立高等医学教育的薪火，形成了丰厚的历史积淀，依然是抗战大后方的五大国立医学院之一，亦为我国西北医学高等教育的肇端。作为当时西安临时大学—西北联合大学六大学院之一的医学院的成立和之后的独立设置，不但是现西安交通大学医学部和西北大学医学院的源头，也标志着西北地区高等医学教育事业的奠基。它保存我国最早的医学高等教育火种，汇入陕甘医学教育，奠定了西北医学高等教育和西北医学科学的基础。

（三）附属医院

西安临大—西北联大医学院附属医院的前身，可追溯于国立北京医学专门学校于1914年12月30日设立的附设诊察所，1915年2月15日正式开诊，是为该校开设附属医疗机构的开端。同年8月附设产婆养成所，招收看护生13名。1927年更名为国立京师大学校医科。同年，学校

---

① 侯宗濂. 解放前的西安医科大学追忆片段（李文辉1987年整理）[M]//本书编写组. 西安医科大学六十年，1997：207.

附设的诊察所扩充为学校附属医院。之后发展成为北平大学医学院附属医院，徐诵明、吴祥凤、蹇先器均先后出任院长。1940年，附属医院院长颜守民教授休假离职考察，妇科教授王同观（1901—1989）接任院长。1937年7月7日抗战全面爆发以后，平津相继沦陷。当时，国立北平大学医学院的师生获悉北平大学西迁西安后，院长吴祥凤在北平石驸马大街的校址内召集在校教授开会，提出"愿去西安者签名"。吴祥凤、王同观、蹇先器等人当场签名，随后与徐佐夏、林几、毛鸿志等师生辗转来到西安，成为西安临时大学医学院及其附属医院最初的创业者。最初和陆续到达西安的医学院教职工计有21人，其中教授7人，副教授3人，专任讲师3人，助教4人，护理人员及助产士4人。他们大部分来自原北平大学医学院，被安置在通济坊，教师则分散居住在西安城内各处。于1937年9月到校的教授有：吴祥凤、徐佐夏、严镜清、蹇先器、王晨、林几等6人；1938年2月到校的教授有王景槐（辽宁人，主外科学，毕业于北平大学医学院和德国图宾根大学）。1937年9月到校的副教授有毛鸿志、王同观、李漪（事迹不详，住西安西兰公寓）等3人；1937年9月到校的专任讲师有翟之英（字千子，山西定襄，住西北旅馆，主外科学，北平大学医学院毕业）、黄万杰（字立天，浙江乐清人，住东大街柳巷十一号，专任讲师，主公共卫生学，毕业于北平大学医学院）、刘士琇（字新民，安徽凤阳人，住西安北京饭店，专任讲师兼校医，主眼科学，毕业于北平大学医学院和日本九州帝国大学）等4人；1937年9月到校的助教有徐幼慧（徐诵明的女儿，在医院化验所，主妇产科学，毕业于北平大学医学院和日本九州帝国大学）、贾淑荣（字晓澜，住西北旅馆，主内科学，毕业于北平大学医学院）、厉矞华（字声闻，浙江杭州人，主小儿科学，毕业于北平大学医学院和日本九州帝国大学）、李宝田（字滋圃，河北高邑人，主内科学，毕业于北平大学医学院，德国留学三年）等4人。护士长和护士有1937年11月到校的周美姝（字召南，江苏江宁人，住西安东一道巷十八号，任附属医院护士主任，毕业于中央高级护士职业学校）、周粹南（江苏江宁人，住西安东一道巷十八号，任护士长，毕业于上海西门妇孺医院协和高级护士职业学校）、聂玉琨（陕西三原人，住西安东一道巷十八号，任护士长，毕业于上海西门妇孺医院协和高级护士职业学校)、高维新(字惠静，山东临沂人，住西安东一道巷十八号，任助产士，毕业于天津医院高级护士职业学校)、徐政(护士，生平不详)5人。西安临大在西安虽不到半年，但学习、医疗活动、抗日宣传却照常开展。1937年11月15日，西安临时大学开始上课，医学院86名学生除在西安两次招收录取之新生，余皆为原有学生或他校旧生转学而来。一年级正取新生则有后毕业留校的妇产科王秉正、外科尚天裕等。

在西北联大附设医院时期，院址设在南郑县(今汉中市汉台区)，皮肤性病学教授蹇先器代理未到校的吴祥凤院长之职，1939年2月11日被正式聘为医学院院长。5月2日，全校统一开学上课。

汉中期间，医学院教职工除吴祥凤、王晨离职外，其余均达。教员又陆续新增有颜守民等11人。职员则新增陈仁睿、王锡祥、吕瑞鑫、叶逦纲、余梦祥、祝振瀛、韩书刚等7人。1938年4月到校的有颜守民教授，1938年6月到校的有陈礼节教授，1938年8月到校的杨其昌教授(字相初，山东临清人，耳鼻咽喉科教授，毕业于北京医学专门学校，留学于德国)，1938年10月到校的何心浃教授(字性坚，福建闽侯人，药物化学教授，留学于日本东京铁道省专门部特级预科，德国耶那大学药物化学科毕业)，1938年11月到校的陈嘉琨教授(德文)，1939年1月到校的陈作纪教授等等。

西北联大医学院这时还主办了救护训练班、公共卫生训练班，并组织乡村巡回诊疗队进行巡回医疗。1938年5月18日，学校对医学院批复附属诊所开办费及附设练习生开办费预算。1938年6月29日，学校借汉中卫生院房屋32间并拨付2 000元作为开办费，并对购置药品器械、修理费等做出安排。西北联大医学院附属诊所首任所长为王景槐教授，另有教职员23人。1938年4月间，借南郑县卫生院30余间房成立临大医学院附属诊所，又与迁南郑的洛阳军分区医院联系作为实习基地。附属诊所于迁至南郑东关黄家坡文庙内，改称西北联大医学院附属医院，儿科颜守民教授相继任附属诊所主任、附属医院院长。在此期间，学校附属医院得以发展，医院内、外、妇、儿、皮肤、眼、耳鼻喉等学科人员齐备，教师可为学生进行课堂教学和实习教学，施行了扁桃体摘除术、接生手术、眼外伤手术等。同时，还开办高级护士训练班。这时的医疗活动也不断扩大，1939年4月，西北联大为便利城固平民医疗而成立城固施诊所。1939年3月，附属诊所改为附属医院，分设医务、事务、看护等三部；检查、手术、调剂、图书等四室；医务又分门诊、病房二部；门诊部设内科、外科、妇产科、小儿科、眼科、皮花科、耳鼻喉科等7科；门诊状况，诊病时间为每日上午10时至12时，星期、例假停诊。诊券分普通、急诊及特别诊。普通券每位收2角，急诊券5元，特别诊券30元。每日售诊券七八十张，或至一百一二十张。

医疗条件方面，初创时期的诊所，因设备简陋，检查器械缺如，初期尚不能做化学检验。1938年10月，西北联大医学院附属诊所，从西安购得少量试药及器皿、显微镜（最大倍数1 000倍至1 400倍）开始做简单之检查，如小便之各项定性检查，血球计算，大便、痰的普通检查。之后，又购置康氏（Kaha）梅毒反应检查器具，遂开始做康氏梅毒反应检查。1939年3月，附属医院病房分头等、二等、普通、产妇及施诊等5种。病房状况：有各种病房，共设150床位，住院费每位每日8元；二等病房20床位，每人每日4元；普通病房男女各30床位，每人每日3元；产妇病房10床位，住院费与普通病房相同；施诊病房男女各25床位，每人每日1.6元（餐费）。各种病房尚能敷用，唯施诊病房稍拥挤。

1939年11月至1941年11月，3年来内科门诊初诊人数为：1939年，初诊人数3 904人，住院104人；1940年，初诊人数5 904人，住院416人；至1941年11月，初诊人数5 936人，住院818人。内科门诊总计初诊人数15 744人，住院人数1 338人。[①]

独立设置为国立西北医学院之后，开始步入新的发展历程。截至1941年5月，学院有解剖、生理、病理、药物、细菌寄生虫、内科、外科、妇产科、眼科、小儿科、耳鼻喉等科。1941年3月4日，附属医院改进病院，筑成新的防空洞、扩充内部，使住院患者增至五六十人，每日挂号增至百余号。

1945年夏，并入国立西北医学专科学校，改为国立西北医学院兰州

---

① 内科一年来概况［J］.国立西北医学院院刊，1943（26—27合刊）：21.

分院，以卫生署西北卫生实验院为附属医院，以小西湖为院址，但因抗战胜利和医学院复校请愿而终止。

1940至1941年间，医学院及其附属医院相较于初到汉中之时，有较大的发展。1940年秋，始建成药理学实验室，并开始实习，逐渐发展，可进行植物成分检验、矿物成分检验、化学解毒药、药物排泄、吸凝与溶解亲和力、原浆毒物即驱虫剂、腐蚀及刺激物、消毒剂、局部麻醉、平滑肌之张力试验、司徒傅氏心、蛙心之直接灌流等23项试验。生物化学实验室，有仪器609件，药品102种。生理实验室，可试验肌肉、心脏呼吸、血压、血循环、灌流、脏器容积量、内脏功能等试验。同时，附属医院新建筑病房22间，检查室、手术室、调剂室、医务室等皆齐备，共有病床80张。平均每日住院病人60名左右，门诊病人80名左右。1941年2月，新购的部分仪器到院，已由成都运到20余箱仪器，分配到各实验室应用，解剖、组织、药理、生理、病理各种仪器一部分。医院临床各科，设备逐渐完善。

按照1942年7月公布的《本院组织大纲》规定的宗旨，学院宗旨与实施方针为"以造就医学专才，并研究医学高深学术及发展西北医疗卫生事业为宗旨"，故其学术研究为两大重要任务之一。1942年，即开始筹设中药研究所等研究机构，但直到1947年始下设医学研究所。在著作方面，见有重印医学院教授的著作。1941年4月10日，徐佐夏院长将其名著《药理学》重新刊行。1943年，重印医学博士安井修平著，北京医学专门学校校长汤尔和校译，本院王同观教授译的《妇科学》。该书由王同观1936年1月在北平医学院翻译。在发表论文方面，1941年5月，教育部编《全国专科以上学校要览》介绍国立西北医学院学术研究：教员研究贡献或重要著作计（一）院长兼药理教授徐佐夏有：①《肝内蛋白溶解酵素之提取法》，②《滤纸对于酵素之吸收作用》，③《细胞内游子平衡之研究》（均在德国《生物化学杂志》发表），④《异性同性凝集现象之研究》，⑤《温热对于蛙心之影响》（均载德国《药理学杂志》），⑥《浮萍之研究》（载《北平研究院杂志》）。（二）教务长杨其昌先生之著作有：①《神经性鼻炎对于涂布之过敏现象》（载德国《耳鼻喉科杂志》），②《嗅觉与人生》，③《肺结核与国民病》（均由北平医光社出版)。(三)公共卫生教学区主任兼公共卫生教授黄万杰之著作有:《北平市饮水井污染来源及其改善方策》。在医学院于1949年9月出版的《西大医刊》发表有:隋式棠的《百日咳为好发于哺乳儿期内之急性传染症》;王兆麟的《矢毒之生理学的效能及其临床应用》;汪功立的《由龋齿论营养》;张怀瑫的《主动脉弓之异常》和《腓肠肌之一例》;孙国桢的《常山》;李国璋的《三叉神经痛及其治疗》;王兆麟的《关于矢毒之实际应用》;毛鸿志的《恶性肿瘤之管理与医教——美加考察报告之一》;陈庆魁的《视网膜色素变性之组织疗法》等。

另外,也有少量校际学术交流和国际学术交流。1944年4月16日,西北医学院教授汤泽光受邀于西北大学做学术讲演,题为《近代科学医的成就》。1946年,毛鸿志在西北大学医学院期间被教育部选派赴加拿大多伦多大学医学院病理科进修期间,对美国、加拿大等国的医疗状况做了考察,1948年回国。

在医疗技术方面:1944—1946年,万福恩教授在南郑国立西北医学院附设医院以"大脑额叶切断术"治疗过部分精神分裂症患者,以三叉神经节注射治疗三叉神经痛;1948年,万福恩教授在附设医院诊断一例脊髓神经鞘瘤病例,并与张同和教授为患者行肿瘤切除术,为陕西神经外科之最早手术病案。

五、西师再迁

国立北平师范大学无疑是西师的根基,西师亦为继西安临大—西北联大后北平师大在战时血脉存续的重要过渡,可见两校一脉相承。

河北省立女子师范学院是西师家政学科之源。

城固时期的西师与西大隔壁为邻,但由于学科专业相似,皆有综合性大学的某些特性,可以说几乎处于合而未分的状态。其文、理、教育和各科学生的宿舍、教室、图书馆、操场,都是与西北大学合用,教授亦大部分合聘,见有一份42名合聘教授的薪津名单,甚至就连一辆小轿车也是西大、西师与西医三校共用。1944年,西师迁兰后,教育部将其城固全部校址拨归西北大学。

（一）独立设置后的国立西北师范学院

1939年8月，西北联大师范学院分出独立为国立西北师范学院，校址仍在汉中城固文庙旧县学内，与西北大学为邻。李蒸、黎锦熙先后任院长，易价任院长秘书，袁敦礼、黎锦熙相继任教务主任，黄国璋、袁敦礼相继任训导主任，汪如川任事务主任。

此时，增设公民训育系和博物系，全院共10系1科，各系学制5年。其在城固的校舍建筑分为城内、城外及场圃三部分：城内有办公室8大间，校工作室3间；城外在城东校场坝购租萧何墓祭田、县农会地和民地27亩（1.8公顷），一期建筑男生宿舍32大间，二期建筑食堂、厨房、盥洗室15大间，劳作科土木厂一座5大间；场圃系主要设升旗台1处、足球场3处、篮球场3处，将隙地开辟为劳作科农艺园，用于教学实习。至1941年6月，有办公处43间，教室4座，12间，女生宿舍22间，杂项房屋17间；城东有办公室4间，教室30间，男生宿舍41间，杂项房屋16间，农场房屋5间；总计189间。

学院原在北平的20万册图书均未带出，自西安临大—西北联大教育学院—师范学院开始购置，截至1941年2月，有西文书籍873种，953册；中文书籍2 971种，7 423册；地图、表20余种；中文杂志及报纸229种，西文杂志41种，中文报纸3种，西文报纸1种。

学校所有经费，均由教育部发给，1940年的实际支出为44 741.24元（不计建筑、购置费）。

1939年4月，学校按教育部指令征集校歌。汪震拟校歌歌词，并经西北大学讲师謇人诚修改，经由西北师范学院讲师，及师院附中音乐教员杨宏论、叶树桐两位先生共同审查改订而成：

校　歌
汪　震

皇皇炎帝西北来，东方文化自我开；
复兴民族宏边地，交通器用赖英才。
郁郁山林，巍巍学府，多士研读共一斋。
学以致用，沙漠桃杏栽。

兴国裕民，老安并少怀。

文质彬彬，古国生光彩。

中华亿万载。

校训：母忘政事，永矢母忘。①

1940年西师拟分年迁移兰州，李蒸赴甘勘定校址，购置土地。1941年在兰州黄河北岸十里店设立西师分院并开学，原河北女子师范学院院长、西北联大家政系主任齐璧亭（国樑）教授任主任，同年城固校本部停止招生。1942年本部由城固迁兰州，而城固改为分院。

1944年11月西师②全部迁移兰州。1944年城固分院学生全部毕业，宣布撤销城固分院。1946年7月下旬，教育部电令西师继续独立设置。其相继设有国文、英语、史地、公民训育、数学、理化、博物、教育、体育、家政10系，及劳作、史地、理化、国语、体育5个专修科，以及师范研究所、附中（由西北联大高中部改称）、附小、附中师范部、劳作师资班、优良教师训练班和先修班等。是年，全校教职员225人，学生1 010人。至抗战胜利，"北平师范大学西迁陕甘有九年之久，毕业学生1 300余人"③。

表4—5 全国国立、省立、私立师范学院概况（截至1941年7月）④

校名	校、院长	所设系科	所在地
国立中央大学	罗家伦，蒋梦麟	文、理、法、师范、农工、医、研	重庆

---

①汪震. 函校委会，民国档案，61—2—27［A］.1939—04—12，西安：陕西省档案馆. 西师的这个校歌版本待考。后来在35周年纪念之际，国立西北师院仍沿用范源濂作词、冯孝思作曲的北平师范大学校歌。

②1945年抗战胜利后，西北师范学院中的北平师范大学师生300余人返回北平复员，至1949年8月兰州解放，西师有教职员工72人，学生360余人。1958年改为甘肃师范大学。1981年复名为西北师范学院。1988年改名为西北师范大学。

③北京师范大学校史编写组. 北京师范大学校史（1902—1982）［M］. 北京：北京师范大学出版社，1982：111—120.

④黄觉民. 教育杂志社丛刊—全国专科以上学校最近实况［J］. 长沙：商务印书馆，1941—07.

续表

校名	校、院长	所设系科	所在地
国立西南联合大学	梅贻琦，张百苓	文、理、法、商、师范、工、研	云南昆明
国立中山大学	许崇清	文、理、法、师范、农、工、医、研	广东韶关
国立浙江大学	竺可桢	文、理、师范、农工、研	贵州遵义
国立师范学院	廖世承	国文、英语、教育、史地、数学、理化、公民训育	湖南安化蓝田镇
国立西北师范学院	李蒸	国文、英语、史地、公民训育、数学、理化、博物、教育、体育、家政、劳作专修科	陕西城固
国立女子师范学院	谢循初	教育、国文、理工、英语、史地、音乐、家政、体育专修科	四川江津
江苏省立教育学院	高阳（童润之代）	乡村教育、农事教育	广西桂林
四川省立教育学院	颜欶	1941年系科不详，到1949年有教育、国文、数学、英文、史地、博物、农艺、农制、园艺9系	重庆
私立大夏大学	王伯群	文、理、法、教育、商	贵州贵阳、上海
私立辅仁大学	陈垣	文、理、教育、研	北平
私立武昌华中大学	韦卓民	文、理、教育	云南大理

由表4—5可知，国立师范学院和国立西北师范学院是当时全国仅有的两所独立师范学院，而国立西北师范学院显然是历史最为悠久、学科最为齐全的国立师范学院。

西北师范学院为陕南地方文化与西北文化做出过重要贡献，奠定了西北地区高等师范教育的基础。按照1941年国民政府教育部划定的全国7所师范学院辅导区，豫、陕、甘、宁、青、绥为西师的辅导区。1941年1月19日，在城固郊区邳留乡成立"乡村社会教育施教区"（后改为社会教育试验区），开展社会教育、兵役法宣传、卫生与科技知识宣传等，两年半时间中先后有300余位学生参与，结束时当地民众还以"善教民爱"题赠①。1941年8月,曾在城固召开本区中等教育辅导委员会第一次会议。此后,逐年举办暑期体育讲习班、体育师资训练班,又与地方教育当局、西大合办城固、临潼、西安、兰州暑期中等学校各科教员讲习讨论会,开展中等学校、小学教材教法研究,并以毕业生充实西北师资,从而奠定了西北高等师范教育的基础,并大大推进了西北中等教育、小学教育的现代化进程。袁贵仁认为:其历史是"一部开发建设大西北的创业史和奋斗史","具有特殊地理与文化内涵的大西北,始终是学校赖以生存的母体,始终是学校历代学人为之奋斗、希冀建设发展的对象","早在40年代初……在艰苦的条件下,聘请著名教授任教,开办社会教育试验区,研究和保护文物,参与西北的革命与建设,取得了显著成绩"。②

西北师范学院的学制均为5年。原在校的河北女师和北平师范大学的学制均按4年毕业。研究生学制2年。

其课程设置分为4大类:一是普通基本科目,有国文、外国文、社会科学、自然科学、哲学概论、本国文化史、西洋文化史7种,计52学分;二是教育基本科目,有教育概论、教育心理、中等教育、普通教学法4种,计22学分;三是分系专门科目,课程按教育部颁布的师范学院必修及选修科目规定设立,计72学分;四是专业训练科目,分为分科教材教法及教学实习两种,计24学分。以上总计170学分,但按照科目表实施要点增加12学分。学生毕业前必须提交毕业论文一篇,还要有至少4个星期的社会服务或劳动服务。考核与评定有平时试验、学期试验、毕业试验和补试。学业评定列为甲、乙、丙、丁、戊5等,戊为不及格。

截至1940年10月,总计有学生521人,其中男生396人,女生125人,籍贯分布在全国28个省市,以河北为最多,有124人,河南(104人)、四川(67人)、陕西(48人)次之。其中,师范研究所有研究生16名。本科学生以教育系为最多,史地系、体育系次之。

---

① 王镜铭.国立西北师范学院城固社会教育实验区两年半工作介绍[N].甘肃民国日报,1943—11—08(3).
② 西北师大校史编写组.西北师大校史(1902—2002)[M].袁贵仁.序(2002—09—01).兰州:甘肃人民出版社,2002:1—3.

(二) 西师迁兰

1940年4月，国民政府鉴于城固一隅不足以支撑整个西北的高等教育，教育部部长陈立夫发出训令，要求国立西北师范学院自城固迁甘肃兰州，遂有再次西迁。

然而，毕竟搬迁并非易事，李蒸院长亲至教育部陈述诸多困难，教育部亦同意暂缓迁移，但筹备工作仍在进行。1940年6月，李蒸率团赴兰州考察校址，发现所定甘肃学院校址不敷使用，需另觅校址，重新建设校舍。西师方面强调："兰州当西北要冲，回汉相处，如以教育为政治军事建设之前驱，则本院将永为西北最大之文化堡垒。精神国防前线之所依托，本院不敢厚于自任、重于作始，且欲为永久基础，自宜有远大计划，若沿用甘肃学院旧址，则因陋就简，现在既有轰炸之虞，将来亦多尘嚣之扰，实不足以实现应有之使命"。[①] 教育部采纳了考察后的建议。就此，李蒸院长还提出了具体建议：一是为防空袭，学校不设在城内，但又不能离城太远；二是必须见到黄河，以取风景和吃水便利。最后，遂有距城7公里的十里店校址的选择，教育部亦有分期拨款建设和分批迁校的方案。

1941年3月19日，教育部要求从速筹备迁移事项，要求在1941年暑假在兰州设立分院。4月，李蒸院长再次赴兰谋划校址和筹设分院，组成了兰州分院校舍建筑委员会，并于6月在兰州成立国立西北师范学院兰州分院筹备处，10月1日复改为"兰州校舍建筑办事处"，同时宣布国立西北师范学院兰州分院正式成立，齐国樑任主任，启用兰州分院铃记，但筹备办公仍在城固。同年11月，兰州分院开始招收首届学生150人。

至1942年6月，由于物价高涨，校舍建设进展缓慢，实际需要600万元建设费用，8月行政院仅批准迁建经费180万元，实际上仅拨款半数，且强调"国家战时财政困难"，"城固原有仪器用具仍应尽量利用"。至次年，学校复利用拨款和中央银行兰州分行透支等，建成36间教室、

[①] 国立西北师范学院. 呈教育部文, 民国档案33—0006 [A]. 1940—08—31, 兰州: 甘肃省档案馆.

60 间学生宿舍、饭厅厨房 27 间、购买十里店房屋 35 所等。到 1943 年 5 月，教育部仍要求自行弥补亏欠，师生们梦寐以求的图书馆、大礼堂两大建筑只得缓建。1943 年 8 月 15 日，张治中视察"西师"兰州分院，对学校的困难深表同情，并以三青团中央团部名义拨款 20 万元，建筑"青年馆"。李蒸院长复赴重庆向教育部汇报，并晋谒蒋介石报告迁建困难，特准 340 万元，并终由西北建设专款中拨给了学校。

1943 年 9 月，兰州分院改为本院，城固校区改为分院。兰州校区有 700 余名学生。城固校区自 1941 年起不再招收新生，至 1943 年有四年级学生 260 余人，1944 年全部毕业。

1944 年 6 月 14 日，学校召开校务谈话会，决定结束城固分院，暑假迁兰。至 1944 年底，兰州十里店校区终于建成，教室、实验室、图书馆、礼堂、办公室、学生宿舍、食堂、体育场、农业实习地、园艺实习地等大致完竣，学校遂于 1944 年底全部迁移至兰州。

至 1944 年，在校学生有 1 010 人，教师 159 人，职工 66 人。学校下设教务处、训导处和总务处，成立有图书仪器委员会、校舍建筑委员会、地方教育辅导委员会、出版委员会、家庭教育委员会、社会教育推行委员会。系科设置有师范研究所（教育学部）、国文系、英语系、史地系、公民训育系、数学系、理化系、博物系、教育系、体育系、家政系（附保育室）、劳作专修科、国文专修科、史地专修科、理化专修科、体育专修科、劳作师资训练班、优良小学教师训练班、先修班等。附设有社会教育实验区、国民教育实验区、家庭教育实验区、附属中学（中学部、师范部）、附属小学、函授学校、生产农场等。

（三）开办我国最早的师范研究机构与研究生教育

早在 1920 年，北京高等师范学校即开办教育研究科，招收高师和专门学校的毕业生及大学三年级的学生，英文程度要求能直接听讲。这是我国高等学校招收教育学研究生的开端。其初入学时有 32 名学生，实际学习两年零三个月，为其上课的教师有蔡元培、胡适、余天休、傅铜、李建勋、美国学者杜威夫妇等。这期学生于 1922 年 4 月毕业，实际毕业王卓然、康绍言、胡国钰、方永蒸、殷祖英等 16 人，仅授予教育学士学位,但为我国第一次授予这种学位。① 1921年,又增设理化、博物、数理三部的研究科。1930年6月4日,北平大学女子师范学院亦成立研究所,徐炳昶院长兼任研究所主任,黎锦熙任副主任,导师有黎锦熙、高步瀛、王桐龄、王文培、杨荫庆等。1931年9月,国立北平师大成立研究院,并设教育科学门,次年改为研究所。该所在李建勋的主持下,开展了天津市立小学调查,师大附中中学英语教学法实验,附小、复式制与单式制教学效果比较实验,附属幼稚园普通教学法与设计教学法比较实验,以及小学教材及教法,全国教育经费调查,民众教育等研究。②

1938年12月1日,国立西北联合大学师范学院传承北平师大传统,再设师范研究所,旨在"研究高深教育学术,训练教育学术专才,及协助师范研究所划区内教育行政机关研究教育问题,并辅导改进其教育设施为目的"③。研究所仍由教育系主任李建勋教授兼任主任。其《师范研究所章程》规定,研究生资格为"师范学院毕业,经入学试验及格者、国立省立及已立案之私立大学其他学系毕业,曾在中等学校服务二年以上,并经入学试验及格者;师范大学教育系毕业,成绩总平均在75分以上,或教育统计、教育心理、教育哲学、教育行政四科平均成绩在80分以上者或师范大学他系毕业生,志愿研究各科教材教法,其平均成绩在75分以上,本系主科及教育必修科平均成绩在80分以上者免考"④。研究所第一次报名于1938年12月5日至9日进行,考试于12月11日至12日进行。研究生入学后须提出论文题目,由所主任指定教授一二人指导研究,研究期限至少两年。研究生肄业期满时,应修毕规定课程,完成研究论文,由所主任将研究生修业成绩及研究论文转送院长,提交硕士学位考试委员会考试。经硕士学位考试委员会考试及格并经教育部复核无异者,授予硕士学位。

1939年,国立西北师范学院师范研究所继承了这些做法,并开展了

---

① 黄公觉. 中国第一次授教育学士学位典礼纪盛 [J]. 教育丛刊,1922,1(3): 1—8.
② 国立北平师范大学一览 [M]. 国立北平师范大学,1934.
③④ 国立西北联合大学. 师范学院师范研究所章程 [J]. 西北联大校刊,1939(13): 15—16.

多项研究，诸如李建勋主持的"师范学校教育行政教材教法研究""战前与战后教育"，程克敬主持的"师范学校训育"，鲁世英主持的"教师人格"，胡国钰主持的"智慧之因素及其活动条件"，郭鸣鹤主持的"青年期之特性与教育"，王镜铭主持的"战时民众组织与训练"等。

国立西北师范学院时期，于1939年8月，通过考试招收3名研究生，复按教育部规定招收3名助教为研究生。1940年招收刘泽（女）、胡玉升、郝鸣琴、许椿生、佘增寿、凌洪龄、张柏林、庄肃襟、韩温冬、郭士豪、杨少松、梁钟潘、苏競存、刘培桐、赵兰庭等10名研究生（8人为助教）。至1948年，研究所共录取研究生51人，除退学休学者外，实际培养学生31人。其中授予硕士学位者仅6人。研究生毕业后多服务于四川省立教育科学馆、国立北平师范学院、围立西北师范学院等。其中许椿生、陈侠、景时春等长期活跃在教育学术界。

（四）开展我国北方最早的电化教育

电化教育主要是指通过电影、幻灯、广播等手段开展教育的形式。1935年5月，国民政府教育部与中央广播电台合作开始播送教育节目。1936年7月教育部设立电影教育委员会和播音教育委员会。1938年夏，电影教育委员会与金陵大学合作在其理学院增设电化教育专修科。1941年夏在四川璧山创办的国立社会教育学院也设有电教专修科，并在1944年9月以此为基础在重庆北碚设立国立电化教育专科学校，却很快于1945年2月停办。

然而，电化教育除金陵大学和国立社会教育学院有所进展外，其他学校推进缓慢。袁敦礼1945年在访美期间，注意到电化教育在美国已很普及，深感电化教育对推动中国教育大有裨益。回国时，他特从美国聘来了电化教育专家葛泽教授并购买了电化器材及影片。在北平师院组织了14名教授和各附属学校主任在内的电化教育委员会，负责学校的电化教育领导工作。学校专门设立了电化教育室，在教育系增设了电化教育选修课，培养电教专门人才。学校还申请了呼号、波长、频率，专门设立了教育广播电台，于1947年12月17日师大建校45周年时开播。每周六、日两天试播。播送内容有教育讲座、学习指导、英语短剧、诗歌朗诵、音乐歌曲、少儿故事等节目，很受社会欢迎。[①] 由此，北平师范学院成为除金陵大学和社会教育学院之外第三家实施电化教育的高校，也是北方唯一的学校，但不同的是，平师是直接从美国引进电化教育人才和设备发展起来的。

南国农（1920—2014）于1948年赴美国哥伦比亚大学专攻比较教育与视听教育，获硕士学位，后被聘为西北师范学院教授，成为新中国电化教育（教育技术）的创始人，著有《电化教育基础》《电化教育》《信息化教育概论》《教育传播学》等。

（五）创建陕南体育师范教育和体育文化重镇

源于北平师范大学的西师体育，有着悠久的历史。北平师大的前身北京高等师范学校早在1917年即成立有体育专修科，1923年改为体育系，是我国开设最早的体育学科。1945年，我国第一位国际奥委会委员王正廷与西北师院著名体育教育家袁敦礼、董守义两位教授一起，在中华全国体育协进会第二届理监事会上，即提出"第15届世界运动会（1952年）在我国举行案"，是我国第一次提出申办奥运会，而袁敦礼教授、董守义教授曾为此做出重要贡献。袁敦礼1945年赴美讲学，被聘为美国国务院客座教授，多次参与中国参加远东运动会、奥运会的组织工作。

董守义是现代中国第一位从事体育专业出身的国际奥委会委员，他把自己的一生都献给了中华民族的体育事业，献给了奥林匹克运动。1936年，他以篮球队教练员身份参加第11届柏林奥运会，同时作为中国体育考察团成员，赴丹麦、瑞典、德国、捷克斯洛伐克、奥地利、匈牙利和意大利等国进行考察。1947年被选为国际奥委会委员。1948年，任中国参加第14届伦敦奥运会代表团总干事。

王耀东（1900—2006）1922年毕业于北京高等师范学校体育专修科，长期在北平师范大学、北平大学、西北联合大学、西北大学等校任教。1919年4月，王耀东代表北京高师参加了在太原举行的第七届华北

[①] 王淑芳，邵红英. 师范之光：北京师范大学百杰人物［M］. 北京：北京师范大学出版社，2002：177.

运动会，取得5英里长跑冠军。1921年第五届远东运动会，清华大学孙立人、北京高等师范学校魏树恒、王耀东等人组成的中国男篮（图4—8），相继胜日本队和菲律宾队，历史上第一次取得了远东运动会篮球冠军，结束了连续四次败给菲律宾队的历史。抗日战争爆发后，他不做亡国奴，辗转至西北，执教于西安临时大学。西安临大改组为西北联大和国立西北大学后，他先后出任体育主任和训导长。

图4—8　1921年北京高等师范学校参加第五届远东运动会篮球代表队合影（右二为王耀东）

　　郭毓彬（1892—1981）是近现代为我国争得荣誉的著名长跑运动员（图4—9）。1915年5月，在南开读书的郭毓彬作为中国代表团田径选手参加在上海举行的第二届远东运动会。会上战胜菲律宾、日本等国强手，分别以2分66秒和4分50秒8的成绩获880码和1英里2块金牌。这次运动会中国队以总成绩93分夺标，共获5块金牌，郭毓彬独占2块，为中国队获总分第一立下大功。他先后任西北联大、西北大学、西北师范学院、北京师范大学教授兼系主任等职，讲授比较解剖学、脊椎动物胚胎学、脊椎动物学和动物生理学等课程，在体育与生物学两个领域均取得如此成就，在我国高等教育史上，恐无出其右者。

图4—9 郭毓彬（右一）、刘名义（左一）在第二届远东运动会上（中为日本运动员）

西北联大时期的体育，特别是西师的体育，传承北平师大体育系、北平大学女子文理学院体育系、河北省立女子师范学院体育科的优秀传统，有了较大发展。在极为艰苦的环境下，在城固校场坝创建运动场、田径场、垒球场、足球场、篮球、排球、体操场，利用汉江天然游泳池开展游泳教育等，美籍沙伯格教授、王耀东教授自己制作了手球、垒球、双杠等很多体育器械或用品，还有一位体育教师发明了一种板球，还有的教师用陕南青冈木制作球棒，用玉米秆编织成垒垫，用旧皮革自制垒球；1942年在南郑县（今汉中市汉台区）北教场设立陕西省运动会陕南分会场，袁敦礼为大会总裁判长，王耀东教授为大会副总裁判长兼西北大学总领队，派出了田径代表队、女子排球表演队、国术表演队等，又组织以陕南高校为主的汉中体育协进会，主办有"城（固）洋（县）区冬季运动会等"；1943年创建西安体育协进会，举办篮球、垒球、武术等比赛活动，开展文化劳军、黄河赈灾篮球义赛。其中，特别是在南郑县城（今汉中市汉台区）组织的陕西省运动会陕南分会大型赛事，属于陕南历史上的首次，当日开幕式竟有数万民众前往观看，这无疑加深了陕南民众对现代体育的印象，移风易俗，推动了陕南社会进步，同时也为发展我国体育学科建设做出重要贡献，形成了独特的师范性体育教育，使西北联大成为当时体育教育的中心与体育文化重镇，甚至称城固校场坝为我国现代体育的发祥地之一。

六、五校岁月

（一）传承自西北联大的西大校训

2002年1月25日，西北大学百年校庆筹备委员会全体会议研究确定：沿用1938年10月国立西北联合大学第45次会议提出的"公诚勤朴"校训为西北大学校训（图4—10）。

"公"，即公正，公平，无私，天下为公；

"诚"，即真心实意，心口相副，开心见诚，无所隐伏，诚者天之道，思诚者人之道；

"勤"，即劳，出力，取必以渐，勤则得多；

"朴"，敦厚、质朴，原始的自然质朴的存在即"道"。

西北大学前校长方光华的简要解释是：

"公"，即"天下为公"；

"诚"，即"不诚无物"；

图4—10 直接传承西北联大校训的西大校训"公诚勤朴"石刻

"勤"，即"勤奋敬业"；

"朴"，即"质朴务实"。

蒋介石以"械朴多材"四字为西大第一至六届毕业同学的6次重复

题词、居正以"菁莪械朴,邦国之桢"为西大第一届毕业同学的题词,以及陈立夫以"学问在于济世,勤俭乃能服务"为西大第一届毕业同学的题词,也反映了对于"朴""勤"的理解。黎锦熙在释解西北大学校训时指出:"'公诚勤朴'校风之养成,盖与西北固有优良之民性风习相应";"西北民族杂居,异于东南,而其开化亦久,异于西南;融为'国族'正学府之任务矣。四千年使华夏之雄风,宁以遇暴敌而遂摧挫?唯在西北,必借教育学术之力,努力铸成'国族'以发扬之。西大之责,无可旁贷"。"西北之华山汉水,即'华夏'之名所由来,古代文化实肇此土;学府在此,提挈群伦,当以继往开来为务。文化者,合精神与物质,综古代与现代而言,非可偏举"。① 旅居台北的西北大学校友孙宝琛阐释"公诚勤朴"中的"朴"时指出:"汉族民族性的形成与中原及西北的地理环境当然具有密切的关系,大汉民族的朴质坚忍豪放性格大半由于艰难的耕作环境所铸成"。他进一步指出:"汉中原属楚地,秦惠王时秦国自楚国率众取得了汉中,西北文化很快地就在陕南地区得到了发展。……楚汉相争,刘邦君臣退守汉中,后来灭楚而统一了天下,就是以汉中为根据地而出兵的,到了三国时代,诸葛武侯北伐中原,也以汉中为根据地"。"忠君爱国""严辩汉贼不两立""攘除奸凶与兴复汉室"的观念和基本国策 大多源于汉代和三国时期的汉中;"西安与汉中正是我大汉民族强盛时期的圣地,学子们播迁其中,自然会体验到先民创业艰巨的地理环境及开拓精神。教授及同学们由西安迁往城固,攀登秦岭,不畏跋涉之苦,在城固初期,教授及学生的生活是何等的艰苦!大家都坚毅地接受了,而且都心神愉快地接受了,充分表现了中华民族的传统精神"。② 旅台西北大学校友于正生也认同西北大学学生的坚忍耐力,认为从旅台校友来看,西北大学毕业的学生"大半都葆有中国传统文化的浓厚色彩,而富于应付艰苦环境具有坚强战斗力"③。这个观点,

---

① 黎锦熙. 国立西北大学校史(1944—05),1944.
② 孙宝琛. 西北与中华文化[M]//国立西北大学卅周年纪念刊,台北:西北大学校友会,1969.
③ 于正生. 从旅台校友看母校特性[M]//国立西北大学卅周年纪念刊,台北:西北大学校友会,1969.

说明汉中深厚的汉文化沃土，深深滋养了西北联大的莘莘学子。

姚远在《释西北大学校训"公诚勤朴"》①中进一步考释，并认为黄文弼教授是践行"公诚勤朴"校训的典范，论"公"——他以胸怀天下为公，以胸怀祖国为公，以捍卫国家权益为公，以防止珍贵文物外流为公，当外国人要在中国的考古遗址上竖起外国旗帜，他义正词严地予以阻止，还力阻德国汉莎航空单方面取得新疆航空权；论"诚"——他对于考古事业的虔诚，到了如醉如痴的程度，他从辨识古物开始意识到野外发掘和考古调查的重要，便决计将此生献给在当时来说相当艰险的这一事业，之后他做学问的态度也是绝对真诚的，为一个"据说"或"可能"，可以深入"死亡之海"、跨越千里大沙漠，去实地反复求证；论"勤"——他在西北科学考察中牵驼艰难行进于戈壁荒野，晚上写考察记录到深夜，甚至由于连年旅行而不习惯于定居，在城固常常秉烛至凌晨二三点，仅四次新疆考察行程即达38 000公里，一生笔耕不辍，达数百万字，真可谓行万里路、写万卷书；论"朴"——诚如刘半农所描绘其在西北考察中的情形，"此公傻"、"瘦骨一撮不胜衣"、"身披一身老羊皮"、"不看江南之绿杨，而探绝漠之红柳，天炎饮绝沙如焚，人驮平等匍匐走"，虽籍贯江南，但其韧性却一副十足朴实的西北汉子，在城固一身两袖发亮，肘下裂缝的中山装，不知穿了多少年，被学生戏称"老师的衣服没边疆"。就是这样一位天下为公、真诚勤奋、朴实无华的瘦弱老人，成就了蜚声世界的伟大事业。正可谓"大漠歌仍壮，长安日正圆"②，英雄虽西去，伟业在人间。

（二）同出一源三校训

西工的"公诚勇毅"，西农的"勇毅勤朴"和西大的"公诚勤朴"校训，同出一源，即西北联大"公诚勤朴"校训的变化。

公字楼、诚字楼、勇字楼、毅字楼，在今西北联大后继院校之一西

---

①姚远. 释西北大学校训"公诚勤朴"[J]. 西北大学学报（哲学社会科学版），2002（2）封二；西北大学学报（自然科学版），2002（3）封二；木香，2007（17）：12—13（转载）。

②尚爱松. 奉慰黄文弼先生[M]//尚爱松文集. 济南：山东美术出版社，2011：214.

北工业大学的校园内，四座颇具特色的标志性建筑端庄典雅，时刻提醒着师生铭记"公诚勇毅"校训。"公"，即公为天下、报效祖国；"诚"，即诚实守信、襟怀坦荡；"勇"，即勇猛精进、敢为人先；"毅"，即毅然果决、坚韧不拔。"公诚"定为人处世准则，"勇毅"明探求真理精神。国立西北工学院的院训"公诚勇毅"确立于1939年，成为师生在抗日烽火中严谨求知、教育报国的精神支柱（图4—11）。这与之后西北工业大学在长期办学中形成的"热爱祖国、顾全大局、艰苦创业、献身航空"的西迁精神、"一中二主三严"（"以教学为中心""以学员为主、以教师为主""严谨严密严格"）的办学理念，以及"三实一新"（基础扎实、工作踏实、作风朴实、开拓创新）校风，一脉相承，积淀了丰富的内涵。西北工业大学校长汪劲松在毕业典礼上要求学生"用自己的赤子之心回报社会，报效祖国，秉承公诚勇毅的校训，为国防科技发展做出突出贡献"。

图4—11 国立西北工学院院长潘承孝教授题写的西工校训"公诚勇毅"

正如源于西工的校歌所唱：

西岳轩昂，北斗辉煌，泽被万方，化育先翔，巍哉学府，辈出栋梁，重德厚生，国乃盛强，千仞之墙，百炼之钢，镂木铄金，飞天巡洋，公诚勇毅，永矢毋忘，中华灿烂，工大无疆。

这校训、校风、校歌所凝聚成的"西工精神"，正在代代相传，激励了一代代学子。

今西北农林科技大学的校训"勤朴勇毅"（图4—12），同样源于西北联大的后继院校国立西北农学院的校训。

图4—12 西农校训"诚朴勇毅"石刻

1938年11月11日国立西北农学院筹委会第三次会议决议以"勤朴勇毅"为校训,但经当时的教育部审核,最终确定为"诚朴勇毅"。

以"诚"字起首并以之为核心,又结合学校"农"的特色,同时有追求科学、追求真理、向往光明、勇往直前的精神。"诚":诚者,信也,真实无妄之谓,为人处世,须以诚为本;"朴":朴者,质也,少私厚道之谓,博学经世,须以朴修身;"勇":勇者,气也,刚心锐志之谓,创新创业,须以勇求进;"毅":毅者,力也,不达不止之谓,任重道远,须以毅建功。"诚朴勇毅"四字校训,集中反映了西农师生践行"经国本、解民生、尚科学"的办学理念,立志为我国农业科教事业发展全力奉献的精神风貌。古农史学家和教育家、被毛泽东称赞为"辛辛苦苦独树一帜"的辛树帜教授,被毛泽东称赞"用一个小麦品种挽救了大半个新中国"的著名小麦育种学家、中国科学院首批学部委员赵洪璋教授,以及被昆虫学界誉为"蝶神"的著名昆虫分类学家周尧教授被誉为"践行西农校训的化身"。

孙其信校长在2011年本科生毕业典礼上指出:四年的大学生活,"诚朴勇毅"的精神已陶铸了你们的品格,升华了你们的气质,并将深远影响你们未来的人生历程。只要你们踏实践行"勇毅"校训,就会培养很好的智商;如果你们切实践行"诚朴"校训,就会具备很高的德商。学识比财富更重要,德行比才干更可贵。德行,决定了你们是否能够找到正确的人生方向,走上正确的发展道路。我们的校训有"勇""毅"二字。勇,即不畏困难,不惧艰险,善于开拓,敢开天下风气之先;毅,即坚韧不拔,百折不挠,不达目标,誓不罢休。"古之立大事者,不唯有超世之才,亦必有坚韧不拔之志"。在未来人生道路上,无论面临什么艰难险阻,无论遇到什么风险考验,希望同学们牢记勇毅,力行力为,不随波逐流,不轻言放弃,顺境中不忘忧患,逆境中奋力崛起,你们必将拥有更加灿烂的未来。①

(三)李仪祉与西大、西农和西工

李仪祉(1882—1938)是联系西大、西农与西工等联大后继院校的

---

①孙其信. 在2011年本科生毕业典礼上的讲话 [EB/OL] //http://www.sanqin.com/2014/0819/32259.shtml.

一个重要人物。他是中国现代水利科学的开拓者之一，曾以其"陕西八惠渠"为代表形成的民国时期我国最大的模范灌溉区而著称于世。20世纪二三十年代，时称世界上有"两个半水利学家"，一个是德国人，一个是中国人，半个是日本人，这个中国人就是李仪祉。

说与西大的关系，李仪祉创办的三所学校均与西大有关：一是1912年创办的三秦公学留德预备班，于1914年并入陕源西北大学；二是1922年在水利道路技术传习所基础上创办的水利道路工程专门学校并为陕源国立西北大学工科，并任工科教授兼主任，成为西大乃至整个西北第一个大学工科，1925年5月至1927年复任陕源国立西北大学校长；三是1932年，西大前身西安中山大学改为西安高中，李仪祉呈准省政府于西安高中附设水利工程专科，将陕源西大的高校身份延续到1935年该专科并入西农水利组（图4—13）为止。

图4—13　1934年李仪祉（前排左三）在西北农专

说与西农前身西北农专的关系，即1934年将西安高中附设水利工程专科两个班并入国立西北农林专科学校，成为该校水利系的肇端，李仪祉兼任西北农林专科学校水利组讲座教授。

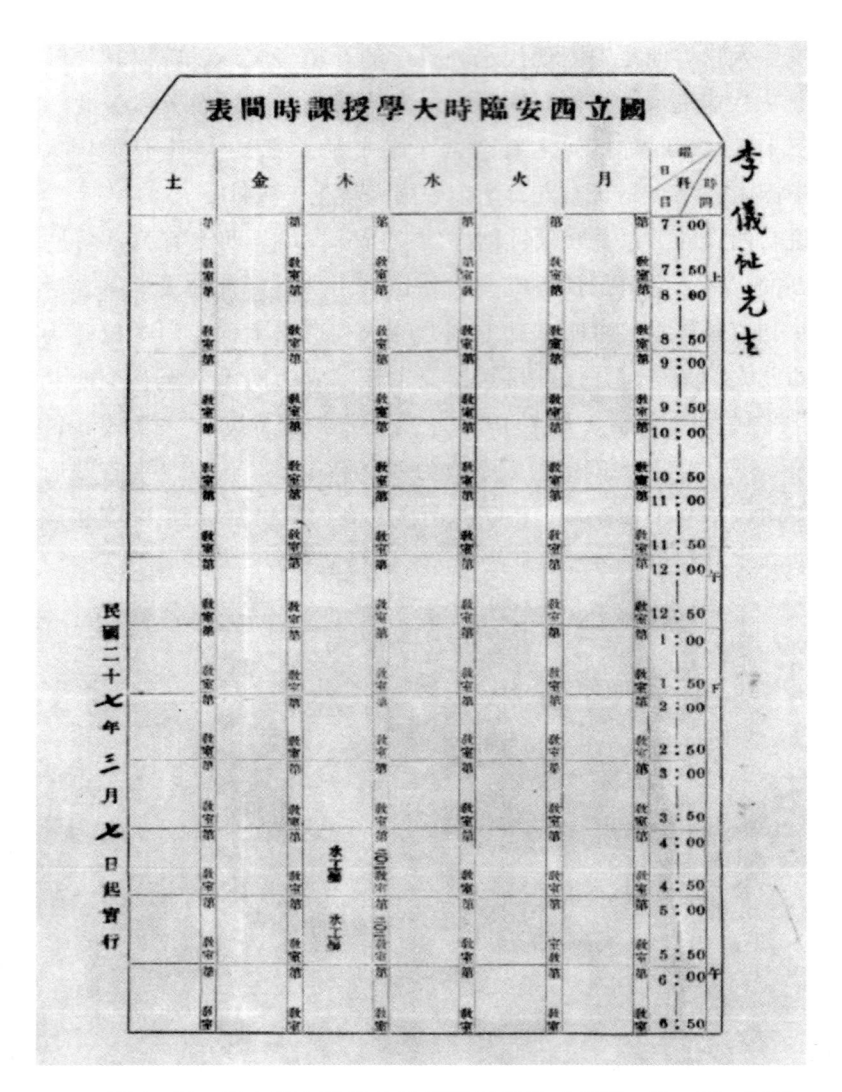

图4—14 国立西安临时大学授课时间表（1937—03—07，周四"木"下午有李仪祉的"水工学"课，现存陕西省档案馆）

说与西工的关系，李仪祉于西安临大创设之初，即任西安临大工学院土木工程系名誉教授。他曾在1937年临大工学院（今西北大学太白校区大礼堂）做《抗战力量》的演讲。在1938年3月7日他逝世前一天的"国立西安临时大学授课时间表"中，周四下午4：00—4：50和5：00—5：50，还排有他的"水工学"课。1938年5月9日，西安临大常委会致函李仪祉家属李赋林（陕西水利局）到校领取其代课车马费，并加送车马费，两项共计250元，经家属同意以其设立"国立西北联合大学水利工程教授李仪祉先生纪念基金"，"转款存储中央银行南郑办事处，年息八厘，每年利息贰拾元，作为奖励水利工程最优毕业论文之用"（图4—14、图4—15）。[①]

临大、联大常委李书田亦为水利出身（1939年9月任黄河水利委员会副委员长），故很敬仰李仪祉，在其作品中，尊称其为"我国水利大师李仪祉先生"[②]。

图4—15 1938年4月17日西北农专为水利组创办人李仪祉举行追悼会

正当西安临大拟迁陕南前的1938年3月8日，李仪祉在西安病逝。

（四）抗战"三坝"与坝上长夜

所谓抗战大后方"三坝"（以西北联大五校为代表的陕南古路坝、以齐鲁大学等四所教会大学为代表的成都华西坝、以国立中央大学等20余所大专院校为代表的重庆沙坪坝），是一个泛指性名称。当年的学生傅恒志院士回忆说，抗战时，"说大学有'三坝'，成都的华西坝，有华西大学、齐鲁大学等几所高校，条件相对好一点，但也是经常断电缺粮，就把这叫作'天堂'；重庆沙坪坝，有中央大学、交大等校，生活环境相对清苦，把它叫'人间'；而古路坝呢，在汉中城固，是交通、生活、学习条件最差的，在大山沟里面，就叫作'地狱'。大家想想，沦陷区的学生家破人亡，一个人逃出来举目无亲，没吃没穿。逃到了后方而且上了大学，他是什么心情？国恨家仇凝聚在一块，所以，不管是在天上、人间、地狱，没有不刻苦学习的。同样，在日寇铁蹄下、在地狱火烧中

[①] 国立西北联合大学. 为已故名誉教授李仪祉先生未领之车马费作为纪念李先生基金希查照传谕由［A］. 1938—05—13，西安：陕西省档案馆.
[②] 李书田. 颂辑五汉南水功赋［J］. 陕行汇刊，1943，8（4）：4—5.

锻炼出来的国立西北工学院的学生学习非常刻苦，简直可以说是到了忘我学习的地步。老师也是呕心沥血，生怕给学生教少了"。①

古路坝和七星寺是西北工学院的院本部和分院所在地，中间隔着几十里路的岗峦与阡陌，而且南北分处于汉江两岸。

宋如海编著的《抗战中的学生》对古路坝有很诗意的描写：

古路坝隶属于陕西省城固县的一个小村庄，位置在万山丛中，风景绝美，距汉中约70里（35公里），从汉中出发向东南走，渐渐到了山脚下，沿着蜿蜒的小道，越爬越高，翻过一个个的小山丘，沿途经过些狭长的山谷，耳听些潺潺的水声，有时还可以见到小的竹林，偶然也有人家，但不过是三两间茅舍，人烟稀少的令人几乎疑惑是探索桃花源去了。约行20余里（10公里），豁然开朗，有一个大的建筑矗立在前面，附近有一个小的村镇——这便是古路坝了。从古路坝向周围看，只见些高山，向南望去，气象巍峨的，那便是有名的巴山，到天阴时，巴山便被云遮住，或者只看到云下的山腰。山上的树，虽然近来被人伐掉的已经不少，但距古路坝稍远一点的山，仍可看到一片片的葱郁。山上的树，大都是松柏杉之类，冬日也不落叶的。若站在山坡边，向山谷中望去，则是一块块的方形稻田，一级级的，好像天然的梯子。②

古路坝距城固20公里，地旷人稀，远离城镇，偏于一隅，又不易被敌机轰炸，因此是个学习的好地方。古路坝有座教堂，是意大利传教士设计的，周围的田产又差不多都是教产，连居民也大都是天主教徒，那巍峨的西式建筑，点缀在这四周的青翠林木中，阵阵的钟声，荡漾在山重水复的空间，倒像是世外桃源。天主教堂建于古路坝北山坡上，拨给学校使用的房屋对于教学很为合适。有20个可供上课的大教室，内有课桌、条凳。有砖瓦楼房，可供办公和学生住宿。有平房数十间，可供职工住宿、实验室和教职工食堂使用。有老人院两层楼房20间，供教授住宿。有小教堂一所，供开会及图书阅览使用。学院筹备期间，又在天主教堂院内山坡空地上新建了以松木为屋架、以竹笆为墙顶的学生宿舍和

---

① 傅恒志. 在电影《古路坝灯火》首映式上的发言（2015—04—23）［EB/OL］// ［2015—04—27］http：//news.nwpu.edu.cn/info/1002/29454.htm.
② 宋如海. 抗战中的学生［M］. 重庆：世界学生会中国分会，1942.

食堂（图4—16）。

图4—16　古路坝天主教堂内景与1945届西工毕业生合影

在深山中的古路坝，寂寞的环境，正是读书的胜地，山野中，林荫下，以及葡萄架旁，聚集着手不释卷的人们，图书馆和自修室，是同学们专心致志的所在，正因为这儿静，所以读书不仅是为了学问，也可以说是一种享受，所以图书馆的办公桌上，常年是堆满着借书证。学生们专心苦读，因为图书阅览室地方狭小，从早到晚皆座无虚席。晚间自习时，一个大教室，顶多两盏汽灯，晚饭后就有同学抢先进入教室，占灯下座位，晚来的同学只能依次后坐，有些则自己举着蜡烛以补光线之不足。每晚自习都是在煤气灯将要熄灭时，同学们还迟迟不肯离去。黎明，即有同学散布于山坡或树林中开始晨读。

当年的航空系二年级学生回忆：

古路坝是高年级学生所在，一切都能自发自治，教授们指教出一条捷径，同学们可有较多的时间，按个人的兴趣而发展，但是必修的课程照样不准含糊，而且凭着嘴巴讲得出来不算完事，将来应用的是技术，所以各科都要实事求是，在实验室中，工厂实习和测量实习时，都配合了理论上的不足。工厂中，金工、木工、以及车床的运动，人人亲自下手。化工室内，酒精灯常喷着蓝色的火苗。野外，山坡上，小树旁，同学们抬着仪器，支起标尺，拉着皮尺，测量完了回来制图，虽然辛苦，可是别具味道。有的同学，口袋里装满了顽石、土块，满手常是泥巴，说他是小孩子，可真不像，谁知道那顽石中藏了不少奥妙，土块里竟有不少门道，什么地层、矿石，名堂可真不少。

工学院的功课，并不只是那些冗长老繁的数学公式，这些枯燥的功课里都包藏着一个满有兴味包罗万象的实际，书本中间，虽没有黄金，却真是隐藏着耸立的建筑、机器的运转，以及冒着黑烟的烟囱。

在古路坝，除了同学，没有别的伴侣，除了同学没有别的亲近，而教授们又是唯一的长者，所以生活在这个山国里的这些人们，就如同一大家子人，同学之间，又熟识又热闹，九系的同学如同是大家庭里的九房弟兄，各系主任是各房的家长，教授们也都是同学们的保姆，而院长正是年高德长的族长。而七星寺倒成了远方的亲戚了！

当年，曾在古路坝就学的傅恒志院士回忆：

我是西北工学院1950年的毕业生，我们那一届的同学只在汉中待了半年，1946年底就由古路坝迁到咸阳。当时，条件非常艰苦，没有图书馆，没有实验室，没有操场，教室是土坯泥房，晚自习只能点蜡烛和小的煤油灯，教授上课经常没有粉笔，吃饭的粮食由学生轮流到几十里以外去背。

古路坝位于城固县城南的董家营古路坝村。此地的天主教堂，始建于清光绪十四年（1888），是当时西北地区最大的天主教堂之一，由荷兰人设计，中国工匠施工修建。原存主教公馆，修女院已成断壁残垣。此地南处大巴山麓，北临汉江，气候温和，林木茂密，春季藤萝盛开，秋季兰蕙飘香，风光宜人。1938年4月，西北联大南迁汉中时，将联大工学院土木系三、四年级（一、二年级在城固县城上课），联大文理教工分院（体育系、地质地理系），附属高中部置于此，1938年5月联大教育系亦在高中部实习。1938年7月27日，教育部令联大工学院独立设置为国立西北工学院，遂将此地全部作为其校址，后又设七星寺分院。同时，在城固县城考院设立"国立西北工学院筹备委员会"。

国立西北工学院在古路坝前两三年，逐渐感到建筑设施不敷使用，遂于1942年7月向教育部提出："复查本院房屋原系借用天主教堂之一部，所有大间房屋计260间，除教室用去75间，各部办公室用去24间，各系实验室用去36间，学生宿舍用去120间外，仅有教职员宿舍不足10间，连同二十七年建筑之宿舍30余间，计共有宿舍约40间，而本院教职员200余人，势难容纳，且二十七年所建房屋以当时为节省经费起见，一切因陋就简，暂应临时之需，未做久远之计，每间房屋只用费数十元，工料均差，现在时历四载，该房多已破坏不堪应用，教职员大部均于院外租房居住，兼以本院僻处山中，人烟稀疏，附近房屋权少，致教职员住所每有远至五六华里以外者，往返办公深感不便，影响工作效率殊非浅鲜，且山中土匪出没无定，散居院外治安亦甚堪虞，依此情形教员宿舍实有急切建筑之必要"。① 之后，增建了教室宿舍等。

西工在古路坝办学日久，师生们远道20公里外的城固县城购物不便，而且，"自迁移古路坝以来，古路坝商业逐渐繁荣，各项建筑亦日有增加，唯多各自为政，缺乏整个计划，以致商业区域，变为污秽场所，不独与环境卫生有关，且对交通亦诸多障碍"②。于是，便与地方协调，于1939年1月开始筹备，9月7日成立了分别由西工9人、地方12人组成的古路坝市政管委会，并豁免天主教堂税捐，兴办了一个"百日集市"。此事，得到城固县政府的积极配合，责成地方指导员及联保主任协助实施，终在天主教堂空场，建成了"古路坝集市"，大大方便了西工师生购买大米和日常用品。1941年8月20日，复与城固县博望乡乡公所协商，为避免人声鼎沸影响教学秩序，禁止商人在本分院南边空场设立市场，而一律设在桥西。

西工的一年级学生住在七星寺，与古路坝校区形成西工校区的一个整体。其校区建设一度与城固县七星乡立小学理事会发生矛盾，陈立夫出面，方解决纠纷。1941年7月4日，西工与城固县协商，装设了七星寺电话。1941年10月14日，七星寺学生宿舍36间、七星工厂18间、礼堂1所、教室3间等，均先后建造完竣，并呈教育部，派第三方国立西北大学会计主任鲍宁生进行了验收。③ 1942年1月20日，又与地方商议，修筑了城固县城至七星寺的一段公路。

抗战胜利后，西工回迁咸阳、西安，经请示教育部，在古路坝、七星寺的所有建筑、设施、用具，几乎全部赠予地方。赠予陕南天主教堂

---

① 国立西北工学院．古路坝增建请示［A］．1942—07—27，西安：陕西省档案馆．
② 国立西北工学院．通知开古路坝市政管理委员会筹备会议希届时出席由；筹备古路坝市政管委会、豁免天主教堂税捐（一）［A］．1939—09—07，西安：陕西省档案馆．
③ 国立西北工学院．国立西北工学院建筑七星寺分院校舍工程经过［A］．西安：陕西省档案馆．

古路坝总堂的有：讲演台1座，教职员宿舍53间，学生宿舍58间，电工实验室6间，矿冶实验室6间，漂染实验室3间，化工实验室3间，航空实验室2间，课余研究社2间，茶炉3间，学生厨房5间，学生膳所11间，教授厨房1间，教授膳所1间，水工实验室5间，机械实习工厂7间，农场5间，工友宿舍3间，厕所3间，教室3间，教职员宿舍22间。合计203间，价值2 541 000元。另将七星寺分院院址、校具全部赠予七星寺小学，以资充实设备，其余拨赠陕西省教育厅接收支配应用。另外，还将所余家具移交给城固县地方各教育机关，以及赠给博望中心小学校具，价值230 073.50元。①

（五）日机轰炸西工、西农与西医

武功军事会议在西农召开后，武功一带的百姓传说日军以为蒋介石还住在武功，或者为要害机关所在，因此武功多次遭到日寇飞机轰炸。但是，也有人认为两者并不相关，是日寇有计划地轰炸高等学校所在地，如同轰炸汉中西北联大驻地那样。

日机轰炸武功西农所在地：

第一次是在1940年8月30日上午10时许，日机24架先后分两批轰炸西农，投弹120余枚。

第二次是在1941年8月5日上午8：30，日机7架轰炸西农，投弹20余枚。

第三次是在1941年11月3日上午8时和下午4时，日机1架和4架分两次轰炸西农，投弹30余枚，炸死职员1人、学生2人（大学生1人，高职考生1人），校警1人受重伤。除此之外，种猪、种马、亦有死伤，校舍、仪器设备被炸。其中师生宿舍被炸毁136间，震毁门窗、墙壁、顶棚的房舍366间，损失47万余法币。②

以上多次轰炸，损失巨大。昔日召开"武功军事会议"的旧址——

---

①国立西北工学院. 国立西北工学院关于迁校后不用家具拟让与陕西省教育厅及七星寺小学一事给教育部的代电；陕南天主教堂古路坝总堂接收国立西北工学院院房产交接清单 [A]. 西安：陕西省档案馆.

②关联芳. 西北农业大学校史（1934—1984）[M]. 西安：陕西人民出版社，1986：46—47.

西农奠基大楼被多次轰炸,弹痕累累,至今清晰可见(图4—17)。刘均爱回忆:刘潇然先生就是1940年间在日机轰炸西农时到校上课的,警报一响,多数师生仍会一拥而出,跑往野外,有时半天甚至一天也就不上课了。然而,同学们听刘先生的课时神情专注,即便防空警报响了,但刘先生的"农业经济"课没有讲完一小节,"讲授不到一个节段,学生无一离座。老师从容讲授,同学静心听讲,必等老师刹住话题,听完最后一句始走出教室躲避"。①

这座高七层的奠基大楼,20世纪三四十年代居西北第一高楼,在抗战中曾设为陕西省防空哨。日机飞临和轰炸内地后方,大楼警报钟声终日长鸣。其楼前和楼内防空洞口,以及前几年校内挖出的那枚逾百公斤重的日军94式未爆炸炸弹等,皆为当年抗战之遗存,警示后人。大楼2008年已被陕西省人民政府确立为第五批文物保护单位。

图4—17 遭日机轰炸后的西农主楼(三号楼)外景

就在西农遭日机轰炸之前,西工虽远避汉中,也曾遭到日机轰炸。1939年10月30日上午11时敌机数十架在南郑市区(今汉中)狂轰滥炸,不幸,西工驻南郑办事处房屋均被炸毁,"所有家具等大概损失过半,唯工友私人物品损失最多,幸人未受伤,刻下暂移东关汉城旅社办公,俟将

---

①刘均爱.农学院二三事[M]//刘潇然.土地经济学.开封:河南大学出版社,2012:518.

损失数目于点清楚后再行呈报",这次日机轰炸,造成西工南郑办事处损失公物共计52.65元,工友李伯权、孟继修损失物品总计158.1元。①

1939年5月6日,7日,敌机即曾轰炸医学院所在地,档案记载:"本月六、七两日,南郑迭遭敌机轰炸,计此二日经本所治疗者七十余人,其中重伤住院者21人,自经此两次轰炸后,此间人心大起惶恐,每日晨起均纷纷逃至郊外,以致医学院方面亦不能安心上课。"②

1940年5月20日晚9时,12架日机趁着月色,再次轰炸西北医学院及附属医院所在的黄家坡、文家庙。投弹40余枚,火光四起,房屋倒塌。与学生同住在此的医学院教务长兼耳鼻喉科教授杨其昌因腹部重伤、籍贯江西赣县的25岁四年级学生栾汝芹和籍贯山东黄县25岁的学生陈德庥因头部重伤而亡,另有当地黄姓母子等14人被日寇炸弹夺去生命,受伤者还有17人。余晴初先生回忆,弹片上有日本昭和字样(另见有日军绘制的地图,图4—18)。③

图4—18　日军使用的《陕西省汉中附近要图》

---

①国立西北工学院.干事赵光启函报南郑办事处被炸情形并暂设东关汉城旅社办公由[A].1939—11—03,西安:陕西省档案馆.
②国立西北大学.为函知附属诊所迁移文家庙内准予备案并提常会报告希查照由[A].1939—5—18,西安:陕西省档案馆.
③余晴初.日本飞机轰炸汉中情况[J].汉中市文史资料,1987(5).

当时已8岁的徐佐夏之子徐褒回忆：当晚天气晴朗，月光很亮，日寇的飞机又来夜袭轰炸。当敌机飞临黄家坡上空的时候，人们纷纷躲避。杨其昌教授就躲在一棵大树后面。日机投弹之后，爆炸声此起彼伏。又听轰然一声爆炸，只见一个火红的巨大弹片在半空呼啸着将大树拦腰斩断，再飞过去从杨其昌教授的腹部穿过。轰炸过后，人们赶紧冲到杨教授跟前，只见他已倒在血泊之中，腹部开裂，肠子也流了出来。杨教授还不停地说"打康芬！打康芬！"（一种强心剂），终因失血过多无法施救而很快死亡。

据曾任山东枣庄市政协副主席的孙维林校友回忆："医学院设在南郑县（即现在的汉中市）……在敌人空袭频繁时，学校被迫迁到城东15华里的黄家坡。1940年的一个夜晚，日机轰炸西北医学院时，我的左肩膀也受了伤。学院附属医院的外科董克恩教授在手术室为我做了局部麻醉，在左肘部取出了黄豆大的小弹片。我总算幸运，既保住了生命，也未留下后遗症，但事后得知炸死两名学生及一位耳鼻喉科教授，这位教授由于炸弹伤及背部及心脏，未送到医院，就停止了呼吸。日本侵略者所投炸弹，多半是杀伤弹，弹坑浅平，深约半米，坑口直径约三四米。炸弹爆炸后，弹片细小，向四周呈放射状炸出，据防空人员介绍，这种炸弹的目的主要是

图4—19　日机轰炸汉中留下的弹坑

杀伤平民生命，而不是破坏建筑物（图4—19）。只有一枚巨型炸弹，其弹坑深约五米以上，坑口直径在十米以上，还发现一颗未爆炸的哑弹，敌机投下后栽入土中，后经防空部队挖出，是一枚500磅的炸弹。事后，学校里照常上课，医院里照常门诊。在死难师生追悼大会上，群情激昂，大家异口同声地声讨日本帝国主义者的残酷和凶恶。"①

（六）师生从军

1944年春，随着世界反法西斯战争在各战场的节节胜利，日本帝国主义在海上交通线被切断后，急于打通从中国东北直到印度支那的陆地交通线，于是发动了对豫、湘、桂战场的进攻。6月，长沙沦陷，不久衡阳、独山又相继失守。短短8个月时间，豫、湘、桂、粤、闽大部分土地丧失，49座大中城市失陷。在此背景下，国统区人民民主运动空前高涨，纷纷要求成立民主联合政府。同时，中国获得了大批美援，但像飞机、高射炮、坦克、十轮大卡，这些高技术军械，靠一般抓来的壮丁是无法操作的。于是，在严重的政治和军事危机面前，在需要大量知识青年操作现代化军械的背景下，蒋介石于1944年10月中旬在重庆召开"发动知识青年从军会议"，提出了"一寸山河一寸血，十万青年十万军"的号召，在全国掀起了"知识青年从军运动"，试图以此挽救军事上的危局和政治上的危机。

至1944年11月，国立西北工学院"从军热潮已达极点，院长潘承孝氏首先报名，教授学生蜂拥而起，纷纷从军，截至目前止，已有教授四十二人，职员五十三人，学生六百一十三人，工友十五人，达全体人数百分之八十以上。在从军声浪中实开全国各大学之创举"②。至1945年1月3日，正式从军学生，院本部130人，七星寺分院66人，1945年2月2日再增1名女生，共计197人。③

---

① 孙维林. 日本飞机轰炸西北医学院［J］. 中国人民政治协商会议枣庄市委员会文史资料委员会枣庄文史资料，1991（12）：149—152.
② 国立西北工学院创造从军运动之新纪录［N］. 西北文化日报，1944—11—20.
③ 永代字222号国立西北工学院关于造送志愿从军学生简历名册请核发各项费用一事给全国知识青年从军指导委员会的代电；西北工学院分院从军学生册；志愿从军女生简历名册，国立西北工学院档案，61—1—42—1［A］. 1945—01—29，1945—01—03，1945—02—02，西安：陕西省档案馆.

国立西北农学院报名从军的教职工14人，院本部学生69人，高职学生121人，附中学生43人，总计247人。经过体检，最后确定合格者68人（包括1名助教）。还有田俊颖、王金贵、鲍琨等女生参加了后方部队医院的护士。1946年五六月间，西农参加远征军的学生退役，在时任院长章文才教授安排下，回校复学（图4—20）。

图4—20　1946年西农复员回校的部分学生合影

国立西北师范学院至1945年3月，志愿从军者：男生90人，女生12人。其中师范部13人，附中19人，总人数134人，占全校学生人数的比例之高为全国之冠。

国立西北医学院师生，虽未参军，但却参加了抗战前线的战地救护。江苏籍西安临大医学院学生黄日骢在淞沪战役爆发后辗转数千里参加战地救护，一路北上，到学校报名上课。西北医学院张同和（1902—1966）教授于1937年以中国红十字会第28医疗队队长的身份，建立手术室，抢救了大批伤病员，直接参加了台儿庄战役的战地救护，一直坚持到失守的最后两天才与伤员和器材撤出，为此获中国红十字总会和战地指挥部嘉奖，并获国际红十字勋章。西北医学院汤泽光教授，在抗日战争初期，放弃赴香港从医的邀请，携家带口，辗转经贵州往陕西，随中国红十字会在救亡前线上为抗日军士服务，曾由于伤兵身上的跳蚤将伤寒传染给他，重病月余，九死一生。西北医学院谢景奎教授在1937年10月日寇侵犯到津浦铁路桑园车站时，与齐鲁医院十几名医生、护士奔赴南京，参加组建中国红十字总会中央大学、齐鲁大学联合救护队，在安徽安庆工作1个月。南京沦陷后到达汉口，参加中国红十字总会救护总队第23医疗队。1938年1月至1940年3月，先后在延安边区医院、甘谷驿八路军第二兵站医院、延川禹居第二兵站医院四所工作，任医师、副队长。1940年4月先后在河南南召、湖北石花街、河南南阳后坡桥村、湖北均县工作，先后任医疗队队长、第52中队队长等。1945年5月湖北老河口沦陷后医疗队转移到陕南城固，入西北医学院。

西北大学自1944年11月1日成立全国知识青年志愿从军征集委员会以来，截至1944年年底，先后有校长刘季洪、郁士元等56名教职员工，李金锡等226名学生，丁安世等46名工警报名，全校共报名328人。1945年1月3日，对志愿报名诸生举行体格检查完竣，会同检验主任医师按照配额选取合格者50名，预备者10名，于1945年1月4日张贴布告。①

其中，配额50人（姓名、学系、年级）：

李穆三国四，段新民国四，王明光国一，张铧外二，陆伯铮外三，郭光前史三，蒋震方物二，方正御物二，唐尧夫物一，张汝霖化二，安九鼎化二，吴士英化二，陶樾化四，刘绵第生四，徐铂林法二，高启伟地四，刘文魁地二，吕新吾地二，张恩庆法四，唐若愚法四，袁衡法三，蒋作权法三，王沛然法三，傅维法二，李逸君法二，李海涛法一，郭锋生二，陈乐哉政四，马焕乡政三，程东孚政治，高永发政三，魏劼政三，高骏政二，田际明政二，张存祺政一，胡若谷，方元鸿经一，薛毓钟经四，孙继儒经四，梁致宏经三，顾绳经二，杨昭忠经，武启昌经一，薛之时经一，杨保国经三，张凤丹经三，田树权商二，王建寅、尤冠雄商二，陈毅商二。

预备10人（姓名、学系、年级）：

何培松外一，宫锡化四，曲炳瑞化四，秦冠绍化四，戈治昌化三，常伦厚，黄仲祥经一，陈久阳经济，蓝水谦地二，史美荣法三。

西北大学从军学生共计54人。其中文学院7人，理学院17人，法

---

①国立西北大学．陕西省知识青年志愿从军档，1945年青年军专卷［A］．西安：陕西省档案馆．

商学院26人。其中，一年级8人，二年级20人，三年级11人，四年级11人。另有先修班（即预科）学生4名（均佚名）。

先期有熊朝阳、王鸿业2位同学于1944年11月中旬首途赴渝，参加远征军政工干部训练；有张学儒、任和声、吴鲁文、冯梦英4名同学于1944年11月25日赴南郑远征军教导团受训；第二批齐矗华、赵铭渠、薛汉鼎等4人于1944年12月20日赴南郑远征军教导团受训；地质地理系二年级学生、河南淅川人盛良瑞、生物系三年级学生、陕西洋县人黄安、经济系三年级学生、河北望都人王耀等3名同学投效空军，并于1944年12月先入空军军官学校受训；1945年3月28日又有外文系三年级桂诗晶、李秀华两位女学生从军，赴西安集中。

据此，合格和实际成行者只有郁士元1名教授和69名青年学生。

1944年12月5日，学校举行隆重的欢送大会。黄仲祥代表从军同学致答词，誓言："不见功，即成仁，歼灭敌寇，光复失土"。激昂慷慨，气撼山河。高亨教授特作《送从戎诸子》：

> 胡雾羯霾暗河山，班笔终缨捍国艰；
> 电掣长戈挥落日，虹飞短剑斩雄关；
> 会登虾岛搴旗笑，兢折樱花奏凯还；
> 黉舍重来经百载，春风席上看刀环。

以此勉励从军学生。

1944年12月8日从军学生王鸿业来信告知学校：12月25日抵渝。

1945年2月8日从军学生程东孚、柳毓钟、杨保国、马焕乡、高启伟、魏劼、顾绳等7同学致函学校：除李穆三、陈乐哉先行离去、武启昌因病去昆、秦冠绍因眼疾留团外，余52名同学，已于1月19日抵曲靖入营。52名同学皆膺选赴印度受训，2月8日在沾益候机飞印。次日学校收到杨保国等同学来信，称48名同学飞抵印度。之后行程与高启伟同，均编入汽车兵团，受命接收美军汽车。齐矗华、单励、赵铭渠三同学飞滇，被编入炮连。张犎被编入云南曲靖207师619团迫击炮连，亦曾飞印度受训。

1946年5月，按照教育部知识青年从军优待办法，有200余名未完成学业者分发本校。边政系要求学生会骑马、会游泳、会野外生存，地质系要求学生适于野外踏勘，故接收了较多的远征士兵。其中，高启伟、赵重远均被分配到地质系。边政系接收的远征士兵穿着马靴，骑马驰骋，一时成为校园的一道风景。截至1946年10月，已有半数以上到校。

时年43岁的国立西北大学地质地理系教授郁士元就是在此背景下做出了放弃教授职务而报名从军的决定的。他不顾家人和孩子们的阻拦，向汉中师管区提出入伍的正式申请。

同年，由张治中将军引领陪同，郁士元到达重庆，受到蒋介石的接见慰勉，特授予少将军衔，安排在蒋经国中将领导下的重庆青年军总部受训。一时间，这成为各报的一大新闻。1944年8月20日的《大公报》即报道："各方闻讯，极表敬崇。先军政部已核定郁氏入驻陕之教导团充任同校级之政治指导员（图4—21）。自知识分子从军运动成为风尚后，大学教授之申请入伍者，此为第一人"。陆懋德教授特地写诗一首赞之，诗云：毛瑟抛却伤时乱，宝剑把来见壮图。填海健儿身手好，嗟君此去意何如。

图4—21　郁士元以及1944年10月15日《国立西北大学校刊》复刊第二期《教授郁士元先生晋谒元首》的报道

之后，郁士元被调任驻防汉中的青年军206师少将视导，身着军服，负责部队的抗战宣传，随时准备待命开赴前线。因为部队工作不是很多，郁士元一边在军中工作，一边又回西北大学兼课，每周各半。常见他每周乘坐木炭班车往返汉中、城固两地。1945年抗战胜利后，郁士元谢辞蒋经国的挽留，复原返校。内战爆发后，他不满国民党的腐朽统治，拟申请脱党，恰逢国民党在1948年进行重新登记，遂选择不去登记，波澜不惊地退出国民党，并迎来新中国的新西大。

（七）西医、西师的教授生活

西北医学院独立设置初期，敌机仍常轰炸南郑县城（今汉中市），因此学院只好搬到郊外破庙、农舍上课或居住。王兆麟回忆："一九三九年夏，南郑亦连遭日机空袭，教学、医疗无法进行，医学院又奉命迁至南郑城东的黄家坡、三皇寺和马家坝一带的农村，以庙宇和祠堂作为院址。""校舍条件很差，全院仅有四座年久失修、布满泥像的庙宇和两家祠堂，而且彼此相距二三华里，沟壑田埂纵横其间，交通极不方便。师生食宿之艰辛可想而知。记得小儿科教授颜守民住在离附属医院（文家庙）里许的一间农舍，室内摆置桌、床之后所剩无几，屋顶透亮，可见天空。颜教授就是在这样的条件下，每晚点着油灯备课，清晨按时赶到医院上班，再走二三里田埂小路到黄家坡上课，日复一日，风雨无阻。其他教师的情况亦大致如此。"[①] 颜教授学问精深，带教也相当严格。据其学生隋式棠教授回忆：1935年至1937年留校在北平大学医学院附属医院儿科随颜教授工作期间，有次接诊一个呼吸带吼声的小儿，隋式棠急请颜教授诊视。颜教授看过后返室拿出德文《儿科学》，向隋式棠指出相关章节，不言而去。隋式棠翻看之后才恍然大悟：原来小儿的表现是先天性喉喘鸣，是因喉部早期发育不良所致，一般会自动痊愈，无需处理。[②]

西师袁敦礼教授（图4—22）于1944年举家迁至西北师院兰州校区，一家十口人挤在一套房子内。他的住房与大家一样，都是泥土房子、

[①] 王兆麟．徐佐夏在西北医学院，中国人民政治协商会议西安市新城区委员会文史资料委员会，新城文史资料，1990（8）：78—85．
[②] 杨龙．颜守民：中国现代儿科学宗师［2015—12—07］http：//newsxq.xjtu.edu.cn/info/1033/60200.htm．

草泥顶、土墙、纸糊的窗户。王明昭回忆说:"有一天晚上,袁先生的爱人赵玉琨邀请我们到她家做客。袁先生见面第一句话就对我们说,别看这房子土,比上海的高楼大厦来说,确实有它自己的特点,冬暖夏凉!他的风趣逗得大家都笑了"。① 学校看他人口多,就分给他两套房子,但他坚持拿出一套给本系一位教师和一位职员共住。即便他后来作了兰州体育学院院长,他和夫人也仅住在一间15平方米的房子里,既当办公室,又当宿舍、厨房。有一次,路经郑州了解招生情况,他坚持和青年教师同住一间大教室。②家里人口多,都靠他一个人的薪水过活。他自己的孩子们就连布鞋都穿不起,只能穿草鞋。即便如此,他还关心难民收容所送来上学的孩子生活,时常接济他们。对学生也是关怀有加,早上在寒风中与学生一起锻炼,晚上与学生一起上自习,节假日带学生远足、登山、或到农村做社会调查。③

图4—22 1962年周恩来总理与邓颖超邀请袁敦礼(右一)一家在中南海做客

就在这样的艰难困苦中,他一心扑在体育教育上,即便1945年旅美讲学期间,他看到美国先进的电化教育,便从美国聘回电化教育专家葛泽教授,并购买了电化教育器材及影片,组织由14名教授和各附属学校校长组成的电化教育委员会,设立电化教育馆,开设电化教育课。他赴美讲学期间得知国民政府教育部不拟恢复北平师大,便即刻回国周旋,

---

① 王明昭. 袁先生说兰州有三大好处[M]//刘基,丁虎生. 西北师大逸事. 沈阳:辽宁人民出版社,2001:160—162.
② 袁枚. 回忆父亲——袁敦礼[J]. 体育文史,1996(1):29—30.
③ 徐兆寿,徐延海. 不搞特殊的师长[M]//刘基,丁虎生. 西北师大逸事. 沈阳:辽宁人民出版社,2001:168—169.

还将在美讲学收入购买的40余箱图书，捐赠给了北师大图书馆。学校迁兰期间，图书缺乏，他也曾多次倾囊购书，捐赠学校，即便到了弥留之际，还嘱托家人"将所有书籍赠给西北师院图书馆"。这些都生动反映了他对西北体育教育、对祖国体育事业的深厚情感。大陆解放前夕，曾有人动员他赴台，他也接到了周恩来的捎信劝导，最终仍返北平任教。

西师胡国钰（1894—1984）教授把抗战后期物价一日三涨所致的艰难生活比喻为"活蒸螃蟹"，"老牛破车刮风下雨载重爬高坡"，真可谓活灵活现。其意思是说：把活螃蟹放在蒸笼里，在下面加水蒸煮，使螃蟹挤在一起，口吐白沫。欲活不能，欲死也不能，很快地死去，只能饱受煎熬，最终成为餐桌上的"活蒸螃蟹"——这就是战时大学教授的生活写照。那时，论穿的，他一年四季仅有一件蓝色大褂，冬天充入棉絮成了棉大褂，春天扒出棉絮再当单衣；吃的更简单，有时午餐就是几块锅饼，一盘辣椒糊；住的，胡先生与夫人、儿女一家人都挤住在学校的寓舍里。那时，长子上西北大学，加入了中共地下党，看到特务横行校园，他成天为此担心；妻子更是念子心切，以致患上精神分裂症，一天去黄河边散步，竟失足掉进黄河，不幸丧生；胡先生人到中年，遭此打击，又要抚育未成年的孩子，既做父亲，又当母亲，日子可真够煎熬的，不免也饮酒浇愁，遂有"饮酒辩"。有一次课间休息，学生们见饮过酒的先生，竟然讲课还有条有理，便询问胡先生饮酒之道。他说："星期一是一周之始，要喝上一杯；星期六是一周之末，也要喝上一杯；星期日是休息日，更要喝上一杯；星期三是一周之中，当然要喝上一杯；刮风下雨天气不好不能外出，坐在斗室里自然要喝喝酒了；晴天里阳光明媚，心情畅快，更要喝酒遣兴；写文章时要以酒助笔；百无聊赖时以酒消烦"。[①] 这就是他的"饮酒辩"。其实，胡先生不过是乘兴说说而已，多年后提及此事，他说"我并不嗜酒，再说那年月我哪有钱买酒喝啊？！"现在看来，胡先生不嗜酒是真，但其所"辩"也的确难掩战时生活的艰辛和心中的愤懑。

---

① 王淑芳，王晓明. 北师大逸事[M]. 沈阳：辽海出版社，1998：68.

（八）学生生活

1. 西大的学生生活

西大学生之日常生活，皆受严格之军事管理，早晨起床后，即集合举行升旗礼及早操，日间除正课外，并由生活指导组指导学生参加各种团体活动，如演说会、球类比赛、棋赛等，故一般生活情形，颇有规律，而感兴奋。学生之团体生活有戏剧、远足、球赛等。课外活动及劳动服务、社会服务有：三民主义研究会、领袖言论实践社、各种科学研究会、诗文社、书画会、棋社、国剧社、新剧社、劳动服务队、国术社、音乐会、游泳队等，限定全校学生，每人至少参加一种。此外，训导处每学期举行国语演说竞赛、英语竞赛、体育竞赛、论文竞赛、音乐会、棋赛各一次，由学生自由报名参加，优胜者发给奖品；至于社会服务多由本校训导处与区党部三民主义青年团，联合领导进行。如扩大兵役宣传、慰劳出征军人家属、清洁大扫除、为前方将士募捐以及各种纪念会等。劳动服务则由军事管理组领导进行，如协助地方造林植树运动及开挖游泳池等，皆富有极浓厚之兴趣。

公费学生每年每名由学校补助150元，分两期发给。其名额暂定为每系正式生人数的2%。请领公费生条件为：以本校正式生为限；请求公费生学生，须呈交地方机关出具之清贫证明书，如籍隶战区者，须请教授二人负责证明；公费生之学业成绩须在75分以上，操行成绩，须在乙等以上，并经查明未受学校记过及惩戒之处分者，方为合格；凡家在战区者，免缴学费；贷金分膳食贷金与零用贷金两种，膳食贷金分全膳、半膳两种，凡家已沦陷，或受战事影响，经济来源断绝者，皆可呈请贷金审查委员会发给贷金；零用贷金名额暂以各系现领膳食贷金人数的十分之一为准，各系应得零用贷金之学生，由各该系全体学生投票证明，再由贷金会核定。

在西大学生中，除极少数官僚富商子弟外，大多数都是出身于中产阶级，也有极少数家境清寒的学生。由于战事的影响，家在战区和沦陷区的学生，家庭经济来源断绝，因此，大多数学生经济极为困窘。学生生活非常艰难，吃不饱、穿不暖、衣服打补丁是普遍的现象，夏天赤脚穿草鞋的占大多数，校内学生变卖旧书、旧物的启事比比皆是，虽然学校明令学生一律不准在外兼事兼课，但高年级学生在外兼事或到中小学兼课者很多。有的学生为了补助生活费用，到城固附近的县兼课。法商学院1944年毕业的周玉海即一边上课，一边在10公里外的桔林高小代课。

1946年6月30日的《青年日报》报道："西大学生，大半来自战区，他们没有家，没有经济来源，不得不将日常生活放低到水准以下，多数人真正是一贫如洗，完全改变了战前大学生的西装笔挺的姿态，而代之以破衣烂裤，在城固，人们多半以衣服破旧的程度来判断大学生的年级，因为衣服愈破，就表示他年级愈高。女生们也无法过旧日的高跟烫发的生活了，一件布大褂，必须维持到最后一秒钟，不到最后关头，是绝不轻言"牺牲"的，穿来穿去，真正是"以不变应万变"了。而袜子是只有冬天才穿，夏季完全是草鞋，刚来的人，似乎不习惯，久而久之也就完全泰然处之了。冬天，大家却是一件大衣或棉袍，小姐们往往冻肿得像刺猬一样，然而，这丝毫没有影响他们的朝气，看见他们的破破烂烂，而又蓬蓬勃勃的气象，便会感觉到，这是真正代表中国民族的年轻一代。[①]

根据教育部的规定，在1943年度以前实行贷金制，1943年度起，改为公费制。贷金办法，几经变更，根据最后修订的《国立中等以上学校贷金暂行规则》，以每人每月规定食米2市斗1升和副食费为标准。战区贷金分甲、乙两种：甲种贷给全额膳费，乙种除自交18元外，贷给超额部分。自费生补助膳食贷金也分甲、乙两种：甲种与战区贷金同，乙种除自交18元外，贷给超额的半数。1941年西大学生千余人，享受战区贷金者812人，自费生甲种膳食补助163人，乙种者32人。[②] 但由于物价上涨，贷金不能及时发放，学生对此非常不满。如当时学生壁报上署名"松花江难民作"的一首自由诗《贷金》中写道："贷金、贷金，越贷越紧，迟发一周，米价涨五千；迟发一月，米价涨一万……"[③] 伙食是由

---

① 卢苇：自城固迁西安的国立西北大学［N］．青年日报，1946—6—30．
② 国立西北大学．国立西北大学员生工役膳补数目表［A］．1936—05，城固：城固县档案馆．
③ 李孟岩．风雨十年［M］．郑州：河南人民出版社，1980．

同学们自办，分米饭与馒头两食堂，每期15天，轮流负责举办，一桌八人，一菜一汤，仅仅在每期（即半个月）终了，打一次"牙祭"时才吃得上肉。哪一届伙食吃肉多一点，便会获得同学们的齐声赞扬。从总的水平来说，稀饭、馒头、素菜、糙米饭是学生食堂基本的食谱。一段时间里，早餐的"锅巴稀饭"经常形成抢风，有的学生因抢饭时拥挤，常常把头上戴的礼帽掉在饭锅里，但为了一碗稀饭只好置礼帽于不顾了。

法商学院商学系1944届毕业生穆嘉琨回忆[①]：

法商学院设在城固小西门外，利用一所旧简易师范的校址办学（图4—23），并没大兴土木搞建设。一进校门，就是一座东西略窄，南北略

图4—23　西北联大—西北大学法商学院大门和内部教室遗址
（在今陕西城固县城一中，被列为陕西省重点文物保护单位）

宽，长方形、砖木结构的二层楼房，上层有走廊可通四边，二楼全部是教室，大小不等，还有院系办公室，一小图书室可供学生阅览。此外，还有一间专为学会计的同学用的打字机室。由于都是文科，没有实验仪器室，教室勉强够用，但大的集会都要到城内举行。这座楼的东院是盥洗室、洗浴间、厨房及一大一小两座食堂，可供全院住校生用膳，有桌无凳，四年都是站着吃饭。楼的两边是部分教师宿舍、女生院、男生院。男生宿舍大部分是砖墙或土墙草顶房，小间住一二十人，大间住三四十人，一律双层木床，中间放桌子，共有三排六幢大宿舍和几个小间，可

[①] 穆嘉琨. 回忆城固时期的西北大学[M]. 方光华，姚远，姚聪莉. 西北联大与中国高等教育. 西安：西北大学出版社，2013：366—376.

容纳二三百人。许多三、四年级同学都住学校附近村庄农民的房子和小西关（从西城门到法商学院的半里长的小街区）的民房，租房价格不贵，一般是上年级毕业了，就由下一年级要好的同学继续租用。院墙外的西边，有一足球场和几个篮球场、排球场，下午课后球场上的人很多，当时只有法商学院有这样的操场，文理学院没有，连西北师院体育系的操场都比不上法商学院的。

我住的宿舍很特殊。这间是嵌在大宿舍与院墙之间的草顶房，40平方米大小，西面是八张上下铺床打通成的大通铺，东面是两个双人上下铺，共可住20人，中间一个通道摆了几张书桌，几条板凳可坐数人，但无法看书做作业，晚上需要到大教室在汽灯下做功课。宿舍实际上住了16人，有几个铺用来放箱子包裹等杂物。战时上大学，对于这些简陋的条件大家都不十分在意。至于伙食，大家都是吃贷金，而贷金不交给本人，统由校方会计部门按名册和伙食标准交办伙食的学生组织。办伙食校方并不参与，由学生推举合适人选"民主办伙"。主要靠两个人物，一是总务，一是会计，其他采购、值厨等人员由他们聘用，每半月一期。每天伙食是早稀饭，中晚米饭馒头，菜肴简单。每期伙食主办人前十来天尽量把钱省下来，以便最后二三天加菜吃荤，提高伙食水平。虽然主办人不连任，但办得好的以后还会被选出，办得不好的就没机会了。在伙食问题上，很少发生贪污现象。回族学生有专门的饭桌，我吃了四年为回族学生做的菜。

2. 西工的学生生活

1942年时，西工学生的日常生活：每日上午6点起床，7点升旗，7点15分早餐，8点至11点50分上课，12点午餐，下午1点至4点50分上课，5点晚餐，7点至9点30分自习，10点就寝，每月举行国民精神总动员月会一次。

学生团体生活有：新生活运动促进会，各省市同学会，讲演会，座谈会，小组讨论会，国剧社，音乐会，合唱团，口琴队，文诗社，话剧社等。其课外活动有：各种球类比赛，越野比赛，爬山比赛，清洁比赛及太极拳研究班。关于劳动服务，则组织劳动服务队，办理植树，提倡农村副产。关于社会服务，则办理民众阅览室，民众夜校，民众施诊所及壁报社。

1941年9月6日，西工学生曾与中央陆军军官学校第一分校一起在石堰寺游泳池举办第一届水上运动会；与西北大学等一起参加1942年1月30日汉中体育协进会主办的城（固）洋（县）区冬季各项运动比赛会，选派篮球运动队参加；1942年间成立铿锵合唱团、天讴歌咏队等。

1938年11页16日，西工还主办了一场别开生面的灯谜会。其灯谜和谜底有：

你是谁家小红娘，半夜三更来同床，五更天你去了，抛下学生好痒。
打一动物：臭虫

唐玄宗欢宴杜工部。　本院人名一：王敬甫

泽及枯骨。　西工人名一：唐怀慈

13940除以2468。　西工人名一：余谦六

千金百万一目千行。　本院人名一：姚鼎

特别快。　本院人名一：霍敏

六种花样听取其半。　打本院人名一：任式三

二爷另有办法。　打本校人名一：关翼谋

汉梁王迎宾。　打本校人名一：彭延贤

3. 西医的学生生活

西医像其他兄弟学校一样，实施了严格的军训。1938年8月20日，全校开始为期两个月的学生抗战军事集训。集训总人数为1 194名，医学院集训起止时间为：医科四年级，药科三年级，高中及同等学校一、二年级，专科大学一、二、三年级女生，集训时间为8月20日至10月19日。围绕抗日，学生们参与了大量的宣传活动。1941年1月20日，学院借寒假期间，分为访问、讲演、漫画、戏剧、壁报5队，在南郑、城固、褒城三县举行大规模兵役宣传。除四、五年级在伤病院实习以外，一、二、三年级全部出动。

虽处后方，但秦巴盆地亦历遭日寇轰炸。1941年2月1日，大批敌机飞抵南郑施虐。警报解除后，即接南郑防空司令部电话，请西医学生前往救护群众。因敌机投弹漫无目标，故损失不大，仅有三四人受轻伤。

艰苦的环境中，必修的课程一门也不能少。1941年2月底，担任三

年级药理学课程的徐佐夏院长，即添授病理学、细菌学等课程，致在假期每天上午补课，直到2月底结束。必要的课外活动、劳动、下乡宣传也是学生的必修功课。学生课外活动有篮球、排球、垒球运动。假期中有兵役及卫生宣传队下乡做宣传，并施种牛痘。一年级学生参与修路，如1941年5月的平整运动场等劳动。

招生情况：1942年9月20日西北区各院校招生考试录取新生名单在城固公布，西北区各院校总计录取新生1 167人。其中，河南大学录取286人，西北大学录取212人，西北工学院录取185人，西北农学院录取154人，西北师范学院录取94人，西北医学院录取57人，甘肃学院录取179人。每届新生入学，循例进行宣誓典礼。1942年10月31日，本院举行新生入学训练宣誓典礼。徐佐夏院长致辞，要求新生恪守誓言，遵守一切法令规章，努力求学。继由附属医院院长赵清华教授和学生代表讲话，整个典礼庄重严肃，虽在战时，却与平时无异。截至1941年3月，医学院有学生五班共计196人，其中男生142人，女生54人。

毕业生情况：自民国五年（1916）起至二十八年（1939）止，共计毕业学生317名。均服务于医界，多在公共机关做教授及医师，或自己开医院营业，无赋闲。1939年，西北医学院毕业学生3名，仍发北平大学医学院毕业证，从1940年起颁发国立西北医学院毕业证。自1940年至1946年，西北医学院历届毕业人数总计205人。其中，1942年第三班有21名毕业生应征入伍，分配至军政部战时卫生人员训练所、军政部军医署等处。1940年至1949年，共毕业学生347名。

学生日常生活每日6点起床，7点早操，并举行升旗礼。8点后上课。课外活动有球类、游戏等，星期天或例行假日，多选择登山或远足旅行。学生经济状况，除一年级新生为公费生一切费用均由学院供给外，其他各年级战区学生每人每月发给膳食贷金25元，零用贷金3元，发米贴若干。

1941年5月，反动派搜捕地下党员和进步师生。西北医学院学生徐骏（女）、高履勋被捕，后经徐佐夏院长营救，李学禹、陈作纪教授作保而获释。1944年1月，因军事教官欺压学生而爆发全校性学潮，军事教官被驱逐，徐佐夏院长亦辞职离校。1947年，中共党组织派地下党员雷幼珣到医学院图书馆工作，先后发展了蓝应祥、于从吾等一批地下团员。新中国成立前夕，当局拟将医学院迁往四川，地下党团组织还开展了反迁校斗争，建立了40余人的护校队，学生中高瀛洲、于克等均参与斗争，最终使学院回到了人民怀抱。

4. 西师在城固的学生生活

西师在城固城内有两所大的建筑：一是文庙，为西师本部和教职员所占用；另一个是考院，是学校一部分教室、实验室和女生宿舍的所在地。其建筑多年久失修，破旧不堪。然而，学校初到时，在经济十分拮据之情形下，除了修葺旧的建筑物以外，还造了许多木板土墙的小草房。图书馆是借用了文庙的尊经阁；大操场和体育馆建设在城东半里许的地方；而在操场的西端，又盖了许多间草房，作为男生宿舍。教室里只有几条笨重而粗糙的长方形桌凳。宿舍里除了一排排的双层卧床以外，简直就没有其他任何陈设。图书馆方面也是设备太差。下课以后，同学们只好在城墙上朗诵，有的在城外柳荫下或小溪旁阅读，更有些同学常常照顾本地的小茶馆，目的不在品茶，也不是为了听些逸闻趣事，或闲谈大局，而是利用那些茶桌，写作练习，准备功课。因此，许多茶馆一时间都变成了同学们的研究室。

1942年时，西师的学生全体寄宿校内，每日上午6时起床，6时20分早操，6时50分升旗，7时早餐，上午8时至12时，下午1时至4时50分为上课时间。12时午餐，下午5时晚餐，晚上10时就寝，下午6时至晚上9时半分别在寝室及教室自习（夏季时间略有提早）。学生费用，除三、四年级原师大学生外，均为公费待遇不收学膳宿费，并可接受各种奖学金及津贴（如各省津贴之类）。战区学生于公费外由教育部发给贷金半数，以补公费之不足。学生之团体生活，实行军事管理，每日生活，均为团体性质，除正式上课外，多数学生每日均有一小时之课外体育活动，每星期下午全体学生参加学生生活指导委员会所组织之各种课外活动，每星期上午为校内体育比赛。除加入比赛者外，其余学生亦均往参观。课外活动，学生均为各社团会员，在教授指导之下，举行讲演会、读书会、研究会等。全校课外体育活动由体育系主持，并有该系高年级学生办理各种校内比赛，参加之学生占全校总人数的30%左右，于每星期日举行之。学院组织之劳动服务队,将全体学生分为三区队,每三周轮值工作一次,工作时间为星期六下午,共 3 小时。西师根据合作社法,组织消费合作社一所。在寒暑假期间常常会组织学生深入乡村,慰劳、宣传,或开展社会服务活动。

体育活动方面,教育部《全国专科以上学校要览》中的《国立西北师范学院》介绍:西师在城固有:

小足球场三所(二所为本院与西北大学合用),篮球场六所(二所为本院与西北大学合用)。排球场六所(与篮球场混合装置,二所为本院与西北大学合用),垒球场二所(一所为本院与西北大学合用,与小足球场混合装置),德国手球场二所(与小足球场混合设置),器械操场一所装设单杠三架、高低双杠及女子双杠六架,倒立双杠三架,吊环一架,木马一架,平均台(Balance)一架,平梯(Hoyizontal laddey)一架,跳箱三架,垫子八方(以上器械多为体育系专用,供外系使用有单杠、双杠、跳箱、垫子等数种)。

同学们吃饭的地方,起初并没有饭桌和凳子,在那广大的"饭厅"里,除了桌上摆着一排一排的竹篮子盛着竹筷子,铜勺子和瓦制的杯碗以外,更是别无长物,大家都站在那里吃饭,如果想夹一箸菜和取一匙汤的话,也就只得很费力地弯下腰来,后来饭厅内总算有了桌子,但仍没有可坐之处。

西师 1939 年在城固所招首届学生入学时,暂无宿舍,全体学生就合住在一个原来用作风雨操场的大草棚里,在一个寒冬之夜,大风将草棚的顶部刮跑了,大家只好团坐在一起相互取暖露宿了。之后,盖了新的学生宿舍,也不过是版筑土墙,稻草覆顶,室内一律为泥土地,上下铺住宿,极为简陋。1941 年后,东部富庶之地相继沦陷,物资运输不易,导致物价飞涨,学生们仅凭贷金很难填饱肚子。由于居住分散,教师们上课要走三四里路,常见有教师穿过田埂,提着皮包,或拄着手杖,气喘吁吁地赶到教室上课。

宋如海的《抗战中的学生》中的《抗战期间的国立西北师范学院》描写道:

学生宿舍是用稻草覆盖的房子,既没有顶棚,也没有地板,而且也没有铺砖，而是铺着一层薄薄的沙子，是为防潮湿的。向上看，可以看见那架在木缘上的黄稻草。在这种草制的屋顶上，可以发现许多小孔，可以望见蓝天。每当雨季，雨水就从这些小孔流了进来。一天晚上，一个同学的被褥，被流下来的雨水浸湿了。他喊道："我希望再多流些水来，那么我们可以洗个澡了！"他一边说着，一边却跳下床来，搬到一块干的地方，继续睡觉，甚至在这样艰苦的环境里，他也是毫不沮丧；他已学会了用一副笑脸，来应付一切的艰难。

每个寝室里，普通有四张双层铺，可以住八个人，而爬上"上铺"时，多少需要点技巧。同学们——特别是女同学们——稍不小心，就会跌落在地上。虽然，这些物质方面的不便，毕竟算不了一回事，一般的同学都还保持着绝对的清洁和整齐。在宿舍里可以看得到的每一件东西，都是安放得井井有条；旧的靴鞋，都是齐齐地排列在铺下；床，是用雪白的褥单盖着，被褥也都叠得像木块一样的方正。室内光线充足，空气流通；当你走进一间寝室的房门，一定会起一种快感。

5. 西农的学生生活

地处陕西武功县的西农学生的生活同样艰苦。在1939年到1940年间，由于汽油来源的缺乏，电灯和热水已经无法供应。① 学生宿舍为西式平房，每间住5人，睡的是钢丝床，自合组之后，宿舍不敷使用，一年级和农业经济专修科的学生，只好改住高职部兵营式的宿舍，一个大房间有的住二三十人，睡上下铺，但是即便如此，还是比西北联大在陕南的住宿条件要好些。

西农学生的伙食，每个食堂都由学生办理。食物以馒头、米汤为主。各个食堂的膳食费也不一律，战区学生每月贷金9元，仅仅够应付伙食费用，好在地处穷乡僻壤，一般性的生活消费减少了很多。

战时，学校最感困难的，要算是饮水了。因为地处原上，以往包工凿井30余眼，深约20丈（60余米），水源均不畅旺。1940年间，仅有自流井一处可用，应用机器抽水，如遇机器故障或缺油，便会停水。因此，学校三令五申要求撙节用水，浴室也因用水过多而暂停，以致学生

---

①丹林. 西北农学院速写［J］. 青年月刊，1939，8（6）：26—28.

洗浴大成问题，运动完毕汗流浃背，却只能在室内擦擦而已。

《学生之友》载文记述：

我们因为是一个农业学校，研究的对象是农作物、森林、园艺、畜牧及水利等方面，研究的目的是增加生产，造福民生，一切的一切与人民衣食住行四大需要有着密切的关系，因此每天所接触的是农民，研究的问题是农业，于是西北农学院学生的生活，随着也有几分农村化了。农院的学生穿的是土布或洋布的中山装、学生装，或便衣，甚至有着中国式礼服的，各样的色都有，西装革履、油头粉面的学生是占着极小的百分比。……学生吃的是乡间普通调制粗放的黑面馍和大米饭，还有小米、苞谷和洋芋，蔬菜有白菜、萝卜、大豆，吃鱼吃肉是很少的。农学院的学生，日常生活是朴素的，但他们的读书精神是勤奋的。[1]

学校的运动场较大，有篮球场10余个，排球场、网球场各五六个，足球场、棒球场各一个，还有田径赛场、早操场、练马场等。每当下午四点以后，场上极为活跃，尤其以足球、篮球运动最受关注。

学生就业情况尚好。1940年的四年级毕业生，出路都很不错，除了农本局尽数任用以外，各省农业改进所和中等教育机关来函延聘者亦为数不少。[2]

然而，即便远离都市，战时的西农仍然遭受日机的轰炸。1940年8月30日，日机轰炸西农，四座宿舍变成瓦砾，学生的衣物、书籍等财产损失惨重，院子中的大树被连根炸起，课堂的玻璃全部被震碎了，茫无目标的倭寇投掷了硫黄弹、穿甲弹、开花弹，大大小小120多枚，张家岗的麦草整整烧了三天，几个农家的人口被炸绝了。但是，敌人只能破坏我们的物质，却难以撼动我们的精神，学生们并未因此而恐惧或放弃学业，而是更加勤奋的学习，校园里常常响起"这里是我们的课堂；这里是我们实验的园地；浩浩的西北，期待着我们建设，荒野的开垦，期待着我们努力！努力！努力！"

---

[1] 编者. 张家岗一瞥（1940—09）[J]. 学生之友，1940，1（6）：41—43.
[2] 丹林. 西北农学院速写[J]. 青年月刊，1939，8（6）：26—28.

(九)形成 771 名教授、副教授和 3 189 名教职员工的师资队伍

就在如此艰难困苦的环境中,国立西安临时大学、国立西北联合大学与国立西北五校坚持教学和研究,形成了一支阵容强大的师资队伍。

至 1938 年 2 月 14 日,国立西安临时大学相继有教授、副教授 116 人,讲师助教 138 人,职员 124 人,教职员总数 378 人。

截至 1939 年 6 月,不含工、农两院,国立西北联合大学新增:教授、副教授 63 人,讲师助教 62 人,职员 88 人,教职员总数增至 213 人。

国立西北大学在汉中办学 8 年,在西安办学 3 年,至 1948 年 6 月,共有教师 625 人,其中教授、副教授 342 人,讲师、助教 283 人。

截至 1948 年 7 月,国立西北大学相继有教授、副教授 67 人,讲师助教 55 人,职员 876 人,教职员总数 998 人。

截至 1947 年 3 月,国立西北农学院全院教职员共计 265 人,其中教授、副教授 68 人,讲师、助教计 70 人,职员 127 人。虞宏正、林镕、盛彤笙、涂治、侯光炯等 10 余名教授后来成为中国科学院学部委员。王绶、周尧、刘慎谔、李赋都、石声汉、李仪祉等教授曾在此任教。

截至 1948 年 6 月,国立西北医学院—国立西北大学医学院有教授、副教授 51 人,讲师、助教 28 人,职员 68 人,教职员总数 147 人。

截至 1947 年 2 月,国立西北师范学院有教授、副教授 64 人,讲师、助教 101 人,职员 66 人,教职员总数 231 人。

综上所述,西北联大与后继五校有教授、副教授 771 人,讲师、助教 737 人,教职员总数 3 189 人。

(十)培养 9 289 名文理工农医师范各科学生

西北联大的一项巨大教育成就是培养了 9 289 名毕业生。

1937 至 1939 年,西安临大—西北联大毕业学生 665 人,仍发给原校证书。其中北平大学 251 人,北平师范大学 307 人,北洋工学院 39 人,河北省立女子师范学院 11 人,他校转学借读生 57 人。

1946 年由西北联大后继院校国立西北大学补发 1937,1938 年度西北联大借读生、转学生 60 人的毕业证书,1947 年补发 1939、1940 年度西

北联大毕业生160人的毕业证书。

1940年至1949年，国立西北大学毕业学生2 640人。

1939年至1949年，国立西北工学院毕业学生2 266人。

国立西北农学院自1934年至1949年，共培养本科生1 657人。

国立西北医学院在1939年即有3名毕业生，但颁发的是国立北平大学医学院毕业证书。国立西北医学院（不含国立西北大学医学院1946年、1947年、1948年、1949年毕业的232人）。自1940年至1945年，培养6届164名毕业生。

1939年至1949年，国立西北师范学院毕业学生1 677人。

西北大学从学生中走出24名两院院士和著名学者，包括：首次发现高等植物收缩蛋白的阎隆飞院士（1945年毕业于西北大学生物学系），大庆油田的重要发现者之一田在艺院士（1939年7月考入西大地质地理系，次年转学，1945年毕业于中央大学），中国大地构造的探索者任纪舜院士（1955年毕业于西北大学），水文水资源领域的创新者刘昌明（1948年入学，1952年西大地理系毕业），等等。在人文社科毕业生中有：中联部副部长、驻古巴、印度大使申健（1937年入西安临大—北平师大），著名作家柳青（1937年西安临大先修班肄业），全国学联主席郑代巩（北平大学法商学院—西安临大先修班肄业），全国道德模范龚全珍（1949年西大教育系毕业），全国劳动模范、骨科专家尚天裕（1948年毕业于西大医学院），全国劳动模范罗健夫，开国大典的播音员齐越（西大外语系）等。还涌现出贾平凹、迟子建、牛汉、雷抒雁、王子今、杨圣敏、张维迎、魏杰等大批才俊，赢得了"中华石油英才之母"，"青年经济学家的摇篮""作家摇篮"等诸多美誉。

至1948年，西北工学院从学生中走出的两院院士有：中国科学院院士、"两弹一星"功勋奖章获得者吴自良（1939年毕业于北洋工学院—西北工学院），中国科学院院士、中国工程院院士、第三世界科学院院士、国家最高科学技术奖获得者师昌绪（1941年考入国立西北工学院矿冶系，1945年毕业），中国科学院院士、清华大学原校长高景德（1941年毕业于陕西武功国立西北农学院附属高中，1945年毕业于国立西北工学院电机系），中国科学院院士、天津大学原校长史绍熙（1939年以全班第一名的成绩毕业于北洋工学院—国立西北工学院机械工程专业，留校任教），中国工程院院士李恒德（1942年毕业于国立西北工学院），中国科学院院士张沛霖（1940年毕业于国立西北工学院矿冶系冶金组），中国工程院院士刘广志（1942年入国立西北工学院矿冶工程系，1947年毕业），中国科学院院士高为炳（1948年毕业于西北工学院航空系），中国工程院院士雷廷权（1949年毕业于国立西北工学院机械系），中国工程院院士陈秉聪（1939年毕业于国立西北师范学院附属中学，1943年毕业于国立西北工学院机械系），中国科学院资深院士、北京邮电大学原校长叶培大（1938年毕业于国立西北联合大学—国立北洋工学院电机系），中国工程院院士、西北工业大学原校长傅恒志（1946—1947年在焦作工学院（今中国矿业大学前身学习，1950年毕业于国立西北工学院机械系），等等。

西北农学院从师生中走出的院士有中国工程院院士李振岐（1949年毕业于西北农学院），中国科学院院士于天仁（1941年考入西北农学院农业化学系，1945年毕业），中国科学院院士赵洪璋（1936年考入国立西北农林专科学校，1940年自国立西北农学院毕业，1942年在西农任教），中国科学院院士侯光炯（1928年毕业于北平大学农学院并留校任教，1948年任国立西北农学院教授），中国工程院院士王光远（1946年毕业于国立西北农学院），等等。

据此，国立西安临时大学—西北联合大学和国立西北五校，在1937年至1949年，共计毕业学生9 289人。2012年统计的9 257人的数据[①]重复计算了西北医学院并入国立西北大学时期的人数，予以纠正。

截至2018年年底，从西北联大后继10校（北京师范大学、天津大学、西安交通大学医学部、西北工业大学、西北农林科技大学、西北大学、西北师范大学、河北师范大学、东北大学、中国矿业大学）走出学部委员、两院院士196位。

---

① 姚远. 国立西北联合大学分合的历史意义[J]. 西北大学学报（哲学社会科学版），2012，42（3）：11—21.

伍 | 今世传承

当站在紫禁城的门口眺望曾处其中的国立北平大学，绝对和站在秦岭高处眺望扎根大西北的国立五校，有着截然不同的感受。然而，无论是感叹其不归路，还是感叹其永留大漠，都有一种壮怀激烈的强烈感触。值此平津四校西迁83周年之际，平师、北洋、平大、女师四兄弟一路西去，东归时，却独无平大。这不禁让人想起王维《九月九日忆山东兄弟》中的：

遥知兄弟登高处，

遍插茱萸少一人。

北平大学凤凰涅槃般化身于大西北，像一缕大漠孤烟直上，像一轮无尽长河落日，欲往踏访旧迹，无奈长路漫漫。如今，其文理法商工农医五学院华丽转身为国立西北五校，已是81个春夏秋冬！虽说世上再无"北平大"，然西大、西工、西农、西师、西医国立西北五校，及四兄弟繁衍之数十子体院校的蓬勃今生，足慰登高缺憾！

从另一角度看，北平大学犹在，特别是北部的很多学校，谁能说与她没有一点关联？！既有北平大学法商学院溯源于京师大学堂速成科仕学馆、北平大学农学院溯源于京师大学堂农科，北平大学医学院溯源于京师大学堂医学实业馆，北平师范大学溯源于京师大学堂师范馆的"源",也有一统为国立京师大学校、国立中华大学和国立北平大学的"流";既有沦陷于"伪",而被迫做亡国奴的"伤痛",也有数千学子投笔从戎,直接参战杀敌或在后方节衣缩食,以笔作刀枪的"荣光";既有西南联大的"八音合奏",南渡北归,也有西北联大的一分为五,化身西北。两个战时大学联合体顽强抗战,为存续中华文脉做出重大贡献。诚可谓,一部北大、平大分合史和一部西南、西北联大史,既是一部中国现代高等教育史,也是一部中国文化的现代化史。两个大学联合体,一路南渡,一路西去,一个止于彩云之南,一个止于大漠边缘,一个将现代高等教育制度和理念向南推进了数千公里,一个向西北、西南推进了数千公里,大大推进了西部社会的现代化,成为高等教育参与世界反法西斯民族解放运动的一个典型案例。其功不可没。

正可谓"抬望眼,仰天长啸,壮怀激烈。三十功名尘与土,八千里路云和月"。河山已经收复,民族之梦可期,功名赫赫在册,复兴正待我辈。

一、分而有合

(一)西工、西农、西大、西医的再联合

国立西北工学院和国立西北农学院是第一批自西北联大母体分出并独立的两个学院,时在1938年7月21日。消息传出,工学院先有拟乘机恢复"北洋"之议,原北平大学农学院师生亦觉复校无望,复有维持现状之议。为此,徐诵明、潘承孝等59人"为农工两院教授聘书如不续送恐各教授他往"致电教育部①,表示反对。西北联大农学院全体学生亦于1938年7月27日联名呈件《呈请维护西北联合大学组织完整,恳

---

① 徐诵明,潘承孝等. 呈请维护西北联合大学组织完整,恳请诸公同心协力据理力争,国立西北大学档案,67—5—306—2 [A]. 1938—07—27,西安:陕西省档案馆.

请诸公同心协力据理力争》①。1938 年 12 月 15 日，国立西北农学院筹备委员会向教育部报告了 1938 年 8 月至 11 月底的筹备工作，表明接收重组工作已经大致完成。

1936 年 9 月开始的西北农专与北平研究院的合作，延续至西北联大和西北农学院成立之后。其中北平研究院植物研究所的金树章、刘汝强、林镕、汪德耀先后在西北联大文理学院生物系任教，复转西农任教。刘慎谔、孔宪武等被聘为西农教授，既为调查所的研究员，又为西农兼课，后来孔宪武又被聘为西北师院教授，长期留在了大西北。加上北平研究院物理研究所岳劼恒、历史研究所周国亭、何士骥、吴世昌等人留在西北联大文理学院历史系或国文系，这在某些程度上维持了与北平研究院的联系，弥补了该院最终未能成为西北联大一部分的缺憾。

对于工农两院的分出，教育部的解释很明确：一是工、农两院的分立，是"调整国立各校院系计划和抗战建国纲领"的一部分，其目的是要"谋全国高等教育机关设置之合理"和"确立西北农工教育基础之计"；二是"农工两院设备简陋，不易发展，令与附近院校合并改组成独立学院，使人力物力集中办理"，使其更为充实；三是关于战后复校问题，"至北平收复后如有设立两院必要时，仍得照旧设置，此时毋庸过虑"。当然，战后的实际情况是，教育部关于"仍采维持""仍得照旧设置"的承诺并未兑现，北平大学的工、农两院以至全部北平大学并未复校，这是后话。但是，这显然已经从国家层面拉开了"致力于发展西北教育既定方针"和"确立西北农工教育基础之计"的帷幕。

1939 年 8 月 8 日，西大、西师、西医最后自西北联大母体分出。1946 年 8 月西医复并入为国立西北大学医学院。1949 年，陕西省师专、师专南郑分校、商专、医专等又并入西大，实现了新的联合。

（二）西工、西大在两年间共有一位校长

西工与西大等西北五校关系极为紧密，一度甚至两校共有一个校长。赖琎于 1939 年 3 月任国立西北工学院代院长、院长。1942 年 10 月 31 日

---

① 徐诵明，潘承孝等. 呈请维护西北联合大学组织完整，恳请诸公同心协力据理力争，国立西北大学档案，67—5—306—2 [A]. 1938—07—27，西安：陕西省档案馆.

起又任命为国立西北大学校长（图5—1），至1944年8月1日卸任。直到1943年年底潘承孝继任西北工学院院长后，教育部始准予他辞去院长兼职。

国民政府行政院关于赖琏的任命①

令知　国府明令任命赖琏为国立西北大学校长。

令教育部

准国民政府文官处三十一年十月二十一日渝文字第五四三五号公函开：

"准铨叙部三十一年十月十四日简字第三〇号通知书，为拟任国立西北大学校长赖琏业经审查合格，实授核叙简任一级俸六百八十元，请转陈任命等由，当经转陈奉国民政府十月二十一日明令开：'任命赖琏为国立西北大学校长。此令'等因在案，除由府公布及填发任状外，相应录案函达查照并转饬知照。"等由，准此，合行令仰知照，此令。

院长　蒋中正

中华民国三十一年十月三十一日发

1969年赖琏在台北回忆兼掌两校的那段经历时说："一生不过数十寒暑，一个人每每如意的事少，而失望的时候多。当我国对日抗战最艰苦的阶段，我在西北大学六年，初掌西北工学院继兼西北大学，我乃始终记忆不衰地保留一个最愉快的回想。在那六年当中，我能赢得两校师生的信任与合作，克服许多非言语所能形容的困难，既解决了两校的严重学潮，复建立了两校的健

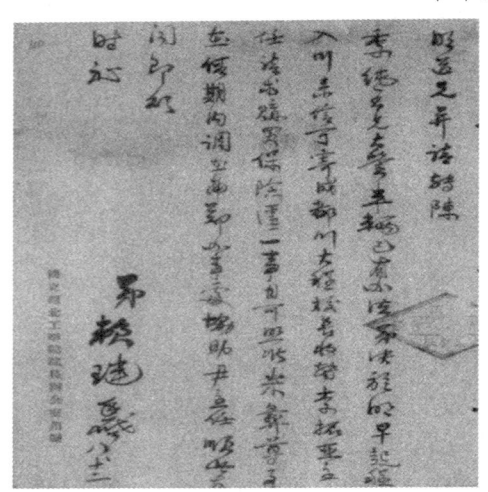

图5—1　赖琏在国立西北工学院任上的办公文书

---

① 国民政府行政院. 国府明令任命赖琏为国立西北大学校长（第52828号）. 民国档案，五—2553（3）[A]. 1942—11—02，南京：中国第二历史档案馆.

全基础,使在烽烟遍地、炮火喧天的战争时期,得在西北那个角落,弦歌不绝,生气盎然。……我在那三年当中,一面主持西大,一面兼顾古路坝的西北工学院和七星寺的先修班,几方面的员生合算起来几将三千人。"这说明,在教育部看来,虽然联大已经分立,但学校共处城固,仍有很多共同点,仍有很多联系,以致一位校长执掌两所大学,而且还"赢得两校师生的信任与合作"并使两校"生气盎然",成为"一个值得纪念的贡献"和"一生最愉快的回忆"。①

(三)西大与西师合聘教授,共用校舍与设备

1939年8月,西大与西师虽已分为两校,但由于学科专业相似,皆有综合性大学的某些特性,故自迁城固以后,即长期合聘教师。所见合聘名单有黎锦熙、罗根泽、谭戒甫、曹鳌、吴世昌、张舜琴、包志立、叶意贤、金保赤、张万里、陆懋德、蓝文征、许重远、蒋百幻、何竹淇、谌亚达、黄国璋、赵进义、刘亦珩、张德馨、杨立奎、蔡钟瀛、刘拓、李中宪、马师儒、胡国钰、郝耀东、唐得源、鲁世英、郭鸣鹤、许兴凯、刘月林、罗爱华、李鹤鼎、姜玉鼎、曹配言、王镜铭、朱汝复、杨宏论、杨柏森、蔡英藩、温忠理、卢宗瀌、傅种孙、邹豹君、李问渠、顾学颉、赵兰庭等47名教授、副教授与助教。这使西北大学直到20世纪五六十年代,教授出自北师大和北平大学者几占半数以上,而出自北师大者则占教授总数的1/3。②汪堃仁院士曾回忆指出:"西北大学与西北师院仅一墙之隔,两校都设有生物系,两系教授均不齐全。我带头先为西北大学生物系讲授动物生理学等课程,仪器设备也互通有无,使两系的学生都得到益处,提高了教学质量"③。

除此以外,西大与西师还有互相兼课、共用教室、共用宿舍、共用图书馆,甚至西大、西师与西医三校共用一辆小轿车等紧密的合作办学

---

① 赖琏.一个最愉快的回忆[M]//国立西北大学建校卅周年纪念刊,台北:西北大学校友会,1969.
② 2016年,姚远据《西北大学学人谱》统计:在1946年迁回西安现址办学后至20世纪50年代初的教授先后有210人,北师大、北平大学的教授或毕业生有110人,占总数的52%。其中北师大几占1/3,刘季洪、马师儒等四任校长均出自北师大,侯外庐在1951年任西北大学校长时,还同时兼任北师大历史系主任。
③ 汪堃仁.科学需要毕生的奉献[OL/EB].http://news.bnu.edu.cy.2012—03—22.

历史（图5—2）。1942年至1944年陆续迁往兰州后，又在教育部主持下将城固的全部校舍赠予西大。

西农、西大也有很多合作。1946年5月20日在南京发生"五·二〇血案"，国统区60余所大中城市学生联合举行罢课，西农（武功）、西大（西安）、西工（咸阳）亦联合举行罢课。1949年6月，放弃西安西撤的胡宗南复自陕甘边境东进拟收复西安时，西农于6月11日奉命迁西安，寄居西北大学，7月27日扶眉战役结束后返回武功。西农与西大两校教授亦有密切联系：西农教授周尧曾任西北大学生物系主任三年；虞宏正院士曾任西北大学仪器委员会委员，长期在西农、西大两地兼课，先后在两校互相兼课或曾在两校任职的还有汪厥明、王志鹄、王恭睦、唐得源、甄瑞林、邢润雨、刘鸿渐、季陶达、李伯洵、毛鸿志、李中宪、李萃麟等多位教授。

国立西北五校在联合招生，联办先修班，联办社会教育，联合创建西北学会、中国物理学会西北分会、中国化学学会西北分会等学术社团，以及联合争取权益，对外共同争取权益等方面也有很多合作。

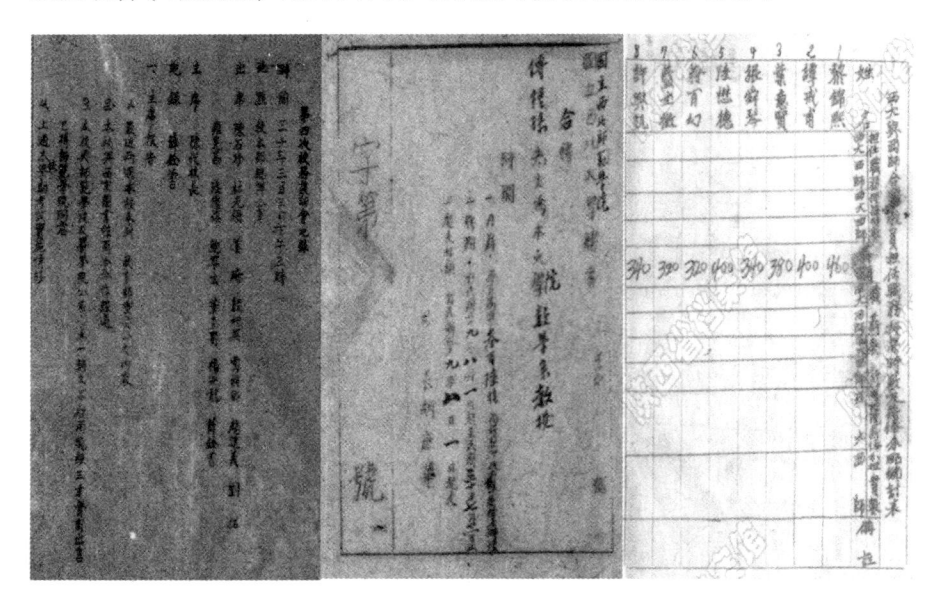

图5—2　西大西师合聘42名教师名单、西师西大合聘傅种孙教授聘书和西大第四次校务委员会议决处理西大、西师、西医共用的小轿车的会议记录

（四）西大、西工、西农三校联席会议

针对面临的物价上涨、再次迁校等共同问题，国立西北大学、国立西北工学院、国立西北农学院，不仅屡次采取共同对策，联名向行政院、监察院、教育部等机构反映面临的严重生活困难，而且于1948年5月5日建立了"国立西北三校院行政联席会议"制度（图5—3）。

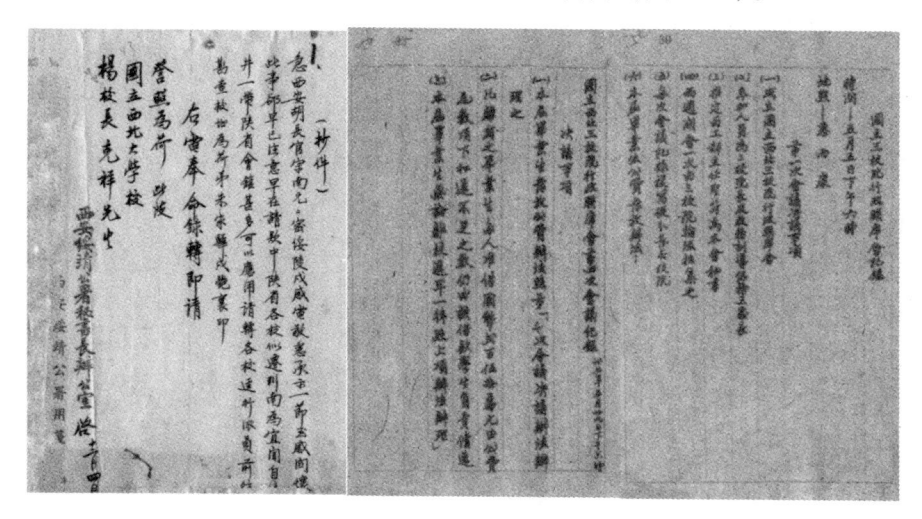

图5—3 1948年12月4日胡宗南要求陕省各校迁四川南部自流井一带的抄件和1948年5月5日国立西北三校院行政联席会议记录

该会议的参会者为"三校院长及教务、训导、总务三处长；推定西工郝圣符主任为本会秘书；两周开会一次，由三校院轮流召集之"①。其联席会议先后举行了22次，讨论了毕业生公费总发放办法，毕业生救济金管理办法，凡经传讯学生的学籍处理办法，教授、副教授、讲师、助教加课钟点费发放办法，就中央银行透支款利率联合呈报教育部减息，教职员薪俸补发办法，三校院呈教育部按实际物价增加办学经费，学生公费和员工薪津，国立西北四校馆在京存书运回（推测还有西师和陕西省图书馆），在西安商议三校院派员赴川南勘察校址，三校院分别组织迁校委员会和在成都成立"国立西北三校院联合办事处"，呈请教育部速

---

①国立西北大学.国立西北三校院行政联席会议记录，国立西北大学档案，67—1—15［A］.1948—05—05，西安：陕西省档案馆.

拨迁校经费，推西大赵进义、西工王健庵、西农虞宏正各为勘察校址首席委员等问题。

"国立西北三校院行政联席会议"制度在杨钟健校长等的主持下，三校院密切配合，一边呈请拨发迁校经费，一边派人赴川勘察，一边给学生放假，有效地拖延和阻止了又一次迁校。其中，特别是在成都成立"国立西北三校院联合办事处"等拟议，隐约可见一个新的西北联大呼之欲出。

（五）西大、西师奉教育部令补发临大—联大毕业证

这些学生如曹国政，"北平私立辅仁大学文学院西洋语言文学系肄业两年后借读于西安临大外文系，旋临大迁移城固，校名改为西北联大，生亦经过考试而正式转入联大，于二十八年六月二十一日考试及格，领得胡庶华、徐诵明及李蒸三位常务委员之毕业证明书。迄今六七年矣，但正式证书尚未领得"①。在曹国政致函教育部后，教育部长朱家骅训令国立西北大学校长刘季洪，补发曹国政等的毕业证（图5—4）。

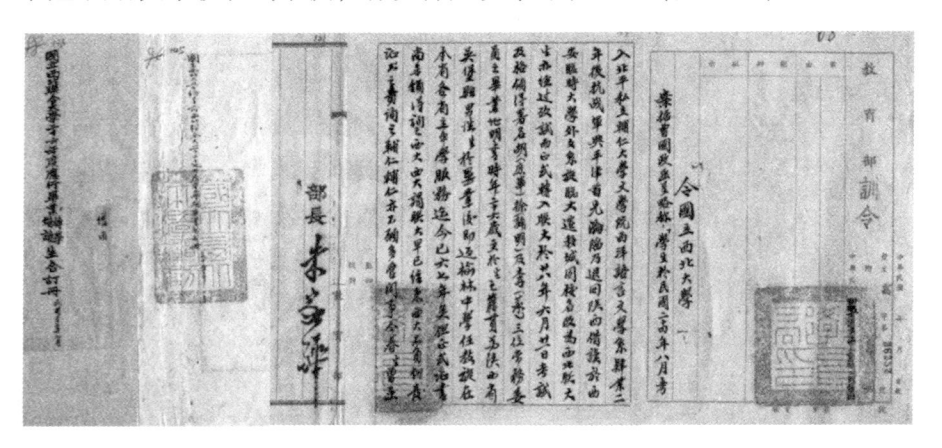

图5—4　教育部令国立西北大学于1946年、1947年分两批为200余名临大—联大二十六年、二十七年、二十八年、二十九年毕业生补发毕业证的训令和西大合订的名册

---

①教育部．训令（发文高字第36252号），国立西北大学档案［A］．1946—12—02，西安：陕西省档案馆．

1946年由西北联大后继院校国立西北大学补发1937，1938年度西北联大借读生、转学生60人，1947年补发1939，1940年度西北联大毕业生160人，总计220人的毕业证，均有西北联大四常委签名、联大文理学院院长刘拓签章、西北大学校长刘季洪签章、西北大学印和教育部核验章。这表明，教育部认可了国立西北大学与国立西北联合大学间的继承关系。

（六）仅过两年便有恢复联大模式的呼声

《西北晨钟》1941年2卷1期发表董恩的《西北大学与西北各独立学院有合并的必要》一文。主要从"集中人力""集中财力""集中物力"，以及文理工农医大学同处可互相借鉴、互通有无，促使文理融合等方面的理由，提出"西北大学与西北各独立学院有合并的必要"。兹择其要点如下：

西北大学与西北各独立学院皆战时的产物，因教育部本着抗战期中集中财力物力起见，而使从战区迁移到后方的大学实行合并，其目的善矣。

如果各院校合并而为一，那么认识同学集会增多，将来在社会上各种人才皆有，做起事来亦较方便，这不是对于建设西北有莫大的利益吗？总之，西北各院校合并有利无弊，关于利的方面，实在太多，不仅上述而已。

要想达到永久的基础起见，则只有把学校迁到关中沿着陇海铁路而设立。武功为陇海铁路必经之地，当宝鸡至西安中心点，为农学院校址所在。把学校合并后，建设于此，再好也没有。那时，我们可以建设一个大学城，此在德国即盛行。

客岁西北政务视察团来西北考察，该团由教育部陈部长率领，历经陕甘宁青诸省，对于西北各大学现状，及西北地理环境、交通、文化、建设各方面，当深切明了，西北各院校是否应该独立而分散，抑应该合并而集中，对于今后西北建设效力大小，当有更确切的指示，以不负设立西北各院校的目的。

从其文末"脱稿于渭水河水文站"以及文中多涉西农的语气来看，这可能是西北农学院毕业学子的一个建议。当然，其所言无谬，合分皆有利弊，自不待言，合久必多见合之弊，分久必多见分之弊。这位先生的建议肯定代表了受尽奔波之苦求学的相当一批学子的心声，也从另一个侧面反映了人们对逝去的"西北联大"这种大学联合体的怀念。

其实，刚刚得知西北联大要再次分立的消息时，来自四校的西北联大师生似乎已经适应了这种模式，特别是可以继续获得北平大学等原校毕业证的做法，给人的感觉是，北平大学等校虽然戴了一顶同样的联大的"帽子"，但各自的母校仍在运行。这无论是北洋的李书田、平大的徐诵明、平师的李蒸、女师的齐璧亭，皆有此心。原北平大学校长徐诵明为《国立北平大学一九三九年毕业同学纪念册》所作的序中，即有"光复河山，重返北平，不失旧物，此心未尝一日忘也"[1] 的说法。

因此，当联大要在继工农两院独立设置后再一次最后分立时，立刻在校园引起一场轩然大波。首先发难的是北平大学农学院的学生。1938年7月27日，西北联大农学院即原北平大学农学院全体学生联名呈件：《呈请维护西北联合大学组织完整，恳请诸公同心协力据理力争》：

自本大学成立以来，设教西北启发边陲，当此之时，使命綦重，此所以最高国防会议将本大学改称西北联合大学以重其使命而健其组织也，考其意义盖欲西北之各独立学院各专科学校次第并入本大学，集中人力财力以共负其使命耳，今教育部电令本大学农学院与武功农专合并改称国立西北农学院显系与最高国防会议决议案之意旨相左，此应据理力争者一；按国防方针、名流意向、高等教育之实施率以综合大学为依归，良以节省经费便于教学，我国实施以来颇著成效，兹教育部所命显有悖于国防方针，失检于实际效果，此应据理力争者二；西北联合大学乃平津三校院合组而成，现虽平津失陷，然吾校尚存西北，而能于最高领袖领导之下其意义之深何可言喻，……西北联大之高最高国防会议亦谆谆言其使命也，且以三校历史彪炳全国，当如何获其存在，今而若是实有失于抗战之意，此应据理力争者三。我西北联合大学既经联合当为一体，彻理任当共负之，联大之荣即三校之荣，联大之辱即三校之辱，昔既联合而负其使命，今悖其联合是则联大之蠹，此所以恳诸公同心协力者一，

---

[1] 徐诵明. 国立北平大学一九三九年毕业同学纪念册·序 [M]. 城固, 1939.

我三校按校址之处在以往历史之光荣以及其在我国所负使命，……大类皆仿佛……如何图其共存共荣，而希于抗战胜利之后重回故土乎。唇齿之意，虞果之迹，诸公明哲何待言，此所以恳诸公同心协力者二。①

从其中"我西北联合大学既经联合当为一体""联大之荣即三校之荣，联大之辱即三校之辱，昔既联合而负其使命，今悖其联合是则联大之蠹"等炙热语气来看，"西北联大"之称确已为大家所认可，其"联合"之"初心"的确已经深入人心。这也可能正是西北联大之所以至今仍然被人们关注、被人们怀念的原因所在。

二、西渡东归

（一）平师复校北平

在西北联大中，国立北平师范大学一直保持了原校名称，在西北联大校本部悬挂有"国立北平师范大学办事处"和校友总会的牌匾，也每年自1902年起算，举行校庆纪念活动。1938年5月，民国二十六年度（1937届）学生毕业，北平师大107名学生毕业；同年底，民国二十七年度（1938届）学生毕业，北平师大毕业100人；这两届均仍发国立北平师范大学毕业证书。直到1941年6月，在城固尚出版有《北平师范大学第二部旬刊》（原名《女师大旬刊》创刊于1931年），由北平师范大学主办，自12期起改为现名，见有1—19期。

今北京师范大学在其校史中专列"西迁陕甘（1937—1946）"一章记载："1946年3月在北平复校，称国立北平师范学院。""西北师范学院独立建校时，一部分教师留在了西北大学。""一些教师在黄河上乘牛皮筏渡到绥远，再乘火车到北平；体育系教师徐英超带各系师生200余人，自郑州北上，路过解放区回到北平"。② 1946年11月始在北平开课。西北八年，不仅存续了中国高等师范教育的血脉，存续了公立女子师范

---

① 国立西北联合大学农学院. 全体学生联名呈件, 国立西北大学档案, 67—5—306—2 [A] . 1938—07—27, 西安：陕西省档案馆.
② 北京师范大学校史编写组. 北京师范大学校史 [M]. 北京：北京师范大学出版社, 1982.

教育的血脉，而且发扬光大，还为地方留下了西北师范大学等校（图5—5）。1955年冬，北京师范大学复在西安设立"北京师范大学西安分校"，1956年4月并入陕西师范学院，稍后与国立西北大学师范学院改组的西安师范学院一起，成为陕西师范大学的前身，再次为西北高等教育做出贡献。

图5—5　2016年8月21日北京师范大学研究生继2007年骑自行车重走迁陕路后再次组织重走迁陕路（图为在西北大学太白校区"联大路"的合影）

2016年11月5日，北京师范大学承办了第五届西北联大与中国高等教育发展论坛。刘川生书记指出："西北联合大学是在抗日战争时期创建的全国规模最大的大学联合体和高校命运共同体，它的创建是中国高等教育的一次伟大'长征'。"西北联大精神是"团结御侮、自强不息"的民族精神，是"艰苦奋斗、兴学强国"的创业精神，也是"公诚勤朴、矢志报国"的奉献精神，在中国高等教育史上铸就了一座永恒的精神丰碑。"西北联大与中国高等教育发展论坛"举办五年来，已经成为相关高校凝聚共识、加强沟通的学术传统和重要平台。北京师范大学希望以此为契机，与兄弟高校一道，继承西北联大的光荣传统，弘扬西北联大精神，切实担负起历史和时代赋予我们的崇高使命。著名教育史家顾明远教授阐述了北京师范大学与西北地区尤其是西北师范大学的历史渊源和深厚感情，认为："西北联大的师生具有远大理想信念，学校汇聚了一批德才兼备的名师，同时具有艰苦奋斗团结合作的校风。在'双一流'建设的新长征中，我们要继续学习发扬西北联大师生的理想信念和勤朴的精神。"董奇校长最后指出："西北联大的办学传统和精神启发我们认真思考'双一流'的建设标准。中国的世界一流大学一定要有中国特色，要服务于国家和地方的社会经济发展，要突出学校自身的优势，要树立大学精神。希望西北联大相关高校未来建立起一个发展共同体，相互协作、共享资源，一起为国家做出更大贡献"。①

（二）北洋复校天津

1945年8月抗战胜利后，次年1月教育部准予北洋工学院复员。1946年春聘王正廷、陈立夫、李石曾、茅以升等为筹备委员，5月任命茅以升为北洋大学校长。1946年4月，北洋工学院西京分院38名学生，在李书田院长率领下，经韩城、山西临汾断续乘车或步行返回天津，揭开复校序幕。1946年5月，复名国立北洋大学。1946年暑假，刘锡英率师生回到天津，任北洋大学教务长，一度代理校务。1946年10月20日国立北洋大学②开学，11月22日一年级与先修班开始上课。1951年9月，河北工学院并入北洋大学并更名为天津大学（1958年又从天津大学抽调力量重新组建河北工学院）。

八年西北，在西北联大的躯体中，不仅保存和发扬光大了我国第一所现代大学的精神和传统，而且与众多子体院校有传承关系，部分教师还远赴西南之西康、贵阳、泰顺、西京等地办学，将西北联大—北洋精神进一步传扬。

2015年11月27日至29日，由天津大学承办第四届西北联大与中国

---

① 校党委办公室、校长办公室. 第五届西北联大与中国高等教育发展论坛在北师大举行[EB/OL] // （2016—11—05）http://edu.qq.com/a/20161105/021346.htm.
② 1951年北洋大学与河北工学院合并。1952年全国院系调整，北洋大学理学院并入南开大学，航空系并入北京航空学院（今北京航空航天大学），矿冶系并入北京地质学院、北京钢铁学院（今北京科技大学）。

高等教育发展论坛。天津大学校长李家俊在《西北联大与兴学强国》的主旨报告中指出:"西北联大是在一个特殊历史时期形成的办学联合体,在那个血与火交织的年代,艰苦奋斗,弦歌不断,为国家和民族做出了卓越的贡献。它的艰难历程充分诠释了兴学强国的大学精神,反映了根源于反侵略、反压迫的民族诉求,是中华民族百折不挠精神在大学文化中的体现,同时也体现了现代大学捍卫真理、坚守正义的基本理念和扎根中国大地生成起来的社会责任感和使命感。今天,兴学强国依然是中国大学改革发展和承担社会责任的精神基石"。[1]

(三)河师复校天津

抗战时期,河北省立女子师范学院部分师生西迁陕甘办学,于1937年9月加入国立西安临时大学,为西安临大—西北联大之教育学院家政系,复为国立西北师范学院家政系。抗战胜利后,于1946年复员天津天纬路原址复校,仍称河北省立女子师范学院。[2] 1996年6月,原河北师范大学、河北师范学院、河北教育学院、河北师范大学职业技术师范学院四校合并组建成新的河北师范大学。

抗战时期,虽未整建制保留,仅以"家政系"的名义出现,但仍然在民国二十七年度、民国二十八年度,有11名女师学生毕业,仍颁发给河北省立女子师范学院毕业证书。在习惯上和有关文件中,也常有"四校"的表述,将其与平大、师大、北洋并列。女师院长齐国樑也始终参与了西安临大—西北联大,以及国立西北师院的领导组织工作,先后在中央广播电台控诉日军侵占天津经过、呈准中英庚款补助女师、任西安临大南迁膳食委员会主任委员、临大—联大家政系主任、国立西北师范学院兰州分校筹备处主任,筹建西北师院兰州校区等。程孙之淑、王非曼教授等也始终参与了临大—联大和西师的家政教育活动。

其中,齐国樑教授是连接西安临大—西北联大—国立西北师范学院和河北师大的重要人物之一。正如河北师范大学戴建兵书记指出的:"抗

---

[1] 李家俊. 西北联大与兴学强国[M]. 第四届西北联大与中国高等教育发展论坛论文集,天津大学,2015:1.
[2] 河北师范大学. 历史沿革[EB/OL]// http://www.hebtu.edu.cn/a/sdxb/xxgk/lsyg/lrld/index.html.

战爆发后,河北省立女子师范学院院长齐国樑坚决主张抗战,率部分师生西迁陕甘,先后加入西安临时大学、西北联合大学和国立西北师范学院;齐国樑始终践行教育救国的思想,以高尚的道德情操和埋头苦干的精神,塑造了一代知识分子身体力行的师表形象,不仅维系了河北省立女子师范学院一脉生存,还为民族抗战和发展大西北教育事业做出了重要贡献"。①

(四)焦工复校洛阳

1938年私立焦作工学院与西北联大工学院(北洋工学院和北平大学工学院)、东北大学工学院合组为国立西北工学院,从而创造了战时私立大学与国立大学合作的典范。

1945年8月31日,私立焦作工学院复校委员会在陪都重庆成立,孙越崎等联名致信国民政府教育部长朱家骅,请求尽快复校并由张清涟参加全国教育复员会议。

1946年秋,焦工在洛阳关林复校。焦工前院长张清涟作《焦工在洛阳复校赋》(呈同人沈詹士《古意》韵)。记录道:

洛下重逢篱下香,分飞劳燕越关梁。

西风飒飒雕霜鬓,翠柏葱葱忆洧阳。

三月苯莒功甫竟,十年离恨话偏长。

欣闻南都三秋熟,庐舍岿然菊正黄。

其中的"庐舍岿然菊正黄",特别能反映学校战胜种种困难,巍然屹立,弦歌复诵的情景。然而,1949年初,他赴南京申请办学经费,却见政府官员忙于中饱私囊,向南撤退,自己的家人分散六地,不得团聚,故气愤地在南京以《满江红 戊子除夕》写道:

写不尽,离愁字;

平不尽,伤心事。

看权贵鼠窜,车马拥挤。

气索钟山雾悔冷,

---

① 戴建兵,张志永.维系家政学的齐国樑[M]//何宁,陈海儒,郑宽民.西北联大与中国高等教育Ⅱ纪念西北联大汉中办学75周年.西安:世界图书出版西安有限公司,2014:469—480.

>歌残秦淮水空碧。
>
>待他年晓鸡破春眠,
>
>宝欢娱。①

其中既盼望光明,又思念亲人,嵌入六个孩子的属相和名字。不久,百万雄师过大江,焦工暂时栖身的苏州解放,"晓鸡破春眠",华东人民政府接管了焦作工学院,1949年9月,张清涟也带领200余名师生回到阔别已久的焦工办学原址,焦工喜获新生。②

中国矿业大学党委书记邹放鸣教授指出:"创办于1909年的中国矿业大学在经历其最初的发轫阶段后,与国立西北联合大学,特别是与西北联合大学分出的国立西北工学院有着整整8年的时空交汇";"大学的文化自信必须基于自身历史发展的客观进程。一所大学如何对待自己的历史,在很大程度上体现着这所大学的精神品位、文化内涵和价值取向。在抗战期间高等学校内迁运动中,在西北联合大学及国立西北工学院的峥嵘岁月中,私立焦作工学院所经历的文化涵养,与中国矿业大学的历史不可分割。中国矿业大学所特有的'好学力行,求是创新,艰苦奋斗,自强不息'的精神文化品格,是她从焦作路矿学堂到私立焦作工学院、中经西北联大、西北工学院再到焦作工学院、中国矿业学院和今天的中国矿业大学的百年曲折坎坷的历程中熔铸而成的。中国矿业大学在西北联合大学及国立西北工学院时期的那段历史不应该被忽略和遗忘"。③

(五)东工复校沈阳

"九一八"事变后,被迫迁徙北平、开封、西安、四川三台等地。1936年2月东北大学工学院迁西安;1937年1月,在北平的一部分迁开封,同年5月改为国立东北大学,6月全部迁西安。1938年春,日军轰

---

①张德华,张德高,张德平,张德宇.怀念父亲张清涟[M].政协南阳市委员会文史资料研究委员会.南阳文史资料.第8辑.人物春秋之三,195—196;薛世孝著.煤海集尘[M].北京:煤炭工业出版社,2010:445—460.

②1951年焦作工学院改为中国矿业学院,主体迁天津、北京、四川省合川县、江苏徐州,发展为中国矿业大学。

③邹放鸣.从焦作路矿学堂到中国矿业大学——西北联大与矿大精神[M]//何宁主编,陈海儒,郑宽民副主编.西北联大与中国高等教育Ⅱ.纪念西北联大汉中办学75周年.西安:世界图书出版西安有限公司,2014:346—363.

炸西安，东北大学文、法两院被迫由陕入川。1938年7月，奉国民教育部令，国立西北联合大学工学院（含北洋工学院和北平大学工学院）、焦作工学院与东北大学工学院合组为国立西北工学院。1946年6月三台东北大学迁回沈阳复校，1947年2月召开庆祝迁校胜利大会。1950年8月，沈阳工学院、抚顺矿专和鞍山工专合组为东北工学院。1993年3月8日，复名为东北大学。

1937年11月至1938年3月，西安临时大学第二院的数学系、物理学系、化学系、体育系，以及工学院与东北大学共处一院。西安临大的部分课程，如李仪祉的"水工学"等与东北大学的部分课程合聘教授讲授。西安临大开学典礼亦在此举行。东北大学协助西安临大新建部分校舍。

东北大学王庚华，田志松指出："西北联大是在一个特殊的历史时期形成的一个临时的学校，它的存在时间虽然较短，但却对西部高等教育，乃至中国高等教育都发挥了较为重要的作用，产生了重要的历史影响，其办学理念和文化传统，对当今高等教育有重要启示。""东北大学是一所有着光荣爱国主义传统的大学，历史上曾与西北联大有过一段渊源，在近90年的办学实践中，始终坚持传承历史文化，紧扣时代脉搏，发挥自身优势和特色，服务国家和社会发展。"[①]

（六）"遍插茱萸少一人"

国立北平师大、国立北洋工学院、国立北平大学、河北省立女子师范学院四兄弟一路向西，东归复员时，却独无北平大学。

西北联大改为西北大学后，设文、理、法商三学院12个系，即北平大学原来的女子文理学院和法商学院。原联大工学院、医学院、农学院、师范学院的不少骨干教师亦长期留在西北大学工作，并形成20世纪40年代至70年代西北大学学科骨干和师资队伍的主体。实际上，在北平大学不复存在之后，西北大学成为继承其综合性主体的唯一大学。原西北联大校常委胡庶华任首任校长，一大批联大著名教授长期留校任教。

---

①王庚华，田志松.传承西北联大办学理念和文化传统，服务当代高等教育［M］//方光华，姚远，姚聪莉.西北联大与中国高等教育.西安：西北大学出版社，2013：120—124.

1939年12月29日，学校制定了《国立西北大学组织大纲》，基本承袭平大之旧，自平大、师大而临大而联大而西大，办学体制大体无更张。在2002年百年校庆前，西北大学又确认西北联大校训"公诚勤朴"为西北大学校训。

西北大学师资也有相当部分传承于西北联大中的北平师范大学。据《西北大学学人谱》，在1946年迁回西安现址办学后至50年代初的教授先后有210人，北师大、北平大学的教授或毕业生有110人，占总数的52%。其中北师大几占1/3，刘季洪等四任校长均出自北师大，侯外庐在1951年任西北大学校长时，还同时兼任北师大历史系主任。北平师范大学的一批理科教师，像赵进义、刘亦珩、刘书琴、魏庚人、张贻惠、蔡钟瀛、杨立奎、谭文炳、虞宏正、刘拓、赵学海、殷祖英、黄国璋、郑励俭、傅角今、郁士元、刘汝强、陈兆骝等，成为西北大学理科师资的主要成分之一。北师大1982年出版的校史记载：在抗战时期，两校隔街同处城固，"文、理、教育和各科学生的宿舍、教室、图书馆都是与西北大学合用的，长时期西大、西师相关学科及其课程是合班讲授"，教师"大多数始终是在西大、西师互相兼课"。[①] 1955年至1956年，仿北师大数学楼建成的北京师范大学西安分校（建成2年后改为陕西师范学院），与国立西北大学师范学院一并改为西安师范学院，成为今陕西师范大学的前身之一。这既表明两校、两地近80年的协作关系，也表明西北联大"分而有合"、长期协作的史实。

三、再度结盟

（一）化身为西北永久的教育机关

西北大学校长郭立宏教授指出"115年来，一代代西大人秉承西北联大'公诚勤朴'的校训，始终坚持发扬民族精神，融汇世界思想，肩负建设西北之重任的办学理念，汇聚了众多名师大家，产生了一批高水

---

① 北京师范大学校史编写组. 北京师范大学校史（1902—1982）[M]. 北京：北京师范大学出版社，1982：115.

平学术成果，为国家培养了近20万名学生，学校走出了24位两院院士、4位国际研究机构院士和通讯院士、6位中国科学院哲学社会科学学部委员。西北大学传承西北联大及其前身北平大学、北平师范大学的人文学科，特别是历史学科、地学学科，形成了传统优势学科。"①

西北工业大学前校长姜澄宇指出：西北联大"构成了完整的高等教育体系，整体植入广袤的西北大地，从根本上改变了中国西北高等教育落后的面貌，为中国高等教育均衡发展起到了奠基作用。"它"奠定了西工大学科基础"和"精神文化"；"抗战胜利后，从1947年到1957年十年时间，西北工学院部分院校复原，回到了天津、北京、沈阳，但组建时的四大工学院，都有一批优秀教师留了下来"。"五十年代初国家对高校进行了院系调整。西北工学院多数系科被调离，支持国内兄弟高校。首先把航空系合并到清华，石油及天然气开采专业并到北京石油学院，矿冶系分并到北京矿业学院和北京钢铁学院，土木系并到西安建筑工程学院，纺织系分立为西安纺织学院。1955年国家又决定把西工办成工业特色院校，这样民用工业系科全部分出去了，到1956年5月，改建后的西北工学院只设第一至第四机械系和12个专业，其中大部分专业与国防军工有关"。"今天，除北京的四所高校有西北工学院分出的专业外，西安有六所高校都与西北工学院专业密切相关。可以说，西北工学院为中国高等工程教育奠定了高起点的基础，起到了播撒种子和母鸡下蛋的作用，做出了巨大的贡献"。"在人才培养方面，西工大已为国防科技工业和国家经济建设输送了15万多名科技人才，培养了我国6个学科的第一位博士；校友中已拥有30多位两院院士、30多位将军；一大批校友成为国防科研、党政机关和企业界的领军人物和栋梁人才。中航工业集团2011年统计数据显示，在集团下属三大主机所（中航第一飞机设计研究院、成都飞机设计研究所、沈阳飞机设计研究所）和三大主机厂（西飞、成飞、沈飞）担任总师（副总师）、重大型号总师（副总师）、特级专家、党政领导及国家三大奖获得者中，西工大校友占60%以上；2011年，中航工业隆重表彰了航空工业60年10位航空报国金奖获得者，西

---

① 郭立宏. 西北联大—西北大学一流学科的建设、传承与启示 [M] // 第五届西北联大与中国高等教育发展论坛论文集. 北京：北京师范大学，2016：25—30.

工大校友占了6位。在中国航天领域，从早年的'航天三少帅'（西工大有两位，张庆伟和雷凡培），到中国探月工程总设计师吴伟仁，再到中国航天液体动力掌门人谭永华、中国航天固体动力掌门人田维平都出自西工大"。这"一系列成就，发轫于抗日战争的峥嵘岁月"。①

西北农林科技大学常务副校长赵忠教授指出："西北农林科技大学体内流淌着西北联大的宝贵血液""西北联大精神始终激励着一代代'西农人'。"通过西北联大农学院、河南大学农学院畜牧系与国立西北农林专科学校的合并，"师资力量极大加强，大师云集""学科体系进一步完善，办学层次得到提升""科学研究与社会服务得到加强"。学校教师人数由1937年的50人，发展到1939年的113人，其中教授由10人发展到40人，副教授由6人发展到13人。据统计，新中国成立前"在国立西北农学院工作的247名教授、副教授中，92人是海外归国学者，21人具有博士学位，可谓大师云集，群英荟萃"。②中国森林土壤学科的奠基人王正（1901—1950），中国科学院院士、中国植物学科的先驱者之一、中国菌物学研究的开拓者之一林镕（1903—1981）教授，中国科学院院士虞宏正（1897—1966）教授，中国森林经理学的主要奠基人与开拓者周桢（1898—1982）教授等。西北农学院培养了大批优秀人才。"上世纪50年代，小麦癌症——条锈病的变异和蔓延严重威胁着中国的小麦生产。为解决几亿人的生存吃饭问题，赵洪璋院士集中瞄准条锈病的攻克，开展小麦新品种选育，并成功培育了新中国历史上第一个抗病小麦新品种——碧蚂一号，让中国小麦的亩产量从50多公斤增加到200多公斤。赵先生被毛主席赞誉为"你的碧蚂一号挽救了一个新中国"。朱显谟院士，针对黄河流经黄土高原，水土流失严重，大量泥沙流进河床，形成地上天河，中下游连年泛滥成灾问题。朱先生长期从事水土保持研究，在对黄土高原形成原因理论研究的基础上，提出了黄土高原国土整治的"28字方略（全部降水就地入渗拦蓄；米粮下川上源；林果下沟上岔；

---

① 姜澄宇.国立西北工学院丰碑永存［M］//方光华，姚远，姚聪莉.西北联大与中国高等教育.西安：西北大学出版社，2013：12—16.
② 赵忠.弘扬西北联大精神，加快世界一流农业大学建设［M］//方光华，姚远，姚聪莉.西北联大与中国高等教育.西安：西北大学出版社，2013：33—36.

草灌上坡下坬），为生态建设和黄河治理提供了科学依据。经过多年的生态建设，黄土高原穿上了崭新的绿装，每年流入黄河的泥沙量从16亿吨减少到2.6亿吨，极大地造福了我们整个国家"。① 今天，我们要"弘扬西北联大精神，确立创建世界一流农业大学的战略目标"②。

西北医学院的传承者西安交通大学副校长蒋庄德指出："从1937年秋师生辗转汇聚西安，到1938年春翻越秦岭向汉中转移，从抗战风云初起到最终取得胜利，那一个个甘苦备尝开拓奋进的艰辛岁月是难以用笔墨形容的，这极大地磨砺了师生员工的品格，激发他们勇敢地肩负起使命和责任。今天的西安交通大学医学院，其前身西安临大医学院、西北联大医学院、国立西北医学院，就曾写下可歌可泣的壮烈一页。"在"难以想象的恶劣环境下，医学院集中了包括我国皮肤性病学科奠基人蹇先器、药理学大师徐佐夏、生理学名家陈作纪、法医学创始人林几、公共卫生学带头人严镜清、儿科后起之秀颜守民，以及后来长期主持院务的著名医学教育家侯宗濂等在内的优秀师资，开出了战前的几乎所有课程，并著书立说，潜心科研，医术上不断有新的发展，培养学生数以百计。""在仰望西北联大历史丰碑之际，我们也油然联想到西安交通大学当年同样奋勇地投身于抗战洪流，并在此后献身于大西北的历史性抉择，从中得到新的教育和启迪"③。2016年7月21日，西安交通大学一附院迎接迁建六十周年纪念前夕，在学校副校长、医学部主任颜虹教授带领下"重走迁陕路"（图5—6），到北京大学医学部，在徐诵明老校长塑像前，颜虹回顾了发源于国立北平大学医学院后迁至陕西西安的西安交大医学部的发展历史，对国立北平大学校长兼医学院院长徐诵明教授为我国医学教育事业、教学医院和附属医院的成立建设所做出的卓越贡献表示深深的敬意和缅怀。北京大学医学部党委书记刘玉村也指出："北大医学人等待西安交大医学部的寻根之行已经等了10年，血脉一体，今天终

---

① 赵忠. 从新农村发展研究院的建立看我校对中国农业的贡献［M］//首届西北联大与中国高等教育发展论坛大会交流论文，西安：西北大学，2012.
② 赵忠. 弘扬西北联大精神，加快世界一流农业大学建设［M］//方光华，姚远，姚聪莉. 西北联大与中国高等教育. 西安：西北大学出版社，2013：33—36.
③ 蒋庄德，贾剑鸣. 肩负起繁荣西北的历史重任［M］//方光华，姚远，姚聪莉. 西北联大与中国高等教育. 西安：西北大学出版社，2013：27—32.

于盼来了家人。作为母校派出的医学人，双方应该有更好的亲戚关系，走得更近，互相促进。他回顾了北大医学部的发展历史，重点谈到了医学教育的重要性和北大医学部的发展战略规划，表示，西安交大各位老师回家来走亲戚，给北大医学事业带来了生机和活力，希望双方携起手来，使我国医学事业取得更大的发展。"① 其中北平大学校长、北平大学医学院院长、曾任西安临大—西北联大常委的徐诵明，以及北京大学医学部首任主任、中国科学院院士、毕业于西北医学院后继者西安医学院的韩启德教授，是西北联大后继院校西北医学院—西安医学院的硕士毕业生，是连接西医京源和陕源的重要人物。

图5—6 北京大学医学部与西安交大医学部"重走迁陕路"座谈会（左二为北京大学医学部党委书记刘玉村；右二为西安交大副校长、医学部主任颜虹）

西北师范大学校长刘仲奎所说："西北师大从抗战时期的北平一路走来，一路向西，两越秦岭，三迁校址，数易其名，可以看作是中国现代高等教育在风雨如晦中，自小而大，顽强成长的一个缩影。70多年学校扎根西北，70多年培养了20多万学生，绝大多数留在了西北，留在了最艰苦的地方，服务基础教育，毕业生自觉地将自己的一生和这片贫瘠

---

①北京大学医学部官网.西安交大医学部来北大医学部文化寻根［OL］∥［2016—07—15］http：∥www.bjmu.edu.cn/xxdt/183783.htm.

落后的土地联系在了一起,自觉地从事教育这样一个默默无闻的行业,靠的就是爱国、进步、自强不息的奉献精神和奋斗精神,而这种精神的源头仍然要追溯到西北联大"。[①]

(二)相聚长安再结盟

2017年11月17日晚,在西安交通大学学术交流中心(南洋酒店)举行的第六届西北联大与中国高等教育发展论坛预备会议议决:由北京师范大学、天津大学、西安交通大学、西北工业大学、西北农林科技大学、西北大学、西北师范大学、河北师范大学、中国矿业大学、东北大学、陕西理工大学等11所西北联大后继高校或办学地高校组成"西北联合大学联盟",并原则确定理事会章程、机构设置、会旗及会标等事宜。会议还接续第四届西北联大与中国高等教育发展论坛预备会议的决议,以西北大学为联盟秘书长常设单位(图5—7、图5—8)。

图5—7 2017年11月18日在西安南洋酒店,西北联大联盟首任理事长、西安交通大学副校长颜虹和西北联大联盟首任秘书长姚远与下任理事长单位西北工业大学副校长张骏交接会旗

---

① 西北师范大学. 发现西北联大电视片解说词,2015.

图 5—8　西北联大联盟徽标

（三）母体或子体院校的进一步衍生

北京师范大学、天津大学、西北大学、西安交通大学、西北工业大学、西北农林科技大学、西北师范大学、河北师范大学、中国矿业大学、东北大学显然与西北联大有直接的历史渊源。除此之外，北京、陕西、甘肃、河北、河南、四川的今中国科学院、中国农业大学、北京林业大学、北京大学医学部、北京航空航天大学、北京科技大学、中国地质大学（北京地质学院）、中国矿业大学、河南大学、河南农业大学、陕西师范大学、西北政法大学、西安交大金融与财经学院、西安外国语大学、陕西理工大学、西安建筑科技大学、西安科技大学、西安工程大学、西安理工大学、西安体育学院、兰州大学、甘肃农业大学、西北民族大学、四川西昌学院、贵州大学、中央美术学院等30余所大专院校，通过历史上的北平大学，北洋大学，西康技艺专科学校，西北技艺专科学校，国立兽医学院，贵州农工学院，陕西省立商专、师专、医专等，与西北联大也发生一定的源流关联，涉及京、津、冀、辽、陕、甘、苏、豫、川等9省市。

实际上，这些子体院校的创建还有另外一个重要意义，即保存、激活或汇聚了更多的地方高等教育的"小江""小河"。我国最早的女子师范教育（1906年的北洋女子学堂）即经河北女子师范学院借西北联大之"壳"得以保存和延续；我国最早的矿冶工程高等教育（焦作路矿学堂）亦借并入西北联大子体西北工学院得以发展。以西北联大改为国立西北大学而论，原在清光绪二十八年（1902）的陕西大学堂、民国元年（1912）的省立西北大学、20世纪20年代的国立西北大学、国立西安中山大学基础上发展起来的陕源，已经在1931年改为西安高中附设陕西水利专科而几近断流，而正在国民政府顺从民意拟在西安恢复陕源西北大学之际，适有西北联大迁陕改为国立西北大学，并以陕源西北大学西安校址作为永久办学地址，这就激活，或者整合了陕源西北大学，形成号称京陕两源的一个完整、强势的综合性高等教育架构。同时，西北大学还先后并入陕西省立师范专科学校、陕西省立医学专门学校、陕西省立商业专科学校、师专南郑分校等院校，或分出师范、医学、外语、政法、财贸、民族等合计33所不同类型的院校。民国时期最高年份的1947年，中国高等学校的最大数，不过207所，北方地区的平、津、内蒙古、冀、晋、鲁、豫、辽、吉、黑、陕、甘、宁、青、新总共不过53所高等院校。① 这才是一校的汇聚和分流，如将西北联大母体与子体汇聚或分流的所有院校加以统计，估计或多或少地有枝枝杈杈的源流关系。这又如同原子裂变，起初西北联大五合为一，复一分为五，"五"再各自为单独原子或以系科为新的单独原子进一步分化裂解，以致裂解出更多与之关联的高校。

由此看来，"世上再无北平大"的说法，也许并不正确！北平大学只不过是与北平师范大学、北洋工学院、河北省立女子师范学院、东北大学工学院、私立焦作工学院等，凤凰涅槃般地化身为西安临时大学—西北联大，继而化身为国立西北五校而已。北平大学校长徐诵明的传人徐冬冬也在继续传承和传播着祖父关于西北联大的办学理念和故事。而且，其后继院校10校，又繁衍为数十所院校；而其师生传承，也在一代一代地不断繁衍。这个大学共同体：开创我国西北新学制，存续中华民族文脉的根基，奠定近现代西北高等教育格局；形成771名教授、副教

---

①高沂. 中国高等学校简介[M]. 北京：教育科学出版社，1982.

授和3 189名教职员工的师资队伍，奠定了我国西北高等教育的师资基础；向抗日前线输送400余名高学历青年远征军战士；培养9 289名文理工农医师范各科学生，为西部大开发奠定人力资源基础，取得巨大的办学成就。因此，它并未终结，如同西北大漠里的胡杨一样，生而一千年不死，死而一千年不倒，倒而一千年不朽，永远矗立于西北大漠，成为一棵永远充满绿色、充满希望的生命之树、英雄之树。

参考文献

一、图书专著

[1] 姚远．西北联大史料汇编[M]．西安：西北大学出版社，2012：1—794．

[2] 方光华主编，姚远、姚聪莉副主编．西北联大与中国高等教育Ⅰ[M]．西安：西北大学出版社，2013：1—412．

[3] 何宁主编，陈海儒、郑宽民副主编．西北联大与中国高等教育Ⅱ——纪念西北联大汉中办学75周年[M]．西安：世界图书出版西安有限公司，2014：1—552．

[4] 姚远．西北大学学人谱（第一集，第二集，第三集）[M]．西安：西北大学出版社，1997：1—546；2002：1—388；2012：1—561．

[5] 赵弘毅，程玲华主编，姚远，李永森，王周昆副主编．西北大学大事记[M]．西安：西北大学出版社，2002：1—1216．

[6] 杨德生，姚远．西北大学教育理念文选[M]．西安：西北大学出版社，2004：1—375．

[7] 姚远，董丁诚，熊晓芬，宋轶文等．图说西北大学110年历史[M]．西安：西北大学出版社，2012：1—428；2017年修订再版．

[8] 姚远．中国大学科技期刊史［M］．西安：陕西师范大学出版社，1997：1—592．

[9] 姚远，颜帅著．中国高校科技期刊百年史（上、下）［M］．北京：清华大学出版社，2017：1—688．

[10] 姚远，王睿，姚树峰．中国科技期刊源流（1792—1949，上中下）［M］．济南：山东教育出版社，2008：1—963．

[11] 杨蜀康，黄迪民主编。西北工业大学［M］．重庆：重庆大学出版社，2007：1—193．

[12] 关联芳．西北农业大学校史（1934—1984）［M］．西安：陕西人民出版社，1986：1—280．

[13] 姚远．西安交通大学第一附属医院院史·第一章·1937—1955年大事记［M］．西安交通大学第一附属医院院史．西安：陕西人民出版社，2016：1—870．

[14] 韦俊荣，贺西京主编，巩守平副主编．西安交通大学第二附属医院院志［M］．西安：西安交通大学出版社，2014：1—642．

[15] 李永森，姚远主编．西北大学校史稿（修订本）［M］．西安：西北大学出版社，2002：1—428．

[16] 西北大学校史编写组．校史资料（第一辑）［M］．西安：西北大学，1987：1—158．

[17] 张凤来主编，王杰副主编．北洋大学—天津大学校史（第一卷）［M］．天津：天津大学出版社，1990：1—523．

[18] 张凤来主编，王杰副主编．北洋大学—天津大学校史资料选编（一）［M］．天津：天津大学出版社，1991：1—481．

[19] 北京师范大学校史编写组．北京师范大学校史［M］．北京：北京师范大学出版社，1982：1—265．

[20] 刘基，王嘉毅，丁虎生．西北师范大学校史（1902—2012）［M］．北京：教育科学出版社，2012：1—800．

[21] 国立西北师范学院史料摘编（1937—1949）［M］．北京：中国文史出版社，2014：1—1327．

[22] 刘基，丁虎生主编．西北师大逸事［M］．沈阳：辽宁出版社，辽海

出版社,2001:1—496.

[23] 河北师范大学志(1906—1995)[M].石家庄:河北人民出版社,1996:1—849.

[24] 戴建兵,张志永.民国时期河北女子师范学院的教学[M].北京:中国农业出版社,2014.

[25] 戴建兵,张志永.齐国樑文选集[M].天津:天津古籍出版社,2012:1—266.

[26] 邹放鸣主编,丁三青,蔡世华,章毛平,薛毅副主编.中国矿业大学史(1909—2009)[M].徐州:中国矿业大学出版社,2009:1—528.

[27] 王振乾,丘琴,姜克夫.东北大学史[M].长春:东北师范大学出版社,1988:82—120.

[28] 苟保平.西北联大在城固[M].陕西城固:城固县文物旅游局,城固县博物馆,陕内资图批字(2012)JH14,2012.

[29] 杨汉名,魏天纬.陕西教育志资料续编[M].西安:三秦出版社,2000:1—1104.

[30] 杨汉名,魏天纬.陕西近现代高等学校沿革[M].西安:陕西师范大学出版社,1995:1—347.

[31] 吴石忠,姜曦编著.魏寿昆传[M].北京:科学出版社,2011:1—222.

[32] 张立先著.李书田传[M].天津:天津大学出版社,2010:1—228.

[33] 李溪桥主编.李蒸纪念文集[M].北京:中国社会科学出版社,1996:1—447.

[34] 王建军著.王耀东传[M].西安:西北大学出版社,1999:1—324.

[35] 李廷华著.王子云传[M].西安:太白文艺出版社,2015:1—316.

[36] 朱玉麒,王新春编.黄文弼研究论集[M].北京:科学出版社,2013:1—288.

[37] 刘季洪.教育生涯漫谈[M].台北:台湾商务印书馆股份有限公司,1986.

[38] 赖琏.游踪心影[M].台北:传记文学出版社,1971.

[39] 黎泽渝,刘庆俄编.黎锦熙文集[M].哈尔滨:黑龙江教育出版

社,2006.

[40]《中国高等学校简介》编审委员会. 中国高等学校简介[M]. 北京:教育科学出版社,1982:1—690.

二、学位论文

[41] 李晓霞博士学位论文(指导教师姚远). 近代西北科学教育史研究——以西北联大为例[D]. 西安:西北大学科学史高等研究院,2013—06—04.

[42] 郭晓亮博士学位论文(指导教师姚远). 中国近代工程技术教育源流[D]. 西安:西北大学科学史高等研究院,2018.

[43] 翟立鹏硕士学位论文(指导教师白欣). 国立北平大学工学院的创建与发展[D]. 北京:首都师范大学,2013—05—09.

三、学术期刊

[44] 国立西安临时大学主办. 西安临大校刊,1937—1938(1—12).

[45] 国立西北联合大学主办. 西北联大校刊,1938—1939(1—18).

[46] 国立西北大学主办. 国立西北大学校刊,1939—1949(1—复刊40).

[47] 国立西北师范学院主办. 国立西北师范学院院刊,1940—1945(1—87).

[48] 国立西北医学院主办. 国立西北医学院院刊,1941(1—23).

[49] 国立西北工学院主办. 国立西北工学院院刊,1948—1949(1—18).

[50] 国立西北农学院主办. 国立西北农学院院刊,1946—1947(1—11).

[51] 国立西北大学台湾校友会. 国立西北大学卅周年纪念刊,1969.

[52] 休闲读品杂志社. 天下(发现西北联大),2012(2—3).

[53] 丝绸之路杂志社. 丝绸之路——纪念西北联大专辑,2014(20),总第285期,兰州:丝绸之路杂志社,2014.

四、期刊论文

[54] 姚远. 西北联大融汇世界的办学思想与实践(会议报告,北京:

第五届西北联大与中国高等教育发展论坛,2016—10 北京师范大学),河北师范大学学报(教育科学版),2016,19(1):45—54.

[55] 姚远.西南联大学术期刊及其科学传播——兼与西北联大比较[M].伊继东,周本贞主编.西南联大与现代中国研究.北京:人民出版社,2008:313—325;中国现代史学会:西南联大与现代中国学术讨论会,2007—11—10(昆明).

[56] 姚远:国立西北联合大学的分合及其历史意义.西北大学学报(哲学社会科学版),2012,42(3):11—24.

[57] 姚远.史启祯科学教育思想研究——祝贺史启祯教授执教55周年[J].西北大学学报(自然科学版),2013,43(5):826—831.

[58] 姚远,姚聪莉.西北联大留给陕南的一笔高等教育遗产:陕西省立师专分校的前世今生,陕西理工学院学报(社会科学版),2013,(4):11—18,36.

[59] 姚远.西北联大医学院一流学科的建设与传承(会议报告,北京:第五届西北联大与中国高等教育发展论坛,2016—10 北京师范大学),山东高等教育,2016.

[60] 姚远,杨建洲.中国高校的奇葩——西北联合大学[N].陕西日报,2002—06—24(4).

[61] 姚远.西北大学区域定位思想的形成和发展[J].西北大学学报(哲学社会科学版),2006,36(1):10—14.

[62] 姚远.西北大学对汉博望侯张骞墓的发掘与增修[J].西北大学学报(哲学社会科学版),2006,36(6):6—10.

[63] 姚远.北平大学科技学术期刊创办始末,西北大学学报(自然科学版),1997,27(3):271—276.

[64] 姚远,刘舜康,赵弘毅,王周昆.西北大学的两个历史源头[J].西北大学学报(哲学社会科学版),2000,30(3):127—131(中国人大复印资料《高等教育》全文复印).

[65] 姚远.西北大学的源流与承袭[J].西北大学学报(哲学社会科学版),1997,27(3):81—86.

[66] 姚璐,姚远.抗战时期西北联大在汉中留侯祠事迹考——简论

汉文化对西北联大办学的影响[J].陕西理工学院学报(社会科学版),2016(1):39—42.

[67]姚远.解放以前西北大学学术期刊的演变和发展[J].西北大学学报(自然科学版),1990(3):107—122.

[68]张建新,李晓霞,姚远:国立西北工学院工程教育课程体系的演化[J].西北大学学报(自然科学版),2012,42(4):684—687.

[69]李晓霞,姚远(通讯作者),国立西北联合大学的数学教育[J].西北大学学报(自然科学版),2012,42(3):515—520.

[70]白秀英,姚远(通讯作者),抗战时期国立西北联合大学物理学系概况[J].西北大学学报(自然科学版),2012,42(3):521—526.

[71]李晓霞,姚远(通讯作者).我国西北地区工程教育肇始与演化[J].内蒙古师范大学学报(教育科学版),2012,25(7):26—30.

[72]李晓霞,姚远(通讯作者):国立西北联合大学的地质地理学教育[J].西北大学学报(自然科学版),2012,42(6):1035—1041.

[73]王淑红,姚远(通讯作者):哥廷根代数学派的中国传人——曾炯[J].西北大学学报(自然科学版),2013,43(1):150—156.

[74]白秀英,姚远(通讯作者):田渠与其主编的中国第一部相对论教科书[J].西北大学学报(自然科学版),2013,43(2):330—333.

[75]尹晓冬,姚远.1945年李约瑟博士访问西北大学初探[J].西北大学学报(自然科学版),2013,43(4):670—676.

[76]王淑红,姚远(通讯作者).曾炯与希尔伯特第17问题研究[J].西北大学学报(自然科学版),2013,43(4):660—663.

[77]王淑红,姚远.数学家和数学教育家杨永芳研究[J].西北大学学报(自然科学版),2014,44(1):160—164.

[78]白秀英,姚远(通讯作者).物理学家江仁寿生平与其金属黏滞性研究[J].西北大学学报(自然科学版),2014,44(2):326—331.

[79]白欣,姚远(通讯作者).中国近代教育家、物理学家——孙国封[J].西北大学学报(自然科学版),2014,44(5):841—847.

[80]李晓霞,姚远(通讯作者).水利学家周宗莲与其科学研究[J].西北大学学报(自然科学版),2014,44(6):1016—1022.

[81] 徐婷婷,姚远(通讯作者).基于西北联大校刊的科学演讲分析[J].西北大学学报(自然科学版),2014,44(5):855—860.

[82] 郭晓亮,姚远(通讯作者),李晓霞.李书田工程技术救国思想研究[J].西北大学学报(自然科学版),2015,45(1):159—166.

[83] 李晓霞,亢小玉,姚远(通讯作者).数学家与数学教育家刘亦珩研究[J].西北大学学报(自然科学版),2015,45(1):167—172.

[84] 郭晓亮,姚远,李晓霞.西北联大的科学技术贡献[J].自然辩证法通讯,2018,40(2):79—84.

[85] 张景勋,姚远,王都怀等.物理学家岳劼恒先生传略[J].西北大学学报(自然科学版),1987,17(4):9—16.

[86] 张景勋,姚远.现代教育家岳劼恒.见:李钟善主编.大学校长的教育思想和实践.西安:陕西师范大学出版社,1989:181—196.

[87] 张景勋,姚远.岳劼恒——学贯中西的现代教育家[M]//见:李钟善主编.陕西历代教育家评传.西安:陕西人民教育出版社,1994.

[88] 姚远.鞠躬尽瘁岳劼恒[N].光明日报,2002—07—29(3).

[89] 姚远.西北大学历史沿革图[J].西北大学学报(哲学社会科学版),2002(2):(封四).

[90] 姚远.杨钟健出长国立西北大学[N].光明日报,2002—07—17(3).

[91] 姚远.《西北大学学报》的孕育、诞生和社会地位[J].西北大学学报(哲学社会科学版),2003,33(4):115—120.

[92] 姚远.《西北大学学报》的赓续和演变[J].西北大学学报(自然科学版),2003,33(5):618—623.

[93] 姚远.《西北大学学报》95年回顾[J].西北大学学报(哲学社会科学版),2008,38(6):685—688.

[94] 姚远,王展志,张文峰,伍小东.基于西北联大档案的几个历史疑点澄清(上)[J].陕西档案,2018(1):26—29.

[95] 姚远,王展志,张文峰,伍小东.基于西北联大档案的几个历史疑点澄清(中)[J].陕西档案,2018(2):24—29.

[96] 姚远,王展志,张文峰,伍小东.基于西北联大档案的几个历史

疑点澄清(下)[J].陕西档案,2018(3):24—29.

[97] 姚远,王展志.学籍档案见证"老阿姨"龚全珍的家国情怀[J].陕西档案,2018(3):22—23.

[98] 姚远,郭晓亮.这就是西北联大[J].博览群书,2017(9):119—127.

[99] 郭晓亮,姚远,李晓霞.西北联大科学技术贡献溯源[J].自然辩证法通讯,2018,40(2):79—84.

[100] 姚远.近代中国西北科学教育史·序[M].李晓霞.近代中国西北科学教育史.北京:中国社会科学出版社,2017:1—5.

[101] 姚远.开发古路坝 功在当代利在千秋[J].迈科·人物副刊,2017(4):10—13.

[102] 姚璐,周东华.齐越播音思想的厚重底蕴与其大学阅历根源[J].西北大学学报(哲学社会科学版),2019(2):140—147.

[103] 郭晓亮,李晓霞,武小菲,伍小东,姚远.西北联大对中国工程学术与工程教育的贡献——以其主要工科后继院校两院院士为线索[J].咸阳师范学院学报,2019(2):23—33.

[104] 伍小东,姚远.中国西北植物调查所的创建、发展及其历史贡献[J].西北大学学报(自然科学版),2019,49(1):165—170.

[105] 姚远:西北联大:蠹国之偏隅立世之英才[N].中国科学报,2019—01—02(6"人文"专版).

[106] 姚远:把论文写在千里大漠——西北联大教授故事三则[N].中国科学报,2019—01—02(6"人文"专版).

[107] 姚远.西北联大与其后继院校定位西北办学思想与抱负的形成[J].西北工业大学学报(社会科学版),2018(3):80—91.

[108] 姚远.衔命东来:话说西北联大[M].西安:西北大学出版社,2018:1—517.

[109] 王建领主编,郑惠姿、姚远、王展志副主编.国立西北联合大学档案史料选编(上下册)[M].西安:西北大学出版社,2018:1—1464.

[110] 伍小东,姚远.西安临大学籍档案见证柳青的文学创作之路[J].兰台世界,2019(10):138—140.

[111] 郭晓亮,李晓霞,武小菲,伍小东,姚远.西北联大对中国工程学术与工程教育的贡献——以其主要工科后继院校两院院士为线索[J].咸阳师范学院学报,2019(2):23—30.

[112] 伍小东,姚远.国立西北农学院的合组经过与历史意义——基于历史档案的考察和述评[J].西北农林科技大学学报(社会科学版),2020(2):153—160.

[113] 伍小东,姚远.从树桔到育人:章文才战时农业教育思想研究[J].农业考古,2020(1):189—194.

[114] 王哲,姚远.留学要素与西北农学教师群体研究(1937—1949)[J].中国科技史杂志,2020(2):181—191.

[115] 杨立川,姚远.柳青与国立西安临时大学[J].西北大学学报(哲学社会科学版),2019(2):132—139.

[116] 孙文晔.北平大学往事[N].北京日报,2019—03—02(5).

[117] 姚远.漫漫西迁路——西北联大抗战迁徙二三事[N].人民政协报,2020—01—09(5)(相继被人民网、党建网、华声论坛、中国改革网、中国军网、河北共产党网、云南网、宁夏网、华夏经纬网、星岛环球网、澎湃新闻网、中国西藏网、科学网、《作家文摘》等20余种媒体转载).

后　记

天下兴亡,匹夫有责,几辈英豪抱此忧。

听一片哀嗷动九州。

况孤云缥缈,烽烟塞外;

疏星明灭,刁斗城头。

滚滚黄河,滔滔白浪,可有狂夫挽倒流?!

在此,再次引用吴世昌教授的词作,借以宣泄这部书稿杀青时的一番心绪。

是啊!有过多少次不眠的夜晚或繁星点点的清晨,拟掩卷结束,可总有"匹夫"忧国在耳畔,总有"英豪"忧民在眼前,那"哀嗷动九州"时代的"孤云缥缈,烽烟塞外",那"滚滚黄河,滔滔白浪",那源于嶓冢的千里汉江波涛,那挽狂澜于既倒的"狂夫"们的身影,总在眼前浮现:

魏寿昆教授等与20余名西安临大矿冶系的学生,刚刚跋涉千里,乍抵西安,即受命于陕西省政府,在荷枪实弹的武装保护下,远赴匪患频仍、野兽出没、山高路远的秦巴深山为前线抗战和地方建设找矿寻金,复往凤县、甘肃两当等山地勘察煤铁矿。次年,魏寿昆教授又随李书田常委千里迢迢再往川西大凉山创建西康技艺专科学校,又往贵阳参与创办贵州大学的前身贵州农工学院。

徐诵明常委怒发冲冠只为挽留被解聘的学人；

李蒸常委守望尊严，只为师道不废，学脉绵延；

李书田常委魂牵梦绕，只为再圆北洋之梦，求中国第一所大学不致停辍；

周名崇教授和英籍传教士贾韫玉教授，专于化学和精于英语教育，却不幸因旅途劳顿而亡于翻越秦岭的迁徙；

曾炯将我国抽象代数推至国际最前沿，却因医疗条件太差致胃穿孔而客死大凉山西昌；

张贻惠、雷祚雯教授，为西北物理教育和西北矿冶教育恪尽职守，却不幸死于空难；

杨其昌教授专长于耳鼻喉学，勤恳于西医教务长任上，却不幸与两位学生惨死于日机对汉中的轰炸；

黄文弼教授身披一袭老羊皮，先后徒步38万公里，穿越千里无人区，第一个到达死亡之海，常年在野外考察，以致不适宜于定居生活，原只为寻找被流沙掩盖的丝路；

汪堃仁一家四口，绕道天津、香港、越南海防、昆明、重庆、成都，到达陕南，历时4个月，行程万里，只为应聘联大，开出不亚于北平协和的国际一流生理学课程；

刘慎谔和孔宪武在人迹罕至处采集标本，只为搞清楚大西北植物生命的原委；

李仪祉主持建设"八惠渠"，受益农田1948年即达到330万亩，建成民国最大的模范灌溉区，只为永绝水患造福于民；

赵洪璋潜心于"碧蚂一号"小麦育种，只为让刚刚获得解放的中国民众不再忍饥挨饿；

涂治推翻西方"北纬45度地区不能植棉"的论断，首先引入草田轮作制，成功地将中国棉区向北推移并获得大丰产，单产籽棉201公斤，最高亩产674.5公斤，只为人民有衣穿；

谢景奎发现大剂量维生素C静脉注射可治疗克山病心源性休克，提出"水土病因说"，奠定地方病防治的全国领先地位，只为人民摆脱病魔；

殷培璞教授领导大骨节病研究，老两口自己起灶做饭，行程数万公里，治疗患者万余例，三年间大骨节病患病率下降了33.84%，最后连自己的骨灰也安葬于他倾尽心血的病区，原只为人民安康；

郑资约行程2 000海里、历时两月余登上南海诸岛勘察命名，只为收复国土；

傅角今运筹帷幄，主持用十一段线圈定南海海域范围，只为海疆永固；

吴自良带领团队经3年研制出铀生产关键部件"甲种分离膜"，使中国成为除美、英、苏外第4个独立掌握浓缩铀生产技术的国家，只为打破西方的核垄断；

师昌绪研发出中国第一个铁基高温合金，领导开发中国第一代空心气冷铸造镍基高温合金涡轮叶片，只为我国材料腐蚀领域不再跟在别人后面亦步亦趋；

……

我们所涉及的也许只是荒漠的一角，也许挂一漏万，史实或议论也许不尽人意，尚需后来者进一步开拓探索。但是，我们深深地感触到这一研究领域的博大精深和那些力挽狂澜的"狂夫"们的伟大，感受到原来斯文的教授也会疯狂，也会做出常人难以想象的伟大事业！他们的披荆斩棘、绝陌逢生，他们的坚守、严谨，他们的勇敢、血汗，他们在大漠戈壁上写就的论著，无不给人以深深的震撼。

在付梓之际，笔者也对众多领导、同事、合作者、学生，表达深深的谢意：第十一届全国政协副主席陈宗兴老校长的支持鼓励；张岂之老校长数十年的表率、提携和支持；方光华前校长的战略把握和对此领域的开拓；郭立宏校长、李浩原副校长、黄健民副书记、贾明德副书记、吕建荣副书记、王正斌副校长、赖绍聪副校长数次亲临论坛，有力推动研究事业持续发展；常江副校长深谋远虑，提出长远的校史研究资助计划；姚聪莉主任支持西北联大与大学文化研究院的挂靠，积极拓展业务；陕西新华出版传媒集团张炜董事长充满浓浓乡情的选题策划；陕西人民出版社总编辑宋亚萍、副总编辑李晓锋、蒋丽副编审、编辑白艳妮的精心擘画和编辑加工；梁严冰、曹振明、伍小东等合作者的鼎立配合，均历历在目，谨致衷心感谢。

西大前党委书记、现西北工业大学党委书记张炜教授特准吾在清华大学访学一年，之后又在南京大学图书馆挂职副馆长一年，加之2016年至2018年被陕西省档案局聘用工作两年，故积累了大量史料，成为研究西北联大的坚实基础。为此，特向张炜书记、省档案局王建领局长、郑惠姿副局长以及编研处王展志处长、张文峰副处长深致谢意。

另外，还特别要向徐冬冬、王杰、魏书亮、余子侠、李辉、陆风、巩守平、孟晓军、张志永、尚季芳、陈海儒、王森、赵保全、丁三青、李鹤、陈遇春、姚晓霞、弋顺超等西北联大联盟的同事致谢。屈琳先生提供了部分图件，一并致谢。

疏漏和错误之处，尚祈不吝指正，以便在后续工作中纠正。

姚　远

2020年11月1日于西北大学